1969—2013年74位诺贝尔经济学奖获得者

全景走进经济学大师的心灵世界

# 诺贝尔经济学奖是怎样“炼”成的？

温元凯　王雪芹　著



山东人民出版社
国家一级出版社　全国百佳图书出版单位

**图书在版编目(CIP)数据**

诺贝尔经济学奖是怎样“炼”成的？/温元凯，王雪芹著．—济南：山东人民出版社，2015.1

ISBN 978-7-209-08689-9

Ⅰ.①诺… Ⅱ.①温… ②王… Ⅲ.①诺贝尔经济学奖—经济学家—生平事迹—世界 Ⅳ.①K815.31

中国版本图书馆CIP数据核字(2015)第002326号

责任编辑：常纪栋

**诺贝尔经济学奖是怎样“炼”成的？**

温元凯　王雪芹　著

---

山东出版传媒股份有限公司

山东人民出版社出版发行

社　址：济南市经九路胜利大街39号　邮　编：250001

网　址：http://www.sd-book.com.cn

发行部：(0531) 82098027　82098028

新华书店经销

莱芜市华立印务有限公司印装

规　格　16开 (169mm×239mm)

印　张　23.75

字　数　400千字

版　次　2015年1月第1版

印　次　2015年1月第1次

ISBN 978-7-209-08689-9

定　价　36.00元

---

如有质量问题，请与印刷厂调换。　电话：(0634) 6216033

我们关注诺贝尔经济学奖，是关注科学技术，是崇尚科学精神。而创造这一切的诺贝尔经济奖得主，更值得我们关注。回顾他们在科学历程上所做的艰难探索时，我们不得不对他们抱以无限的崇敬与感激！而在他们成功过程中的点点滴滴，更是每个人不可或缺的宝贵财富。

# 序一：激情是一种理性的疯狂

## 温元凯

多年来，我对诺贝尔奖有非常多的研究，包括他们来自哪些国家、什么环境成长、毕业于哪所大学、导师和服务的院校、从事研究的经典理论等。自1969年诺贝尔经济学奖第一次颁奖以来，还未有华人摘取该奖"桂冠"。学者邹恒甫曾表示，中国经济学家25年内不可能获诺贝尔经济学奖。对此，李稻葵也认为，中国不仅经济规模和发展水平还不够，文化传统也与西方有异，应理性看待中国人拿诺贝尔奖的问题。

我们中国是一块产生诺贝尔奖很贫瘠的土壤，要把它改成肥沃的土壤，不是那么容易的。纵观74位诺贝尔经济学奖获得者可知，诺贝尔奖成功者的要素有很多，除了具有眼光和远见、胆略和魄力、意志和毅力等主观因素外，在世界名校接受优质教育、获得经济学大师的悉心指导、有雄厚的国家科研实力为坚强后盾、拥有世界名校提供的良好工作环境、拥有广泛的学术交流经历和多学科知识、在相对优裕的家庭中成长、拥有社会责任心和丰富的实践经验、成果需要长时期检验、有国际前沿的研究课题等客观条件也必不可少，这些是一个获奖人成长中要直面的现实问题。所以，我认为良好的教育和学术环境对人的成才起着至关重要的作用。

在编写这本书的过程中，我发现数学在经济学研究中正得到越来越广泛和深入的运用。尤其是数理统计工具和模型运用已经成为包括经济学在内的社会科学研究领域的一种必然趋势。马克思曾经说过，一门学科只有成功地应用了数学才算是成熟的。自1969年设立奖项以来，评选委员会就敏锐地觉察到了这一特点和趋势，并在颁奖时有意识地加以引导。74名诺贝尔经济学奖得主中，有相当一部分早年就受过专门的数学训练，他们几乎既是经济学家，同时又是统计学家或数学家。经济学和数学的结合趋势还在不断发展。这给中国经济学界提出了一个要求,应充分重视数学功底,要吸引年轻的数学工作者参与经济学研究。

追溯获奖者少年时期成长的家庭环境,则可以发现,幼年时家境富裕和中等的获奖者人数最多,占比达80% 以上,在经济学研究领域能够做出重大成果的人,大部分在幼年时物质条件相对宽裕。此外,家长的文化知识素养和价值取向将对子女产生深刻的影响。

诺贝尔经济学奖对经济学的诠释是相当广泛的,除经济学的研究成果外,那些与之相关的学科,如管理学、政治学、社会学、数学、历史学、心理学等的研究也包含在内。因此,跨学科成果获奖的学者不乏其人,且有增多的趋势。瑞典皇家科学院在考察获奖对象的成果时,对拓展经济学领域的研究给予了更多的关注。例如,模型和数理分析方法在诺贝尔经济学奖得主萨缪尔森、希克斯、阿罗、阿莱斯、康托罗维奇、纳什、海萨尼和泽尔腾等的经济学研究成果中起了重要的作用,形成了文理交叉的“数理经济学”;弗里希、丁伯根、克莱因和哈维默致力于将经济学与统计学结合在一起,创立和完善了“计量经济学”等等。

改革开放以来,中国经济持续30多年高速增长,创造了经济学界不可思议的世界奇迹。1976年诺贝尔经济学奖获得者弗里德曼说过,谁能正确解释中国改革和发展,谁就能获得诺贝尔经济学奖。在经济高速发展同时,贫富差距加大,区域发展不平衡,福利制度的不健全以及经济发展与社会、资源、环境存在矛盾等问题越来越突出,这为包括经济学家在内的中国社会科学工作者的研究提供了丰富的现实素材。中国仍然需要一大批致力于诺贝尔经济学奖研究的学术大师,这都是当前的中国非常缺乏的。

诺贝尔奖得主的奋斗足迹闪耀着诺贝尔精神的熠熠光辉。他们的获奖和创业历程,展示出二十世纪六十年代以来,人类所向往的一种更崇高的人文精神,这是一种被全人类所认可的为理想而奋斗的精神。纵观每一位诺贝尔经济学奖得主的艰辛而又伟大的奋斗历程,不仅使我们从奋斗者的不同领域看到他们为人类所作出的伟大贡献,更使我们的精神得到无私和崇高的提升。所有获奖的成果都凝聚着人类精神的最高智慧,所有获奖的成果都是生命价值的最充分最高尚的体现。

他们的激情就是一种理性的疯狂,是千锤百“炼”的默默无闻的奋斗史。时势造英雄,名师出高徒。本书展现给读者的是,自1969年首次设立诺贝尔经济学奖以来，74 位诺贝尔经济学奖获得者的成长足迹。当我们看到他们高尚的形象和严谨认真的治学态度的时候，我们有谁能不由衷地掩卷长思呢。

我认为，诺贝尔经济学奖可以是一个梦想，但实现这个梦想需要付出辛勤的汗水，需要踏踏实实地做事。当今教育的核心在于激发壮大年轻人的梦想，树苗长的旺不旺，主要靠的是内力即意愿，孩子的意愿来自于他的梦想，愿意为自己的梦想行动。树立大的格局，它将决定你一生所能达到的高度，决定你走向梦想目标的速度。中国经济的持续发展，需要一大批高端人才，“培养诺贝尔奖获得者的苗子”、“培养和造就未来国际化创新杰出人才”，我认为科教发展的关键，是要理性分析自己优劣势，找准定位，对症下药，卧薪尝胆，实事求是地解决好发展中的每一个问题。那时，自信会油然而生，诺贝尔经济学奖将不再是镜中月、水中花。

# 序二：思想在心房划过的痕迹

王雪芹

诺贝尔经济学奖获得者的思想，基本上代表了现代经济学的主要成就，他们的思想不仅构筑了现代经济学的主要内容，影响着现代经济学的发展，而且塑造了人们的现代社会生活，影响着人们的经济行为。中国经济的发展迫切需要学习和借鉴诺贝尔经济学奖获得者的学术思想，普通大众更需要了解和掌握经济学的知识，使自己的行为更加理性。有学者预测，未来中国经济学家最有可能在发展经济学、福利经济学、微观经济学、转型经济学等领域取得诺贝尔经济学奖的零突破。对此，我们充满期待。

自 1968 年首次设立诺贝尔经济学奖以来，1969 年至 2013 年的 44 年间，全世界共有 74 位杰出学者荣获诺贝尔经济学奖。这些获奖者有着怎样的成长历程？怎样的教育经历和工作背景？受到怎样的家庭熏陶、成长环境？获奖者共同具有哪些个人特征？获奖成果主要集中在哪些领域？对这些问题的梳理，不仅有助于了解科学精神和科学道德对诺贝尔奖的诠释，更可看到一个个生动鲜明的获奖者形象如何从遥远的彼岸走近我们身边，和你娓娓道来"我是怎样走上诺贝尔奖成功之路的"心灵之旅。

关注诺贝尔经济学奖评选偏好和获奖者特征，有助于认识我国经济学者能否摘取这项桂冠的热点问题，探究浮躁病侵蚀中国研究者的原因，分析薄弱的基础科学研究和功利化权力主导下的课题制度，能够更清楚地解构无缘诺贝尔奖背后的"空白"。更重要的是，或许能为我国社会科学和经济领域拔尖创新人才，乃至杰出人才的培养，提供一些有益的启示。

为此，《诺贝尔经济学奖是怎样"炼"成的》一书，通过对历年诺贝尔经济学奖获得者的成长进行阐释，用“炼”字篇，详细分析了中国的教育现状与先进发达国家的差距，从获奖层面剖析中国经济学家为何无缘诺贝尔奖的深层原因。用“触”及我们心灵的74位诺贝尔经济学奖获得者的坚韧执著的优秀品质进行呈现。希望通过这些介绍来展现诺贝尔经济学奖的锤炼过程，为大家更全面、深入地了解科技强国、教育兴邦、科学研究、大学建设、教学相长的重要性，深刻认识只有培育有希望的土壤，才能让我们更接近诺贝尔奖，只有抱有更科学、更专注的锲而不舍的追求情怀，才能破解“钱学森之问”的谜团，找到答案。

# 目　录



## “炼”字篇



## “触”心灵篇

# "炼"字篇

# 从教育层面看诺贝尔经济学家的锤"炼"

基础教育要培养有创造精神和研究能力的人才，永远需要摒弃功利主义的价值观。没有人文的科学，将最终失去科学；没有人文精神的科学教育，将最终阻碍科学人才的诞生。

创新是一个民族的灵魂。教育是科技发展的基础工程，担负着输送人才的历史重任。中国是文明古国，文化教育有优势的资源。火药、造纸、指南针和印刷术四大发明，曾使我们荣耀；袁隆平的高产水稻、神舟飞船遨游太空，也都让我们欣喜若狂。但至今却无缘诺贝尔经济学奖，不能不说是一大遗憾。造成这一现状的原因虽然很多，但追根究底无疑都与教育现实有不可分割的联系。科教兴国、人才为本。我国目前仍以应试教育为主，高考指挥棒调动一切，理想教育、道德教育、法制教育、素质教育都得服从以应试为主的智力教育。奥数班、火箭班、重点班比比皆是，千军万马过高考独木桥，"高考状元"更是被媒体、学校、商家炒作得不亦乐乎。分数至上，智育第一，死记硬背，灌输教育，严重妨碍了教育方针的正确实施，影响了青年学子的全面发展，破坏探索奥秘的好奇心，泯灭追求真理的进取心，扼杀勇攀高峰的创造精神。

客观地说，我们的传统教育文化是考试文化。在这个文化中，一个人的好奇心、想象力、和批判性思维能力三条不仅是缺乏的，而且是被视为有害的。批判性思维就是善于对被广泛接受的结论提出疑问和挑战，而不是无条件地接受专家和权威的意见。同时，批判性思维又不是对一切命题都否定，而是用分析性、创造性、建设性的方式对疑问和挑战提出新解释、作出新判断。本来，人的本性中有这三方面的潜能。但是，我们的教育文化把它们扼杀了。拥有好奇心、想象力和批判性思维能力这三个基本元素缺一不可。它们都不是"知识"本身，但是却都超越了"知识"的本身。"好奇心"是驱动人类发现的原始动力，推动我们去探寻；依靠想象力，我们拓展思维空间，使探寻超越现实的局限；而批判性思维让我们挑战已有的知识,永远去寻找新的、更好的答案。需要说明的是,这一问题与具体学科无关,无论是文科还是理科,无论是工科还是医科,无论是理论还是应用,都是一样的。

学生时代的学习过程,对于一个人的未来确实有一定的影响,但这种影响并不是必然的。能够使一个人获得诺贝尔奖,往往是他的基本能力,想象力、创造力,这才是最重要的。学习成绩其实并不能说明多少问题,因为学校教育并非天才教育,是任何人都可以胜任的,一个学生在学习上投入了较多的精力,那样他的成绩自然就会好,但是如果这个学生在想象力、创造性方面并不突出,那么他未来成为大师的可能性就显然比较小,想获得某个领域杰出的成就就相对更难。如果相反,一个学生想象力、创造力非常强,但是他在学习上投入的精力很少,那他在学校里的表现就可能比较差。

著名教育学者熊丙奇说:“想象力和创造力每个人天生就有,教育则培养它成长、壮大,但是我们单一的学习评价体系,却使得想象力和创造力日渐萎缩,可以说,我们的教育是在扼杀这些东西,那些关于课本知识之外的想象,学校课程之外的活动,是不被允许的,这才是问题所在。”

作为世界最顶尖的奖项,诺贝尔奖不仅仅影响着各个专业的领域,同时也影响着社会的方方面面。那么怎样的社会、文化以及教育才能培养出来大师,才能获得诺贝尔奖?诺贝尔奖获得者之所以值得我们注意,在于他们在科学界享有崇高威望和巨大的影响;在于他们集体作出的贡献在促进科学知识的发展上起了非凡的作用;在于使我国的科学教育能跟上世界科学教育发展的潮流。诺贝尔经济学奖在当今已成为经济界的最高奖赏,是获得者最杰出成就的象征。对于精英阶层的关注,对诺贝尔奖获得者的精心研究,是一件具有深远意义的工作。

## 科学主义与人文主义的基本教育观点

上个世纪70年代以来,随着人文主义的全面复兴,人文主义教育也开始了它的现代复兴。面对日益严重的世界危机和人的危机,教育不得不思考这样一个问题:何种思维训练,何种更适合于理解的知识,何种更有效的价值观念才能对人类进步起到更积极的影响而不是毁灭作用!深刻的世界危机和人的危机向人类教育提出了空前的挑战,教育对这一挑战的一个重要反应就是:复兴人文主义教育。各国加强人文学科教学的动机和目的是多方面的,但其中一个重要方面就是以此进行科学人道主义的教育,使年轻一代树立运用科学服务于人道目的的价值观念。

当代人文主义教育观与传统的人文主义教育观有所不同,它重点提倡如下伦理价值:理解与和平、人的尊严、自由与责任、敬重自然等。为此,这种教育观主张:加强文学 、艺术、伦理、社会、历史、地理等人文学科的教学;把价值教育放在整个教育的首要地位;将人性教育贯穿于教育的全部过程中,使整个教育人性化;加强自由与责任的教育,将自由与责任视为现代伦理生活的核心价值。

当代人文主义教育所提倡的道德价值观认为,道德不仅仅是为了养成学生个人良好的道德品质,还要使学生形成伦理的理智活动方式,能用一种更广阔的伦理思维和伦理行为去审视自然、人和社会的方方面面,作出伦理上的正确的价值判断和行为抉择。由于当代人文主义在道德价值观上的变革,它所倡导的道德教育十分注重社会责任感的培养。

美国的伊利诺斯大学附设高中,是一所以数学和科学命名的科技精英学校,将科技教育与人文思想完全融合,学校的办学宗旨是培养学生的想象力,激发起学生的探究热情,推动人类的发展。这个目标定位就很有人文意义。科学是为了什么?回归原点,科学的最终目的是推动人类的发展,科学教育也是为人类服务的。1981 年诺贝尔经济学奖获得者詹姆士·托宾从这所美国英才高中毕业,在没有刻意作任何准备的机会面前,成功申请到哈佛大学提供的全国性的柯南特奖学金,就不足为奇。美国的伊利诺斯大学附设高中目前已出了三位诺贝尔奖得主。

哈佛大学吸引了像托宾这样资质相当优秀的学生,而这批杰出的学生未来继续从事学术生涯,乃是顺理成章的事。托宾的导师波拉德不拘泥于学术成规,毫不在意托宾当时只不过刚修习经济学原理。从初次接触凯恩斯撰写的《就业、利息与货币的一般理论》开始,俩人一路讨论念过的章节,托宾就被经济学迷住了。这不外两个原因。其一,经济理论是一项迷人的知性挑战,与数学或弈棋相似。托宾非常喜欢分析与逻辑论证,由小学到大学阶段,代数可能是最令他眼界大开的科目。另外一个原因就是,透过经济学的研究,显然可以对经济大恐慌及其为全球政治走势所造成的可怕影响有所了解,甚至可能提出解决之道。

在哈佛大学托宾走进经济学的世界，基于下列几个原因，当时的哈佛已经是北美首屈一指的经济学研究中心，能够与之匹敌的只有哥伦比亚大学及芝加哥大学。教授不管是资深还是资浅，都属一流之选。当托宾还是学生的时候，就遇到了两位在经济学界的重要人物，一位是列昂惕夫，当时已任教职，另一位是萨缪尔森，他是担任初级研究员的研究生，无须正式修课。在30年代，哈佛资深教授阵容中，熊彼特可说是诺贝尔奖的必然人选，汉森、钱伯霖以及哈伯勒也不遑多让。

1939年从大学毕业之际，托宾早已忘记曾经钟情的法律，而很自然地决定成为专业的经济学者。哈佛大学有一套留住大学部优秀学生的方法，也就是将奖学金的提供延伸至研究所——托宾的奖学金获得展延，顺理成章地进入研究所就读。从大学部转到研究所的过程中，并没有碰到多大困难，因为早在大四时，他已选修过若干研究所的课程了。这时，他需要的是加强选修一些专业研究工具的课程，包括数理经济学理论以及统计学与计量经济学。

教授们几乎把大部分的教育责任留给象托宾一样优秀的学生。他们希望学生能自学并与同学相互切磋，把学生视为学术钻研过程中的伙伴，而不是所谓的“徒弟”。对比中国今天的研究所教育，太着重将一大堆固定教材传授给学生，再测验学生对于教授所传授的知识的掌握程度。从托宾身上，我们看到了美国教育对高端人才进行了卓有成效的早期培养。

## 播种理想种子与潜移默化的家庭教育

家庭教育对人的成才起着至关重要的作用，要注意创造有利于智力开发的环境条件。在探讨诺贝尔经济学奖获得者的家庭教育前，我想起四年前自己听到的一则真实的小故事：

一位荣获诺贝尔化学奖的法国科学家，在颁奖典礼上接受记者采访时，被问道：“您今天获得这样伟大的科学成就，与您童年的家庭教育有关系吗？”

这位科学家不假思索地向记者介绍说：“太有了！我的今天的成就应该一半归结给我妈妈。记得在我五岁的时候，有一天到厨房里去拿牛奶。当我从冰箱里拿出装满牛奶的玻璃瓶子，一下没抓住，把瓶子摔得碎粉，三斤多牛奶撒了一地。妈妈听到了响声赶紧跑过来，看到一地的牛奶和玻璃碎片，冷静地笑了。她说道，既然牛奶已经洒了，我们看它还有什么用吗？儿子，看看有什么用？别愣在这儿，你不是叠了很多纸船？这不是一个海洋吗？咱俩划纸船，把你的纸船找出来。在我去找纸船的时候，妈妈把地上的玻璃碎片，收拾干净，地上剩下一个牛奶的海洋。就这样，我和妈妈拿着纸船在牛奶的海面上面开始比赛。玩了20分钟，纸船也湿了，妈妈说，好了，玩够了，牛奶完成了它的使命，把它扫掉吧！打扫完之后，妈妈把我领到院子里，找了一个一模一样的瓶子给我，说：‘刚才你之所以把牛奶洒到地上，是因为不知道怎么抓，现在妈妈灌满水，你现在右手抓瓶颈，左手拖瓶底，试一下。’我在草坪上，来回走了十多次，再也没把瓶子摔到地上”。

早期家庭教育重要吗？答案无疑是肯定的。一个人走怎样的路，往往是和早期家庭教育有关的，家长对孩子的教育和启发是必不可少的。

科学家还介绍说：“这件事给我两点启发。第一，妈妈把一汪已经没用的牛奶变成海洋，变成有价值的东西，我们玩了20分钟。我后来的科学实验很多，我都是在实验失败之后，想起妈妈把牛奶变成有价值的东西，想这个失败的实验有没有哪些有价值的东西。我很多科学发现是这样发展的。第二，最重要是，这件事给我太大的启发，我从童年开始就不害怕失败，不害怕犯错误，一个人任何错误都可以犯，只要以后改了就可以，下次做对就可以了。我从小不害怕犯错误，不害怕失败，这是我成功的关键秘诀。”

每个孩子都是与众不同的，每个孩子都有自己的个性特点，但所有的父母都一样，渴望孩子长大成材，对孩子所采取的教育方式也许不尽相同，但追溯父母在家庭教育中扮演的角色，对于成长中的孩子的浸润和影响，在许多获得诺贝尔经济学家的身上都可以体会到。

曾获诺贝尔物理学奖的日本学者永振一郎和汤川秀树的父亲，都是东京大学的教授，他们共同的经验和看法是，要迈好人生第一步，必须抓好家庭启蒙教育，要从孩子有思维能力起就给他们增加“知识的营养”，“把理想的种子播在摇篮里”。

家庭教育对人才的成长具有相当重要的作用。诺贝尔经济学奖得主的家庭教育是怎么样的呢？他们的教育方式会跟我们有所不同吗？作为人生的第一所学校和孩子的第一任老师，诺贝尔经济学奖获得者的家庭和父母，为我们提供了许多值得借鉴和学习的家庭教育经验。

1969 年诺贝尔经济学奖获得者拉格纳·弗里希青少年时，继承家族传统的金银事业，成为一名合格的手工金匠工人，这被周遭的人认为是理所当然的事。但是，弗里希的母亲强烈地感觉到，从长远看，对一辈子从事金银这一行业，弗里希可能是不会满意的。她坚持要求弗里希在完成金匠学徒期的同时，继续进入大学学习。

美国芝加哥大学著名心理学家布鲁姆通过对数千名儿童的追踪调查，得出人智力的80%是在从出生到 8 岁以前完成的结论，尽管过于绝对，但这时期的智力发展确是人生的“关键期”。日本、英国、瑞士、前苏联等国的科学家也持相似的观点，主张注意孩子的早期教育。无可讳言的是，家庭教育在知识的积累过程中，具有举足轻重的地位，而且影响程度愈来愈深远。

1972 年诺贝尔经济学奖得主阿罗在年幼的时候，就被认为是天赋优异。他的父母双方的家庭皆是外国移民，在 1900 年左右来到美国，并在纽约安定下来。双亲虽然来自贫穷的家庭，却都非常重视教育，然而更重要的是，家里有许多好书。阿罗他几乎无书不读，并且渴望将自己的理解加以系统化。举历史为例，在他的想法里头，历史并不仅仅是一摊日期与一些生动的故事，他将之视为一个序列，从一个事件中不断产生下一个事件。这种秩序感在他高中与大学的阶段逐渐成形，导致他对数学与数理逻辑产生浓厚兴趣。

言传身教，为孩子作出好榜样。鼓励孩子成为自己想成为的人。菲尔普斯在父亲“压力”之下学习经济学课程，但最终迷上经济学研究，将一生献给了经济学。他见证了 20 世纪全球诸多经济事件，同时为现代宏观经济学做出了重大贡献。更重要的是，他的研究成果深刻地影响着全球经济，对中国经济也不无借鉴价值。用菲尔普斯自己的话说：“能够经历如此多的事件和挑战，实在三生有幸。”

2006年诺贝尔经济学奖获得者菲尔普斯出生于1933年，正好是美国大萧条时代的末期，当时他的父、母亲同时失业。六岁时，父亲找到位于纽约州的工作，举家从芝加哥迁移至哈德逊河畔的黑斯廷斯村。菲尔普斯的父亲在大学时主修经济学，因此打从儿时开始，每天餐桌上的话题总是围绕着财经新闻，菲尔普斯也养成每天读报的习惯。父母亲认为菲尔普斯很有研究精神，总说这孩子未来或许可以担任研究员。

七岁那年的某天，小菲尔普斯突发奇想，忽然很好奇美国人养了多少只猫，于是，开始计算自己住的这栋公寓里，究竟有几只猫。这应该算是他此生所进行的第一项调查研究。几年后，小菲尔普斯启动了另一次调查研究，记录住家前面这条路上的行径车牌，想知道哪些州的汽车最常经过这里。这些在大人眼里看来或许很无聊，没有意义的不起眼的小事，或许注定了菲尔普斯的经济学家之路。

在安默斯特学院的时光对他来说十分重要。进入安默斯特学院就读后，菲尔普斯对音乐与哲学产生浓厚兴趣，当时他阅读希腊英雄史诗、西班牙文学家赛凡提斯的《堂吉诃德》等书籍。潜移默化地，被灌输了“生机论”的思想，也就是探讨生命意义的来源。所谓的美好生活，就是应该持续接受挑战、解决问题、尽可能地探索。这也奠定了他日后不愿服输、甘愿尝试和接受挑战的傲骨。但此时父亲依然不断在他耳边提醒，“试着去上经济学的课吧！”很快的菲尔普斯就发现，父亲是对的。十八、九岁的时候，他还在寻找自己的方向，就在大学第二年，他决定听取父亲建议，修了一堂经济学课程。想不到自己在报纸上看到的经济新闻，都能在课堂上得到完整分析。

于是，菲尔普斯渐渐从对于柏拉图、英国哲学家休姆的崇拜之中转移注意力，投向对他而言难度相对较高的经济研究怀抱，而菲尔普斯的挑战精神，也开始主导他未来持续钻研经济的方向。他隐隐地感觉到，个体经济学理论和总体经济学理论之间似乎相互冲突，好奇为何没人发现过这两者之间的矛盾，或者，虽然发现，但没有试着去挑战教科书的矛盾。菲尔普斯决定要找出答案，大学毕业后，他便进入耶鲁大学攻读硕士，展开他与经济密不可分的一生。

如今,诺贝尔的名字在世界范围内几乎是家喻户晓的。正因为有了诺贝尔,我们才得以无数次地领略诺贝尔奖获得者的风采。诺贝尔不仅以其卓越的才能,而且以其高尚的人格赢得了世人的尊敬。回顾诺贝尔的成长,他的家庭教育给我们两点重要启示:

其一,立志和事业心是家庭教育的重要内容。诺贝尔的父亲不仅鼓励他从小立志,而且还以自己的行为影响他,培养了他坚韧不拔的品质和强烈的事业心。父母教育子女,首先要教育他们树立崇高的志向,培养他们的事业心。父母还应特别注意用自己的一言一行给孩子以潜移默化的影响。诺贝尔的父亲在这方面堪称楷模。

其二,要对孩子进行开放式教育。父亲让诺贝尔周游世界,到各国考察,学习各国新的科学和技术。这种开放式教育开阔了他的眼界,也坚定了他献身科学的志向,这次考察影响了他的一生。虽然绝大多数的家庭没有条件让孩子出国考察学习,但树立一种开放式教育的观念却是十分必要的。对孩子的教育不能仅满足于家庭和学校教育,还应让孩子走出去,融入到广阔的社会中,利用丰富的社会资源教育孩子。

许多的教育科学研究者和教育专家都非常关注诺贝尔奖获得者的成功之道,关注他们的父母是如何教育孩子的。今天的经济学,和其他的自然与社会科学一样,早已成为一项专业的学问。家庭教育择善而从,父母注意创造有利于智力开发的环境条件非常重要。

60 多年前,一位超级科学天才向经济学领域偶然踏入一只脚,便开启了一个奇妙的世界,无数天才为它沉醉,为它冥思苦想,甚至癫狂。今天,博弈论已经成为政治家、军事家、经济学家等等很多人口中时髦的行话,他的杰出研究者也成为诺贝尔奖的青睐对象。他 21 岁时所写的博士论文,成为日后现代博弈论的理论基石,而他的研究生同学却从未见他看过一本书。诺贝尔经济学奖对于博弈论研究领域的首次颁奖因为他,而推迟了十年之久。并特意修改了有关规则。这就是 1994 年诺贝尔经济学奖获得者:约翰·纳什。

1928 年 6 月 13 号,纳什生于美国西弗吉尼亚州工业城市布鲁菲尔德的一个中产阶级家庭。他生长在一个充满亲情温暖的家庭中,但比起和其他孩子结伴玩耍,纳什从小就显得内向而孤僻。他总是偏爱一个人埋头看书或躲在一边玩自己的玩具。小纳什虽然并没有表现出神童的特质,但却是一个聪明、好奇的孩子,热爱阅读和学习。

中国古代有“子训始稚,教儿婴孩”之说。纳什的母亲结婚前是个中小学老师,教英语和拉丁语。年少时母亲和他关系亲密,或许出于教师的职业天性,她对纳什的教育格外关心,早在纳什进入幼儿园前,就开始亲自教育、辅导他。而纳什的父亲则喜欢和孩子们分享自己在科学技术上面的兴趣,能够耐心地回答纳什提出的各种自然和技术的问题,并且给了他很多的科普书籍。

少年时期的纳什还特别热衷做电学和化学的实验,也爱在其他孩子面前表演。纳什就读于布鲁菲尔德当地的中小学,然而在学校里,纳什的社交障碍、特立独行、不良的学习习惯等时常受到老师的诟病。这些问题令纳什的父母忧虑,曾经想过很多办法,但收效甚微。

小学时期,纳什的数学学习成绩并不好,被老师认为是一个学习成绩低于智力测验水平的学生。比如在数学上,纳什非常规的解题方法就备受老师批评,然而纳什的母亲对纳什充满信心,而后来的事实也证明,这种另辟蹊径恰恰是纳什数学才华的体现。这种才华在纳什小学四年级时便初现端倪,而高中阶段,他常常可以用几个简单的步骤取代老师一黑板的推导和证明。而真正让纳什认识到数学之美的,恐怕要数他中学时期接触到的一本由贝尔所写的数学家传略《数学精英》,纳什成功证明了其中提到的和费马大定理有关的一个小问题。

## 中国教育与美国教育对比过程中反思

爱因斯坦说:“学校的目标应当是培养有独立思考行为的个人,而不应当把获得专业知识放在首位。”有资料反映,美国一所小学,为了学生完成一道关于苹果的作业,学校放假一周,让孩子们自己到果园、市场、图书馆亲身体验和感受,给他们独立思考的机会。据说,英特尔公司在学校招聘时,更喜欢各科成绩虽是60分但富有创意的学生。有人曾问美籍华人、物理学家、诺贝尔奖获得者杨振宁教授:“为什么诺贝尔奖常常花落美国?”回答是,“这大概缘于美国中学生考试常得零分”。其实,并不是说诺贝尔奖钟情差生,也不是说差生更容易做出杰出成绩,真正相关的是一个人的想象力和创造力。这个回答启示我们,美国在现代科技领域的领先实力,与他们的教育有关。

中国自1977年恢复高考以后,给学生自由发展的空间不大,教育多以填充式教育为基本症状，由于巨大的就业压力，导致巨大的升学压力，学生要不遗余力地把所有时间用于升学准备，所以学生在校学习时间全部由学校教师负责填满，学生在家时间比如双休日，则基本由家长负责填满，这个原因不仅是教育的，更主要的是社会等多种因素造成的。

获诺贝尔奖的成才之道崇尚科学教育。科学研究，是依赖于创新能力，而不是死记硬背能力。而65年来新中国的教育，从基础教育到高等教育，都是培养死记硬背，记住唯一标准答案的应试教育。应试教育只需要你背诵唯一的答案，不需要你知道得出这个答案的证据；只需要你在考试中一字不差地默写出答案，不需要你去思考答案背后的逻辑。有人会说，创造性不是教出来的。也许，但是不应忘记，错误的教育理念和方法却可以把原始的创造性扼杀或毁灭。

到目前为止，获得诺贝尔自然科学类奖项的华人已有8位，他们分别是：

1957年度诺贝尔物理学奖获得者李政道和杨振宁

1976年度诺贝尔物理学奖获得者丁肇中

1986年度诺贝尔化学奖获得者李远哲

1998年诺贝尔物理学奖获得者崔琦

1997年度诺贝尔物理学奖获得者朱棣文

2008年度诺贝尔化学奖获得者钱永健

2009年诺贝尔物理学奖获得者高锟

一个非常尖锐的事实是，他们全部都不是中国人，他们受到的教育，和新中国教育几乎都毫无关系。李政道、杨振宁毕业于民国时期的西南联合大学，后赴美求学；丁肇中的中学时代在台湾度过，后赴美国密歇根大学就读；李远哲毕业于台湾大学，后赴美国柏克利加州大学就读；朱棣文和钱永健则是土生土长的美国人，出生在美国，所有基础教育和高等教育都在美国完成。高锟虽然是华人科学家，还曾经担任过香港中文大学校长，却是英国和美国双重国籍。他得到诺贝尔奖的研究，也都是在英国标准电话电缆公司任职时完成的。1944年，高锟就随父移居英国殖民地香港，入读圣约瑟书院，1957年毕业于英国格林尼治大学电机工程系，1965年获英国帝国理工学院电机工程博士学位。国内媒体在报道华人获得诺贝尔奖时，总千方百计想找出他们和中国的关系。8位诺贝尔奖获得者中，只有一位，1998年诺贝尔物理学奖获得者崔琦，曾接受过新中国的基础教育，他1951年曾在北京读中学，次年就到香港培正中学就读，随后赴美国芝加哥大学就读。

## 华人并非自然科学类诺贝尔奖的“稀客”

虽然中国本土科学家未获得过自然科学类诺贝尔奖，但世界范围内的华裔科学家并不是诺奖的“稀客”，到2013年为止，获得诺贝尔自然科学类奖项的华人已有8位，他们分别是李政道、杨振宁、丁肇中、李远哲、朱棣文、崔琦、钱永健、和高锟。

李政道：1957年物理学奖
李政道（1926年11月25日～　）美籍华裔物理学家，出生于上海。31岁时与杨振宁发现“弱作用中宇称不守恒”而获得诺奖。

杨振宁：1957年物理学奖
杨振宁（1922年10月1日～　），安徽合肥人。1957年与李政道提出“弱相互作用中宇称不守恒”观念被实验证明而获得诺奖。

丁肇中：1976年物理学奖
丁肇中（1936年1月27日～　）祖籍山东日照，美国人，现任美国麻省理工学院教授，因为发现一种新的基本粒子获得1976年诺奖。

李远哲：1986年化学奖
李远哲（1936年11月29日～　）1986年以分子水平化学反应动力学的研究与另外二人共获诺奖，目前为美国国家科学院院士。

“以西方之学术，灌输于中国，使中国日趋于文明富强之境”，当年中国的“留学第一人”容闳曾如此表达自己留学的目的。中国留学大潮自清代官派

"留学幼童"以来,先后涌现出孙中山、黄兴到陈独秀、李大钊再到周恩来、邓小平等数代杰出人物,这些留学生归国参与国家历史进程,改变了整个20世纪的中国。新中国建立之后,与过去留学生回国后主要从事"拯救中国"的事业相比,大多数留学生步入了经济、科技、文化、教育领域,从事建设中国的事业。海归当中的杰出人物主要涌现出钱学森、邓稼先等著名科学家。

美国国务院教育和文化事务局发布的《门户开放报告》(2012)显示,2011至2012学年,中国(不含港澳台地区)赴美留学生总数达到194029人,同比增

朱棣文:1997年物理学奖
朱棣文(1948年2月28日~ ),美国华裔,生于美国圣路易斯,因"发展了用雷射冷却和捕获原子的方法"获得1997年诺奖。现任美国能源部部长。

崔琦:1998年物理学奖
崔琦(1939年~ )在河南出生的美籍华人,因发现并解释了电子量子流体这一特殊现象而获得诺贝尔物理奖。1982年至今任美国普林斯大学电子工程系教授。

钱永健:2008年化学奖
钱永健(1952年2月1日~ )生于美国,祖籍浙江,是钱学森的堂侄。2008年,与美国日本2名科学家以绿色荧光蛋白的研究获诺奖。

高锟:2009年化学奖
高锟(1933年11月4日~ )生于上海,祖籍江苏金山,拥有英国、美国国籍,因在"有关光在纤维中的传输以用于光学通信方面"取得突破性成就获得诺奖。

长23%。这是继2010年以来,中国留学生数量连续三年占据美国国际学生数量榜首。据新华网报道,在美国留学生生源国排行榜上,排在第二位的是印度,

赴美留学生总人数约为10万人,韩国、沙特阿拉伯和加拿大占据了从第三至第五的位置。该《门户开放报告》由美国国际教育学会编纂。报告显示,2011至2012学年就读于美国学院和大学的国际学生总数达764495人,比上一年度增加了5.7%。《东方早报》报道则援引美国大使馆高级文化事务官员耿欣的说法称,这一增长主要是由中国学生数量的增长驱动的。该年度中国学生赴美入学总人数达到创纪录的194029人,同比增长23%,本科阶段增长幅度达31%。中国学生赴美攻读本科生的比例已上升到中国赴美留学生总数的38.4%,与研究生所占比例45.6%的差距在缩小。中国留学人员的内部构成进入21世纪后,也发生了重大变化。体制外自费留学生已经占出国留学人数90%以上,出国留学地区也分布在世界109个国家和地区,所学科目几乎覆盖了当代所有学科。

自上世纪80年代至今,中国大陆出国留学人数大约400多万。在大陆受过教育的30到40岁的中国人大约在一亿以上,却没有一人能获得诺贝尔自然科学类奖项。这些足以引起我们的反思。中国学生的应试能力全球闻名,1981年托福首次登陆中国时,有20人参考,由于没有口语环节,他们全部获得了满分,但去了美国不足一年,他们全部被退学回国。能看,能听,就是连上厕所都不知道怎么表达。面对拔高考试分数的技能教育,一大部分原因要归功于能将

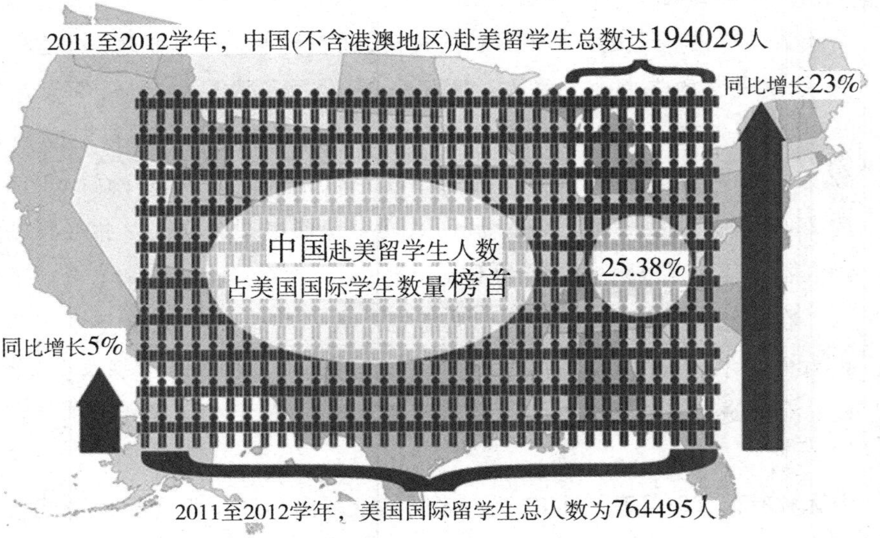


2011至2012学年中国赴美留学人数接近20万

历年考试都能总结得十分精辟的教育研究学者，在他们的点拨下，学生能够在短时间内掌握应试技巧，提高考试分数。在与世界教育接轨过程中，中国大陆应试教育体制的后遗症远远大于人们的想象。

2013年6月4日，《重庆时报》刊登了一篇关于中国高分考生以2230的SAT成绩被美国加利福尼亚大学洛杉矶分校录取，而今年5月该生因大学学习能力差、学习情况与入学成绩不符，被学校退学而转入当地一所小区学院就读的新闻。论文、小组作业、学期演讲、期末笔试，这些决定李延能否毕业的因素，无一不是他的拦路虎。

SAT成绩是世界各国高中生申请美国名校学习及奖学金的重要参考，中文名称为学术能力评估测试。考查的是学生的逻辑推理能力。“它不仅是进入本科院校的硬性条件，也是美国大学衡量一个人是否聪明的标准。”成绩达到2230分意味着什么？耶鲁大学建筑学院院长罗伯特斯特恩说，这意味着有超过90%的可能性会被耶鲁大学录取，具有100%把握可以申请到常青藤盟校的Offer。

美国常青藤盟校公布的数据显示，进入哈佛大学、耶鲁大学、康奈尔大学、哥伦比亚大学等14所名牌大学的中国留学生退学率为25%，他们的共同特点为都是曾经的高分考生。精英留学生被美国名校劝退，高分低能再次席卷中国。这是一个很悲戚的故事，这个学生能够勇敢地讲出自己的失败，对其他的学生是个警示。回忆当初，他用了两年的时间，每天花10小时，背了超过200篇范文，重复做过4遍历年SAT真题和模拟题，加上兼顾复习托福，终于在2012年3月的SAT考试中考了2230分，而SAT满分为2400，再加上托福107分的高分，成功申请到美国公立大学排名第一的加利福尼亚大学洛杉矶分校的Offer。

在总结失败经验时，李延并没有把矛头指向语言：“我觉得自己不是因为语言才失败的，其实我的许多日本和韩国朋友都没有过语言关，他们却总是知道怎么在图书馆里找到自己需要的资料，写教授喜欢的论文。”

但无独有偶，2014年2月12日许多网站上登出了四川学生玩遍游戏放弃保送清华，自办工作室，斯坦福大学百万奖学金录取的故事吸引了我。他身上的自信与独立，以勇气致青春的精神使我很受触动，深深震撼着我的心灵。的确，青春就是一场肆无忌惮的碰壁，一次不计代价的赌约。从在质疑声中咬紧牙关的“逆袭”，到重新审视一个曾经被拒录的申请人的材料，不论对18岁的李凌霄，还是建校120余年的斯坦福来说，都是一种勇气。李凌霄也由此成为近几年来，四川唯一在美国大学EA，即本科提前录取阶段获得斯坦福大学录取和奖学金的学生。李凌霄坦言，“成绩在申请最好的学校时几乎没什么用，独特经历才是最重要的，它定义了你是怎么样一个人”。李凌霄用批判性思维能力证明了自己的选择。

“对计算机的兴趣，不是简单的喜欢，而是长久地坚持。坚持越久，就能在某个领域洞察到一般人看不到的东西。”说到对计算机的兴趣，李凌霄说这还得从小学玩游戏说起，“市面上能见到的游戏我都玩过了”。虽然对学习没什么帮助，但却让他从小萌生了制作游戏和编程的念头。初中时，斯坦福教授唐·克鲁斯的一本计算机著作，让李凌霄第一次被书中技术和艺术的结合震惊。自那之后，便深藏了一个留学梦。

“因为我相信我是独特的，所以我选择再申请一次斯坦福。”2014年2月10日晚8点过，18岁的李凌霄从工作室出来。他个子超过一米八，戴着黑边眼镜。高中毕业后，他和朋友开办工作室，开发游戏软件，每天从上午9点工作到晚上7点。

可能李凌霄的高中同学还不知道，这个全国信息学奥赛金牌获得者，在放弃了清华大学、加州伯克利分校之后，他两次申请斯坦福大学，并最终被斯坦福大学以每年4.2万美元（四年共计超过100万元人民币）的奖学金录取。

李凌霄出生在乐山一个工薪家庭，爸爸对他的求学选择一直是静观其变。保送清华又放弃，申请到加州伯克利这样的牛校因为没有奖学金而放弃，高中毕业到北京实习因为工作环境与自己的求职标准不符而放弃，回到成都白手创业……。开明的爸爸甚至对儿子大开方便之门说：“你不上大学也无所谓。”爸爸用自己的大学经历告诉他，相信自己的想法，并尝试着固执地走下去，这才是对自己人生负责任的选择。

在乐山读完小学后，他考上了成都外国语学校初中，“刚开始成绩不怎么好，环境陌生，每个周末就盼望着坐两个小时校车回家。”然而正是不适应激发了他的潜能。初中班主任要求学生每天写成长日记，学会自我管理,也为他的兴趣爱好开绿灯,破例允许李凌霄每周二、周四下课后单独使用学校计算机房,在身边没任何资源的情况下自学计算机编程。高中后,李凌霄对计算机的热情持续了下来。他是各种计算机竞赛的得奖专业户,全国信息学奥林匹克竞赛金牌获得者,因计算机编程比赛的优异成绩,获得前往俄罗斯圣彼得堡免费旅游的机会。

"我不太喜欢张扬。参加竞赛让我学会了独立思考问题,更让我在一条不同于其他人选择的路上发现自我价值,而不受所谓主流思维的影响。"李凌霄说。"未来要发生的事情谁知道呢,我不擅长做长期计划,因为有太多不确定,也许我到了斯坦福会选计算机,也许会选择别的专业,毕竟只有自己体验过才知道究竟是什么感觉。"他选择了自主申请DIY这种普通高中生看来最坎坷的申请方式。"没老师,向其他出国同学寻求帮助,同时自己上学校主页,自己准备语言考试。虽然机会小,但这种绝境激发了我冒险和挑战的本能。"

李凌霄同学身上展示的品格,让我想到了1994年诺贝尔经济学奖获得者、现代总体经济学缔造者的菲尔普斯一生所倡导的做事风格,"鼓励接受挑战,愈年轻、愈有承担风险的条件和本钱。"原来这句话不只适用于投资理财,也适用于人生。这位温和开朗外表之内,有着一副不愿服输、热爱挑战的傲骨的大师级人物坦言,自己从来没有为人生设立一个明确目标,"我只是不断试着挑战,当我做到了一件以为自己原本达不到的事情,或是发现洞察力变得更加敏锐,就会换来成就感。"在他看来不断尝试的成本,就是尝试错误,"当然,你不会知道哪一条路才正确,但这就是人生的一部分,像是一种风险。你必须要让自己处在可能是机会、也可能是危险的环境之中。这么一来,你就会不断地去思考,并且将你所见所闻铭记在心。而这可以帮助你训练解决问题的能力。"这是他对于自己挑战权威的总结评语。

"想象力比知识更重要,因为知识是局限于我们已经知道和理解的,而想象力覆盖整个世界,包括那些将会知道和理解的。"爱因斯坦说。正是爱因斯坦本人的想象力,改变了我们对世界的认识。强从哪里来?从创造性中来。创造性从哪里来?人的创造性,就与教育有直接关系了。因材施教是美国教育的一个特点,中小学教育课程安排有很大的灵活性,大学教育更是各有特色。有人说,英国的教育是叫人怎样做绅士淑女,德国的教育是教人怎样解决各种问题，法国的教育是怎样享受生活，美国的教育是怎样成就自己。

在基础教育方面，中国的基础教育重视扎实性，注重纵向的深度；而美国教育重视多元性，基础教育注重广度。

中国的基础教育最根本的特点是以考试论英雄。这就决定了我们的课程起点高、难度大、知识面窄。孩子在学校里要做太多的作业，要考太多的试，要背太多的文章。

在美国，学生基本上没有家庭作业，14时放学后大多去参加各种各样的课外活动。即便是考试，老师也不会给学生排名次，学生们也从不在意谁考得好或不好。相反，如果某个孩子有某种特长，则会受到其他同学的羡慕和尊敬。我想，这主要是因为美国的老师普遍认为学生的实际动手能力，特别是创造力远远比那些书本上枯燥乏味并与实际生活毫无关系的抽象理论重要得多。

中国的基础教育注意培养学生严格和严谨的治学态度，美国的基础教育注意培养学生的自信和自立精神。

中国的学生是多学、多练、多记、多考，培养孩子吸收知识、学习行为和接受能力。美国的学生是多看、多问、多想、多干，注重培养学生的批判性思维、独立思考能力、创造性、发现问题解决问题并学以致用的实践能力。我们的老师们也基本上不会鼓励和挖掘孩子们学习以外的各种潜能。

美国的老师总是激励孩子们的自我表达能力、怀疑能力和辩论能力。孩子们从不认为世界上的标准答案只能有一个。这种从小培养起来的怀疑能力就是未来的创造力。这也正是美国之所以强大的基础。

相应的，美国有宽松、自由的氛围，能够充分照顾每个学生的兴趣和爱好；而中国基础教育则沉闷得多了。

中国的孩子们几乎没有任何可以自由支配的时间来满足自己的爱好。中国的学生常在各种奥林匹克竞赛中获奖拿金牌。但只要我们仔细想一想就会明白，我们的学生是花费了多少时间和精力才“打造”出结果来的。

所谓的成绩，也只是集中在学科的解题技巧上，而不是在实际运用和发明上。也就是说，我们的知识只是局限在做题，解题上，而非运用理性的思维和方法来解决生活中的实际问题上。试想，如果我们把孩子有限的时光都花在抽象的如同智力游戏的题海上，那么，他们勇于参与实践的时间和能力必将大受影响。

而美国课堂班额小、氛围自由、宽松，上课期间学生可以随意走动，自由辩论，表达自己的观点，是典型的以学生为主的教学模式。

**中国的基础教育注重知识，“学多悟少”；美国的基础教育是培养创新能力的教育，“学少悟多”。**

我们的课堂教学相对美国来讲，班级人数过多，课堂容量大、要求高，课堂氛围比较严肃呆板。这样虽然给学生打下了系统扎实的基础，但同时也带来了课堂不活跃，老师讲得多，学生思考得少的弊端，典型的以教师为主的教学模式，这是中国基础教育课堂尤其是高中课堂的共性。

而美国课堂班额小、注重孩子想象力和创新能力的启发。在人文社会科学方面，美国明显高于我国。美国的中学生已经能够独立去图书馆查文献、找数据来完成一个正规的项目。他们的命题完全从兴趣出发，极为广泛，从反恐到世界和平，从环保到动物保护，应有尽有，而有些在我们看来是只有到大学毕业才能完成的论文。

**我们现行的课程设置和教材体系，大一统的要求；美国没有全国性的课程标准，但各州、郡甚至学区都可以自行编订课程标准。**

比较我们现行的课程设置和教材体系，我们的情况是千篇一律，灵活与个性不够。目前我们施行的课程方案中，必修课的地位相当突出，教学时数多，知识要求高，统一的课标，甚至是统一的教材。选修课的范围不大。

从总体上看，美国的课程设置相当灵活，主要包括必修课和选修课两大类。必修课所占的学分较多，内容广但不深，强调学生的实践能力、思维能力及认识问题、解决问题的能力。选修课种类繁多，多达上百种，主要是依据学生升学、就业和社会生活的实际需要而定，学生可以根据自己的兴趣自由地去选择，取得规定的学分即可。美国教育不是不要知识，但他们要的是经过精心挑选之后富有营养的知识。

由此可见，中美在教育观念、教育模式和方法上存在着巨大的差异。中国的教育更多的是一种模式教育；而美国则侧重于强调创新精神，强调个人主义，是一种精英式的教育。从本质上讲，侧重于创新还是侧重于打基础是美国基础教育和中国基础教育的根本区别。

何谓基础教育？基础教育就是“为儿童的发展打基础”的教育，是为儿童成长为创造型人才打基础的教育，是保护儿童发展潜力的教育，是给儿童提供经过精选的、平衡的、必需营养的教育，是培养独立思考、探索能力发展的教育，而不是培养堆积储存陈旧的淘汰知识垃圾能力的教育，是给孩子提供与世界最新科技发展相适应的精华基础知识的教育，是培养与儿童成长周期规律相适应的知识能力的教育。

1978 年，全世界诺贝尔奖获得者在法国巴黎聚会。有记者问当年的诺贝尔物理学奖得主卡皮察：“您在哪所大学、哪个实验室里学到了您认为是最主要的东西？”

出人意料的是，这位白发苍苍的老人回答道：“是在幼儿园。”

记者愣住了，又问：“您在幼儿园学到了些什么呢？”

老人如数家珍地说道：“把自己的东西分一半给小伙伴们，不是自己的东西不要拿，东西要放整齐，吃饭前要洗手，做了错事要表示歉意。午饭后要休息，学习要多思考，要仔细观察大自然。从根本上说，我学到的全部东西就是这些。”

知识一旦不匹配儿童时，小马拉大车，让儿童听天书，这样的知识是没有意义的。今天的基础教育强迫儿童掌握的，有些是死知识。出于好心，我们唯恐中国的孩子“输在起跑线上”，而一味把基础的边界越划越大，我们甚至不惜把大学的知识拿到初中去，让幼儿园去承担小学的内容。

无限透支儿童的成长潜力，迫使孩子都成了学奴、算奴、分奴、考奴！最后发展成为学而无用的毫无独立精神和独立能力的“人奴”！这就是为什么中国的教育不会培养出创新“人才”，而美国的教育为什么会大量出品创新人才的根本原因所在。

对孩子的教育不能只注重智力和分数，因为决定人生成败或幸福与痛苦的往往不是学问的高低，而是人格的健康水平，行为习惯恰恰是影响人格发展的关键因素之一。

从深层次思考，我认为，培养考生还是培养学生，是中美教育的根本区别，也是应试教育和素质教育的本质区别。培养考生是把有问题的教得没问题；培养学生是把没有问题的教得有问题。

其实，教育是一个非常求实的行业，担负教导下一代的重任，必须要从传统教起。不过美国教育体系中确实有值得中国借鉴之处。所谓先进，不仅是及时引进最现代化的教学技术，如电化数码教学和不断更新教材，更注意对师资进行先进教育理念的培训，及时采用最新行为和心理教学法，根据新时代少儿发展的特点来教导学生。

中国目前推行素质教育，所谓“素质教育”不是学点体育、才艺等表面技能，而是要做到从内心提高。如果老师缺乏教育心理学素养，怎能教导出高素质的学生？

而美国早已经将心理学引入教学体系，教师们都必须接受教育心理学培训，要了解不同年龄学生的心理情感情绪特点，以便采用正确的方式教课。懂得心理学的老师绝对不会对学生恶言谩骂或讽刺打击。每个学校都有若干名心理咨询师或辅导员，负责对学生进行行为情绪指导。

美国学校还都有特殊教育老师，职责是对有一定学习障碍的学生进行特别辅导。具体点说，以前我们总以为一些调皮捣蛋上课坐不住的孩子是有品行问题的“坏孩子”，一些学习跟不上的学生是脑子笨。

而现代医学已经发现，相当比例的孩子天生有些特殊性，有的是发育比同龄人慢些，也有的是有某种记忆或解读障碍，或者患有自闭症多动症等疾病。如果歧视他们如同雪上加霜。其实这样的孩子不是无法学习好，恰恰相反，其中有些孩子的智商还特别高，只是发展不均衡。比如有的对数字特别灵，因此数学很棒，但识字背书就是不行。还有的上课无法专心，如果给予单独特殊辅导却会成为优秀学生。因此美国学校把这类学生列为“特殊教育生”，他们跟同年级班上课，却有老师开小灶帮他们复习或做功课。在这种特别辅导下，这些有些障碍的学生照样能学得很好甚至成为特殊人才。

在美国，教育不是独立的，而是全社会关注的行业，现代高科技、医学、心理学、社会学、教育学、人文学、统计学等学科的成果都贡献给教育界，因此学校才有得天独厚的条件享用各种研究成果，教师也受到社会的尊重。

当然，中国与美国的基础教育，不能简单地说哪一个好，哪一个不好，要因人而异。在教学过程中，对于中国学生，应该让他们多创新，对于美国学生，应该让他们打好基础，这样互相弥补，是最恰当的，优势的相互融合才是最优的。

如今，美国的基础教育的改革重点是在创新的基础上弥补基础。而我们的基础教育在传统上过于注重培养学生的集体主义和求同思维，而没有充分重视培养学生的个性和创造性，所以我国的教育应该是在基础的基础上加大创新。

## 中国教育与日本教育对比过程中反思

打开日本教科书，小学一年级读本，上面尽述日本是一个领土狭小，物产匮乏，人口众多而地质灾难频繁的国家。翻开下一页，中国是我们的邻国，土地资源辽阔、物产丰富，气候适宜。

中国的国土面积是960万平方公里，人口13亿。日本的国土面积是37.8万平方公里，人口1.3亿。中国国土面积是日本的25倍，人口是日本的10倍。从版图和人口数量而言，中国的确是大中国，日本的确是小日本。

日本的孩子在寒风与清贫中学到了坚韧、顽强，身体得到了最大程度的锻炼，他们的心智得到了坚毅和刚强的锤炼。

> 在日本的冬天，虽然屋里温暖如春，但户外的冰天雪地里孩子们却是穿着薄薄的毛衫和单裤在外面跑步、玩耍。日本的家居饮食十分简单，即使你是财阀家的公子千金，也不会让你从小有与众不同的奢华心理。
>
> 这些以至于我们中国人到日本以后总是饿肚子，但是日本的孩子是很健康的，孩子在游戏中、共同相处中有摩擦的时候，日本的家长总是先让自己的孩子反省自己的问题，他们的民族精神中有很大的一部分是团结。非常注重培养孩子的顽强毅力和团结的民族精神。

再来看一看我们中国的父母，

在寒冬未到的时候就给孩子就穿上厚厚的冬装，家里好吃的东西尽量给孩子，孩子想要什么就给孩子什么，以至于每年换季的时候儿童医院人满为患。

孩子争执摩擦的时候，我们的家长总是寻找幼儿园老师或者对方的家长去替孩子出面解决。骄娇之气在我们中国孩子身上体现得淋漓尽致。

在日本，小孩子的玩具很少用买的，基本上都是妈妈爸爸做给孩子的，而日本不少单亲家庭的孩子，为了和大家一样，在没有父母为他们制作玩具的时候，就自己动手制作，在游戏中，没有人去笑话你玩具材料的好坏，但谁的玩具因为制作的质量原因坏掉的话，是当做一种耻辱的。而这种耻辱对一个孩子的心里承受能力的磨炼和动手能力的操练，对今后的生活将是一笔巨大的财富。

日本就是因为自己是蕞尔小国，所以日本非常重视教育，这种教育似乎更是为孩子的将来和国家的将来负责。素质教育在中国已经高喊了很多年了，真正去面对素质教育的家长有多少？少之又少。今天的中国有哪一个家长会把自己孩子的棉衣脱掉放他在雪地中锻炼？有哪一个家长会让孩子把吃清淡的饭菜只吃个七成饱，有哪位家长会在繁忙的工作中为孩子亲手制作一件玩具？

现在，中国许多独生子女在成长过程中，父母总想方设法保护他们，什么都代劳，帮助孩子解决一切困难，排除一切干扰，其实质就是溺爱。这使孩子失去了正常的、积极的、自由发展的个性。结果培养出的孩子懦弱、依赖性强、能力差，这种个性心理特征熄灭了孩子的创造欲望。他们处处需要别人的指点与帮助，没有开拓精神，智力发展受到限制，动手能力差。

假如我们试图不把孩子当做父母的“私有财产”。而把他们当做一个独立的人，家中的大小事都让他们主动参与，让他们积极发挥，让他们充分发表意见，给他们下放应有的权力。在这个过程中，孩子们在心理上觉得自己正在长大，他们开始相信自己的能力，产生自信心，不再依赖家长；开始试图独立思考，亲自操作并试图从家长的约束下解放出来。我们的家长切不可认为这是孩子们不听话。相反，这正是孩子可喜的进步。应该鼓励他们“别出心裁”，放手让他们去想、去做、去体验失败，去感受成功。在孩子主动参与各项活动中，家长要引导得当，及时调控，根据孩子的身心特点科学地教育他，和孩子同步成长。

2010 年中国国民生产总值 GDP 赶超日本成为世界第二大经济体的预言成为现实。日本内阁府公布 2010 年全年经济数据，按可比价格计算，日本名义

GDP 为 5.4742 万亿美元,比中国低 4000 多亿美元,这也是 1968 年以来,日本经济首次退居世界第三。中国至今为止是以大取胜。中国的教育特点与目前的竞争优势有直接关系。中国人的学习能力强,对已有知识掌握快。不仅如此,还善于模仿并加以改进,而且有执行力。

正因为如此,中国成为从开放中受益最大的国家:正是开放把新的知识传播过来,而中国人则以比其他任何人更快的速度学会别人的发明和技术,再加上自己的改进,创造了经济高速发展的"奇迹"。但是,中国在某些方面的优势并不能抵消在另一些方面的劣势。中国的教育方法中的靠认真刻苦,靠时间投入,靠死记硬背,靠大量做题,靠反复练习,可以让考试成绩优异,让钢琴演奏熟练,让生产成本降低,但这些都不能替代创新和创造。

20 世纪 60 年代以来,创造教育在日本亦受重视,1960 至 1979 年有关创造力培养著述译作有 250 多种,并开展这方面的实践活动,设"发明教室"等。日本的近代及现代化教育是在政府强有力推动下进行的,教育的推进有着平稳的社会大环境,是连续的,是有计划、有步骤的一步一个台阶的前进,不受外界干扰破坏,始终稳定向前推进。政府决心大、力度大,以"倾国之力"投入教育事业,教育是日本国民的灵魂,《教育敕语》是日本的第二部宪法,领导人有着高度的"教育为立国之本"的价值观念。

在日本,社会责任感的培养在传统上一直是日本道德教育目的的重要方面,这与日本强烈的民族精神和国家意识有直接关系,日本教育对社会责任感培养的重视程度和日本国民高度的责任意识也是世界公认的。日本在第三次教育改革中提出:"在开创新世纪之际,不仅自然科学,而且人文科学、社会科学的振兴,都是容不得半点轻视的课题。"然而,中国社会中,随着物质生活的充裕,个人主义不断膨胀,社会责任感日益萎缩,道德感、诚信度日益缺失,已成为普遍的社会问题,拷问着我们的教育体制。

从 1949 年日本人第一次获得诺贝尔奖,65 年来,日本获诺贝尔奖的人数迅速增长,尤其是到了 2001 年之后。日本有 9 人获奖,仅次于 38 人的美国。同为亚洲三强,中国和韩国还没有人在自然科学方面获得诺贝尔奖,亚洲的头把交椅被日本人当仁不让地占据着。

在过去的 30 年间,诺贝尔自然科学类三大奖项中,日本拿过 7 次诺贝尔物理学奖,拿到 7 次诺贝尔化学奖,又拿到 2 次诺贝尔生理学或医学奖。获奖的日本裔已有 16 位,他们分别是:

1. 1949年度诺贝尔物理学奖获得者汤川秀树
2. 1965年度诺贝尔物理学奖获得者朝永振一郎
3. 1973年度诺贝尔物理学奖获得者江崎玲於奈
4. 1981年度诺贝尔化学奖获得者福井谦一
5. 1988年度诺贝尔医学生理学奖获得者利根川进
6. 2000年度诺贝尔化学奖获得者白川英树
7. 2001年度诺贝尔化学奖获得者野依良治
8. 2002年度诺贝尔物理学奖获得者小柴昌俊
9. 2002年度诺贝尔化学奖获得者田中耕一
10. 2008年度诺贝尔物理奖获得者美籍日裔(籍)南部阳一郎(49岁入美国)
11. 2008年度诺贝尔物理学奖获得者小林诚
12. 2008年度诺贝尔物理学奖获得者益川敏英
13. 2008年度诺贝尔化学奖获得者下村修
14. 2010年度诺贝尔化学奖获得者根岸英一
15. 2010年度诺贝尔化学奖获得者铃木章
16. 2012年度诺贝尔医学生理学奖获得者山中伸弥

一个民族能够获得诺贝尔奖项是一种莫大的荣耀。物理学、化学、生理学或医学这三个奖项属于自然科学,在相应的研究领域具有相当的权威性,获奖体现了个人学术成就和国家的实力。所以,其获奖情况可以作为衡量一个国家科技水平的参考标准。以诺贝尔奖得奖情况反思一下中国和日本教育的差距:日本推行现代化教育比中国早40年时间,且在推行教育过程中一路平坦顺利;中国推行现代化教育晚起步40年,且又一路艰难坎坷。这就是中日两国国力相差巨大的最大原因。这两方面原因造就了两个民族不同的教育结果,由于这个结果,中国2004的GDP总值仅为日本的三分之一。

日本政府制定了一个“50年拿30个”诺贝尔奖的计划。

早在1995年,日本国会一致通过了一个效力“介于宪法和专门法之间”的重要法律——《科学技术基本法》,提出“科学技术创新立国”作为基本国策。并在1996年由日本内阁专门制定了一个为期五年的《科学技术基本计划》。2001年3月,日本出台了第二个科学技术基本计划,明确提出日本要在今后50年内获得30个诺贝尔奖。当年10月日本科学家野依良志获得诺贝尔化学奖后，日本重申了这一目标，并在瑞典卡洛林斯卡医学院内设立了“研究联络中心”。

为了诺贝尔奖计划，日本政府投入了大量的资金。大量的资金投入，使得日本的科研人员数量居世界第二。截止到2002年4月1日，日本科研人员达72.8万人，仅次于美国的110多万人。世界国际竞争力评价中心IMD将日本的综合国力从国际排行第4位降到了第16位，但其科技单项地位一直保持在第2位，仅次于美国。

2000年，日本投入的科学研究经费为1305亿美元，在全球仅次于美国2280亿美元。在近年经济萧条的条件下，2002年度日本的财政预算总额比上年大幅减少，但反而增加了科技领域的预算。从2006年到2010年，日本将拨出25兆日元，相当于2500亿美元用于政府研究开发投资。科研经费在GDP中所占的比例一直保持在3%以上，这在工业发达国家中居于首位。

2002年，中国国家预算内财政教育经费占GDP的比例仅为3.32%，2003年为3.28%，2004年为2.79%，连续呈下滑趋势。而实际支出则更少于预算开支。据统计，自1993年以来，中国各地政府实际上少支付教育经费为6000亿元人民币。2005年，国家首次《教育监督报告》表明，2005年全国有113个县的中小学校公费教育预算为零。

教育为立国之本，教育是一国发展的根本基础。一个国家最关键、最能起决定性作用的基础是教育、是人才，而中国恰恰是在这一点上远远落在了日本的后面。

2002年，中国成人识字率为81.5%，文盲和半文盲为人口比例的15%。而2002年日本成人识字率为100%，如今，在日本全国找不到一个文盲。

2005年，中国接受过高等教育（包括在校大学生）者占全国人口比例仅为5%，而同年日本为48%。

2005年，中国的初级教育相当于日本1900年的水平，中等教育相当于日本1910年的水平,高等教育相当于日本1920年的水平。

2005年,中国的教育经费财政投入比例相当于日本1924年的水平。

在中国,权力主导下的课题制度有强烈的行政色彩,一个最明显的标志就是科研机构的行政级别,课题也分国家级课题、省级课题等等。不同的级别给不同的职称数,不同的级别给不同的研究经费。然而科研机构和课题论级别,科学本身却不论级别。反观日本,行政很少干预科学研究,申报课题也无需层层审批,有充足的时间、空间。

日本的指导教师和研究所人员申报课题的渠道和形式,实际上是课题注册制,报文部省即教育部,也是如此。他们认为教学科研行政人员层层审批才容易滋生官僚主义、形式主义和腐败。教师、研究人员,包括博士生导师根据自己的专业和研究方向,在1页或2页的申请书上用最简化的语言写入研究项目和内容,不必层层审批,一定份额的经费就很快拨下来,保障其1、2年的研究。一年如一日,一辈子自始至终、扎扎实实的科学研究,不必特别公关和费心的经费申请渠道,不受干扰的科研环境,这是独立自由开展科学研究的制度性保障。

另外,日本大学多半是研究型大学,以科研带动教学,而不是教学型学校,自主招生和招聘教授、研究员,以及自主评聘职称的改革与制度创新,与我国的大学和研究机构相比早已遥遥领先。而且日本教授轮流担任学校的各种职务,会议也不少,但属于教授治校。没有各种上级部门和本单位行政部门组织的总结、表彰、考核、考试、评比、评聘、学习、会议等干扰和折腾科学家的活动。中国当前要意识到问题的严重性,包括转型的困难,包括国家创新能力的薄弱。日本科研氛围也比中国浓厚,科学家注重诚信,很少有学术丑闻。

## 中国教育与德国教育对比过程中反思

如今,中国社会上还流行一种读书之争,落点在教育无用论。一位父亲宁愿出钱资助女儿做点小生意,也不愿"扔几万学费进去打水漂"。对于这位父亲来说,他不愿出钱让女儿上大学的原因恐怕更多的不是由于读书无用,而是教育无用。

2013 年 9 月 2 日《成都商报》刊登了一篇文章，讲的是成都女孩玲玲考上大学本科，父亲虽然有钱供她读书，但认为“上大学无用”而拒绝提供学费和生活费。9 月 1 日，一万多名网友在参与大成网专题调查投票时，七成网友均认为“读大学不是唯一出路，在哪里都可以学习”。55 名热心市民则表示，不读大学肯定会遗憾，如果玲玲父亲仍然拒绝，他们愿意资助玲玲读书。

毋庸讳言，读书不能简单地用“有用”“无用”来判断。读书不完全等同于上学、更不是读大学就等于读书。教育是个人实现社会流动的阶梯，也是一个社会充满生机活力的重要支撑。一个人在通往成功的主要途径中离不开其所受的教育和相关知识储备。即使文中提到的成都女孩玲玲选择就业，放弃上大学，那么她的职业生涯也只是从零开始。这让我想到了面积同中国江苏接近，自 1901 年诺贝尔奖设立以来，已经产生了一半左右诺贝尔奖获得者的德国的教育。

德国把对学生发散思维的培养渗透在中小学各年级的课堂教学中。第二次世界大战后，创造教育受到广泛重视，初步形成理论体系。创造教学已成世界性潮流。德国禁止学前教育。教育体制实行 12 年义务教育，高中阶段双向分流。学生从小学到中学，不但免去学费，连书费也不要交。德国人低碳生活意识强，资源节约形成行为习惯，学生用的教材不是自己买的，而是学校发的。一套教材，高年级用过的教科书，学校以 30% ~40% 的价格收回，供低年级学生使用，依次类推。

在德国，国家实行免费义务教育，家长更有责任让自己的孩子读完 12 年书。其中，小学上 6 年，前 4 年相当于我国的初小，后 2 年相当于我国的高小，德国人称之为“预备性学习”或“方向性阶段”。因为在此阶段，家长和学校都要根据学生的具体情况，考虑他们今后向哪个方向发展：是升大学，还是上职业学校。学生小学毕业后，进入初中读 3 年，初中毕业后，开始分流：一部分成绩较好的学生进入普通高中再学习 4 年，一直读到 13 年级，其中最后一年不是义务教育，需要交费，以后再升入大学学习。另外一部分学业基础较差的学生则进入职业学校，再读 3 年后就业，也有人进入高等职业学校继续学习。这种双向分流有时也会出现交叉情况，如有学生读了一阶段的普通高中后，学业跟不上，也可转到职业学校就读。

德国的教育体系十分完备，大体上可分为基础教育、职业教育、高等教育和进修教育四大类。而职业教育在整个教育体系中，占有重要地位，是学生升学就业的主要渠道；较高层次的职业教育，包括企业及其他各类职业教育机构的培训，必须以接受过较低层次的职前教育或培训为基础，并应有一定的职业实践经验；经过职业教育或培训的人员，既可利用已经学到的知识和技能，长期从事相应的职业，也可接受更高层次的职业教育，方法可以多种多样，时间也可以灵活安排；职业教育的各个层次以及它们与普通教育之间，可以交叉和相互沟通，形成了"H"型的结构网络，即两竖代表职业教育和普通教育，一横表示相互沟通；职业教育是每个职工的终身教育，即培训、就业、再培训、再就业。

德国位于欧洲西部，是欧洲中部邻国最多的国家，总面积近36万平方公里，人口8,200万左右，其经济实力居于欧洲首位，世界第四。德国自然资源贫乏，原材料和能源在很大程度上依赖进口。其经济如此发达，在很大程度上依赖于受过良好教育的技术力量，而其中大部分的技术工人是靠职业教育来实现的，实践证明，职业教育是经济腾飞的翅膀、经济发展的柱石。

我们知道，德国的奔驰汽车、西门子电器等机械设备，素来以结构合理，加工精密，外观讲究，性能优异而享誉全球。这是他们重视职业培训、员工持证上岗、人人关心质量的结果。他们设计的风力发电设备、太阳能光伏设备、照相机镜头、放大镜、显微镜、玻璃器皿乃至各种水晶工艺品，形式各异，档次有高有低，而质量都是上乘的。在精湛工艺的背后是高素质的职业员工素质的培养。

在德国，职业教育和义务教育一样，都是国家行为。所有职业学校都是由国家办的。"双元制"是德国实行职业教育最主要的特点，也是推行职业教育最成功的关键。在中国，职业教育和经济之间的联系始终没有受到重视，职业教育的发展相当滞后。目前社会上面临用工荒、招工难现象，实质上背后反映的是人的素质和教育问题。中国教育的发展在提高整体教育水平的同时，应该重视教育的多样化。德国的高等教育是一项分流施教的社会活动，德国在做好职业教育的同时，并不妨碍高端人才和诺贝尔获奖者的产生。作为大学历史最为悠久的国家之一，德国通过联邦政府、高等学校、社会组织和高校学生的共同努力，实现了具有本土文化特色的高等教育良性分流，通过"大学生"这个特殊群体作用于社会成员的分层流动，影响着社会的阶层演进和秩序变化。对本国社会成员的分层流动发挥了积极作用，使德国不仅保持了世界一流大学的高等教育优势地位，而且吸引了众多优秀学子和人才前往留学与工作。

自诺贝尔奖设立以来，德国人，含移民美国、加拿大等国的德裔，获得诺贝尔奖的人数将近总数的一半。换句话说，8200万德国人分享了一半的诺贝尔奖，而全球另外60多亿人口只获得了剩下的一半。通过国家介入，禁止对孩子过早开发智力，避免将孩子大脑变成硬盘，留给孩子大脑更多的想象空间。孩子在小学前“唯一任务”就是快乐成长。翻开联邦德国《基本法》，即宪法，其中第七条第六款明确规定，禁止设立先修学校。

> 来自科隆的桑德拉写道：“今年我儿子7岁，我向学校老师提出，能否额外教他一些东西，因为他5~6岁的时候就自己在家学会了基本的阅读、书写和简单的数学计算。老师表示反对并说：您应该让您的孩子与其他孩子保持同步。
>
> 一个星期后桑德拉再次去见老师，并出示了孩子高智商的证书，希望得到她的理解和支持，但老师用一种奇怪的眼光看着她，似乎桑德拉像来自外星的人一样。老师进而解释，孩子智力被过度开发并不是一件好事情，因为必须给孩子的大脑留下想象空间。过多的知识会使孩子的大脑变成了计算机的硬盘，长此下去，孩子的大脑就慢慢地变成了储存器，不会主动思考了。
>
> 桑德拉还是不明白德国宪法为何这样规定，只好再请教有关的教育专家。他们告诉她，孩子在小学前的“唯一的任务”就是快乐成长。因为孩子的天性是玩耍，所以要做符合孩子天性的事情，而不应该违背孩子的成长规律。

与欧洲相反，中国的孩子在幼儿园期间已经把小学一年级的知识基本上都学完了。抱着所谓不能“输在起跑线上”的伪命题，提早读书，最多是给家长们乐乐，炫耀一下，显得自己孩子比人家能会外语了、会背古诗了等等，真的有用吗？欧洲人普遍认为，孩子有自身的成长规律，他们在相应的阶段要做相应的事情。表面上看中国的学前教育和基础教育很扎实，但他们的想象力和思考能力已经被破坏掉，由此造成了孩子被动接受知识而疏于主动思考的习惯。

对于德国孩子而言，他们要在幼儿园里度过将近4000个小时，经过漫长的探索和改进，德国提出千万不要把幼儿园变成学校的理念。如何运用这4000个小时，是幼儿园面临的一个问题，孩子们要快乐地成长，要学会游戏，要学会和小伙伴相处。在德国很少有孩子不愿意上幼儿园，因为在幼儿园里，轻松自在又有很多小朋友，为什么不愿去呢。

如果说在上学前对孩子非要进行“教育”的话，那“教育”的重点只有三个方面：

一、基本的社会常识，比如不允许暴力、不大声说话等。

二、孩子的动手能力。在幼儿园期间孩子会根据自己的兴趣参与手工制作，让他们从小就主动做具体的事情。

三、保护孩子情感胚胎，培养情商，培养领导力。

**原以为只有德国才有如此奇怪的规定。后来查了一下欧洲有关国家的情况才发现，他们对待小孩子的做法基本上大同小异。例如匈牙利立法规定：严格禁止教授幼儿园期间的孩子学习写作、阅读、计算等。**

德国老师从来不给学生留过多、过繁的家庭作业，有的学校甚至规定，假期和周末不留家庭作业，星期一不得安排考试。德国老师普遍认为，学生做作业的目的是让学生理解和学会老师在课堂上讲的内容。一个概念或一种定律，学生懂了，会用就行。所以在测验时，如果学生解题思路正确，即使计算有误，老师也给予肯定。

在德国的学生参加数学考试可以带计算器，参加物理考试可以带物理公式手册。大家觉得，在当今互联网高度发达，各项公式可以很方便地从网上或计算器等工具里获得，为什么还要花很多时间和精力去死记硬背呢。

很多德国家长都认为，与其让孩子花大量时间去背诵条文，不如让他们学习更多知识，并通过自己的实践懂得如何可以随时找到他们所需要的信息，如何运用这些信息。

因此，德国学生的作业虽不多，但他们阅读量很大。很少有德国家庭允许孩子晚上坐在电视机面前消磨时光，而是鼓励孩子们读书。从表面上看，德国学生没有像中国学生有那么多作业要完成，也基本没有考试压力，但他们内在压力还是很大的。例如,德国课堂教学方式主要是进行讨论。老师出题,学生要为此准备专题报告。这就促使学生须阅读大量书籍和资料,学会搜集、归纳和运用信息的能力。

重新审视德国的教育,看看这个诞生一半诺贝尔奖获得者的摇篮国家,值得我们借鉴和反思。对比中国式教育,德国孩子负担轻,奥妙何在?德国的教育体制是为让学生通过学习增长见识,而不是为了拼前途。学生的学习内容相对简单、轻松而且广泛,因为学校更注重的是对学生能力、自主精神和创造精神的培养。德国教育之父洪堡先生在19世纪初将学校的功能称之为启迪智慧、陶冶情操的场所,要能培养既有思辨能力又有获取知识、发现问题和解决问题能力的社会精英。德国学校的教学大纲明确强调,学校要对成长着的一代进行广泛的教养,培养他们具有成熟的对社会负责的个性,向他们传授能整体地认识世界的基础知识,使学生具有基本的能力和技巧。

原以为在德国只有幼儿园的孩子不允许学习专业知识,后来才发现上小学的孩子也不能学习额外的课程,即使这个孩子的智商超过同龄人。在德国,小学生在1~3年级时基本没有家庭作业。德国人认为,学校是孩子们学习知识的场所,家庭是孩子娱乐和成长的摇篮,因此,学校严格区别两者的社会功能。特别是在小学的初级阶段,要最大限度地给孩子以自由成长的空间,最大限度地激发孩子的学习兴趣。

小学是半日制,下午没有课,老师经常会组织学生踢球、看电影、参观博物馆或到野外郊游。学生们通过这些活动,掌握了很多课本上学不到的知识。学校很注重培养小学生的动手能力,注重开发小孩的想象力和创意。例如手工课就是德国小学使用最多的教学手段之一。可以用三句话总结小学1~3年级学生的学习生活:健康成长、享受快乐、做自己喜欢的事。

到了4年级,学生的课程增加;学习任务加重。因为小学4年级后学生就要面临着“小升初”问题。在德国,小学升中学主要根据每个学生的平时测试成绩、课堂表现和学习态度。语文、数学、常识这三门课成绩优良的学生,才可能被推荐到文理中学上学。

经过从小学1年级到3年级寓教于乐的阶段,4年级的学生已经懂得应该认真、刻苦学习的道理，老师也开始布置家庭作业。但学校对家庭作业完成与否并不进行严格检查，有时是老师课堂统一讲评，有时只是抽查批阅。平时学校进行笔头测试的时间为，低年级不超过15分钟，高年级不超过30分钟。在小学生阶段，学生学习负担轻，压力小，课余生活丰富，过得确实潇洒。

在德国人的育人观念中，孩子生长在什么年龄段，就应该做他相应的事。超前学习并不是什么好事。如有时间，应该参加体育锻炼，学生在长身体阶段，必须要有强壮的体魄，因此，在课余生活中要留出足够的时间让孩子锻炼身体，作业要给体育锻炼让路，这在德国人看来是理所当然的。

进入中学后学习课程大幅增加。通常学生要上德语、数学、英语、拉丁语、化学、生物、地理、宗教、历史、音乐和体育等课程。前四门是主课，老师会针对主课内容留部分家庭作业。一般学生会在30到40分钟内做完一门功课的作业。中学生每天大约用两个小时做作业。如果每门课的作业都想得高分的话，还要加上复习、预习以及整理老师讲课内容的时间，这样要花大约3小时。德国中学没有期中和期末考试，也没有中考和高考。老师根据每学期4次闭卷课堂书面作业成绩、平时课堂提问和测验的综合水平评定得出学生的学期成绩。

德国从来不组织全国统一的高等学校入学考试，学生读完13(12)年后，是继续读大学，还是读职业高等学校，完全由他们自己选择决定，学校老师只给予指导。在德国技工和大学生同样受到尊敬，没有职业选人的高低贵贱之说。德国人看问题很实在，他们知道孩子的学业成绩和在学校里的表现后，决不会硬逼着子女去读高中、上大学。而实际情况是：德国的初中毕业生中，大约有30～40%的学生选读13年制，读完高中以后上大学；有1/3的学生读职业高中；还有1/3左右的学生读完11到12年后，申请读13年级，以后再升入大学或申请进入专业高等学校学习。

德国没有高考，但高校却有名牌大学和一般大学之分，那么凭什么来录取大学新生呢？凭学生在学校里的高中毕业考试成绩。德国的教育行政部门从来不组织统考，毕业考试由本校的教师命题，经州教育局审核，如考试水平达不到要求则加以修改。学校组织考试后，教师评分，学生成绩记入档案，各个大学再根据中学对学生的推荐材料进行录取。

暂且抛开中西教育优劣的争议和评判，反思中国的教育体制，“不能输在起跑线”、“小升初”、“高考指挥棒”、“千军万马过独木桥”、“望子成龙”“望女成凤”等等这些耳熟能详的词语不时地萦绕在我的耳畔。中国人的观念都是指望自己的孩子通过考大学来成材的。而“硬盘”的后果是毁了一切的未来。

## 中国教育与犹太教育对比过程中反思

自诺贝尔奖设立以来，犹太人共拿走了20%的化学奖、25%的物理奖、27%的生理与医学奖、41%的经济学奖。在其他顶级国际科学奖项中，这个比例甚至更高，综合类：38%的美国国家科学奖、25%的京都奖；数学：27%的菲尔兹奖、38%的沃尔夫奖；信息：27%的图灵奖、37%的香农奖、42%的诺依曼奖；在非科学领域，犹太人还拿走了12%的诺贝尔文学奖、1/3以上的普利策奖、1/3以上的奥斯卡奖。

人不在多，精英即可，获得过诺贝尔奖的一共770人，犹太人占154个。犹太人在世界上的人口只占0.3%，又是个多灾多难的民族，长期受到歧视迫害、浪迹天涯，但谁都承认这个民族是聪明的民族。有人曾说：世界的财富在美国人兜里，而美国人的财富在犹太人的脑子里。这话虽然听起来很好玩，可它说明的确犹太人是很聪明的，在美国百万富翁有20%是犹太人，诺贝尔奖获得的科学家里有33%是犹太人，美国获得诺贝尔奖的科学家中犹太人占27%。

以色列和中国是对人类作出贡献的两个伟大的文明古国，两个既拥有悠久历史又面临诸多现实挑战的现代国家。以色列建国后在农业、高科技、教育、文化等各个领域迅速取得诸多奇迹。一个资源和土地严重匮乏的国家，在短短六十年间，从一片贫瘠的荒漠发展成为一个科技、经济和军事强国，拥有“世界第二硅谷”之称。在创业上也非常突出。在美国NASDAQ上市的公司中，除了美国以外上市最多的国家，就是以色列。犹太人是一个非常智慧的民族，100年来，全球总人数只有2000多万的犹太人竟有接近200人获诺贝尔奖，而在全球拥有14亿之众的华人，却只有8人获此殊荣，且都是外籍华人，这里除却政治原因，我想民族素质是不可忽略的因素。

诺贝尔奖获得者、美籍犹太人赫伯特·布朗说：“我的祖父常问我，为什么今天与其他日子不同呢？他总是让我自己提出问题，自己找出理由，然后让我自己知道为什么。我的整个童年时代，父母都鼓励我提出疑问，从不教育我依靠信仰去接受一件事物,而是一切都求之于理。我以为,这一点是犹太人的教育比其他人略胜一筹的地方。”几乎每个犹太家庭的孩子都要回答这一个问题:“假如有一天你的房子被烧毁,你将带什么东西逃跑呢?”要是孩子回答是钱或钻石,母亲将进一步问:“有一种没有形状、没有颜色、没有气味的宝贝,你知道是什么呢?”要是孩子回答不出来,母亲就会说:“孩子,你要带走的不是钱,也不是钻石,而是智慧。因为智慧是任何人都抢不走的,你只要活着,智慧就永远跟着你。”犹太人一心追求智慧,并以不同寻常的方式运用智慧来谋生的特点代代相传。

由于历史的原因,犹太人常常会遭到迫害,往往流离失所,甚至家破人亡,于是,追求智慧和汲取知识成了他们一种立身之本。犹太人在长期的民族灾难中,背井离乡,流散于世界各地。他们顽强地保持着自己的文化,同时也吸引了所在国的文化精华。犹太民族杰出的科学创造力,源于这个民族特有的开放式社会文化生态。许多犹太家庭主动与其他民族接触,大量地汲取其他民族的文化养料,这样就有了更加开阔的视野和更加丰富的知识养料。美国的原子弹之父奥本海默、心理学家弗洛姆等,都是在这种复合型文化生态下破土而出的科学人才。

犹太文化与中国文化有两点相似:一是注重家庭,二是注重教育。我们中国人对教育很重视,投入也很大。但是,我们的教育方法与同样重视教育的犹太人有所不同。在我们中国,孩子放学回来,家长问的第一句话大多是:“你今天学到了什么新知识?你听没听话呀?”而犹太家长则会问:“今天你提问了吗?问了几个问题?”前者的落脚点是“学知识”,而后者的侧重点是“提问题”。他们和我们的满堂灌教育不同的是,鼓励孩子积极发言,更多地向老师和家长提出质疑。一个不会质疑的孩子只能是死学的呆子,一个听不到质疑声的民族是一个没有希望的民族,质疑让孩子进步,质疑使民族发展。

犹太人家庭在学问方面应受到高度评价,在这方面非犹太人的家庭相形见绌。这个因素,构成了其他一切差异的基础。据说在每一个犹太人的家里,当孩子刚刚懂事时,母亲就会翻开《圣经》,将一滴蜂蜜洒在上面,然后,让孩子去吻《圣经》上的蜂蜜。接着,母亲会告诉孩子:书本是甜的。

从小给孩子树立良好的思想和情感启蒙,是塑造心灵的最佳办法。这就好比育树种花,要想它们长出一片丰美的景色,必须要有优秀的园丁。如果孩子是幼苗,那么,家庭就是最初的苗圃,父母就是最初的园丁。在中国,接孩子是家长或保姆的专利,而在这里来接孩子的却也是孩子。我们的计划生育致使一家一个孩子,自然没有孩子接孩子的,而以色列家庭一般都有三五个孩子,这样接小孩子就成了大孩子的任务了。

在犹太人的家庭中,父母让孩子从小就知道,家里的书架一定要放在床头,这是他们这个民族世代相传的做法,以此表达对书和知识的看重。如果谁家把书架放在床尾,就会被认为对书和知识的不敬而受到大家的蔑视。犹太人从来不焚书,即使是那些攻击犹太人的书也决不焚烧。拥有图书和出版社的数量上,以及在每年读书的比例上,犹太人超过了世界上任何一个民族和国家,是世界之最,这一点就叫人佩服。

在从小教育孩子尊重知识的同时,犹太人更注重教育孩子重视才能,对于那些只有知识而没有才能的人,他们将其称为“背着很多书本的驴子”。犹太人从小就教育孩子,一般的学习仅是一种模仿,而没有任何的创新,学习应该以思考为主,思考是由怀疑和答案组成的,思考是学习的基础。他们教育孩子,学习是打开智慧大门的钥匙,懂得越多,产生的怀疑就越多,问题就随之增加,所以提问使人进步,提问和谋得答案一样重要。出于这样的教育观念,犹太人的家庭非常注重父母和孩子之间的思想与感情交流,父母经常与孩子对话和探讨,并常常对孩子加以引导,诱发孩子进行思考。这样做的结果,使犹太人的孩子拥有了雄辩的口才和智力测试中的优异成绩。

根据有关资料,美国富豪榜上的富豪,有很大一部分是犹太人的后裔或犹太人。名扬世界的伟大人物中,犹太人也很多,像伟大的思想家马克思、世界级画家毕加索和拉斐尔、科学巨人爱因斯坦、外交家基辛格、音乐大师门德尔松等都是这个民族的杰出人物。然而更惊人的是:二战后,美国诺贝尔奖的获得者大约有一半是犹太人。从诺贝尔奖设立以来,全世界的获奖者中大约有22%是犹太人,可见其非凡的创造力。他们的成就,与在童年时代受良好教育有关。以爱因斯坦为例,这得益于他母亲的音乐熏陶,得益于叔父的数学启蒙,得益于父亲在他做出了蹩脚的小板凳后仍加以鼓励的情感教育。联合国教科文组织1998年的一次调查表明,在以犹太人为主的以色列,14岁以上的以色列人平均每月读一本书,全国450万人,就有100万人办有图书证。

这个民族能够在先后经历长达2000多年的大流散之后保存下灿烂辉煌的犹太文明。为什么有那么多犹太人获诺贝尔奖?中国的教育,为孩子灌输死知识,孩子被动的学习,而犹太人的教育是启发孩子,让孩子主动的活学。差异决定了最终的差别!

# 从获奖层面看诺贝尔奖为何无缘中国

早在1984年瑞典的林德斯滕教授就说，一个国家要想出诺贝尔奖获得者，投入大量的金钱固然重要，但更重要的是整个社会对待科学研究的态度。

每年到了诺贝尔奖项颁奖之际。我们都会异常关注本土科学家、经济学家的身影，一次次唤起心中的期待。但遗憾的是，至今为止的诺贝尔自然科学类奖项、诺贝尔经济学奖项的获奖者当中，仍然没有中国人。中国距离诺贝尔奖还有多远?

就拥有诺贝尔科学奖得主较多的国家与很少或没有的国家的原因来分析，我们可借用托尔斯泰的一句名言，前者的条件总是相似的：国家经济发达、大学历史悠久与著名、高等教育平缓发展、学风严谨；后者则各有各的原因。

总结几十年来的研究论著，关于新中国为何出不了诺贝尔自然科学奖得主之原因探讨，大致可归纳为：文化影响方面，受包括思维形式、研究方法、价值取向、语言因素、官本位等在内的传统文化的束缚；经济制约方面，经费投入不足，实验设备不良，科学家收入不高；时间因素方面，知识积累欠缺、工作时间不够、科学家群体还未形成；政治运动影响，思想改造、“反右”“文革”等政治运动对教育、科学及知识分子的伤害；教育原因方面，急功近利的理念和应试教育的苦果；学术环境方面，学风浮躁，申请经费的潜规则和学术评价的不公平，人才流动、课题选择、时间支配的不自由等。

“理性看待诺奖，这没有问题，诺奖不代表一切，获得一次诺奖，也并不能说明这个人所在的社会环境、教育环境、学术研究环境就是好的。然而，理性看待并非是否定诺奖。没有诺奖，就在一定程度上说明我们的人才培养和学术研究方面还存在有待提高和改进的地方。”著名教育学者熊丙奇说。

较早提出中国人为何不能获得诺贝尔科学奖问题的，是阎康年发表在《现代物理知识》1993年第2期上的《诺贝尔奖对中国人应该会有缘》一文。两年后，赵红洲的《中国切莫忘了诺贝尔奖》问世。此后，这一课题长盛不衰。

诺贝尔奖项，现包括物理学、化学、生理或医学、文学、和平及经济学等六项。前三项亦即通常归纳的诺贝尔自然科学奖，简称“诺贝尔科学奖”。如果说生理学或医学、物理学、化学范围内的“诺贝尔辉煌”倚赖厚实的自然科学基础，文学的“诺贝尔辉煌”仰仗宽松的政治文化社会生态，和平的“诺贝尔荣耀”可遇而不可求，那么，经济学的“诺贝尔辉煌”对中国人而言，则另当别论。

## 中国经济学家为何总无缘诺奖

目前获得诺贝尔奖荣耀人数最多的国家是美国，有 346 位学者站在科学的顶峰，这得益于美国的综合国力的强盛，得益于科学技术水准的进步。学者研究：一个国家建国三十年左右通常便会有一个诺贝尔奖获得者。前苏联 39 年、捷克 41 年、波兰 36 年、巴基斯坦 29 年、印度 30 年。从人口比例来说，中国人口占世界五分之一以上，应该有 20% 的概率获奖，产生举世公认的科学巨匠和文学大师。但是，当代与人类生活息息相关的发明创造基本上与中国不相干，在近代一百多年的自然科学发展中，在物理、化学、医学、生物、经济领域中没有一个中国人获得过诺贝尔奖。

自 1968 年首次设立诺贝尔经济学奖以来，历届获奖者并非因为在经济学基础理论层面有重大理论突破，而主要得益于建立于数理分析层面的“技术创新”而获奖。理论缘于实践的原理告诉人们，西方的市场经济制度已经相当成熟，当它在一个相当长的时期只需修补完善时，再要出现经济学理论的重大创新和突破是缺乏实践前提的。

中国则不然。正在艰难推进的经济体制转型和再造，是人类历史上前所未有的伟大实践，其实践的“体量”如此之大，其实践的内容如此丰富，其旧有的和正在生成的新的经济形态如此富于“中国特色”，照理说，完全应该成为培育中国的诺贝尔经济学奖得主的得天独厚的“沃土”，为人类的经济学理论提供“中国的理论板块”。

自新中国成立以来，中国先后非常彻底地尝试了计划经济和市场经济这两种完全不同的经济制度，实现了人类历史上规模空前的经济增长。这其中，无论是经验还是教训，都是极其丰富的，对任何一位经济学研究者来说，这都是一座超级富矿，同时，经济学又是中国社会科学中最受重视的学科，有了如此优越的条件仍然不能拿出足以竞逐诺奖的理论成就,是无论如何也说不过去的。

"欧元之父"罗伯特·蒙代尔先生有言:"中国正在进行的伟大的经济变革无法用西方传统或现代的经济学理论作出准确解读,也无法从前苏联和东欧的经济变革中找到答案。"事实的确如是,当下中国正在进行的经济变革既不同于西方建立于自由竞争为基础的市场经济,也不同于其他发展中国家的市场经济,中国的经济变革正持续创造着人类历史上前无古人的"经济神话"。

有如此丰富的经济变革实践为经济学理论创新提供源源不断的鲜活养料,正常情况下,中国经济学研究学术团队中的佼佼者怎能不获取诺贝尔奖?究其缘由,择其重要,在于类似物理学、化学学科的重大理论突破更多依赖于科研"硬件"支撑和高水准的学术团队作基础,而经济学的理论创新和突破则更多依赖于冲破一切人为设定的有形无形的理论研究的禁忌。假如这个根本性的桎梏不能突破,中国经济学家个人的学术水平实乃微不足道。

在全球化日益推进的今天,世界越来越融为一体。诺贝尔奖从设奖初衷和评价标准看,正是表征一个国家为全球科学文明的进步作出多少贡献的奖项。在这个基础上,一个国家要想成为真正意义上的大国,不仅要有"独善其身"层面上经济的腾飞,政治的昌明,科技的进步,外交的成功,文化的繁荣和体育的辉煌,还要有"兼济天下"层面上为整个人类文明的进步作出的贡献,尤其是科学进步上的贡献。这样才算得上是全球舞台上真正意义的大国。

诺贝尔奖的得奖大户,如美国、英国、德国、亚洲的日本等都是综合国力最强的国家,在经济实力、科研体制、科学家群体及国民素质等方面都高度重视。每一个正常人都有让自己的民族骄傲地屹立于世界民族之林的愿望。踏实地从基础做起,通过科学的、全面的教育,造就出对真有追求、对善有理解、对美有感受的全面完善的人。只有高素质的国民,才有使科学之树健康成长的沃土,才能建立让每个人体面、尊严、幸福、和谐生活的社会。否则,即使个别人获得了诺贝尔奖,按照当前的思路与做法,也不过是多几个科学贵族、技术官僚而已,对我国科学事业与社会进步并无益处。

近现代,对人类科技进步贡献最大的三个国家,就是诺贝尔奖得主最多的三个国家:美国、英国和德国。

截至 2013 年各国获得诺贝尔奖人数排名前 10 名均为欧美国家:

| 排名 | 国家 | 获奖人数 |
|---|---|---|
| 1. | 美国 | 346 |
| 2. | 英国 | 121 |
| 3. | 德国 | 104 |
| 4. | 法国 | 59 |
| 5. | 瑞典 | 29 |
| 6. | 瑞士 | 25 |
| 7. | 俄罗斯 | 23 |
| 8. | 加拿大 | 22 |
| 9. | 奥地利 | 21 |
| 10. | 意大利 | 20 |

截至2013年10月14日，各大洲下列国家出现诺贝尔奖获得者最多：

亚洲

1.  俄罗斯 23
2.  日本 19
3.  以色列 12

南美洲

1.  阿根廷 5
2.  智利 2
3.  哥伦比亚 1； 委内瑞拉 1； 巴西 1； 秘鲁 1

非洲

1.  南非 10
2.  埃及 4
3.  赖比瑞亚 2； 阿尔及利亚 2

欧洲

1.  英国 121
2.  德国 104
3.  法国 59

北美洲

1.  美国 346
2.  加拿大 22
3.  墨西哥 3

大洋洲

1.  澳洲 12
2.  新西兰 3

诺贝尔奖不仅仅是一个奖，它时刻提醒着我们对人类文明进步的贡献程度。那些能获得诺贝尔奖的科学家，或者是解决了人类某个共同面对的难题，或者是缩短了人类通向某项福利的距离，或者是特定时代人类的某种宿命，他们为全人类作出杰出的贡献。我们至今与诺贝尔奖无缘，深刻地表明在这个时代，面对全球科技文明的进步，我们还有很大差距。

## “诺奖”多次与中国科学家擦肩而过

中国科技馆馆长、科学史专家王渝生介绍，中国科学家具有诺贝尔奖水平的研究甚至可追溯到建国前。最主要的科研成果有20年代的“康普顿——吴有训效应”、30年代赵忠尧的正负电子湮灭早期实验、40年代钱三强、何泽慧夫妇的铀核三分裂的发现。

1923年美国科学家康普顿提出X射线量子散射理论，1924年与中国科学家吴有训合写论文。1926年吴有训发表《在康普效应中变线与不变线的强度比率》等论文，进一步证明了康普顿效应。康普顿因此获取1927年诺贝尔物理学奖。而物理学史上的“康——吴效应”的吴有训却与诺奖无缘。

1930年，美国科学家狄拉克根据量子力学的研究结果预言了反物质的存在。同年，赵忠尧(后为新中国高能物理所奠基人之一)发表《硬γ射线在物质中的吸收系数》和《硬γ射线的散射》等论文，发现了γ射线通过量子物质时的“反常吸收”，即正负电子对湮灭现象。他当时的研究居于国际领先地位。由于种种原因，赵在这一领域的研究中断了，而继续研究的日本学者后来获得了诺贝尔奖。

1946至1947年，钱三强与何泽慧夫妇合作发现铀核裂变的三分裂现象。在约里奥·居里夫妇的指导下，钱三强写出长篇论文，在实验和理论两个方面，有理有据地对原子核三分裂现象作了全面详细的介绍。但他的发现直到60年代才被大量重复实验进一步证实。

中科院基础科学局熊国祥博士惋惜地说，60年代中国科学家失去了一次几乎到手的诺贝尔奖。他指的是1965年人工合成牛胰岛素。

1958年，中国科学界调集中科院上海生物化学所、北京大学、中科院上海有机化学所的专家从事人工合成胰岛素攻关研究。胰岛素是一种蛋白质，它的分子量接近6000，分子由A、B两条链组成。中国科学家成功地将天然胰岛素的 A、B 链拆开，再重新连接而得到重合成的天然胰岛素结晶。最后又将人工合成的 A、B 链连接而得到合成的结晶胰岛素。1965 年，中国科学家的这项里程碑式的研究宣告成功。

这是世界上第一个人工合成的蛋白质，标志着人类在探索生命奥秘的征途中向前跨进了重要一步。以当时国际上该领域的科技水平，此项成果无疑达到了诺贝尔奖水平。然而，瑞典诺贝尔奖基金会并没有对此事表示关注。个中原因也众说纷纭。

熊国祥认为，这可能与诺贝尔奖的推选机制有关，人工合成胰岛素是集体研究成果，参加的主要科学家有十余人。而诺贝尔奖同一奖项获得者一般不超过两人。另一个原因可能是信息沟通的障碍。该项科研成果诞生于“文革”前的 1965 年，当时中国与国际科技界的沟通日渐减少。受当时政治气候影响舆论对它也缺乏关注，该研究直到 1982 年才获国家自然科学奖一等奖。

诺贝尔奖离我们究竟有多远。诺贝尔物理学奖得主曾说，“中国在 20 年内一定会有中国本土出来的诺贝尔奖级的工作。假如经济增长快，还不止一个，而是好些个。”谈及产生差距的原因，我国著名科学家赵红州教授认为有四点：其一，科学知识积累不够；其二，科学研究时间不足；其三，缺乏科学家群落；其四，缺乏科学人才识别和遴选机制。

杨振宁说，制约中国科技发展的主要原因还是经济的落后。因此他认为数学将是最先在国际上获得突破的领域。（虽然诺贝尔奖未设数学奖，但该学科领域的最高奖——菲尔斯奖有数学诺贝尔奖之称）这是因为数学不需要大规模的设备。从过去的发展历史可以看出，中国最早得到世界绝对一流研究成果的，也是在数学方面。华罗庚、陈景润就是证明！

而在经济上，他也逐渐乐观起来。前两年他研究了 10 所最好的大学教授的年薪，结合两年来中国政府对科研院所和大学增加的投入，他认为中国科学家做出能够获得诺贝尔奖级工作的条件正在成熟。他切身感受到，在西方教书的人接收了很多中国学生，大家都认为中国学生质量最好，可以说中国教育工作已成功供应了大量科技人才。过去，制约中国科技发展的是经济落后，而随着经济的快速发展，中国本土离诺贝尔奖已不是遥遥无期，而仅一步之遥！

除了数学，专家认为中国在高能物理、生物科技等领域具有问鼎诺奖的水平。丁肇中说，中国在高能物理方面的成就与贡献是世界一流的，中国高能物理研究无论理论还是实验，其水平在世界上也是先进的。他特别谈到了他和中科院高能所、电工所以及中国运载火箭研究院合作的探求宇宙暗物质的实验。这一研究一旦获得突破进展，当然是具有获诺奖水平的。该实验设备已于1998年在美国“发现号”航天飞机上飞行，获得了许多数据和成果，这是世界上公认的。而且参与这一研究的中科院高能物理所所长陈和生，正是他在麻省理工学院培养的博士生。

此外，高能所专家与意大利合作在深岩洞寻找暗物质的研究也备受国际瞩目。一旦他们的研究能领先美、日完成，则必获诺奖。

据悉，截至1999年，诺贝尔物理学奖已五次授予粒子物理学领域的科学家。中国是少数建成原子对撞机的国家。在粒子物理学研究占有举足轻重的地位。中科院同志信心十足的介绍，高能物理所有不少科研课题是世界一流的，一旦研究成功，中国科学家将获得不止一项诺贝尔奖。

在生物科技方面，中国人类基因组工程负责人杨焕明博士不止一次说，基因研究不光拼技术，还拼资源。而中国的生物资源丰富。在这片资源沃土上，时刻可能结出生物科技的奇葩。

中科院动物所从事的克隆大熊猫胚胎实验一直令外国科技同行羡慕不已。因为他们根本没有这样的实验材料。在中国，由于生物资源丰富，中国科学家可以做许多外国科学家想做但没有条件作的研究。这种得天独厚的优势有望形成中国生物科技的异军突起。

杨焕明说，在基因研究方面，中国已形成了上游基础性研究与下游功能研究兼备的完整科研队伍。中国是世界上参加人类基因组计划仅有的六国之一，发展速度已位于世界前列，从长远看，中国有追上美、英等国的实力。

### 浮躁病正在侵蚀中国的研究者

全国政协常委张涛给出了一个惊人的数据，他说：每年国家统计的数万项科研“成果”中，百分之九十以上无实际价值，形成了大量的“科技泡沫”。这种研究造成了大量的浪费！凭借这种浮躁，难道就能获得诺贝尔奖吗？诺贝尔奖经济学奖可以是一个梦想，但实现这个梦想需要付出辛勤的汗水，需要踏踏实实地做事，而我们说的太多，做得太少了；严谨认真太少，浮躁太多了。这样下去，我们只会离诺贝尔奖越来越远。

中国科学引文索引SCI论文的数量已居世界第五,但1994年至2004年十年间每篇文章的平均索引率却排在第120位之后。美国物理学会期刊指出,在过去十多年中,来自中国的论文数量大幅增加,但质量却在降低。这种不求质量刻意追求数量的做法,不仅远离了科学研究的严谨态度,也助长了学风的浮躁之气。

诺贝尔经济学奖获得者米歇尔博士谈到自己获奖时的感受说,“在当年获得诺奖前,我也没有想过自己会有这样的结果”。原来,人家一门心思在潜心搞研究,根本没有时间去考虑什么获奖问题。这就是差距。我们有一些研究者不静下心来搞研究,到处走场子,干着发财的事,业务一天天荒废,失去对科学的敏感性和进取心。深深陷入利益之中难以自拔,还整天着魔一般地盯着诺贝尔奖,犹如盯着一张硕大无比的彩票,等待着运气的降临。可惜的是,诺贝尔奖不是靠撞运气撞出来的,而是踏踏实实干出来的。失去了学术研究时应该具有的超然立场,自然也就无法接近真理。

怀疑和批判乃科学之魂。诺贝尔经济学奖获得者菲尔普斯教授,对“通货膨胀和失业率之间存在着稳定的此消彼长的关系”这一看似天衣无缝的原理提出了挑战并得出了自己的结论,结果因此获奖。中国的一些经济学家,把现代西方经济学当成了神学来信仰,不敢对其稍有怀疑和批判。缺乏怀疑和批判精神,就没有发现和创新。当然就与诺贝尔奖无缘。

## 薄弱的基础科学研究成果缺乏

学术环境影响着其中的从业者的思想、行为。我们的学术环境,是一个高度行政化的环境,有整套行政体系、行政指标在控制和规范学术研究,研究者们陷于课题、经费之中,很少有独立的思考,学者都在为社交忙碌,因为社交可以为他们带来课题和经费。同样,社会环境是否鼓励创新、鼓励独立思考也影响着学术研究的创新。

国家对基础科学研究的目标应该是全面发展,建立完整的学科体系。各学科的目标是达到本学科的国际最好水平。因此,基础研究既有科学家个人的自由探索,也可以是有组织、有计划、有目的、有规划的活动。以此衡量,学科建设与学术能力是基础科学研究最重要的指标。

2012年10月22日下午,中国科学技术协会在北京举办主题为“诺贝尔奖的远与近——解读2012年诺贝尔自然科学奖”的“科学家与媒体面对面”活动,参加活动的3位科学家表示,在诺贝尔物理学奖、化学奖、生理学或医学奖这三大自然科学奖项中,中国的物理学离诺贝尔奖比较近一点。专家们表示:由于国家投入的增加,中国物理领域这几年,尤其近10年,科研实力大大增加,“提高到国外只要有人提出新的信息我们很快就可以跟上,而且能出很有水平的文章,我们现在紧跟没问题,我们也可以超越,但要做到领先的原创,我们还有一定距离”。

然而,建国后重大创新成果缺乏,钱学森之问“为什么我们的学校总是培养不出杰出人才?”也成为舆论的热点,其中的一个原因就是轻视了基础科学研究,放弃了对科学精神的培养与追求。处于一个十分尴尬的人才短缺的窘境。

## 功利化权力主导下的课题制度

在中国,科学研究已经沾染上浓厚的功利主义、实用主义色彩,只要是选题,都要求直接为现实社会服务,只要是研究总要问:“有什么用?”“有什么意义?”“能产生多大经济效益?”“有什么社会效益?”等等。大量研究课题被学术官僚所垄断。在学界,向来是有官位即有学术地位。官学不分,官与学在一个人身上不断变化,互相利用和促进。

2005年10月9日,《新京报》曝出一个惊人消息:复旦大学教授、博士生导师周振鹤撰文《评审人与评审意见可以随便泄露吗》,指其在国家自然科学基金的某项评审中的否定性意见,却被连意见带姓名泄露给了项目申请人,惹得申请人打电话向他“表示感谢,承认申请书写得有问题”!周教授为此公开提出“我愿借此机会,要求将我的名字从国家自然科学基金委员会地学部专家库中除去。”这不过是权力主导科研的一个小小缩影。

科研课题的鉴定更是漏洞百出,由于项目承担者与项目鉴定者都是圈中人,都是关联方,所以科研成果的鉴定标准基本上已成为摆设,自然科学动辄世界先进、国际领先、填补空白,哲学社会科学项目鉴定成果不是国内领先,就是国内先进。中国的科技管理体制已经严重阻碍了科学技术的进步和发展。

社会科学领域就不用说了。自然科学方面,权力不仅垄断了经费,更通过信息垄断垄断了课题本身!权力主导下的课题制度最容易导致:一些人类社会发展真正需要的真问题,由于不合“我”的意志,被有意地搁置甚至划定禁区,而一些虚科学伪科学却被大肆提倡。比如每年耗巨资、几百位“科学家”进行的“现代化程度”“研究”即是一例。而原本在经济学、文学等不需要多少经费只需要思想和表达自由的领域,是最有希望得奖的。

更要命的是,权力主导的科研体制,不仅使公立科研机构和项目出现大量的悲剧,而且严重窒息了民间科学技术的发展。长期以来,我国科研机构和课题的设置,都与严重的官本位有关,既有强烈的计划色彩,又有强烈的行政色彩,一个最明显的标志就是科研机构的行政级别,课题也分国家级课题、省级课题等等。不同的级别给不同的职称数,不同的级别给不同的研究经费。然而科研机构和课题论级别,科学本身却不论级别。以 2003 年中国科学家在 SARS 研究面前整体打了败仗为例:

> 当时作为中科院北京基因组研究所首任所长、“人类基因组计划”中国区总协调杨焕明认为,在 SARS 病毒基因组的测序上,中国本来完全有可能争得世界第一。然而,在 SARS 研究中,中国的首创纪录全部为零。因为面对 SARS,我们许多有责任心、不怕死的科学家却只能隔岸观火,因为他们根本要不到病毒样本。杨焕明的创业伙伴、基因组所副所长汪建博士为了寻找病毒标本,数下广东,都无功而返。因为按照有关规定,只有中国疾病预防控制中心才是病毒标本的合法持有者。不得已,在 2003 年 4 月初,他们私下通过朋友,从北京某研究院极其隐蔽地“偷”了一点样本,“好像在进行特务活动一般”。4 月 15 日,他们接到军事医学科学院紧急送来的病毒样本后,不到 36 小时内就拿出了 4 株冠状病毒的基因序列图。作为中科院下属的科研机构尚且如此,一般的民间科研机构的命运就可想而知。

科研机构长期养成“等任务”、争上级“课题”的习惯,科学研究中的发现力和创造性,早已让位于权力和实际利益的争夺;整个科研体制,也早已形成“官员比研究人员更高明”的可悲事实。纵有一些真问题,但由于掌管课题分配的人并不需要真正对国家投资负责,所以课题分配就难免倾向于跟自己关系特别的人、“攻关能力”特别强的人,而未必是真正适合该课题、有相应研究能力的人。

# 从环境层面看诺贝尔经济学家的锤“炼”

发展中国家的科学家和经济学家们，想要得到国际承认，必须要以自己国家大多数人民的切身利益为基本出发点，对本国人民的切身痛苦有亲身感受，有终极关怀。否则不仅会脱离本国人民，在国际学术界也不会得到认可。所以中国诺奖梦的落点应是“中国问题”。

作为世界第一大经济体，美国的经济发展模式和市场资本构成都是全世界经济学界关注的焦点。美国之所以能够成为世界经济大国，取决于美国开放式的教育体制下所形成的创新力、富有竞争力的资本环境，开放型多元化的文化环境，以及数量众多的、愿意承担创业风险的企业家和愿意献身科学的取得杰出成就的科学界的精英们。

科学界的精英们之所以引起人们的关注，不仅因为他们自身在科学界有很高的威望和广泛的影响，更重要的是他们作出的贡献在促进科学知识和社会发展上，正在起着非凡的作用。世界各国学者对科学界的精英早就表现出强烈的兴趣，并进行了广泛而深入的研究。这种研究甚至发展成为一种专门的学科术语——“诺贝尔学”。诺贝尔经济学奖对经济学的诠释是相当广泛的，除经济学的研究成果外，那些与之相关的学科，如管理学、政治学、社会学、数学、历史学、心理学等的研究也包含在内。

众所周知，诺贝尔科学奖在当今已成为科学界的最高奖赏，是科学上获得最杰出成就的象征。诺贝尔经济学奖获得者除了要对经济学理论理解深刻，也要对社会问题有深刻的洞察力、理解力和坚定的责任心。一位科学家一旦成为诺贝尔奖金的获得者，则不论社会各界评论如何，他都理所当然而且稳固地居于科学界精英的行列。

## 国家参与科学活动对社会进步的思考

美国人口占世界人口总数不到5%，美国获得诺贝尔奖的人数却占全球获得该奖人数的35%以上，无论在自然科学、社会科学，还是经济学领域，美国人在诺贝尔奖领域一直身手不凡。为什么诺贝尔奖偏爱美国人？

截至2013年，美国共有346位诺贝尔奖获得者，排名第一，；英国共有121位诺贝尔奖获得者，位居第二；德国共有104位诺贝尔奖获得者，位居第三。美国诺贝尔奖获得者总人数远远超过排名第二的英国和排名第三的德国的获奖人数总和。

迄今为止，获得诺贝尔科学奖人数最多的前三位国家分别是美国、英国和德国。自20世纪30年代始，美国科学家获奖人数急剧增加，近30多年来，荣获诺贝尔物理学奖、化学奖、生理学或医学奖的人数中，美国占了半数以上。

为什么多数诺贝尔科学奖被美国人夺冠，难道是美国人更优秀吗？答案并非如此。

两次世界大战的爆发，美国基本没有受到干扰，特别是第二次世界大战期间，许多著名科学家，如爱因斯坦，移居到美国，继续从事自己的科学研究工作。这在一定意义上使美国的科技实力大为增强。战后，美国迅速采取措施，加大自然科学研究力度，在科学研究方面投入的资金占全世界科研经费的一半以上。加之国大，科学家可以自由流动，使美国在自然科学的很多领域很快处于世界领先地位。美籍华人科学家杨振宁、李政道、丁肇中等都是在美国从事科学研究期间，分别获得了1957年和1976年的诺贝尔物理学奖。

诺贝尔奖“青睐”美国人，这和美国投入了大量的资金使然。美国每年通过国家和私人资金来源向基础研究投入了数十乃至上百亿美元的经费。诸如国家卫生研究所和国家科学基金会这样一些联邦机构一直都在资助研究，诸如霍华德·休斯医学研究所、艾伦·古特马赫研究所和国家科学院这样一些非营利性机构也是这样做的。像贝尔实验室这样一些由大公司资助的项目，将数十亿美元倾注于基础研究方面。

美国之所以能孕育众多诺贝尔奖得主,该国科学家认为有两个重要因素:一是科研经费雄厚,二是教育界和学术界里富有挑战权威和竞争创新的气氛。早在1984年瑞典的林德斯滕教授就说,一个国家要想出诺贝尔奖获得者,投入大量的金钱固然重要,但更重要的是整个社会对待科学研究的态度。

国家科学基金会主席丽塔·科尔韦尔说,这些经费都用在最需要用的地方。“我们资助那些最优秀最杰出的人。我认为,这是一种最强大的动力。”科学家都被鼓励以不同于常人的思维方式去思维。而在其他许多国家却存在着一种“论资排辈的做法”。这样对优秀科学家不遗余力地资助,使基金会成为科学的强大驱动器。

截至2000年,美国全国科学基金会共资助了78位美国诺贝尔奖获得者。国家科学基金会在多名美国诺贝尔奖得主获奖之前向他们提供了资助,其中包括2000年的4名获奖者。即两名化学奖得主圣巴巴拉加利福尼亚大学的艾伦·黑格,新西兰出生的、宾夕法尼亚大学的艾伦·麦克迪尔米德;医学奖得主、纽约洛克菲勒大学的保罗·格林加德;物理学奖得主、德国出生的圣巴巴拉加利福尼亚大学的赫伯特·克勒默。他们的研究成果为计算机革命、更好地了解大脑疾病和推动物理学研究做出了贡献。

联邦政府为科学和研究提供巨额资助。国人对教育的重视和捐助使教育经费充足。在法国和德国,大学教师享受的是公务员待遇。而在美国,社会上一些校友和慈善家不断地向大学捐赠巨资。大学有一系列范围非常广泛的资助者,从州政府到社会团体,从自费学生到慷慨的慈善家。埃兹拉·康奈尔、科尼利厄斯·范德比尔特、约翰斯·霍普金斯和约翰·洛克菲勒等富有的捐助者对美国高等教育的发展产生了深远影响。这种慈善助学之风今日犹在。

1862年,政府颁布的《莫里尔土地赠与法》使全国各地建起了“土地赠与学院”。

1946年,颁布的有关退伍军人的法案使大学变得人人可及。

2004财政年度,美国私人向大学捐助的资金高达244亿美元。

大学获得的资金越多,聘请的教师越优秀,设备越先进,奖学金也越多。哈佛是美国历史上第一所大学,有“先有哈佛,而后有美利坚”的说法。哈佛也是一所私立大学,它的运作开销很大部分都靠校友捐赠资金维持。哈佛方面表示,每年哈佛捐赠资金的5%会被用于大学的预算。哈佛大学拥有的雄厚资金是吸引生源的关键因素。

2007 财政年度,截至 6 月 30 日,哈佛大学获得的捐赠资金达到了 349 亿美元,增加了 23%,这是近年来增幅最大的一年。2006 年哈佛获得的捐赠资金的增幅为 16.7%,而 2005 年为 19.2%。稳居世界大学“首富”的位置。根据计算,如果将大学的全部资金均分,哈佛大学每名学子将可获得 150 万美元。

美国人对于学术单位的捐款相当慷慨,而富豪尤其愿意捐款给高等教育学府,特别帮助研究型大学推动研究计划,甚至成立研究中心。

2006 年加州富豪艾理·博若德夫妇捐款两亿美元,帮助哈佛成立一个与麻省理工学院合作的人类基因研究中心,当然这所中心将以“博若德”命名。

为大学提供捐赠在美国有着深厚的社会和经济根源。其一,美国有大力支持教育的传统习惯,不少学校都以最初捐助者的名字命名,如哈佛大学和斯坦福大学等。其二,美国的税收政策有利于促进私人和企业团体的捐款活动。政策规定,向学校捐款可以冲抵税收。此外,美国不管是公立大学还是私立大学,在办学的同时还可经营投资股票生意,多所名校都拥有巨额财产和基金。在大学的年度报告中,首先讲述的是学校的财政收入,其次才是教学和科研。

美国共有各类大学 4500 多所,其办学方式灵活多样,筹措办学资金的渠道较多,争取各种名目的捐赠款是美国大学的一个显著特点,捐赠资金来源于捐款和投资,主要用于资助学生、改善校园设施和提供财政保障。富有的大学可开出普通学校望尘莫及的工资和其他条件吸引最优秀的教授。同时,他们能够创建强大的研究实验室,扩建其校园。

## 学术氛围科学团队对诺贝尔奖的思考

禾苗是在沃土中植根发芽,小鸡是在适当的温度中孵化而出的。人才的成长,同样需要一定的“土壤”和“温度”,即社会学家所讲的“环境条件”和“气候”。科学史上的许多重大成果和发明创造,往往是个人内在因素与社会外在因素综合作用的结果。

如果把社会发展的一定历史阶段的时代背景称作“大气候”,把每个人所处的家庭环境称作“小气候”的话,那么对科学家来说,走上成功之路的学校、研究机构或工作岗位,则可以称作“中气候”。它对一个人的立志、成才与发展起着不可低估的作用。

考察诺贝尔奖获得者的历史,会发现有趣的“人才链”和“奖章成堆”的现象,就是在某一特定的环境和“气候”条件下,获奖者一个接一个地出现,有时数个获奖者,都出自同一机构或单位,国外学者将其称为“能唤起灵感的环境”。如从 1976 年开始,至少平均每隔一年就有一位出自芝加哥大学的经济学家获得诺贝尔经济学奖。诺贝尔经济学奖自 1969 年首次颁发以来,74 名获奖者中 27 名获奖者与芝加哥大学有关。

无独有偶,由伟大的物理学家尼耳斯·玻尔任所长的哥本哈根大学物理研究所,有 10 人获得诺贝尔科学奖,其中著名的有海森堡、鲍利、赫维塞、罗瑟兰、鲍林、无莱因、邓尼逊等人。在哥本哈根这个“学府”里,培养人才的经验是多方面的,诸如怎样发现与挑选具有潜力的青年,怎样与别的群体交流学术并交流人员,实现“杂交优势”,怎样为学生寻找最合适的研究岗位等。

芝加哥学派培养了那么多的精英,就是因为芝加哥大学点燃了他们的“想象火炬”,激发了他们妙不可言、跃跃欲试的探险冲动。大学是可以挑战旧观点、诞生新思想的地方。培养出来的学生具有广博的知识,对很多事情都有灵活、富有想象力的思考;培养出的学生是能够进行挑战性研究的,这或许就是大学的存在对社会的最大贡献。

美国物理研究所研究员舍韦说,在许多国家里,学术气氛过于传统,前辈的观点必须被尊重,但美国科学家对老观念不是特别恭维,敢于挑战旧学说。如果从数学和科学测试成绩来看,在全世界美国的小学或中学教育水平只能排 29 位左右,落后于所有北欧国家以及瑞士、法国和德国,而大学的情况却不是这样。其教育水平很高，提倡学生不死记硬背，要求独立思考并更具主动性。

硅谷是全球高科技领域的中心，之所以能够吸引福特汽车、通用电气和沃尔玛等传统大企业进入，最为简单的商业哲理就是硅谷的集聚效应。互联网的冲击促使传统企业开始考虑和吸纳硅谷的智慧，而在硅谷设立机构就能共用那里的设备、技术和人才等，从而获得经济上的好处。

地点缘何重要？2013年11月下旬，苏宁云商在美国硅谷建立研究院的消息引起了舆论极大的兴趣。不过，这只是众多向硅谷进军企业中的一个代表，之前已经有福特汽车、通用电气和沃尔玛等企业专门在硅谷建立了自己的研究机构。现代金融和科技中心的集聚效应还不同于工业时代的产业中心，因为金融和科技中心往往是企业家精神的训练场。很多最优秀的人才在硅谷，花多大的代价都很难把他们请到国内来。

这种“硅谷的集聚效应”，用来形容受诺贝尔奖“青睐”的美国的浓厚学术气氛，再合适不过了。在这里，教育界和学术界里富有挑战权威和竞争创新的优势。美国堪称世界上高等教育最发达的国家之一，拥有世界上最好的高等教育体系，美国接受高等教育的人口所占比例几乎比其他国家都高。

2005年，英国《经济学家》周刊文章发表的统计数字显示，目前美国的大学汇集了世界上70%的诺贝尔奖获得者；全球大约30%的科学和工程类论文、44%经常被引用的论文，都出自美国的大学。

在美国，有高等教育背景的人口比例高于世界其他所有国家。从1985到2005年的20年间，共52位诺贝尔物理学奖获奖人中，有34位为美国人或在美国居住，占64%；47位化学奖获奖者中有28位为美国人或在美国从事研究工作，占59.6%；生理学或医学奖的46位获奖者中，有28位美国人，占46%；33位经济学奖获奖者中，有23.5位美国人，其中一人为以色列和美国双重国籍，占71.2%。美国人不但“垄断”了近20年来的诺贝尔奖，而且进入21世纪以来的6年中，除2005年的生理或医学奖为两名澳大利亚学者分享之外，其他历年的所有奖项中，都有美国人分享或独享。

美国在如此长的时间里，几乎是排他性地垄断了最具权威性和影响力的科学、经济学奖项，无可置疑地印证了美国至今无人可以撼动的综合国力。

如何把学生从潜在的英才培养成现实的英才而言，培养过程的内部机制和学习团队、氛围尤为重要。大学是由未知驱动询问、分析、探求、辩论而产生的，教育就是在这样的氛围中诞生的。在培养英才的过程中，对于那些事实的知识，如结论、定律等是不需要着重教的。那么需要教的是什么呢？那就是科学创造的能力与品格，科学研究的标准、价值与态度。

要建立一个良好的学术环境，每个人都应该遵循同一个价值观：就是应该创造自己的东西，窃取别人的东西是一种耻辱。这样的环境决定了基本不会出现学术腐败问题。

1992 年诺贝尔经济学奖获得者、美国著名经济学和社会学专家加里·贝克指出：“现在，一些大学和学生面临着功利化的挑战，以至于抄袭、造假等问题时有发生。其实这并不是一个新问题，但是新技术令它变得更容易。我们可以通过技术手段解决这些问题，也有很多人进行这方面的研究和实践，不过最好的办法还是教师要与学生多接触，不仅关注他的学习结果，还要关注他的学习过程。举个例子，如果一个学生平时表现不怎么好，但是期末论文却写得十分出色，那么教师就应该引起注意了。”

“要知道，大学的学习并不只是获得高分这么简单，我们不仅关注学生当下的学习成绩，也关注其今后整个职业生涯。我曾经警告我的学生，作为未来的社会学者，以个人信誉换取好分数的做法得不偿失。我的学生都十分清楚这一点，他们尤其不想被迈尔森先生给出‘曾经靠不诚实的手段完成学业’这样的评语。”2007 年获得诺贝尔经济学奖的罗杰·迈尔森如是说。

大学作为通向社会的出口，所培养的人才不能满足社会的要求是个很大的问题。而大学内部存在的问题也是纷繁复杂，高等教育制度本身已显得积重难返，不可否认，在中国的教育下，大部分地区存在着大学生、研究生、博士生一路应试；教授不愿上讲台，上讲台的又不投入；院士对学术头衔追逐，对论文求量不求质；高校行政级别官学不分，校处领导官气十足；高校扩招的快速引起负效应，研究生生源质量下降；高校缺失自主权；民办大学的尴尬；校办企业的弊端等等诸多问题,更不要提学术团队和学术环境建立了。

大学是探究未知世界的场所。1998 年 5 月 4 日,北京大学百年校庆上,“创建世界一流大学”的目标被提了出来,关于如何创造世界一流大学的争论,就一直没有停止过。已过去 15 个年头,中国的大学盖过奢华的大楼,建过繁华的大学城,获得办学经费无数。也不断地有高校校长痛批过学术腐败、教育培养模式死板,讨论过中国为什么培养不出大师。

北大原校长许智宏认为,世界一流大学主要有 3 个标准:一是有从事一流研究工作的国际知名教授;二是有一大批影响人类文明和社会经济发展的成果;三是培养出一大批为人类文明作出很大贡献的优秀学生。

高校的原创能力、科研水平、人才的数量质量,国际知名度等都决定一个大学是不是世界一流大学。政府对高等教育的投入,管理体制的改革,科研体制的改革等将会成为实现世界一流大学的重要因素。

教育、研究和创新被看做支撑国家战略发展的“铁三角”。上世纪末我国启动了中科院系统的知识创新工程和高等教育系统的“985 工程”,强劲的创新政策收到一定效果,在国际上产生了一定影响。2002 年北师大校庆典礼上,江泽民总书记正式提出“教育创新”的概念,使铁三角中的“教育之角”自身的创新问题凸显。在创新已经成为流行“俗语”的同时,社会对教育的高期望和教育自身的厚积弊之间形成鲜明比对。

中国大学的发展要进入一个层面,不光是大师、大楼的竞争,还要有文化的竞争。目前我国一些大学的确设施很好,也积聚了一批人才,但是还没有形成自己的文化,这就像人没有灵魂。优秀大学文化的形成关键是要有好的办学思想和理念。大学的灵魂是学术自由。原始创新来自于好奇心,来自学科发展的内在需求。要鼓励科学家自己去创造,与学术自由相辅相成的是学者自律。

大学教育对于年轻人形成人生观、社会价值观,对于发现和理解生命的意义和人的社会价值有极大的作用,是人们的精神家园。最要注重的,大学促进个人的自我发展与完善。大学不仅能帮助学生“读书明理”,更帮助学生提升修养、品质、智慧。

大学最关键的,是应该培养更多优秀学者,培养更多优秀学生。大学更要力戒浮躁,强调对于理想的追求,把诚信与奉献这些最重要的职业素养深深扎根在师生的心中。一所大学何年何月成为世界一流并不重要。如果大学的土壤变得非常肥沃,总有一天诺贝尔奖会在中国出现。

英国《经济学家》周刊文章说，发展高等教育，向高度市场化体制转变并非易事。各国面临着诸如社会分配不均，建立学生贷款机制，防止学术界“公地”被侵占，统一国内教育标准，以及防止文凭学历欺骗等一系列问题。而对于大学来说，由这些问题构成的威胁还远没有因依靠公共部门拨款而长期“挨饿”所带来的影响。

美国高等教育发达的主要原因是国家的富有，国人的重视，体制方面的促进作用，和实用主义的治学传统。首先，美国的富有使美国学生的平均教育费用远远高于其他西方国家平均水平；其次，国人对教育的重视和捐助使教育经费充足；再者，就教育体制而言，在美国，国家没有旨在指导大学教育发展的总体规划，联邦政府在促进高等教育发展方面主要从政策法规方面介入。最后，美国高等教育的发展还得益于一套平等竞争的体制。竞争机制体现在大学从学生、教授到篮球队员的各个环节。教授竞争联邦研究经费，学生竞争助学金或奖学金。这就意味着成功的学校也不能安于现状。

大学不是行政部门，不能光靠领导发号施令，好的大学文化是知道自己应该做什么。

我国教育部发布《高等学校学术委员会规程》，将于2014年3月1日起实施。这是新中国成立以来首部国家级的“学术委员会规程”。首次明确了学术委员会在学校学术组织体系中的最高学术机构定位。明确指出，学术委员会中，党政领导不超总人数的四分之一。不担任党政领导职务及院系主要负责人的专任教授，不少于委员总人数的二分之一。探索“教授治学”，促进高校“去行政化”。

目前各个大学普遍存在着经费不足的问题，而大学的经费主要是靠政府的财政支持，而我国对教育的投入又很少，显然不能满足大学的发展。解决高校教育经费问题迫在眉睫。我们的大学应当扩大自己的经费来源。“一流大学是拿钱堆出来的”，许智宏说。

教育投入是教育发展和改革的经济基础，在经济和社会高度发展的今天不仅有加大的必要，也有加大的可能和条件。但是，现存相关的问题和关系还没有理清，投入的依据还争论不休，相关的法律也需要健全。要解决这些问题，必须从中国社会和教育投入问题的实际出发,实事求是、依法执法,在达成共识的基础上推进教育事业的科学发展。

我们的大学还要让教育与产业结合,学术成果要能有效转化为实用技术并带来经济效益。美国开创了将学术界与产业界联系起来的传统,大学每年获得的版税和特许使用费超过10亿美元。170多所大学拥有某种形式的“企业孵化器”,数十家大学在经营自己的风险基金。如果经费问题能得到解决,大学的发展也就有了活力。

2012年,全国教育经费总投入为27695.97亿元,比上年的23869.29亿元增长16.03%。其中,国家财政性教育经费(主要包括公共财政预算教育经费,各级政府征收用于教育的税费,企业办学中的企业拨款,校办产业和社会服务收入用于教育的经费等)为22236.23亿元,比上年的18586.70亿元增长19.64%。

据统计,2012年全国国内生产总值为518942.11亿元,国家财政性教育经费占国内生产总值比例为4.28%,比上年的3.93%增加了0.35个百分点。

在科研方面,科技界既要关注国家的发展,继续集中精力攻克那些满足现实需求、解决实际问题的项目,又要鼓励、支持科学家的自由探索,要支持科技人员潜心研究,长期坐冷板凳的“修炼”;尤其要保护科研团队为坚持自己的研究方向矢志不渝、继往开来的志向和努力,改变那种“退休一人,涣散一片,枯萎一门”的不可持续现象。

### 芝加哥大学独领风骚诺贝尔经济学奖

芝加哥大学作为一所全美排名前十位的高等学府已经有近120多年的历史,是一所位于美国伊利诺伊州芝加哥的私立、男女同校、无宗教派别的研究型大学,1891年由约翰·洛克菲勒创办,1892年10月1日正式开课。该校因诺贝尔奖得主众多而引人关注。不可否认,每一所美国乃至世界名校的背后,都有着一连串值得骄傲的历史,这并不足为奇。然而,截至2013年,所有诺贝尔奖获得者中有89位都曾是芝加哥大学的教职工、学生或研究人员,这种荣光却不是每个学校都有的辉煌，2013 年 10 月，该校两位教授尤金 · 法玛和拉尔斯 · 彼得 · 汉森再度摘得诺贝尔经济学奖桂冠，并且在这长长的 89 位获得诺贝尔奖的名单上，能够找到我们熟悉的名字：华裔物理学家李政道、杨振宁、崔琦。

诺贝尔经济学奖自 1969 年首次颁发以来，74 名获奖者中 27 名获奖者与芝加哥大学有关，12 人来自芝加哥大学，包括芝加哥经济学派创始人米尔顿 · 弗里德曼。也就是说从 1976 年开始，至少平均每隔一年就有一位出自芝加哥大学的经济学家获得诺贝尔经济学奖。这足以让这所百年老校引以为自豪。芝加哥大学或许因其具有启发性的新自由主义经济学理念而闻名于世，它在诺贝尔经济学奖领域更是独领风骚。

美联社说，这所大学之所以经济学人才辈出，是因为它能吸引并留住已有或未来的经济学明星。这里的经济学者敢于大胆挑战当前流行的经济学理论，学校也鼓励学者独立创新。

> 近些年来，芝加哥大学影响逐渐扩大的部分原因，是这所学校的经济学家自 20 世纪中期以来就开始宣扬自由市场原则，而当时美国的学术界和政府根本不认同这些观点。但当上世纪七八十年代，像罗纳德 · 里根总统一样的政治家开始呼吁减少政府在经济活动中的作用后，芝加哥大学和推崇自由市场的经济学大师米尔顿 · 弗里德曼开始声名鹊起。
>
> 美联社评论说，弗里德曼在芝加哥大学任教至退休。他当初挑战美国经济学大师凯恩斯的理论时并没有受到重视，但他那与凯恩斯背道而驰的理论最终奠定了他在学术界的崇高地位，也为他带来了 1976 年诺贝尔经济学奖。

芝加哥大学是一个互动性很强的地方，大家都在相互帮助。这非常罕见。在这里，2013 年诺贝尔经济学奖获得者汉森戏称自己虽然已经 61 岁了，但仍被视为经济学界的“明日之星”，是诺奖得主中的“年轻人”。同为芝加哥大学、2013 年诺贝尔经济学奖得主汉森的同事、现年 74 岁的尤金 · 法玛，这位在现代金融学中的地位相当于物理界的牛顿一样的“现代金融学之父”，从未显示出衰老的迹象，非常活跃、精力充沛。芝加哥大学的教师不会放慢工作的速度。一些年长的同事仍然抱有工作热情，他们一直是年轻同事的学习榜样。

尽管获奖的经济学家给芝加哥大学带来了巨大声望，但对学校里的学者而言，经济学不是政治家关心的诺贝尔奖，而只是枯燥、严谨的研究工作。像弗里德曼那样受追捧的经济学家是芝加哥大学学者中的例外，而且弗里德曼在出名前也默默无闻地做了几十年基础研究工作。这里的学者淡泊名利。

2007 年诺贝尔经济学奖获得者罗杰·迈尔森曾经这样赞誉芝加哥大学，“这是世界上做这件事最好的地方，是神话般的工作之地。这一地方从开始就是注定要作培育理论的地方，就我研究的领域而言，它做得很好，非常好。”

那里的经济学者表示，他们关心的不是诺贝尔奖，而只是关心研究工作。

2013 年 10 月，在评论为何芝加哥大学经常在诺奖角逐中获胜时，诺贝尔经济学奖评委会主席、前普林斯顿大学教授彼得·克鲁塞尔说：“我认为，他们与其他经济学家不同。”克鲁塞尔说：“我个人认为，他们或许更加专注于学术研究。芝加哥大学的教授们大多不是制定政策的公众人物。他们坚定地从事某一领域的研究，其他人可能都做不到这一点。”

那里的经济学者表示，他们关心的不是政治权贵，而是专注于不同范畴。

芝加哥大学经济学教授德里克·尼尔认为：“这里的人知道，成为《时代》杂志封面或成为华盛顿的秘书不是你的工作。”尼尔说：“这里的人坚持的是每个人要首先成为学者，而且只成为学者……每个人得到的鼓励是向经济科学的最前沿挺进。”

1992 年诺贝尔经济学奖获得者加里·贝克坦言，“我认为我们大学的经济学家不认为得到经济学中的‘圣杯’是去华盛顿工作”，“与你的同事一起工作比去华盛顿更重要。”如今，加里·贝克本人至今仍在芝加哥大学任教。

诺贝尔奖似乎能让这所学校吸引更多的年轻学者。芝加哥大学有句名言“明辨之路是争论，而非顺从”，这是身在其中的每一个人遵循的价值观。善于提问，敢于质疑，是每一个研究者的职责所在。芝加哥大学的学术争论带来的是更多学术成就，一些人认为芝加哥大学的教授冷淡无情，无论多知名的学者，无论他的理论多受欢迎，都可能遭到同事的全面批驳。

戴维·博阿兹说：“在芝加哥，当你完成并提交一篇论文，聪明的人就开始攻击，试图找到其中的错误，试图找到弱点。芝加哥大学的教授必须提出好的理论，因为他们面临着许多聪明的教授，那些人会推翻不严谨的理论。”

芝加哥大学的经济系常常会举办各种研讨会，不管你是本科生还是诺贝尔奖获得者，都要提出自己的观点，每个人都可以对观点提出质疑，对很多证明观点的数据以及可能的结果进行反复的争论、研究，这就是一个非常严格的学术环境。也就是说，芝加哥大学一定要论证的是结果的严肃性、真实性，不管你是什么人，你的背景如何，只有广泛参与这个过程才能明辨真理。

芝加哥大学，这所被洛克菲勒称为“我毕生最好的投资”的国际一流大学，自创建之日起一直坚持着包容性、开放性的理念，支持芝加哥大学迅速崛起。它的校训是：益智厚生。意思是“提升知识，以充实人生。”它之所以能够成为诺贝尔经济学奖的摇篮，因为它富有独立创新精神、严谨的学术风气、学者淡泊名利、争论之风盛行。

芝加哥大学常被称为“智力密集”的地方，它非常讲究互动和集体协作。在这里，师生随时随地展开讨论，人人敢于提出质疑，自由热烈的学术讨论，洋溢着百家争鸣的气氛，凝聚着人类智慧的精华，全力挑战科学高峰。在这里，可以经常看到一群人在很严肃地讨论某个问题，这样身在其中的人就会觉得自己做的事情非常有意思。

芝加哥大学的“学术领导力”，体现在拥有非常出色的教师队伍，给后来者树立了很好的榜样。

在芝加哥大学任教的诺贝尔经济学奖获得者：

1976年诺贝尔经济学奖得主——米尔顿·弗里德曼（Milton Friedman，1912～2006）

1982 年诺贝尔经济学奖得主——乔治·斯蒂格勒(George Stigler, 1911 ~ 1991)

1991 年诺贝尔经济学奖得主——罗纳德·科斯(Ronald H. Coase, 1910 ~ 2013)

1993 年诺贝尔经济学奖得主——罗伯特·福格尔(Robert Fogel,1926 ~ )

1992 年诺贝尔经济学奖得主——加里·贝克(Gary Stanley Becker, 1930 ~ )

1995 年诺贝尔经济学奖得主——小罗伯特·卢卡斯(Robert Emerson Lucas,Jr,1937 ~ )

2013 年诺贝尔经济学奖得主——尤金·法马(Eugene Fama,1939 ~ )

非芝加哥大学教授任教的诺贝尔经济学奖获得者:

1986 年诺贝尔经济学奖得主——詹姆斯·麦吉尔·布坎南(James McGill Buchanan,1919 ~ 2013)该校博士毕业生,同样反对政府干预。他也是发展公共选择理论的重要学者。

芝加哥大学推崇的价值观与我国古代儒家经典《中庸》中提到的“博学、审问、慎思、明辨、笃行”的治学方法不谋而合。当诺贝尔奖接踵而至,当芝加哥大学秉持开放性的吸引人才的办学思路,对那些年轻的学者而言当然是决定去那里的明显信号。他们确信经济学可以用来阐释事物,帮助人们更好地理解现实世界,而不仅仅是一场智力游戏。

芝加哥大学是科学研究重镇,也是众多荣膺诺贝尔奖的科学研究成果诞生的摇篮。现在的人们不太重视基础科学,认为这些东西离我们的生活很遥远,但是许多改变我们生活的技术都是从基础科学研究的成果中发展出来的。芝加哥大学作为成就诺贝尔奖获得者工作和学习的地方,我们不禁要问到底是什么使芝加哥大学众多的诺贝尔奖获得者能够走向成功?

芝加哥大学校长、数学教授出身的罗伯特·锦穆尔说:“最重要的一点是始终确保大学一定要有非常开放的、严格的、高强度的学术环境。过去我们一直保持着这样的环境,如果有人愿意到一所研究学府里做难度最大的工作,我们希望他能够到芝加哥大学来。这包括积极参与对各种新设想的验证,或者帮助别人来验证他们的想法。我们希望成为这样一种学校，能够吸引那些最具创造力和创新精神的学者。我们也因此提供了这样的科研环境给这些特殊的人才。这就是为什么有这么多诺贝尔奖获得者在我们学校从事科研工作的原因，因为他们认为这个学校就是他们希望从事非常严格的、复杂的、难度很大的研究之所。”

芝加哥大学是所什么样的大学？答案已经不言而喻。芝加哥大学的独一无二的特点是活力。这种活力来自于教师与教师之间、教师与学生之间、学生与学生之间无处不在的相互启发、相互促进。在这样的教育环境中，学生并不会冲着文凭去上学，教师也不会冲着职称、报酬去做学问。学生上大学，为的是有机会去学习怎样思考，对他们以后的生活产生积极的影响。教师做学问，是互相讨论、挑战，开辟新发现和新思考。

芝加哥大学是着重训练学生如何思考，训练他们怎样富有想象力地去思考、教会他们怎样从不同角度进行综合性思考的地方。也许芝加哥大学的价值就在于它提供了一个能教会年轻人怎样思考的环境，这就是芝加哥大学创造出来的价值。

大学要想获得持续不断的成功，“教学相长”之道主要取决于两个方面，第一是发现和培养有潜力的青年教师，是现任教师，特别是老教师的一项重要工作。第二是挑选优秀的学生。优秀的学生不是单向地从教师那里汲取知识，也可以使教师受到启发。最好的教师、最好的学生成就了最好的大学。或许这就是芝加哥大学诺贝尔经济学奖“扎堆”的秘诀。

## 个人成长共同特征所带来的有益启示

在许多读者的印象中，经济学家似乎都是天马行空的才子，我们努力把他们“还原”回来，并着力发掘这些经济学家求学和步入经济学殿堂的历程，不放过那些看似偶然的契机，但也追求这些成功者身上共同的群体特征。希望也许有一天，中国本土也会有人走上这样的成功道路。

纵观历年的诺贝尔奖得主，有关想象力和执著精神的故事并不少见。在问及有关科学的“艰辛”和“寂寞”时，大师们总是很洒脱地谈起兴趣和偏好。诺贝尔奖带给世人的最大财富，不是荣耀，更不是奖金。诺贝尔经济学奖获得者的成长符合杰出人才成长的优势积累理论，他们的成长不仅需要自身优异的个性素质，更需要有良好的发展环境，需要代际之间的积累与传承。

如果能够在一个个诺贝尔奖得主的成功经历中领略科学的真谛，能够在我们的教育中鼓励这种想象力、创造力，能够为那些与众不同的孩子、特立独行的学生和学者保留一些空间，能够让更多的孩子不再是因为升学，而是因为爱好才走进奥数班和兴趣小组，那么我们距离收获和成功也就不远了。

他们为什么能获得诺贝尔经济学奖？面对这个问题，要思考诺贝尔经济学奖获得者的共同特征带给我们的触动，实事求是地分析、研究诺贝尔奖获得者的成长、生活、工作、学习情况，追寻他们成功的轨迹，将会得到一些有益的启示。

如果未来一段时期内诺贝尔经济学奖维持现行评奖规则，则候选者至少需要具备以下几方面的条件：来自经济发达和教育强大的国家；青少年时期家境较好，能够接受良好的基础教育；世界知名院校的高学历教育；名师指点和名校熏陶；拥有广泛的学术交流和学科交叉合作背景；掌握现代数学的理论与方法的应用。

从古至今，经济发达，政治稳定的地区一般也是人才辈出的地区。作为一个世界性的科学奖项，诺贝尔经济学奖获得者的国籍分布一定程度上反映出世界各国经济学科研实力。

有雄厚的国家科研实力为坚强后盾。74 位获奖者分属于 11 个国家，大部分获奖者出自美国、英国等经济发达国家。其中，美国共有 52 人获奖，占 70.3%，说明美国经济学研究在世界上具有绝对优势。英国共有 8 人获奖，占全部获奖人数的 10.8% ；其次是挪威 3 人，排名第三，占全部获奖人数的 4%。法国、瑞典、加拿大、以色列分别有 2 人获奖；荷兰、前苏联、意大利、德国、印度、塞浦路斯、圣卢西亚共和国 7 个国家分别有 1 人获得诺贝尔经济学奖。

在经济学研究领域，甚至其他科学领域，能够做出重大成果的人，大部分在幼年时家庭物质条件相对宽裕。此外，家长的文化知识素养和价值取向将对子女产生深刻的影响。有研究者得出两个结论：一是富裕家庭和中等家境家庭获奖者的比例较高；二是富裕和中等家境的家庭获奖者之间的比例相仿。

在相对优裕的家庭中成长。追溯获奖者少年时期成长的家庭环境,则可以发现:幼年时家境富裕和中等的获奖者人数最多,占比达80%以上。统计表明:诺贝尔经济学奖获得者父亲的职业类型分布比较广泛。其中父亲职业为经商、教师和知识分子所占比例最高,因此诺贝尔经济学获奖者从小受到商业氛围和高级知识分子的影响是比较大的。

拥有依据活动的某种目标调动和指挥自己的情绪的能力。支持崛起的信念来自于自我激励,这种神奇的力量,这种来自于心灵的力量,其实就是情商的力量。情商意味着有足够的勇气面对可以克服的挑战,有足够的度量接受不可克服的挑战,有足够的智慧来分辨两者的不同。

大多数人具有较高的情商。诺贝尔奖得主普遍有很强的自我意识,知道自己当下的情感情绪及其缘由;有自我调节能力,即使碰到了困难,也能控制自己的情绪;善于自我激励,面对挫折能坚持努力,不放弃。

重视情商的培养。表现在主动性、同理心、心理调适能力、适应性四个方面:

主动性。诺贝尔奖得主具有很强的主动学习、主动探究新事物的能力。所谓主动性,是自发自愿地参与,是人内心的一种积极因素,是与被动、惰性相反的。

同理心。诺贝尔奖得主具有为全人类谋幸福的信念。所谓同理心,也就是设身处地去体会别人的感受,懂得关心他人,理解他人。有同理心的人,往往被人们认为“善解人意”。

心理调适能力。诺贝尔奖得主具有百折不挠的精神。有人说“幸福是一种感受”。同样一件事,有的人觉得快乐而有的人则认为不快乐。要想使自己保持良好的心态去感受事物,去处理事物,就必须不断调整自己的心态这就是心理调适能力。

适应性。诺贝尔奖得主不管环境多么恶劣,都能随遇而安,全神贯注进行科研。

教育对人的成才起着至关重要的作用。具有深厚经济学底蕴的世界名校,拥有自由宽松的学术环境,有国际前沿的研究课题,有强大的师资队伍和丰富的育人经验,尤其适合杰出人才的成长。

在世界名校接受优质教育。74名获奖者分别从30所著名院校取得最高学位。其中,美国大学有15所,所占比例为53%,占了半壁江山。74位获奖者中除了1975年的列奥尼德·康托罗维奇1人未获得博士学位外,有73位获奖者具有博士学位,所占比例为98.6%。其中,1974年获奖者哈耶克、1985年获奖者弗兰克·莫迪利安尼和1994年获奖者约翰·海萨尼等还拥有双博士学位。从统计结果可以看出,诺贝尔经济学奖获得者需要受过世界名校的高等教育。

不仅高学历教育不可或缺,名师指点对经济学家的成长更为重要。

获得经济学大师的悉心指导。74位获奖者当中,至少有四十多人受过经济学大师的指点。有的获奖者之间甚至是师生关系,实属佳话。

如1970年诺贝尔经济学奖得主保罗·安东尼·萨缪尔森和2001年诺贝尔经济学奖得主斯约瑟夫·斯蒂格利茨;1969年诺贝尔经济学奖得主简·丁伯根和1975年诺贝尔经济学奖得主佳林·库普曼斯等。1992年诺贝尔经济学奖得主加里·贝克自己就是著名经济学家、1976年诺贝尔经济学奖得主米尔顿·弗里德曼的学生,师生二人均获得诺贝尔奖,正如保罗·萨缪尔森在1970年颁奖仪式上所说的,获奖的“首要条件是要有优秀的导师”,载誉而归时他重申:“我可以告诉你们怎么样才能得到诺贝尔奖金,诀窍之一就是要有名师的指点。”

世界名校以独特的魅力吸引着最优秀的经济学家前往那里工作。

拥有世界名校提供的良好工作环境。从获奖者隶属院校看,74名获奖者主要来自美国和欧洲的32所著名大学,其中,美国高校有22所,占68.75%。排名前四位的均为美国高校。可以看出,芝加哥大学、哈佛大学、普林斯顿大学始终位于前三位,说明这几所学校培养出了最杰出的经济学人才。

获奖者取得最高学位的院校中,欧洲院校为11所,21人次,占

29.6%，而获奖者获奖时所属院校中，欧洲院校只有9所，14人次，占19.7%。且除剑桥大学以外，其余欧洲大学排名靠后，这反映了欧洲优秀经济学研究和教育人才有所流失。

**大多数获奖者得益于广泛的学术交流和学科交叉合作。这些获奖者基本上是低年级修习数学，高年级改攻经济学，最后为经济学研究作出巨大贡献。经济学和数学的结合趋势还在不断发展。这给中国经济学界提出了一个要求，应充分重视数学功底，要吸引年轻的数学工作者参与经济学研究。**

拥有广泛的学术交流经历和多学科知识。74名获奖者中，绝大部分拥有多样化学术交流经历，在不同学校接受教育和从事科学研究。74名诺贝尔经济学奖得主中，有相当一部分早年就受过专门的数学训练，他们几乎既是经济学家，同时又是统计学家或数学家。从学科背景看，在74位获奖者当中，有49位具有除了经济学以外的学科学位，所占比例为66.22%，其中有数学背景的获奖者最多，达22人，占29.73%。

例如，1978年诺贝尔经济学奖得主赫伯特·西蒙“在科学理论、应用数学、统计学、运筹学、经济学和企业管理方面作出了贡献”，1982年诺贝尔经济学奖得主乔治·斯蒂格勒“在广泛的经验数据基础上，其收集是经济统计中的开拓性工作”，1989年 诺贝尔经济学奖得主特里夫·哈维默“指出用统计方法能解决相互依存问题”。

**诺贝尔经济学奖获得者不仅要对经济学理论理解深刻，也要对社会问题有深刻的洞察力、理解力和坚定的责任心。**

拥有社会责任心和丰富的实践经验。1977年诺贝尔经济学奖得主詹姆斯·爱德华·米德亲身经历了两次世界大战期间英国的严重失业现象，从而走上了学习经济学的道路，试图对解决这一问题有所贡献；美国1929年的经济大萧条，对1980年诺贝尔经济学奖得主劳伦斯·克莱因的思考方向和职业选择产生了巨大的影响；由于痛恨19世纪五六十年代美国对非洲裔美国黑人的歧视，2000年度诺贝尔经济学奖得主詹姆斯·赫克曼走上了对黑人问题的研究道路。

绝大多数诺贝尔经济学奖得主均担任过政府或其他组织的职务，这使得他们能更直接、更全面地掌握经济研究的素材，使自身研究更有针对性和科学性，而他们也能直接或间接地对国家经济政策施加影响。

担任过政府或其他组织的职务。如，丁伯根、萨缪尔森、托宾、弗里德曼、刘易斯等都曾是政府或国际组织（如欧洲炼铁联营、世界银行、联合国等）的顾问，奥林是瑞典自由党的主席，诺斯是捷克政府推动私有化进程的顾问。

诺贝尔经济学奖对经济学的诠释是相当广泛的，除经济学的研究成果外，那些与之相关的学科，如管理学、政治学、社会学、数学、历史学、心理学的研究也包含在内。因此，跨学科成果获奖的学者不乏其人，且有增多的趋势。现实社会经济问题，往往是各方面因素交织的结果。

偏重于交叉学科的研究成果。瑞典皇家科学院在考察获奖对象的成果时，对拓展经济学领域的研究给予了更多的关注。例如，模型和数理分析方法在诺贝尔经济学奖得主萨缪尔森、希克斯、阿罗、阿莱斯、康托罗维奇、纳什、海萨尼和泽尔腾等的经济学研究成果中起了重要的作用，形成了文理交叉的“数理经济学”；弗里希、丁伯根、克莱因和哈维默致力于将经济学与统计学结合在一起，创立和完善了“计量经济学”等等。

在经济学领域的交叉协作研究，尽管比自然科学领域出现得晚一些，但依然是不可回避的趋势。

由注重个人研究转向交叉合作。统计发现，1 人独享、2 人分享、3 人分享诺贝尔经济学奖的届数分别为 22 届、17 届和 5 届。1 人独享诺贝尔经济学奖项的届数超过多人分享的届数，说明到目前为止，诺贝尔经济学奖相当注重个人成果。不过，在 1990 ~ 2013 年期间，多人分享的届数是 1 人独享的届数的两倍以上，尤其是 2007 年以来的奖项均为多人分享。这一变化反映了交叉协作研究的趋势。

参照诺贝尔经济学奖评奖委员会前任主席林德贝克的分析,可将经济学科分为一般均衡理论、微观经济理论、宏观经济理论、经济分析新方法和交叉经济科学等五大类。

获奖成果的领域相对集中。统计表明,74 位获奖者的研究领域大致是:一般均衡理论 5 人、微观经济理论 17 人、宏观经济理论 17 人、经济分析新方法 21 人、交叉经济科学 14 人。一般均衡理论获奖人次相对偏少,所占比例仅为 6.8%,且集中在早期;微观经济理论与宏观经济理论的获奖人次相当,但前期宏观经济理论占有明显优势,后期微观经济理论占有显著优势,这在一定程度上反映了经济学发展的微观化趋势;经济分析新方法获奖人次最多,说明诺贝尔经济学奖十分看重经济分析方法的改进和突破。

瑞典皇家科学院并不急于把诺贝尔经济学奖授予最新的经济理论成果。成果获奖时间一般要比成果完成时间晚 10 ~ 15 年,甚至更晚,颁奖时间有意滞后。

成果需要长时期检验。例如,为 1999 年度获奖者蒙代尔赢得奖项的两项成果,早在 20 世纪 60 年代初就已公开发表,后被近 40 年后发生的两大事件所验证:1997 年爆发的亚洲金融危机和 1999 年初欧元正式启动。这反映出经济学作为社会科学,其成果价值接受时间检验的必要性。

经济理论作为社会科学不同于自然科学,接受实践的检验需要相对更长的时间,从获奖者的年龄可以看出,但也折射出了诺贝尔经济学奖的严肃性。

诺贝尔经济学奖获奖者年龄普遍偏大。获奖者年龄在 60 ~ 69 岁居多,平均年龄为 66.9 岁,其中最大的是 2007 年获奖者里赫维克兹,获奖时已 90 岁高龄;年龄最小的是 1972 年获奖者阿罗,获奖时 51 岁。

而物理学得奖者的平均年龄为 55 岁左右,最年轻的获奖者获奖时年仅 25 岁。

统计表明,74 位获奖者的出生时间主要分布在 1910 ~ 1919 年(26 人,占35.1%),其次为1930~1939年(16人,占21.6%),1940~1949年(14人,占18.9%),1920~1929年(13人,占17.6%),1950~1959年获奖人数为5。

根据现行评奖规则推测,未来十年内经济学诺奖获得者中,出生时间将主要分布在1945~1964年。处于这个年龄段的中国社会科学学者中,不乏拥有在世界知名院校的学习经历者,有些还直接师从诺贝尔经济学奖得主,他们既有扎实的数理统计方面的学科基础,又掌握了国际通行的经济学研究范式。如果能很好地与中国现实问题结合起来,必定能做出让国际学术界瞩目的优秀成果。

事实上,无论是荷兰蒂尔堡大学经济学顶尖期刊发文排名,还是美国UT达拉斯分校的商学顶尖期刊发文排名、亚利桑那州立大学的金融学顶尖期刊发文排名,都显示出近年来国内社会科学学者在国际学术界的影响在显著扩大。

## 业余爱好和兴趣对诺贝尔奖得主影响

古往今来,有无数的圣贤哲人前赴后继地幻想和构建着人类生存智慧的理想模式,我们除了惊羡诺贝尔奖得主的成就外,也开始关注他们是凭借什么成功的。难道获奖者都是天赋异禀的人物吗?还是说,只要是天生聪明的人,就一定能够取得令人瞩目的成就?就大多数科学家来说,他们虽然对未来执着,对学问精益求精,甚至有些人为了事业终生未婚,可他们的业余爱好和兴趣却是十分广泛的,业余生活也是多姿多彩和富有情趣的。

在一些文人的笔下,科学家、特别是从事高层次研究的著名科学家,不是走路碰到树上的书呆子,就是钻进实验室把手表当鸡蛋煮的专业谜,往往给人造成一种印象,似乎他们的生活是枯燥无味且呆板的。但是,若认真研究一下诺贝尔奖获得者的情况,就会发现上述情况尽管有,却很少。相反会发现,大多数诺贝尔奖得主都具有较高的情商。著名心理学家丹尼尔·戈尔曼总结情商的实质讲道:“我们的情感智商包含了自制、热忱、坚持,以及自我驱动、自我鞭策的能力。”

诺贝尔奖得主大都具有很强的应变能力:峰回路转,触类旁通。从社会发展趋势来看应变能力强的人做事成功率高,让人们折服。然而应变能力不是先天就有的，它必须要经过多方面的培养才能不断形成的。

著名心理学家丹尼尔·戈尔曼提出，在促使一个人成功的要素中，智商作用只占20%，而情商作用却占80%。很多资料证实，情商较高的人在人生各个领域都一枝独秀，也就是说，情商主宰着一个人的人生成就。每一个成功都不是偶然的。大多数诺贝尔奖得主从小家庭条件比较优越，良好的家庭教育中藏着巨大的情商因素培养空间。从小家长就以塑造孩子的心灵为本，从情感上关心孩子，从人格上尊重孩子，从日常行为规范上教育孩子，让孩子从高层次的家庭教育中领悟其中的道理。极大地锻炼了他们的应变能力。而丰富的业余生活和广泛的兴趣，陶冶了诺贝尔奖获得者探索科学奥秘的情趣，成为浇灌他们智慧之花的“营养”。诺贝尔奖获得者的兴趣和爱好，大部分集中在文艺、音乐、体育、旅游、历史等几个方面。

据粗略统计，从1901年到1982年在物理、化学和生理医学三个学科获奖的356人中，爱好写作、音乐、诗歌和小说、绘画的有76人，约占21.3%；喜欢打球、爬山、钓鱼、划船和游泳、滑雪等体育活动的有73人，约占20.5%；对旅游很感兴趣的有40多人，约占11%；喜爱园艺、集邮、古董珍品收藏和饲养珍禽的28人，约占7.9%。

1935的诺贝尔化学奖获得者，居里夫人的女婿约里奥·居里，不但是位精通人工放射元素的化学物理家，而且也是个才华横溢、兴趣广泛的才子，钓鱼、打猎和运动他都在行，闲暇时能打一手好网球，足球场上也是健儿，会柔术，能画画，爱音乐，弹一手好钢琴。每年夏天，他都要携带夫人去海边或渔村度假，去欣赏那水天一色的秀丽风光。

有的诺贝尔奖得主，既是本学科的专家，又利用业余时间涉猎其他领域，创造出了惊人的成就。

1956年化学奖得主欣谢尔伍德，不仅在化学动力研究方面出类拔萃，还在语言学研究上颇有造诣。他通晓许多国家语言，对古典和现代文学也有精湛的见解，在艺术鉴赏界负有盛名，画一手好画，尤其喜爱瓷器，一生中收藏了大量的中国艺术瓷器。

有些时候音乐和历史能够使人们从繁重的工作当中稍微的休息一下,逃避一下。

1979 年诺贝尔化学奖获得者,德国化学家乔治·维提格,在有机合成化学研究上获得诸多的成果,除了他的勤奋研究,反复探索外,还得益于他那架钢琴。1887 年 6 月维提格出生在柏林一个艺术教授的家里,从小耳濡目染美妙的音乐,特别喜爱弹钢琴。每当工作之余,或者研究中遇到难解的疙瘩时,只要弹一个钢琴,他就会心旷神怡,浮想联翩,思若泉涌。他的学生曾开玩笑说,维提格老师的化学研究,有一部分要归功于他的音乐素养。1964 年,维提格发表了一篇回顾脱氢磷盐的文章,题目就叫《施陶丁尔旋律的变奏曲》。

2006 年诺贝尔经济学奖得主埃德蒙·菲尔普斯认为,“音乐和我们的经济学,确实是有一定的联系,事实上这两者都是一个非常复杂的学科,我想有很多很成功的经济学家,他们都非常喜欢音乐,这确实是让人感到很惊喜的一件事情,可能是因为音乐它本身有一种非常复杂的结构,还有一点,就是在你读历史的时候也是如此”。

还有些科学家的准则是“既要会工作,也要会休息”。

1924 年诺贝尔物理学奖得主,瑞典物理学家卡尔·塞格巴恩,在工作或读书时,全神贯注,天塌下来也不管,可休息时活像个顽皮的孩子,玩得兴致勃勃。有一年圣诞节前后,斯德哥尔摩下了场大雪,一群年轻的科学家踏雪去拜访他。当到他家门口询问时,只见街头一群孩子围着一个穿花衣、戴花帽的“大孩子”正在用雪球激烈地打仗,他们一直追打到塞格巴恩门前才停下来,只见那个戴花帽的“大孩子”和小孩子挥手告别后,摘下花帽子露出满头银发,大家才认出他就是塞格巴恩教授。

## 科学精神与科学道德对诺贝尔奖诠释

美国综合国力的强盛,得益于科学技术水平的进步,站在美国科学顶峰的是 346 位诺贝尔奖获得者。美国之所以成为当今荣获诺贝尔奖最多的国家,就在于它有一套以“功绩本位制”和“优势积累原则”为指导的行之有效的科学英才培养体系。根据社会的实际需要和自己的实际情况，确认自己的优势和长处，然后，重点发展自己的优势和长处。解读该模式，探究其奥秘，对于向诺贝尔科学奖奋力冲击的中国教育界、科学界都是大有裨益的。

科学精神是人类文明中最宝贵的精神财富，它是在人类文明进程当中逐步发展形成的。科学精神源于近代科学的求知求真精神和理性与实证传统，它随着科学实践的不断发展，内涵不断丰富。科学精神的本质特征是倡导追求真理，鼓励创新，崇尚理性质疑，恪守严谨缜密的方法，坚持平等自由探索的原则，强调科学技术要服务于国家民族和全人类的福祉。

科学中的创造意识是对于发现和发明的一种强烈向往和内心冲动，以对科学的信仰和对自身能力的信任为基础。它的重要性在于对人的创造活动起着发动的作用，对人的各种潜能起着唤醒和激发的作用。一个人无论他怎样满腹经纶，也无论怎样智力超群，如果缺乏创造意识，那么他就不能进入创造的状态，终将无所作为。芝加哥学派培养了那么多的精英，就是因为这里点燃了他们的“想象火炬”，激发了他们妙不可言、跃跃欲试的探险冲动和执着的追求。

科学精神的要义之一是追求真理，敢于向权威挑战。刚到普林斯顿大学几周之后，年轻的纳什，这位后来1994年诺贝尔经济学奖得主，就萌生了“让”爱因斯坦跟自己讨论问题的想法。爱因斯坦倒没什么架子，很有礼貌地接待了他。他提出了自己的一些看法，还一个劲地往黑板上书写方程式。爱因斯坦吸着烟斗平静地听着，时不时地也插入一个评论或提问。这样持续了差不多一个小时。到了最后，爱因斯坦只是慈祥地微笑着对他说：“你最好还是多学一点物理，年轻人。”21岁的约翰·纳什还向权威冯·诺依曼发起挑战，而挑战的这位犹太裔的匈牙利科学家冯·诺依曼，在20岁的时候就已名震世界数学界，被认为是青年天才。而后来，他在原子弹与计算机上的杰出贡献，掩盖了他在数学上的成就，可原子弹和计算机却被他个人认为只是他的业余项目。1949年8月，美国在日本的长崎扔下了一个名叫胖子的原子弹，内爆法的建议者是冯·诺依曼。

当时，普林斯顿大学可以说云集了众多的大师，比如大家知道的爱因斯坦，还有冯·诺伊曼很多很多这样的科学大师，都在普林斯顿，那个时候的纳什非常年轻。有一次他主动找到冯·诺伊曼，并和他一起进行讨论，让纳什有点惊奇的是。冯·诺伊曼说这是由不动点定理来证明的。后来纳什发现冯·诺伊曼把那个不动点的理论运用在与经济有关的一些方面，以及他自己的研究，也就是我们提的博弈论。但是看起来，冯·诺伊曼对纳什的非合作性博弈论，好像赞赏的程度不是那么大，当然本质上他是认同的，从某种程度上来讲，纳什提出的理论和冯·诺伊曼的理论是一种竞争。冯·诺依曼当时没有预料到，他的极大极小定理与纳什的纳什均衡成为现代博弈论的两块重要基石。

科学研究需要金钱支撑，需要国家重视，但归根到底是人的行为。指引、支配人的行为除信念、理想之外，还有道德、法律等多种层面的规范。与外在、滞后的法律力量不同，道德的力量是内在的、自觉的，是科学家对科学规范的认同和遵守，以及企图违反或者已经违反后的发自内心的愧疚、不安和自谴，是科学家群体对违反这些规范行为的唾弃与鄙视。

科学研究因为是创造性的人类智慧活动，高尚的道德标准必然是科学健康发展的重要保障。仅靠法律来制裁科学中的违规行为，不仅效果有限、成本太大、社会影响极坏，而且也是科学的悲哀。提倡科学精神，注重科学道德，树立良好学风。在长期的科学实践中，科学严谨的行为规范、博大精深的文化传统和国际公认的制度伦理，为科学体系提供了一种自我进化的机制，形成了科学的道德规范。科学家有责任以自己卓越的眼光、踏实的工作，获得令世人刮目相看的科学成果，为人类文明作出贡献，诺贝尔奖所褒奖的都是世界上科学、技术最先进的成果，这些成果，推动了科学发展、技术进步，甚至改变着人类的生存方式。

科学探索的目标是未知世界，无论是科学家本人还是科技界，往往无法准确预测某项成果多年后的发展轨迹和产生的影响，这就需要一代代的科学家精英们勤奋、踏实、不计较名利，把学术研究作为自己毕生的精神寄托去无私奉献。获得诺贝尔科学奖的科技成果对于人类社会贡献的分量，既包括科研成果本身的价值，也包括其对于相关学科发展方向的后续影响。科学活动有如阶梯式递进的攀登，科学成就在本质上是积累的结果，多数情况下，成果是在取得十几年甚至几十年后才得到奖项。以至多数诺贝尔奖获得者都在意外的情况下得知自己上榜。

回顾一百多年来诺贝尔奖的颁发历程，人们通过诺贝尔奖看到了主导科学发展的力量,人们更是从诺贝尔奖获得者的成长看到了科学发展的希望。改革开放后的中国迎来了科学的春天,国人盼望在诺贝尔奖的获奖上实现“零的突破”。中国作为世界迅速崛起的发展中国家,在科学研究、技术创新上也应该有所作为,包括获得诺贝尔奖。这是一个涉及的复杂问题,不可能一蹴而就。许多中国人具有诺贝尔奖情结是自然的。但将获得诺贝尔奖作为我们进行科学研究的动机与目的,不仅是错误的,而且是有害和危险的。我们当务之急最重要的是要把我们的教育搞好。

扪心自问,诺贝尔奖到底意味着什么,它倡导的科学精神能带给我们哪些启示？我想用科学家的科学精神与科学道德来对诺贝尔奖进行诠释可以惊奇地发现:所有获奖者在科研过程中表现出的一丝不苟、全情投入的科学精神和非功利性的自由探索精神,值得我们深思。尽管诺贝尔奖颁发的领域不同,但是奖项获得者的共同之处是都有深厚的科研学术功底、相应的实验设备条件,学术氛围浓厚、锲而不舍的意志、尤其是严谨求实的科学态度。

科学精神集中体现为追求真理,崇尚创新,尊重实践,弘扬理性。华罗庚说,“科学的灵感,绝不是坐等可以等来的。如果说,科学领域的发现有什么偶然的机遇的话,那么这种‘偶然的机遇’只能给那些有准备的人,给那些善于独立思考的人,给那些具有锲而不舍的精神的人,而不会给懒汉”。

崇尚科学精神,弘扬科学文化将是一个漫长的过程,对于理想的追求,对于科学的尊重,要提倡实事求是、理性思考、踏实奉献,摈弃喧嚣浮躁、争名夺利的消极做法。自觉践行社会主义核心价值观、实现科学发展,把诚信与奉献这些最重要的职业素养深深扎根在每一个追求理想、勇攀科学高峰的人的心中。倘若这些真的做到了,得不得诺贝尔奖倒不是那么紧迫的问题了。

# 用数字来解读诺贝尔经济学奖的四大规律

自1968年首次设立诺贝尔经济学奖以来，1969年拉格纳·弗里希和简·丁伯根共同荣获首届诺贝尔经济学奖。迄今为止到2013年，诺贝尔经济学奖共颁奖44次。累计74名经济学家获此殊荣。据统计分析，74名获奖者分别从53所著名院校取得本科学位。其中，美国大学有30所；从30所著名院校取得博士最高学位。其中，美国大学有15所，占了半壁江山；而74位获奖者中，其中，1974年获奖者哈耶克、1985年获奖者弗兰科·莫迪利安尼和1994年获奖者约翰·海萨尼等还拥有双博士学位；除了1975年的列奥尼德·康托洛维奇1人未获得博士学位外，有73位获奖者具有博士学位，所占比例为98.6%。从学科背景看，在74位获奖者当中，有49位具有除了经济学以外的学科学位，所占比例为66.22%，其中有数学背景的获奖者最多，达22人，占29.73%。74位获奖者当中，至少有40人受过经济学大师的指点。有的获奖者之间甚至是师生关系，同事关系、同学关系。

1969年以来，在44次颁奖中，有22次仅颁给1个人获奖。有17次同时颁给2个人获奖。有6次颁给3个人同时获奖。具体来说，上世纪70年代仅颁给1人获奖的有5次，值得一提的是上世纪80年代十年中连续10次仅颁给1人获奖，上世纪90年代仅颁给1人获奖的有5次，进入21世纪仅颁给1人获奖的有2次，分别是2006年、2008年。自1969年首次颁发诺贝尔经济学奖，首届同时颁给2人以来，上世纪70年代颁给2人获奖的有5次，上世纪90年代颁给2人获奖的仅3次，分别是1993年、1996年、1997年。进入21世纪颁给2人同时获奖的达8次。1990年诺贝尔经济学奖首次颁给3人以上，开创了经济学奖一届颁给多人的记录，1994年、2001年、2007年、2010年、2013年，都呈现出同一届颁给3人，前后一共有6次3个人同时获奖，并且有持续颁给多人的发展趋势。

迄今仅有1名女性获得诺贝尔经济学奖。她是埃莉诺·奥斯特罗姆，一位政治学者，一个从系统层面思考社会科学研究的开拓者。于2009年因经济治理,尤其是对普通民众作出的贡献和经济治理分析,尤为突出的是企业边际领域方面作出的贡献而获奖。埃莉诺不是经济学家,也是迄今唯一荣膺此奖的女性。

非经济学家获得诺贝尔经济学奖,埃莉诺并非孤例,2002 年获奖的卡尼曼是心理学家,1998 年获奖的阿马蒂亚·森是一位伦理学家,1993 年获奖的福格尔是历史学家。更不用提公共选择理论的创始人 1986 年的布坎南了,他的身份也很难单纯认定为经济学家。这种情况往往是因为获奖者的成就具有特别意义。获得 2009 年诺贝尔经济学奖是对奥斯特罗姆 30 余年在公共资源管理、制度分析理论和可持续发展等领域的取得成果的肯定。

在诺贝尔经济学奖得主中,年纪最轻的获奖者为肯尼斯·约瑟夫·阿罗,他获奖时 51 岁。在诺贝尔经济学奖得主中,年纪最大的获奖者为莱昂尼德·赫维奇,他在 2007 年获奖时已有 90 岁高龄。他也成为历史上所有诺贝尔奖当中最大年纪的得奖者。

所有 74 位诺贝尔经济学奖得主的获奖年龄总和是 4942 岁,获奖的平均年龄为 67 岁。其中,50 至 59 岁之间,知天命之年春风得意的诺贝尔经济学奖获得者 12 人;60 至 69 岁之间,正当年的诺贝尔经济学奖获得者 37 人;70 至 79 岁之间,坚持向上的诺贝尔经济学奖获得者 20 人;80 至 89 岁之间,令人尊敬的诺贝尔经济学奖获得者 4 人;90 岁以上,受人敬仰的诺贝尔经济学奖获得者 1 人。具体来说,上世纪 60 年代获奖者 2 人,获奖平均年龄 70 岁;上世纪 70 年代获奖者 15 人,获奖平均年龄正好也是 67 岁;上世纪 80 年获奖者 10 人,获奖平均年龄 68 岁,略大于总体平均年龄 1 岁;上世纪 90 年代获奖者 17 人,获奖平均年龄 65 岁,略小于总体平均年龄 2 岁;21 世纪头十年,获奖者人数最多,达到 20 人,获奖平均年龄 66 岁,略小于平均年龄 1 岁;2010 年至 2013 年的四届颁奖中,获奖者 10 人,获奖平均年龄 69 岁,超出总体平均年龄 2 岁。

从历届诺贝尔经济学奖得主的寿命来看,获奖者都很长寿,74 位获奖者中已经逝世的 34 位,离世平均年龄 85 岁。这可能与经济学研究这门学科的特性有关,经济学奖不同于物理、化学、医学和生物学奖等这些自然学科奖,获奖科研成果可以当下得到检验,瑞典皇家科学院并不急于把诺贝尔经济学奖授予最新的经济理论成果。成果获奖时间一般要比成果完成时间要晚 10 ~ 15 年,甚至更晚。当然,活的寿命长还与诺贝尔经济学奖得主长期从事经济学研究、思考问题,活用大脑,延缓衰老有关。还有一个重要因素,就是诺贝尔经济学奖没有追授奖项有关。1974 年诺贝尔基金会公布了“不能被追授奖项”的规定,除非发生诺贝尔奖宣布后已经死亡的情况。所以,有人戏称,只有活得足够长,才能在诺贝尔奖这条路上有可能成为最后的赢家。据统计,上世纪 60 年代获奖者 2 人,已经悄然离世;上世纪 70 年代获奖者 14 人,存活的仅剩 1972 年诺贝尔经济学奖得主肯尼斯·约瑟夫·阿罗 1 人,但他到今年为止,也已经达 92 岁高龄;上世纪 80 年代获奖者 10 人中,9 人已经离世,仅 1987 年诺贝尔经济学奖得主罗伯特·默顿·索洛在世,到今年为止 89 岁高龄;上世纪 90 年代获奖者 17 人中,5 人已经去世;进入 21 世纪后,截止 2013 年获奖者共计达到 30 人,但是其中 4 人已经去世,他们是:2003 年诺贝尔经济学奖得主克莱夫·格兰杰,享年 74 岁;2007 年诺贝尔经济学奖得主里奥尼德·赫维茨,享年 90 岁;2009 年唯一的一位女性诺贝尔经济学奖得主埃莉诺·奥斯特罗姆,享年 78 岁;2010 年诺贝尔经济学奖得主戴尔·莫腾森,享年 74 岁。

截至 2013 年,通过对 44 届诺贝尔经济学奖获奖情况进行统计分析。发现诺贝尔经济学奖呈现出以下四大规律:

## 从诺贝尔经济学家的国籍看诺贝尔经济学奖的分布情况

近现代,诺贝尔经济学奖得主最多的三个国家:美国、英国和挪威。

截至 2013 年,按所属国籍统计各国诺贝尔经济学奖获得者的排名:

| 排名 | 国家 | 获奖人数 |
|---|---|---|
| 1. | 美国 | 52 |
| 2. | 英国 | 8 |
| 3. | 挪威 | 3 |
| 4. | 法国 | 2 |
| 4. | 瑞典 | 2 |
| 4. | 加拿大 | 2 |
| 4. | 以色列 | 2 |
| 5. | 荷兰 | 1 |
| 5. | 前苏联 | 1 |
| 5. | 意大利 | 1 |

续表

| 排名 | 国家 | 获奖人数 |
|---|---|---|
| 5. | 德国 | 1 |
| 5. | 印度 | 1 |
| 5. | 塞浦路斯 | 1 |
| 5. | 圣卢西亚共和国 | 1 |
| 共计: | 14 个获奖国家 | 78(其中:4 人含双重国籍) |

注:以上国家属双重国籍的获奖者,分别计入所在国籍进行统计。

诺贝尔经济学奖被 14 个国家的 74 人摘得桂冠,其中 4 人含有双重国籍。截至 2013 年,以双重国籍统计,4 位诺贝尔经济学奖获得者的情况是:

| 年代 | 获奖者 | 所属国家 |
|---|---|---|
| 1997 年 | 迈伦・斯科尔斯 | 加拿大、美国 |
| 2002 年 | 丹尼尔・卡尼曼 | 以色列、美国 |
| 2005 年 | 罗伯特・约翰・奥曼 | 以色列、美国 |
| 2010 年 | 克里斯托弗・皮萨里德斯 | 塞浦路斯、英国 |

诺贝尔经济学奖获得者按所属国籍统计排名,74 位获奖者分属于 11 个国家,大部分获奖者出自美国。前 3 名均为欧美国家。美国依靠强大的科技力量吸引了全世界大部分的精英人才,拔得头筹,52 人获诺贝尔经济学奖,排名第一,占全部获奖人数的 70.3%,说明美国经济学研究在世界上具有绝对优势;英国 8 人获得诺贝尔经济学奖 ,占全部获奖人数的 10.8% ;挪威 3 人获得诺贝尔经济学奖 ,排名第三,占全部获奖人数的 4%。法国、瑞典、加拿大、以色列分别有 2 人获奖;荷兰、前苏联、意大利、德国、印度、塞浦路斯、圣卢西亚共和国 7 个国家分别有 1 人获得诺贝尔经济学奖。

## 从世界各大学的排名来研究诺贝尔经济学奖的分布情况

美国的大学汇集了世界上 70% 的诺贝尔奖获得者。美国高等教育发展独占世界鳌头。美国率先引入了市场化高等教育模式,相对于公共事业模式,市场化高等教育模式有四大优点:将公平与择优录取原则相结合;形成了一个包括常春藤名校和社区学院在内的多元教育体系;市场模式的可持续性高于公共事业模式;与只效命于一位主顾相比,为多位主顾服务增加了大学掌握自己命运的控制权。

20世纪的美国历史学家亨利·斯蒂尔·康马杰曾经说过,对19世纪的美国寻常百姓来说,“教育是信仰”,条件是它必须“实用并带来红利”。美国人推崇的实用主义,使教育与产业结合,学术成果能有效转化为实用技术并带来经济效益。美国开创了将学术界与产业界联系起来的传统,大学每年获得的版税和特许使用费超过10亿美元。170多所大学拥有某种形式的“企业孵化器”,数十家大学在经营自己的风险基金。

探寻“大师”与“名校”是怎样“炼”成的,在这里,教学与科研一体,不可分割。一流大学要有一流教师、一流的科研作后盾,这样可以把最新的知识传给学生。同样,一流大学也需要一流的学生作支持。许多英才将大学视为自己的精神家园,因为这里为发展创造适合的环境。所有的人都想追求卓越,卓越体现在每项工作中,每种价值取向上。

大学里诺贝尔奖得主的多少,虽不能完全代表大学实力强弱,但也说明这些大学注重基础学科研究。以培养出诺贝尔奖得主的数量来衡量一所大学的排名是有道理的,这个数字是硬性的,无法造假的,对大学培养人才的能力具有极强代表性的。拿哥伦比亚大学来说,过去10年中有8位诺贝尔奖得主,超过了世界上任何一所大学。

2010年,美国各大学培养出来的诺贝尔奖得奖人数的前10所大学的排名统计参考:

| 排名 | 大学 | 获奖人数 | 与大学有关的诺贝尔奖得主总数 |
|---|---|---|---|
| 1 | 哈佛大学 | 48位 | 79位 |
| 2 | 哥伦比亚大学 | 39位 | 94位 |
| 3 | 芝加哥大学 | 30位 | 84位 |
| 4 | 加州大学伯克利分校 | 25位 | 47位 |
| 5 | 麻省理工学院 | 28位 | 75位 |
| 6 | 加州理工学院 | 17位 | 31位 |
| 7 | 耶鲁大学 | 17位 | 29位 |
| 8 | 康乃尔大学 | 15位 | 41位 |

续表

| 排名 | 大学 | 获奖人数 | 与大学有关的诺贝尔奖得主总数 |
|---|---|---|---|
| 9 | 约翰霍普金斯大学 | 15 位 | 33 位 |
| 10 | 普林斯顿大学 | 14 位 | 32 位 |

所谓“有关”,指除了校友之外,还包括在该校担任过教职或做过研究的诺贝尔奖获得者。以上数据,是从美国大学网站逐个收集而来,仅供参考,相信数字随年份还会持续增加。

USNews 最新发布的 2014 年美国大学综合排名相关信息,内容包括了进入榜单 USNews 美国大学综合排名前一百所大学,中英文及所在城市位置等相关信息。USNews 美国大学排名是最具权威性的大学排名之一,非常具有实际的参考价值。

2014 年 USNwes 美国大学综合排名信息(TOP10):

| 排名 | 大学名称 |
|---|---|
| 1 | 哈佛大学 Harvard University(Cambridge, MA) |
| 2 | 普林斯顿大学 Princeton University(Princeton, NJ) |
| 3 | 耶鲁大学 Yale University(New Haven, CT) |
| 4 | 哥伦比亚大学 Columbia University(New York, NY) |
| 5 | 芝加哥大学 University of Chicago(Chicago, IL) |
| 6 | 麻省理工学院 Massachusetts Institute of Technology(Cambridge, MA) |
| 7 | 斯坦福大学 Stanford University(Stanford, CA) |
| 8 | 杜克大学 Duke University(Durham, NC) |
| 9 | 宾夕法尼亚大学 University of Pennsylvania(Philadelphia, PA) |
| 10 | 加州理工学院 California Institute of Technology(Pasadena, CA) |

截至 2013 年,就读获得博士学位的大学培养出 2 个以上的诺贝尔经济学奖得主的世界各大学排名统计参考:

| 排名 | 大学 | 获博士学位与大学有关的诺贝尔奖得主总数 |
|---|---|---|
| 1 | 哈佛大学 | 12 位 |
| 2 | 麻省理工学院 | 9 位 |

续表

| 排名 | 大学 | 获博士学位与大学有关的诺贝尔奖得主总数 |
|---|---|---|
| 3 | 芝加哥大学 | 8 位 |
| 4 | 哥伦比亚大学 | 4 位 |
| 4 | 加利福尼亚大学 | 4 位 |
| 5 | 普林斯顿大学 | 3 位 |
| 5 | 剑桥大学 | 3 位 |
| 6 | 斯坦福大学 | 2 位 |
| 6 | 约翰霍普金斯大学 | 2 位 |
| 6 | 英国伦敦经济学院 | 2 位 |
| 6 | 伦敦大学 | 2 位 |
| 6 | 巴黎大学 | 2 位 |
| 6 | 卡内基梅隆大学 | 2 位 |

74 名诺贝尔经济学奖获奖者分别从 30 所著名院校取得最高学位。其中，美国大学有 15 所，所占比例为 53%，占了半壁江山。74 位获奖者中有 12 位获奖者来自哈佛大学、9 位获奖者来自麻省理工学院，8 位获奖者来自芝加哥大学。4 位获奖者来自哥伦比亚大学和加利福尼亚大学，这 5 所大学获奖人数达 42 名，占全部 74 位获奖人数的 56.8%。

## 从科研机构、合作组织分析诺贝尔经济学家的“锤”炼

为每一个社会问题解方程的美国兰德公司，曾有 5 位诺贝尔经济学奖获得者作为重要参与者在该公司从事研究工作。美国二战后的数位总统，从艾森豪威尔，肯尼迪到里根都无一例外地将兰德的政策分析报告视为最有价值的参考。从二战结束至今，世界政治经济格局发生了巨大而深刻的改变，美国白宫也更换了数位主人，但兰德的脚印却在每一个十年里都清晰可见。

美国兰德公司，(Research and Development，简称 RAND)，是一家美国非盈利性的研究和咨询服务机构，主要对国家安全和公共福利方面的各种问题进行系统的跨学科分析研究，为美国官方提供“客观的分析和有效的

解决方案”。1948年由福特基金会提供资金正式成立,成为一个独立的智库组织,总部设在加利福尼亚州。兰德公司一直保持着关于独立性的文化传统。兰德公司是美国唯一能获得政府全部机密文件的半官方研究机构。

为了广泛传播兰德的智慧,兰德公司在1970年创办了兰德研究学院,它是当今世界决策分析的最高学府,以培养高级决策者为宗旨,并颁发了全球第一个决策分析博士学位。目前,其学员已遍布美国政界、商界。研究学院的方法是将正式的学术研究与参加兰德工程研究的应用研究结合起来。研究学院与加州大学洛杉矶分校共同进行两个项目的研究:一是兰德与加州大学卫生政策研究中心;一是与加州大学俄罗斯国际行为研究中心。兰德现已授予了100多名博士学位,每年还请400多人担任专业顾问,其工作量相当于80名全天的专业工作人员。

其中,作为经济学家、数学家参与其中的诺贝尔经济学奖获得者有:

肯尼迪·约瑟夫·阿罗:经济学家,1972年诺贝尔经济学奖得主

赫伯特·西蒙:经济学家,1978年诺贝尔经济学奖得主

威廉·夏普:经济学家,1990年诺贝尔经济学奖得主

约翰·福布斯·纳什:数学家,1994年诺贝尔经济学奖得主

托马斯·克罗姆比·谢林:经济学家,2005年诺贝尔经济学奖得主

外界这样评价兰德公司:前苏联的《真理报》直言不讳地将兰德称为“科学和死亡协会”;美国的反战人士将兰德的雇员视为一群战争罪犯;而为兰德撰写了“传记”《理智的士兵:兰德公司和美国帝国崛起》的作家阿莱克斯·阿贝拉则认为它是“数学和理性主义协会”的冠名更为恰当。

美国注重对中青年经济学家的培养,美国经济学协会是在美国历史协会1885年年会上成立的,它的一个基本宗旨是:对所有经济问题争论的完全自由给予鼓励。1947年美国经济学会设立了约翰·贝茨·克拉克奖。这项奖项的颁奖对象仅局限于在美国大学任教、40岁以下的学者,用于表彰对经济思想和知识做出重大贡献的中青年经济学家。奖项的设立极大地壮大了经济学家的世界声誉,对这些“圣杯”的追逐激励人们不断推出新的解决现实问题的“理论”,这导致了经济学的理论不断求新求变,推动理论的发展,面对现实问题,极尽所能的达到令人满意的经济解释。

克拉克奖章被视为诺贝尔奖的重要指针,获得此奖章的学者,通常会引起

瑞典皇家科学院诺贝尔经济学奖评选委员会的注意。1983年以前的约翰·贝茨·克拉克奖得主荣获诺贝尔经济学奖的比例高达1/2。由于约翰·贝茨·克拉克奖的颁奖对象只局限于美国经济学家,非常巧合的是,首届约翰·贝茨·克拉克奖获得者保罗·安东尼·萨缪尔森却正好是荣获诺贝尔经济学奖的首位美国经济学家。

约翰·贝茨·克拉克奖(John Bates Clark Medal),是美国经济学会所颁发的奖项,俗称"小诺贝尔经济奖"。入选的条件为"四十岁以下的美国经济学者,并在经济学思想与知识上提供了卓越的贡献"。这个奖项是以美国经济协会创始人、协会第三任会长、美国新古典主义经济学家约翰·贝茨·克拉克(1847~1938)来命名,设立于此人百年诞辰的1947年,每两年颁发一次,目的在于纪念约翰·贝茨·克拉克提出的边际生产力理论与生产耗竭理论和研究出根植于边际效用的需求理论。

自1947年首度颁发以来,截止2013年,除1953年未颁奖外,共颁发34届,先后有34位美国经济学家荣获此项殊荣。其中12位美国经济学家同时还获得诺贝尔经济学奖。这个奖项被认为是除了诺贝尔经济奖之外,经济学领域最重要的奖项。从1969年开始在斯德哥尔摩颁发诺贝尔经济奖,平均有四成的约翰·贝茨·克拉克奖获奖者在平均22年之后都会赢得诺贝尔经济奖。

以下的年份依次是该获奖者后来得到诺贝尔经济奖的人员和年份:

1947年:保罗·安东尼·萨缪尔森(1970诺贝尔经济学奖获得者)

1951年:米尔顿·弗里德曼(1976诺贝尔经济学奖获得者)

1955年:詹姆士·托宾(1981诺贝尔经济学奖获得者)

1957年:肯尼斯·约瑟夫·阿罗(1972诺贝尔经济学奖获得者)

1959年:劳伦斯·克莱因(1980诺贝尔经济学奖获得者)

1961年:罗伯特·默顿·索洛(1987诺贝尔经济学奖获得者)

1967年:加里·贝克(1992诺贝尔经济学奖获得者)

1975年:丹尼尔·麦克法登(2000诺贝尔经济学奖获得者)

1979年:约瑟夫·斯蒂格利茨(2001诺贝尔经济学奖获得者)

1981年:迈克尔·斯宾塞(2001诺贝尔经济学奖获得者)

1983年:詹姆斯·赫克曼(2000诺贝尔经济学奖获得者)

1991 年:保罗·克鲁格曼(2008 诺贝尔经济学奖获得者)

克拉克奖和诺贝尔经济学奖的设立为经济学戴上了科学的光环,为其他后来者树立了一个追逐的“圣杯”,这不仅使经济学被推崇为“社会科学的明珠”,促进了经济学理论的进步,也激励着中青年和资深的经济学家们在经济学研究领域的进取精神。

获奖带来的巨大学术声誉和丰厚物质财富激励众多的经济学人为之奋斗;这些巨大的学术声誉,使得获奖者们可以培养更多的类似研究倾向的学者,将研究精力集中于该领域,乐此不疲地专心于理论的学习、传播和发展。

说到培养诺贝尔奖的经济学研究机构,就不能不提到考尔斯委员会。1930 年,考尔斯创立并出资创办计量经济学会和杂志。并在 1932 年,成立了考尔斯经济研究委员会。考尔斯委员会第一批项目之一是考尔斯亲自做的股市指数发展和分析。托宾评价考尔斯委员会是有史以来最具生产力的研究中心之一。考尔斯经济研究基金委员会囊括了几乎全美的诺贝尔经济学得主,他们都曾在这个委员会做过研究工作。

考尔斯经济研究基金委员会(Cowles Foundation),最初成立于 1932 年,地点在科罗拉多,起因缘于 Cowles 管理家族基金时,发现很多投资咨询公司都没有预测到 1933 年的股市崩盘和经济危机,他想知道是他们无心之失还是有先天性的缺陷,以至于不能预测到这次危机。没想他这一研究就研究了几十年,研究结果也很悲观,那就是股价是不可预测的,但他竟然在学术领域作出了很大的贡献,不仅仅是在金钱上,还包括他投入到研究中的大量精力和发表的文章,而且主办的《计量经济学》期刊可以说是开创了计量经济学这门分支学科。

考尔斯经济研究基金委员会于 1939 年搬迁到芝加哥大学,后又以芝加哥环境很糟糕为由,于 1955 年搬迁到耶鲁大学,是由美国经济学家费雪引导建立的,并正式由“考尔斯委员会”更名为“考尔斯经济研究基金委员会”,此后耶鲁就吸引了很多学者到耶鲁做研究,并取得了相当了不起的成就。

为什么会搬迁到耶鲁,最主要的原因是考尔斯先生是耶鲁毕业的,其次是在经济学的圣殿芝加哥大学,他们从来不认为考尔斯委员会是在研究经济,因为考尔斯委员会用数学和统计学来研究经济,并创办杂志《计量经济学》。那个年代,芝加哥大学是主流经济学阵地,是解释经济学。也正因为有了芝加哥学派的存在,马苛维茨认为经济学家就是无能的表现。另外,《芝加哥论坛》报是考尔斯家族的主要财源之一。

## 从师承关系、同事关系举证诺贝尔经济学家的关联效应

不仅高学历教育不可或缺,名师指点对经济学家的成长更为重要。74 位获奖者当中,至少有四十多人受过经济学大师的指点。有的获奖者之间甚至是师生关系,实属佳话。

1975 年诺贝尔经济学奖得主佳林·库普曼斯虽不是专业数学家,但他在荷兰的大学学习期间却是先学习数学,后又转向理论物理。再后来,他又对马克思经济学感兴趣。最后,才开始追随他的同胞、1969 年第一届诺贝尔经济学奖得主 简·丁伯根学习数理经济学。他在数学物理系得到博士学位,但是提交的论文却是一篇丁伯根指导下写成的经济学论文。二次世界大战期间,他移居美国,逐渐成为经济活动分析和最优经济增长理论研究的带头人。他的许多研究工作都可以看作属于运筹学范畴,因此,运筹学工作者对他也都相当熟悉。

正如保罗·安东尼·萨缪尔森在 1970 年颁奖仪式上所说的,获奖的“首要条件是要有优秀的导师”,载誉而归时他重申:“我可以告诉你们怎么样才能得到诺贝尔奖金,诀窍之一就是要有名师的指点。”

如 1970 年诺贝尔经济学获得者保罗·安东尼·萨缪尔逊和 2001 年诺贝尔经济学获得者斯约瑟夫·斯蒂格利茨;1969 年诺贝尔经济学获得者简·丁伯根和 1975 年诺贝尔经济学获得者佳林·库普曼斯等。1992 年诺贝尔经济学获得者加里·贝克自己就是著名经济学家、1976 年诺贝尔经济学获得者米尔顿·弗里德曼的学生,而米尔顿·弗里德曼又是 1971 年诺贝尔经济学获得者西蒙·库兹涅茨的学生,两对师生均获得诺贝尔经济学奖。

1990年诺贝尔经济学获得者默顿·米勒,他的大学同学之一是1987年诺贝尔经济学奖得主罗伯特·默顿·索洛。而2013年诺贝尔经济学奖得主尤金·法玛的博士生导师是默顿·米勒。

上个世纪六十年代末,麻省理工学院可谓群星荟萃。

离开密歇根大学的时候,2013年的诺贝尔经济学奖得主罗伯特·希勒已经具备数量分析和经济学的基础知识。1967年罗伯特·希勒来到麻省理工学院,他希望自己成为著名经济学家,1970年诺贝尔经济学奖得主保罗·安东尼·萨缪尔森、费兰克·莫迪利安尼或者1987年诺贝尔经济学奖得主罗伯特·默顿·索洛的学生。据罗伯特·希勒的合作者麻省理工学院1966届博士生、2001年诺贝尔经济学奖得主乔治·阿克洛夫回忆:20世纪60年代萨缪尔森遥遥领先于全国经济学界,他是最重要的理论经济学家,肯尼迪政府最重要的顾问和最重要的基础教材作者。索洛也因为研究经济增长问题而声名鹊起。大名鼎鼎的富兰克林·希尔则在那里讲授计量经济学课程。

"在麻省理工学院,我一直着迷于萨缪尔森的讲座",希勒说,"萨缪尔森的演讲对同学而言充满意识流的东西,但对我那绝对是一种享受。"希勒刚到麻省理工学院,就碰巧赶上英国剑桥大学教授、著名欧洲经济史学家波士坦来校访问。从伯克利来的罗伯特·霍尔也给麻省理工学院带去了令人激动的经济理论。不过,希勒很快发现对莫迪利安尼更感兴趣。上世纪60年代末,莫迪利安尼主持设计一个大型的美国经济模型。而弗兰克·莫迪利安尼是1985年诺贝尔经济学奖得主。

# 从诺贝尔经济学奖看经济学科的发展

经济学上有一句话，常常被拿来告诫那些试图进行预测的人：对于未来唯一确定的就是“不确定”。真正的经济学研究者早就已经在寻找新的理论问题，不管谁得诺奖都没有关系，因为他要做的是在接下来的学术竞争中脱颖而出。

经济学是一门古老的职业。事实上，它可能是世界上最古老的职业。这样的说法也许会遭到其他人的非议，不过有一个关于工程师、经济学家及外科医师之间争论的故事，相当有道理。工程师、经济学家和外科医师三个人各自宣称自己的职业历史最悠久，外科医师首先开腔：“还记得，创世纪之初，上帝取下亚当的一条肋骨，创造了夏娃吗？你认为谁有本事作这样的事情？当然是外科医师。”工程师一听，马上毫无惧色地跳出来说道：“等一下。你应该知道，上帝在创造亚当与夏娃之前，先创造了世界。他把陆地和海洋分开。除了工程师之外，你认为谁还有这样的能耐？”这时候，经济学家抗议说：“等一下！在上帝创造世界之前，那是怎样的景象？一片混沌。你们认为，这是由谁造成的呢”？

诺贝尔经济学奖并非诺贝尔遗嘱中提到的五大奖励领域之一，是由瑞典银行在1968年为纪念诺贝尔而增设的，全称应为“致力纪念阿尔弗雷德·诺贝尔的经济科学奖”，其评选标准与其他奖项是相同的，获奖者由瑞典皇家科学院评选，1969年第一次颁奖，由挪威人拉格纳·弗里希和荷兰人简·丁伯根共同获得，美国经济学家保罗·安东尼·萨缪尔森、米尔顿·弗里德曼等人均获得过此奖。说到萨缪尔森获奖，在诺贝尔经济学奖设立以前，曾有人问萨缪尔森：学习经济学的最大遗憾是什么？萨缪尔森回答说：“学习经济学最大的遗憾是不能获得诺贝尔奖。”诺贝尔经济学奖于1969年设立以后，萨缪尔森果然实现了他的平生宿愿，荣获了1970届诺贝尔经济学奖，并也成为获得诺贝尔经济学奖的第一位美国经济学家。

官方全名变迁：

1969 年以来，经济学奖的官方全名，历来有不同的翻译。以英文举例：

| 年间 | 官方全名英译（中文转译） |
|---|---|
| 1969 年～1970 年 | Prize in Economic Science dedicated to the memory of Alfred Nobel<br>（致力纪念阿尔弗雷德·诺贝尔的经济科学奖）<br>The Sveriges Riksbank Prize in Economic Sciences in Memory of Alfred Nobel |
| 1971 年 | Prize in Economic Science<br>（经济科学奖） |
| 1972 年 | Bank ofSweden Prize in Economic Sciences in Memory of Alfred Nobel<br>（纪念阿尔弗雷德·诺贝尔的瑞典银行经济科学奖） |
| 1973 年～1975 年 | Prize in Economic Science in Memory of Alfred Nobel<br>（纪念阿尔弗雷德·诺贝尔的经济科学奖） |
| 1976 年～1977 年 | Prize in Economic Sciences in Memory of Alfred Nobel<br>（纪念阿尔弗雷德·诺贝尔的经济学奖） |
| 1978 年～1981 年 | Alfred Nobel Memorial Prize in Economic Sciences<br>（阿尔弗雷德·诺贝尔纪念经济学奖） |
| 1982 年 | Alfred Nobel Memorial Prize in Economic Science<br>（阿尔弗雷德·诺贝尔纪念经济科学奖） |
| 1983 年 | Prize in Economic Sciences in Memory of Alfred Nobel<br>（纪念阿尔弗雷德·诺贝尔经济学奖） |
| 1984 年～1990 年 | Alfred Nobel Memorial Prize in Economic Sciences<br>（阿尔弗雷德·诺贝尔纪念经济学奖） |
| 1991 年 | Sveriges Riksbank（Bank ofSweden）Prize in Economic Sciences in Memory of Alfred Nobel<br>（纪念阿尔弗雷德·诺贝尔的瑞典国家银行经济学奖） |
| 1992 年～2005 年 | Bank ofSweden Prize in Economic Sciences in Memory of Alfred Nobel<br>（纪念阿尔弗雷德·诺贝尔的瑞典银行经济学奖） |
| 2006 年至今 | The Sveriges Riksbank Prize in Economic Sciences in Memory of Alfred Nobel<br>（瑞典国家银行纪念阿尔弗雷德·诺贝尔经济学奖） |

诺贝尔奖委员会在所有社会科学中单独设立经济学奖项，在很大程度是二战以后国民经济日益计划化的结果，其研究对象局限于物质资本的配置这一工程学方面，因而一开始就是把经济学当成自然科学来看待的。

正因如此，早期获得诺贝尔经济学奖的经济学家，如弗里希、丁伯根、萨缪尔森、库兹涅茨、里昂惕夫、康托罗维奇、库普曼斯等人，他们的成就都与经济计划有关，都受到计划经济的影响，或者直接就是经济计划的领导者和推行者。而且，由于从事数量分析的人获得了诺贝尔奖并逐渐控制了经济学界，经济学的走向也为这些从事数量经济学研究的人所控制；后来被授予诺贝尔奖的也大都是这一领域中的学者，如阿罗、希克斯、弗里德曼等都是如此。当然，随着计划经济问题的日益暴露以及完美市场的崩溃，诺贝尔经济学奖所授予的领域逐渐扩大，但定量化和精确化还是控制诺贝尔经济学奖颁发的基本意识形态。

赢得诺贝尔经济学奖的理论绝大多数是通过对现实中的重大经济现象分析研究得来的。经济理论是用来解释经济现象的，经济理论的重要性决定于该理论所要解释的现象的重要性。这些经济现象在一定时期内对世界产生重大影响，从而使相应理论的重要性也随之凸显。

从历年诺贝尔经济学奖评奖的情况，以及工业革命后到二十世纪三十年代以前，大师级的经济学家多出于英国的情形可以看出，世界经济中心在哪里，世界级的经济学大师就更多地出现在哪里。第一次世界大战后，美国逐渐取代英国成为世界经济中心，经济学的重心在经过了 20 年左右的时间差后也随之从英国转移到了美国。

鉴于美国本土经济学家及一些有着相似历史文化背景的欧洲经济学家在分析美国经济时有明显的近水楼台先得月的比较优势，对经济问题的理解相对深刻，因而能够比不在美国工作的经济学家更有可能提出恰当解释美国经济现象背后因果关系的理论。而由于美国经济在世界经济中的地位，他们所提出的理论在世界经济学界的影响自然较大，正因为如此，多数诺贝尔经济学奖被美国本土或是在美国工作的欧洲裔的经济学家所获得。

众所周知，瑞典皇家科学院的诺奖评委会是世界上最会制造悬念，但同时又是最有公信力的学术机构，每一年的诺奖在公布的刹那间总是让人有些大跌眼镜，因为得奖者往往并非事前认定的热门人物，而在凝神细思之后又不得不对瑞典人的选择心悦诚服，因为每一个可能默默无闻的得奖者的确都在繁华绚烂的经济学世界留下了独创性的浓重色彩。

对评奖标准的思考值得关注，每年都有 100 名候选人获得提名，不过提名名单都有长达半个世纪的保密期，究竟哪一家的预测最为权威并不容易判断。对于诺贝尔经济学奖，业界有一句有趣的言论：“拿到诺奖的都是天才，跟风诺奖的都是蠢才。”当然前半句无须解释，而后半句的含义在我看来别有一番韵味。蠢才之蠢可能并不在于附庸风雅，而在于后知后觉。

经济学理论可以分为两种，一种浅薄而精确；一种深刻而模糊，这里有着利弊权衡，我们几乎不能做到“深刻而精确”，因此只能避免“浅薄而模糊”的坏理论。但二十世纪后半期的经济学和其他社会学科的发展，使得研究资源过分偏向那些“浅薄而精确”的理论，而相当排斥那些“深刻而模糊”的理论，而在盲目照搬西方“主流化”“规范化”的研究方法的中国学术界，这一现象比在西方表现的还要极端。这对于中国经济学的发展，并非一件好事，尤其是行为经济学本身就是一项跨学科的研究，如果我们只是跟在西方学者的脚步后面进行拾遗补阙式的研究，那自然不必深入地考察思想史和哲学方法，但是，如果要想真正开宗立派，学者的思辨工作还是不可少的。

也许这个世界真的太过浮躁，遗忘永远比发现来得彻底，如果没有诺贝尔奖，可能这些灼照古今的经济学智慧早已被尘封在历史的箱底。诺贝尔奖把几十年前的学术智慧重新拉回世人的视野，不仅让人们重新认识了这些老去的学术巨匠，还让人们再次发现了自己的无知和短视。面对现在的“次级债风波”、世界经济不协调和国际金融波动，我们不禁会想，如果机制设计理论在几十年前就像今日得到诺奖后一般受到全世界的关注并广加应用，也许我们就不会经历这么多的曲折和磨难。那么获奖标准又是怎样的？这就有必要先来回顾一下过去获奖的经济学科相关领域

生于 1930 年的阿萨尔·林德贝克现在是斯德哥尔摩大学国际经济研究所的教授，不仅是瑞典最有名望的经济学家，在国际学术界也是大名鼎鼎，而这除了他的学术成就，恐怕或多或少还与他曾经担任诺贝尔经济学奖评选委员会主席有关。实际上，他算得上是与该奖渊源最深的人，该奖 1968 年首次颁发，他在第二年也就是 1969 年就加入了该奖的评选委员会，从 1984 年起出任主席，直至 1994 年离开，时间跨度长达四分之一个世纪，不仅见证了诺贝尔经济学奖的整个发展历程，也是这一历程的主导者。参照这位诺贝尔经济学奖评奖委员会前任主席林德贝克的分析，可将经济学科研究归结分为五大类：一般均衡理论、宏观经济理论、微观经济理论、跨学科交叉经济科学研究和经济分析新方法等。

首先是早期对一般均衡理论的广泛的认知，并且成为了现代经济学分析的理论基础。

一般均衡理论。在这方面，最典型的例子就是经济学巨匠萨缪尔森。他用

科学方法发展了静态和动态经济理论，从而在提高经济学科的分析中树立了新的丰碑。获奖举例：

| | | |
|---|---|---|
| 1970 年 | 保罗·安东尼·萨缪尔森 | 动态经济理论 |
| 1972 年 | 约翰·希克迪、肯尼迪·约瑟夫·阿罗 | 福利经济学 |
| 1983 年 | 罗拉尔·德布鲁 | 经济社会均衡存在定理 |
| 1988 年 | 莫里斯·阿莱斯 | 资源有效利用理论 |

宏观经济学把国民经济行为划分为私人消费、投资、进出口和政府消费支出，在不同部门之间解释了经济的运转。

宏观经济学。1980 年、1981 年及 1995 年等多届诺贝尔奖，也都授予了这一领域的研究成果。其中 1995 年经济学奖得主小罗伯特·卢卡斯，提出了理性预期的假说，改变了宏观经济分析和对经济政策的理解。获奖举例：

| | | |
|---|---|---|
| 1976 年 | 米尔顿·弗里德曼 | 货币主义理论 |
| 1977 年 | 戈特哈德·贝蒂·俄林、詹姆斯·爱德华·米德 | 国际间资源流动研究 |
| 1979 年 | 威廉·阿瑟·刘易斯、西奥多·舒尔茨 | 发展经济学 |
| 1980 年 | 劳伦斯·克莱因 | 经济体制的数学模型 |
| 1981 年 | 詹姆士·托宾 | 货币政策的宏观模型 |
| 1985 年 | 弗兰克·莫迪利安尼 | 储蓄生命周期假设 |
| 1987 年 | 罗伯特·默顿·索洛 | 长期经济增长理论 |
| 1995 年 | 小罗伯特·卢卡斯 | 理性预期 |
| 1999 年 | 罗伯特·蒙代尔 | 蒙代尔—弗莱明模型 |

微观经济学则牵涉到个人消费和公司的经济决定，涉及经济部门中的资源应该如何更好地分配。

微观经济学。在诺贝尔经济学奖中，获奖最多的另一个领域，就是微观经济学。今年的两位得主也建功于此。单个家庭和企业对市场的反应、不同用途和产业的资源配置，都在其研究范围之内。获奖举例：

| | | |
|---|---|---|
| 1982 年 | 乔治·斯蒂格勒 | 经济理论 |
| 1990 年 | 默顿·米勒、哈里·马科维茨、威廉·夏普 | 金融经济学研究 |
| 1996 年 | 詹姆斯·莫里斯、威廉·维克瑞 | 经济激励理论 |

续表

| | | |
|---|---|---|
| 1997 年 | 罗伯特·C·默顿、迈伦·斯科尔斯 | 期权定价理论 |
| 2000 年 | 詹姆斯·赫克曼、丹尼尔·麦克法登 | 微观经济理论 |

跨学科研究也得到了关注，比如经济与法律、历史还有社会学等的交叉研究。

跨学科研究。在这一领域，获奖者并不多，而这一领域的获奖者，都把原先受局限的经济分析，成功地扩展到了新的范畴。依托于经济学与政治学的临界，美国的詹姆斯·布坎南为经济与政治决策理论奠定了坚实的基础，这也让他最终捧获 1986 年诺贝尔经济学奖。获奖举例：

| | | |
|---|---|---|
| 1971 年 | 西蒙·库兹涅茨 | 人口结构的经济分析 |
| 1974 年 | 菲德烈·冯·哈耶克、根纳·缪达尔 | 社会制度的经济基础 |
| 1978 年 | 赫伯特·西蒙 | 公司决策 |
| 1986 年 | 詹姆斯·麦吉尔·布坎南 | 政治决策的经济分析 |
| 1991 年 | 罗纳德·科斯 | 交易费用、产权论 |
| 1992 年 | 加里·贝克 | 人类行为的经济分析 |
| 1993 年 | 道格拉斯·诺斯、罗伯特·福格尔 | 社会制度变迁研究 |
| 1998 年 | 阿马蒂亚·森 | 社会选择理论 |
| 2002 年 | 丹尼尔·卡内曼 | 不确定状况下决策制定研究 |

同时，诺贝尔奖对经济分析的新方法也给予了肯定，博弈论就是一个很好的例子。

经济分析新方法。在经济学奖中，这个领域的获奖者少之又少，不过，历史上第一个诺贝尔经济学奖，就可以称之为“方法奖”，弗里希与丁伯根所建立的动态模型，即把经济理论与统计方法集之大成，就为经济学研究开拓了新的路径。1973 年、1984 年、1989 年，诺贝尔经济学奖也可以说是奖给了“新方法”。获奖举例：

| | | |
|---|---|---|
| 1969 年 | 拉格纳·弗里希、简·丁伯根 | 经济计量学 |
| 1973 年 | 华西里·里昂惕夫 | 投入产出分析法 |
| 1975 年 | 列奥尼德·康托罗维奇、佳林·库普曼斯 | 资源最优分配理论 |
| 1984 年 | 约翰·理查德·尼古拉斯·斯通 | 国民账户体系的发展 |

续表

| | | |
|---|---|---|
| 1989 年 | 特里夫·哈维默 | 现代经济计量学 |
| 1994 年 | 约翰·福布斯·纳什、约翰·海萨尼、莱茵哈德·泽尔腾 | 博弈论 |
| 2001 年 | 乔治·阿克洛夫、迈克尔·斯宾塞、约瑟夫·斯蒂格利茨 | 不对称信息市场分析 |
| 2002 年 | 弗农·史密斯 | 通过实验室试验进行的经验性经济分析 |

统计表明,74 位获奖者的研究领域大致是:一般均衡理论 5 人、微观经济理论 17 人、宏观经济理论 17 人、经济分析新方法 21 人、交叉经济科 14 人。一般均衡理论获奖人次相对偏少,所占比例仅为 6.8%,且集中在早期;微观经济理论与宏观经济理论的获奖人次相当,但前期宏观经济理论占有明显优势,后期微观经济理论占有显著优势,这在一定程度上反映了经济学发展的微观化趋势;经济分析新方法获奖人次最多,说明诺贝尔经济学奖十分看重经济分析方法的改进和突破。个人消费、投资、进出口、货物与服务的政府支出,凡此种种,都囊括在这个解释国家经济行为的经济学分支之中。

当然,单纯依据获奖的经济学科分类,来判断经济学的研究历程也是武断的,经济学也在向多维发展。诺贝尔经济学奖目前显现了如下规律:在经济分析方面侧重演绎法而非归纳法;更偏爱定量分析方法,包括系统的统计测试或估计的重要性等。要达到这个标准并非易事,需要经过长时间的怀疑、论证和检验。通常我们的分析都是来自于过去的数据整理,因为世殊时异,经验的模型未必稳定可靠,新的研究结果可能仅在特殊情况下才会成立,或者有待实践数据的支撑。

1976 年获奖的米尔顿·弗里德曼的经历就可以说明这个问题。他被看成是货币主义经济理论的宗师。货币主义学说视货币供给为决定国民生产总值最重要的因素,美联储的货币宽松政策也可以看做是相关理论的现实版注脚。那么诺贝尔奖是否会引领经济学领域的最新研究动向呢?答案是“没有”。

诺贝尔评审委员会在颁奖时考虑的经济学研究时间跨度很广。只能说颁奖会唤醒对相关领域的再次验证的热情，但不能说是对相关领域带来了新的启发。按照诺贝尔当年的遗嘱，他设立诺奖的目的，是旨在奖励那些在相应领域“对人类做出最大贡献的人”。

诺贝尔经济学奖也许是经济学家最难预测的未来事件之一。据分析人士称，经济学奖评委会倾向于把奖金授予15至20年前做出开创性贡献的人。理由是经济学理论需要长时间检验。不知道为什么把时间定在15至20年，看上去这是对以往获奖人特征的归纳所得，而不是某种预测模型的演绎结果。其中如果暗藏规律，可能是经济学家出学术成绩的最佳年龄与其平均期望寿命的差。

诺贝尔经济学奖无疑是经济学领域的最高奖项，作为诺贝尔奖中最年轻的奖项，经济学奖已经走过了44年的轨迹，却反映着上世纪后50年经济学的完整发展之路，而其影响，则很难打上时间的“休止符”。从1969年挪威的弗里希和荷兰的丁伯根，以其开发的动态模型进行经济进程分析在首届经济学奖“折桂”以来，在多届经济学奖得主中，人们常常能看到现代经济学“巨匠”们的身影。美国经济学家，1976年诺贝尔经济学奖得主米尔顿·弗里德曼，曾经这样描述经济学：这是一门迷人的科学。而它最令人着迷的，就是它的基本原理是如此的简单，只要一张纸就可以书写完毕，而且任何人都可以了解。然而，真正了解的人又何其少……

经济学是一门研究人类行为及其所衍生出的经济现象的学科，分析人与人之间的互动关系及其所构成的市场和组织等。显然，人具有很强的能动性和自主性，其行为深受社会、经济、文化、政治以及相关制度的影响，这与以自然物为研究对象的天文、化学、物理等学科，以及以一般生物为对象的生物学等存在很大的不同。

现代主流经济学经常会借鉴和照搬这些自然科学的分析工具，而以所谓的“硬”科学自居。在这种思维指导下，现代主流经济学将作为经济学基石的人性及其行为机理极度简化，从而推导出许多在无人的环境中才能存在的所谓原理。在这种情况下，现代主流经济学与其他社会科学出现越来越明显的脱节，以致热衷于以非常繁琐的数学方法来证明一些常识性的问题。

尽管诺贝尔经济学奖的设立为经济学戴上了科学的光环，但是这一奖项的激励反而使得经济学日渐脱离其他社会科学分支。在科学至上主义的思潮中，在很大程度上是由于数学的大量引入，而试图将经济学改造成自然科学的产物,但经济学毕竟本质上属于社会科学,被推崇为“社会科学的明珠”,无论是研究对象还是研究方法都与自然科学存在很大差异。而扭曲性地向自然科学攀亲,使得经济学理论与现实之间的距离越来越远;同时,经济学家的视野也越来越狭隘。

保罗·安东尼·萨缪尔森就曾指出,在这个专业化时代,他可能是最后一位全能的经济学家。在某种程度上讲,正是这些奖项的设立,经济学的发展方向遭受了进一步误导:在这一奖项设立之前,绝大多数最为知名和博学的经济学家都是经济史学家,但此后被视为经济学家的却越来越多的是数学家;相应地,经济学“科学化”取向日益加深,以至技术性经济学大行其道,经济学也越来越像自然科学。

这一奖项在实际运作中真的促进经济理论实质性进步了吗?它是否能更好地解决现实问题,经济学有用吗?

斯德哥尔摩大学国际经济研究所的教授阿萨尔·林德贝克在一次采访中这样回答:“我倒不认为经济学有什么大用,但经济学很重要,因为有那么多政府通过选择错误的经济政策而毁了自己的国家。所以,让政府决策者了解经济学这个学科就显得格外重要了。举个例子,上个世纪70年代,亚洲一些发展中国家急于在经济上赶上发达国家,就是所谓的‘老虎经济’,却忽略了同时建立稳健的金融机制,结果,在缺乏稳健金融机制支持的情况下,经济很快就陷入混乱局面,比如日本的许多银行和公司债台高筑,而菲律宾的金融机构也被债务压倒了。当然,他们取得的增长率也是令人惊叹的,达到每年8~12%的水平,这个‘老虎经济’实在令人难以置信。”

经济学虽然是一个治用治学的科目,在实际体系中有很强的指导意义或者适用性,但是诺贝尔经济学奖并非如此,它和实践偏离的非常远,确实是纯理论的,而且甚至于到了数学化的程度。它和一般经济学不一样,不能用诺贝尔经济学和现实距离很远来证明。诺贝尔经济学奖有自己的标准,是从理论上来判断有多大贡献或者是证实它的合理性、理论性。

诺贝尔经济学奖从1969年首次颁奖开始,已经整整四十四届了。纵观榜单，从获奖人的国籍上看，美国人成了夺奖大户，占据整个得奖人数的一半。从地域上看，全部奖项几乎都被欧美等西方国家揽获。仅在1998年，印度人阿马蒂亚·森凭借对福利经济学几个重大问题的贡献而摘得了当年的桂冠。在经济学领域“东方不亮西方亮”。

在当代，中国经历了36年的经济改革历程中，成就有目共睹，我们是否具备产生诺贝尔经济学奖得主的条件了呢？综上所述，现在诺贝尔经济学奖关注的是西方经济学，一般来说都是纯理论研究，而且和实际、应用方面的距离很远，特别是跟当前情况的距离很远，它是经过长时期学术理论的证实，并得到学术界公认的理论，所以跟当前变化、当前金融理论没有太大关系。从这一点上来看，我们的研究历史和现实差异巨大。目前国内更侧重于对当下现实问题的分析与探讨，对应用性的学科有着更多的关注，而很少有纯理论研究者进行数十年如一日的研究。

# 诺贝尔奖的展望：培育有希望的土壤更重要

温家宝总理之前曾经说过，一个国家一个民族总要有一些人仰望星空。诺贝尔奖到底意味着什么？它倡导的精髓是：获奖者在科研过程中表现出的一丝不苟全情投入的科学精神和非功利性的自由探索。

自1901年设立诺贝尔奖以来，这个代表当今世界科学最高水平的奖项已经颁发了百余年。一些较小的国家如巴基斯坦、芬兰，一些贫穷的国家如印度等都有人甚至不止一人获得该奖。遗憾的是，我国本土至今无人能够摘取桂冠。改革开放30多年来，中国已成为世界第二大经济体，经济发展取得了显著的成效，人民生活日益富裕。中国作为一个幅员辽阔，总人口占世界人口五分之一，正处于和平发展阶段的大国，为什么迄今都没有本土华人获此殊荣？这确实很值得研究反思。

2007年10月，复旦大学团委调研部公布的一项最新调查显示，有六成以上的大学生认为人才培养模式存在问题是中国本土华人难获诺贝尔奖的最主要原因，另外，有近1/4的大学生认为社会环境影响及科研激励机制缺陷是主要原因之一。

对于诺贝尔奖，也许很多人不能完全相信其评选的公平性与合理性，但是，却很少有人怀疑其权威性。不可否认，西方对中国缺乏关注与理解，中西方文化的差异，以及诺贝尔奖评审制度的影响都是中国本土华人没有获奖的主要原因。但年年的诺贝尔奖都能够吸引世界范围内崇敬的目光，足以见证诺贝尔奖是属于世界的，它强调的是创造品质和对人类精神的关切。这些，都是世界发展的需要。毫无疑问，中国人需要诺贝尔奖。我们最需要的不是怀疑诺贝尔奖，而是要为此进行更为理性的、深层次的思索，进而寻找差距，弥补不足，距离诺贝尔奖不再遥远。

重视诺贝尔奖，从某种意义上说，就是重视国家的文化思想建设，重视国家科教兴国战略的实施。中国本土人士拿不到诺贝尔奖，与我们自身的文化、教育、科技发展中存在的客观问题有极大的关系。这是我们不可规避的。长期以来，教育科研体制偏向功利性，我国的基础教育一直围绕高考的指挥棒转，青少年缺乏创造性和想象力。许许多多具有特殊天赋的“偏才”、“怪才”被埋没掉。充足的科研经费作后盾，先进的仪器、设备作支持，优越的科研环境激励科技人才去创造，这也是必备的重要因素之一。我们需要科学土壤与科学环境培育创新人才。

## 科技强国：谁走在前面　谁就制订规则

2014年2月17日，新华每日电讯8版的一篇《1/4国民不知“地绕日”，无碍美国是“科技强国”》的文章吸引了我的眼球，缘于美国科学促进会2014年年会17日在此间落幕，它被誉为“科学界的奥林匹克”，是涵盖领域最广的国际科学会议之一。然而在这样一个“科学嘉年华”上，美国人却抛出一项颇为“扫兴”的科学素养调查结果：约四分之一美国人不知道地球绕着太阳转，还有约一半的人不知道人类源于动物的进化论解释。虽然美国此前曾公布类似调查结果，但最新数据却依然“一石激起千层浪”。

美国致力于通过举办“科学嘉年华”等方式推动科学走入大众，坚持不懈，效果明显，颇有借鉴意义。在年会上，演讲的诺贝尔奖得主等顶级科学家也许是美国科技实力最明显的象征，而在“家庭科学日”活动中那些带着小孩来参观科学展览的家庭可能是“科技强国”最初的源头。各个会场时不时传出掌声和笑声，人们在倾听，在探讨。

美国作为科技强国，尽管一些美国人科学素养不高，但有关结果也显示，总体来看美国人对科学家“十分尊重”。超过90%的美国人认为科学家有助于“解决难题”，是“献身于人类事业进步的人”。那些真正喜爱科学并因此而从事科研的人，才是一个国家科技实力的重要源泉。这种从小培养起来的兴趣就是未来的创造力，这也正是美国之所以强大的基础。

美国作为世界第一科技强国，在经济实力、科研体制、科学家群体及国民素质等方面都高度重视。众所周知，诺贝尔科学奖在当今已成为科学界的最高奖赏，是科学上获得最杰出成就的象征。诺贝尔奖金的获得者就是科学界的精英。

马克思主义的基本原理是科学技术是生产力,马克思曾经明确指出:“生产力中也包括科学”,“社会劳动生产力,首先是科学的力量”。早在1988年9月,邓小平同志就根据当代科学技术发展的趋势和现状,提出了“科学技术是第一生产力”的论断。这一论断,符合马克思主义的基本原理,它既符合现代科学技术发展的重要特点,也是科学技术发展的必然结果。

在新的历史时期,国际竞争已经转变为综合国力的竞争,科技水平的竞争和人才的竞争。在这样的大环境下,我国必须加强科技研发,而加强科技研发就必须依靠科技人才。2009计量经济学会主席、2007届诺贝尔经济学奖得主罗杰·迈尔森在应对中国企业家提出有关美国掠夺全球资本的尖锐提问时表示,竞争是企业发展过程中不可避免的过程,而唯有适应竞争,才能带领企业立于不败之地。谁走在前面,谁就制订规则。

“作为世界第一大经济体,美国的经济发展模式和市场资本构成都是全世界经济学界关注的焦点。”罗杰·迈尔森表示:美国之所以能够成为世界经济大国,取决于美国开放式的教育体制下所形成的创新力、计算机网络的普及和发展,以及数量众多的、愿意承担创业风险的企业家。其中,愿意承担创业风险是一个企业能够发展壮大的根本特质,它为整个市场提供一个富有竞争力的环境和有保障的资本环境,它是一个国家商业市场发展的必备条件。

我国在科技方面的成果,一直都是喜人的,有许多令世界瞩目的科技成果:掌握了制造原子弹、氢弹、核发电和核辐射等核技术;开展了低能重离子核物理研究,首次合成超铀元素镅等。但是我们也应该清醒地认识到在科技方面的不足。要培养科技领军人才,首先需要善于发现人才。俗话说得好:“先有伯乐,而后有千里马”,我国人才流失现象较其他国家严重,这就需要在政策、行动上做到爱惜人才,通过建立健全评估、选拔、使用、激励人才的机制以及整体的环境、土壤、配套政策,吸引人才。其次,用实践造就人才。对于人才而言,光有理论知识,注重实验室工作是不行的,理论只有联系实际才具有现实意义。

至2009年,在自然科学方面,诺贝尔奖得主中,华裔已达8人。均为美国国籍,这确实是脸上无光的事情。诺贝尔奖在今日世界的价值及影响是客观存在,至少它可以从一个方面来考量一个国家的发展状况、成就,以及影响。

中国是一个人口大国,占世界总人口的20%,手头缺乏最新的权威数字,仅据找得到的数字统计看:诺贝尔奖至2007年在物理学、化学、生物或医学共有521人获奖,其中美国人271个,英国80个,德国65个,俄国,包括前苏联14

个,日本9个。如果做个比较,美国人口占世界总人口4.5%,2006年国内生产总值占世界总量27.4%,得诺贝尔自然科学方面奖占52%;英国人口占0.9%,2006年国内生产总值占4.9%,得奖占15%;德国人口占1.2%,2006年国内生产总值占6%,得奖占12%;俄国人口占2.2%,2006年国内生产总值占2%,得奖人数包括前苏联在内占2.7%;日本人口占2%,2006年国内生产总值占9%,得奖占1.7%;而中国人口占20%,2006年国内生产总值已占5.5%,但得奖为0;比中国人口占世界总人口比例小、国内生产总值占世界总量低的印度、阿根廷尚能得奖2个,巴基斯坦得奖1个。

中国人无缘诺贝尔科学奖,我国离世界科技强国还有远?当中国青年正在把玩美国的“苹果”时,我国科研人员正忙着扭转科技成果转化率和产业化率“两低”的局面。目前,我国科研成果转化率仅在25%左右,产业化不足5%,而发达国家为80%;当我们的专家、学者为生计而“拼”论文、“拼”经费时,美国科学家在政府的保障下拼命地向没有一分奖金的美国最高科学、技术奖冲刺;当我们的孩子还在提着“成功学”去各个省市参加大学自主招生时,大洋彼岸,尊重失败的“硅谷精神”教育、通识教育和坚实的科学基础教育培养出一个个比尔·盖茨和马克·扎克伯格;而更讽刺的是,一个能把国人送入太空的国家,它的科技却不能阻止三聚氰胺等化学添加剂在国人的胃中肆虐……。

有人说我们不需要诺贝尔奖撑脸面;有人说,诺贝尔奖又不是奥委会金牌榜,我们不挂它。诚然我们有钱学森、邓稼先等人,虽然没有像杨振宁获得诺贝尔奖,一样伟大。改革开放35年来,中国取得了令世界各国瞩目甚至嫉妒的成绩,中国要成为世界科技大国,培养科技人才,才能强民富国。中国科学院院士李振声说道:“在我们的院士队伍里,不乏将才和帅才。但是,从整体上看,我国科技领军人才还不够多。培养造就科技创新人才,首先要抓紧培养造就科技领军人才,尤其是中青年科技领军人才。”

中共中央政治局2012年5月28日召开会议,研究深化科技体制改革、加快国家创新体系建设。会议指出,建设创新型国家,加快转变经济发展方式,实现我国发展的战略目标,最根本的是要靠科技的力量,最关键的是要大幅提高自主创新能力。要深化科技体制改革,全面落实科技规划纲要,充分发挥科技在经济发展方式转变和经济结构调整中的支撑引领作用,加快建设国家创新体系,为2020年进入创新型国家行列、全面建成小康社会和新中国成立100年时成为世界科技强国奠定坚实基础。

我们所焦虑的是中国至今无缘诺贝尔科学奖，是中国老是“冒”不出杰出人才。这里所说的杰出人才，绝不是一般人才，而是大师级人才。科技是国家的需要，使科技转化为生产力，不断促进我国经济的发展，才能在世界竞争中抓住机遇。在新的历史时期，国际竞争已经转变为综合国力的竞争、科技水平的竞争和人才的竞争。在这样的大环境下，加强科技研发，必须依靠科技人才。中国需要自然科学类诺贝尔奖，中国应该在世界自然科学领域有更高的地位！

## 教育兴邦：是百年大计　求解“钱学森之问”

每一个正常人都有让自己的民族骄傲地屹立于世界民族之林的愿望。踏实地从基础做起，通过科学的、全面的教育，造就出对“真”有追求、对“善”有理解、对“美”有感受的全面完善的人。只有高素质的国民，才有使科学之树健康成长的沃土，才能建立让每个人体面、尊严、幸福、和谐生活的社会。否则，即使个别人获得了诺贝尔奖，按照当前的思路与做法，也不过是多几个科学贵族、技术官僚而已，对我国科学事业与社会进步并无益处。

教育、研究和创新被看作支撑国家战略发展的“铁三角”。上世纪末我国启动了中科院系统的知识创新工程和高等教育系统的“985 工程”，强劲的创新政策收到一定效果，在国际上产生了一定影响。2002 年北京师范大学校庆典礼上，江泽民总书记正式提出“教育创新”的概念，使铁三角中的“教育之角”自身的创新问题凸显。

在创新已经成为流行“俗语”的同时，社会对教育的高期望和教育自身的厚积弊之间形成鲜明比对。钱学森先生关于“我国为什么培养不出拔尖创新人才”的疑惑，成为一个沉重的话题。求解“钱学森之问”几近成为大众的“智力游戏”。

从历史上看，中国历来是一个重视技术的国家，中国古代的四大发明并没有导致近代科学的产生。从现实看，中国在一个半殖民地半封建的社会基础上建立了新中国，本来就已是百废待兴，还经历了诸如“文革”这样的动乱。国家首要的任务是解决生存问题。然而，在解决了 13 亿人的生存问题之后，有能力在科学研究上投入了，我们仍然没有探讨短期内看不到经济效益的科学问题的兴致。

我们的社会中充斥着浅薄、平庸、追名、逐利的生活氛围。接受高等教育，从事科学研究也不过是一些人追求所谓幸福生活的手段之一。在这样的环境与心态下,目前我们没人获奖可以说是必然的。

1985 年《中共中央关于教育体制改革的决定》指出:“教育必须为社会主义现代化建设服务,社会主义现代化建设必须依靠教育。”1987 年,党的十三大进一步提出“百年大计,教育为本”。这句话的意思就是说:国家发展的长远计划要以教育为基石。

2013 年 9 月 25 日上午在联合国总部举行的“教育第一”全球倡议行动一周年纪念活动上。中国国家主席习近平应邀在纪念活动上发表了视频贺词。习近平代表中国政府和人民,对潘基文秘书长提出的“教育第一”的倡议表示坚定支持。他表示,百年大计,教育为本。教育是人类传承文明和知识、培养年轻一代、创造美好生活的根本途径。

当今世界,知识成为提高综合国力和国际竞争力的决定性因素,人力资源成为推动经济社会发展的战略性资源,人才培养与储备成为各国在竞争与合作中占据制高点的重要手段。我国是人口大国,教育振兴直接关系国民素质的提高和国家振兴。只有一流的教育,才有一流的国家实力,才能建设一流国家。

家庭教育是孩子启蒙的摇篮,父母是孩子的第一任老师。一个孩子,他从出生时就有一种自然遗传下来的向外的张力,人类在繁衍的时候,就形成了这种主动探究世界和改造世界的遗传基因,但是我们孩子的这种能力往往被家长剥夺了。溺爱孩子,就相当于给孩子一个盒子,使孩子在各个方面都被限制在这个盒子里,他没有机会去运用他的大脑,没有机会去发挥他的聪明才智,时间一长,他就被框死在这个盒子里了,孩子的各种能力也就只有这个盒子大小了。因此,在溺爱中长大的孩子,各种能力都比较低下。

如今,社会上流行着“中国式教育:父母伤害孩子的‘七种武器’”的嘘唏之说:“要听话”用来杀自由;“要孝顺”用来杀独立;“就你跟大家不一样”用来杀个性;“别整天琢磨那没用的玩意儿”用来杀想象力;“少管闲事”用来杀公德心;“养你这孩子有什么用”用来杀自尊;“我不许你跟他或她在一起”用来杀爱情。

随着社会的发展,人们的物质生活得到了提高,作为家中唯一的孩子,更是集“三千宠爱于一身”。父母在经济上过多偏重子女,自己的艰辛和磨难不想让孩子再尝到,所以就从情感和经济上给予补偿。极易使子女尝到“溺爱”的毒药。还有一部分家长觉得自己的条件有限,无法让孩子同别的孩子一样享受更好的生活，往往出于这种心理的家长，溺爱孩子的现象更加严重。

中国式的溺爱，面子才是本质里的劣根！家长要求的只是学习成绩，在学校里表现的都不错，出了校门，攀比、蛮横、骄纵、自私！光有好成绩又有什么用？

最近，来自《金陵晚报》2014年2月18日的一篇评论文章《中国式溺爱：26岁已婚女每天让母亲帮穿袜子》引起网民热议，“据悉，虽然已经成年，但由于朱小姐是父母老来得女，对她十分溺爱，因此，即使到了26岁的年纪，每天早晨起来，都由妈妈亲自帮她穿袜子。不仅如此，在吃完父母做好的早饭后，朱小姐仍由妈妈陪着，将她送到家门口的车站，母亲目送着女儿上了公交车后，才转身离开。”其实在中国父母身上，这种令人咋舌的溺爱方式屡见不鲜。如：七旬老人步履蹒跚追到火车站给孩子送包子、儿女上了大学还把衣服快递回家让父母来洗、家长因为心疼孩子亲自帮着值日的孩子扫地擦桌……在父母的过分溺爱下，孩子失去了自理和生存的能力，最终也输在了人生的各类起跑线上。

如同所有的动物，父母之爱的目的应该是“分离”，让孩子更好地适应生活，独立生存。溺爱会阻止心灵的成长，家长若真想为孩子好，就要刷新儿童观，让孩子在爱与自由的环境下成长，杜绝“中国式溺爱”，需要父母适时放手。一味迁就、纵惯与溺爱，不是爱，而是一种伤害。

说到小学、初中的应试教育，今天的基础教育强迫儿童掌握的，有些是死知识，我当然理解有些父母是出于好心，唯恐自己的孩子“输在起跑线上”，我们的“不让孩子输在起跑线上”的观念和真正的科学精神到底有哪些差距？在喧嚣和争议声中，更多的中国人在反思，中国式教育究竟带给了孩子们什么样的未来？

我们的“不让孩子输在起跑线上”的观念和真正的科学精神到底有哪些差距。教育方面，在传授知识的同时，也要教给一些探究式学习的方法，激发学生对于探索未知世界的可贵的好奇心。家长们也要明白下一代的竞争不是体现在一个个升学、考级的短程比赛中，孩子的成长需要养成有条不紊的学习习惯，需要平和、宁静的心态和周围观察、欣赏和扶助他们成长的外部环境，让他们按照成才的规律去自然成长。

中国的教育一味地把基础的边界越划越大，甚至不惜把大学的知识拿到初中去，让幼儿园去承担小学的内容。我要说的是，知识一旦不匹配儿童时，小马拉大车，让儿童听天书，这样的知识是没有意义的。

自诺贝尔奖设立以来，德国人，含移民美国、加拿大等国的德裔获得的诺贝尔奖人数将近总数的一半。翻开联邦德国《基本法》，即宪法，其中第七条第六款明确规定，禁止设立先修学校。通过国家介入，禁止对孩子过早开发智力，避免将孩子大脑变成硬盘，留给孩子大脑更多的想象空间。

现在，中国的教育中比较注重认知，认知是教学的一部分，就是学习。在认知方法上有缺陷，主要是灌输。其实，认知应该是启发，教学生学会如何学习，掌握认知的手段，而不仅在知识的本身。教育的根本任务应该是培养人才，学生不仅要学会知识，还要学会动手，学会动脑，学会做事，学会生存，学会与别人共同生活，“教是为了不教”。解放学生，不是不去管他们，让他们去玩，而是给他们留下了解社会的时间，留下思考的时间，留下动手的时间。

美国纽约市的布朗克斯理科高中，培养了七名诺贝尔奖获得者，四五十名院士，在文科的方面，也有六名普利策奖获得者。在知识的高层次，科学和艺术，数学和哲学的区分就变得模糊了。这所天才学校并不是比一般公立学校更好的学校，在设施和师资上与当地的好学校相当。有特别的招生方法，一般是学校推荐加考试。普通的考试分别不出天才与学习好的差别，所以有特别的招生考试。在教学上采用引导性教学，画龙点睛，自学能力差的学生是不能适应的。基于这一点，并不是学习好的学生就会选择天才学校。

这所学校与中国国内的重点中学形似神不似。形似在于都有成绩好的生源，神不似在于教学的理念不同。在性质上，天才学校和智障学校一样，都是特别教育，这与国内的体校性质上有相似之处。当然，也有一些天才学校只是独有其名，将学校办成速成班而已。同理，这种双向选择使其创新人才的比例大大升高。

当前，我们的学校教育中还有一个最大的问题，就在于“优生”和“差生”的待遇有如天壤之别。“优生”通常受到老师的青睐，赞许有加。一好百好。在学校保持着一种优越感，自信感，从而一路事半功倍地这么走了过来，不出意外进入名校。可是所谓的“差生”，甚至是普通生，就不那么幸运了。每次考完试，发考卷的时候，大部分老师都会在全班所有人面前，大声宣读每个人的成绩。成绩不那么好的学生在全班的哄笑声中，走上讲台，拿回自己的考卷，个人的自尊心极度被摧残扭曲。这种教育体制的弊端，当真令人不寒而栗。但是有什么办法呢，高考要看分数，好学生的成绩代表着一个学校的升学率，今朝十年寒窗，试卷一张便见分晓。中国式高考似乎给民众提供了公平选拔人才的机会,但有时候残酷的事实面前却变得更加残酷。学校知道,家长无奈,全社会都在呼吁,教育要改革,负担要减轻。

2013 年 11 月 25 日,教育部专门印发了《中共教育部党组关于认真学习贯彻党的十八届三中全会精神的通知》。《通知》要求,以小学生减负为重点,标本兼治,减轻学生课业负担。对于深化教育领域综合改革,坚持落实立德树人的基本导向,积极培育和践行社会主义核心价值观,促进学生全面发展,都具有重要而深远的意义。

谈到中国式的大学教育,现在在国内,朋友之间,家人之中,最常见的问题无非只有两个:哪个大学? 什么专业? 相对中学的教育为应试教育,大学的教育就是应聘教育了。家长学生从高考结束之后,就开始研究什么样的大学名头响亮,什么样的专业找工作容易。在他们看来,大学教育的目的就是职业培训。大学毕业证书无非就是敲门砖,专业是“决定一生走向的重要抉择”。殊不知这样是完全误解了大学教育的本质,而且抱着这样的目的进入大学无异于投金入井。

大学是探究未知世界的场所。具有好奇心的年轻人与致力于探究未知世界的教师结成共同体,大家志同道合,在满足好奇中推动人的发展和社会发展,这样的职能是其他社会机构无法替代的。大学是年轻人相互交往并且相互学习的地方。大学把四面八方、有着各种文化背景、生活体验与经历的学生汇集起来,为每一个学习者提供发现不同的思想火花碰撞的机会,这是一个人成长中极可宝贵的财富。大学帮助年轻人获得安身立命的专业能力。高等教育往往决定多数人终身的专业方向和职业领域。

大学教育的本质,是在于个人能力的培养,而不仅是专业知识的职业培训。天才和神童的差别在于知识的深度。一般的闭卷考试,并不适合考察知识的深度。像加州理工这样的大学很多考试是带回家做的开卷考试,那就有些深度了。像费尔曼的物理讲义,虽然概念清楚,但很多细节靠学生自学。进入加州理工的学生都是千里挑一的自我感觉良好的学生,即使这样很多人都不能适应,其毕业率低于其他名牌大学。当然,加州理工大学有 31 名诺贝尔奖获得者,这对于一个才有大约 2000 学生的学校来说是很多的。其中 17 人是该校毕业生,14 人是该校教授。相当于每 1400 个毕业生中就有一人获得诺贝尔奖,没有一个大学有这样高的比例。

学生在大学里,应该注重的是培养自己的基本能力:包括独立思考能力,创新能力,交涉能力,理解能力,表述能力,观察能力,学习能力,正确价值观等等。人格的完善才是首要的。单一功利的价值观伴随下成长起来的优秀生,经不起挫折和委屈,人格扭曲,失守底线,那么从马加爵、药家鑫到林森浩式的人物频频进入我们的视线,这恐怕不仅仅是个人性格缺陷的原因。

2014 年 2 月 18 日,众人关注的“复旦投毒案”迎来了一审判决,被告人林森浩因故意杀人罪被判处死刑,剥夺政治权利终身。起跑线与底线,到底哪一条线更重要?一桩投毒案,两条人命,给两个家庭酿成悲剧。在采访中,林森浩的一句话点出了问题的关键,“伤害别人身体这种行为,当时来说,在我这里不是一个底线。”一个活生生的生命,一个同学,一个朝夕相处的室友,伤害黄洋的性命竟然也不是底线,是林森浩心中的道德下限允许范围内的行为,那么,他的底线究竟在哪里?

底线难觅,但是有一条线却划得无比鲜明。那就是起跑线。知识教育变成了单纯的分数追求,至于道德教育、法治观念、完善健全的人格教育则多有缺失甚至完全被忽略。一路走来,学习成绩名列前茅的一个复旦大学的优秀生,一个本该治病救人的医学学生,却成为了需要被挽救的“中国病人”,无论是家长也好,学校也好,在不遗余力地撵着孩子在这条线上跑得更快、更远是时候,是不是应该深刻反思?假如不能在教育过程中,启迪学生去认识人自身的价值,教他们学会尊重和敬畏,在他们心中划下一片不可逾越的禁地,那么,在分数的单行道上跑得越快的,为祸可能愈烈。

目前中国大学存在的问题虽然很多,学生的问题也不容忽视,大学生普遍存在着混日子,厌学的现象,这和中小学的应试教育是相关联的,如果学生在中小学不受压迫,在大学也就不会这样去释放。人的潜能是无限的,一个人能不能成才,内力更为重要。如果不成才,不是别人的原因,一定是自己的原因。

大学的神圣在于,它不仅能帮助学生“读书明理”,更帮助学生提升修养、品质、智慧。大学教育对于年轻人形成人生观、社会价值观,对于发现和理解生命的意义和人的社会价值有极大的作用,是人们的精神家园。对于学生的培养,要力戒浮躁,强调对于理想的追求,把诚信与奉献这些最重要的职业素养深深扎根在师生的心中。要注重培养学生的社会责任感、实践能力和创造精神,注重培养复合型人才。文理科差别不要搞得太大,学理工的应该关心社会,提高人文素养;学文科的应该加强自然科学知识学习,提高科学素养。21 世纪中国大学的学生应该成为学校的主人,在现行的高等教育制度中保持独立,使自己的能力得到发展。

中国有2.6亿名在校学生和1500万名教师，发展教育任务繁重。中国只有坚定实施科教兴国战略，始终把教育摆在优先发展的战略位置，不断扩大投入，努力发展全民教育、终身教育，建设学习型社会，努力让每个孩子享有受教育的机会，努力让13亿人民享有更好更公平的教育，获得发展自身、奉献社会、造福人民的能力。

## 科学研究：要去行政化　摈弃喧嚣浮躁

在科研方面，要崇尚科学精神，科技界既要关注国家的发展，继续集中精力攻克那些满足现实需求、解决实际问题的项目，又要鼓励、支持科学家的自由探索，要支持科技人员潜心研究，长期坐冷板凳的“修炼”；尤其要保护科研团队为坚持自己的研究方向矢志不渝、继往开来的志向和努力。理性思考，摈弃喧嚣浮躁，争名夺利的消极做法。倘若这些真的做到了，得不得诺贝尔奖倒不是那么紧迫的问题了。

2014年3月1日，我国教育部发布的《高等学校学术委员会规程》将开启实施。其中，担任学校及职能部门党政领导职务的委员，不超过委员总人数的1/4；不担任党政领导职务及院系主要负责人的专任教授，不少于委员总人数的1/2。规程指出以学术委员会作为校内最高学术机构，统筹行使学术事务的决策、评审等职权，学术委员会对违反学术道德的行为，可以依职权直接撤销或者建议相关部门撤销当事人相应的学术称号、学术待遇，并可以同时向学校、相关部门提出处理建议。大大强化了学术委员会在学校组织体系中的地位和作用。

“大学是学术机构，就该坚持学术立校、教授治学的办学理念，把学校的学术思想、专业建设、教学计划、科研方案、学术评价交给学院的教授委员会和学校的学术委员会来决策。”中国政法大学校长黄进教授给出评价。

黄进表示，“构建现代大学制度是高等教育发展方向，现代大学制度的核心内容是建立科学合理完善的现代大学治理结构。高校学术委员会是高校法人治理结构的重要主体，高校学术治理体系是高校法人治理结构不可或缺的内容。《规程》规定了高校学术委员会的定位、职责，以及与其他学术组织的关系，进一步完善了中国特色现代大学制度。”

长期以来，我国科研机构和课题的设置，都与严重的官本位有关，既有强烈的计划色彩，又有强烈的行政色彩，一个最明显的标志就是科研机构的行政级别，课题也分国家级课题、省级课题等等。不同的级别给不同的职称数，不同的级别给不同的研究经费。然而科研机构和课题论级别，科学本身却不论级别，社会问题也不论级别。

探索“教授治学”，必将会促进高校的“去行政化”。回归教育机构的本质，处理好教学与科学研究的关系。美国芝加哥大学作为自1969年颁发诺贝尔经济学奖以来，获奖最多的大学，怎样平衡教育和科研这两个目标，它在处理教学与研究的关系时的做法值得借鉴。

实际上，在芝加哥大学教学和科研是一体的，无法完全区分开来。芝加哥大学能够在研究领域中获得成功，能够取得在所有74名诺贝尔经济学奖获得者中，27名获奖者与芝加哥大学有关，其中12人来自芝加哥大学这样的瞩目成就，一个重要原因就是有很多不同的意见在这所大学产生影响，互相挑战，互相激发。

大学是由未知驱动询问、分析、探求、辩论而产生的，教育就是在这样的氛围中诞生的。这与单纯地上一节自然科学课、人文课、社会科学课是不同的。今天再看芝加哥大学如何诠释一流大学中，还有一个观点值得寻味，就是“议程设置型”教师。也就是说，有这样一些老师，他们有能力先提出一个总体的问题框架，先问大问题，由大问题搭建出一个议程，让更多人参与进来，围绕着议程再深入提出一些更细致的问题，这样问题就能越研究越明白。

对于科研和教学这对矛盾，芝加哥大学锦罗伯特· 穆尔校长的观点是，教师、本科生和研究生都是学术团队的一部分，芝加哥大学所强调的处处质疑、挑战、头脑要开放，反映的正是这三者的共同作用。他说：“我们特别强调所有的教师一定要不同程度地参与对学生的教学工作。同时，教师经常通过学生的质疑和挑战受到启发，获得灵感，打开研究的思路，因此教师也愿意把他们的教学视为研究工作的一个部分。”这种师生是一个团队，师承关系通力合作对经济学界最大的贡献，就是1992年诺贝尔经济学获得主加里·贝克自己就是著名经济学家、1976年诺贝尔经济学获得主米尔顿·弗里德曼的学生，师生二人均获得诺贝尔经济学奖。

涌现出这么多诺贝尔奖获得者的另一个重要原因，是芝加哥大学奉行通识教育。芝加哥大学的诺贝尔经济学奖获得者中既有早年在此求学的学生，也有正在此处任教的教师。芝加哥大学对于培养学生来说，仅有知识，或者说仅有狭窄的学科知识是不够的。上世纪30年代的芝加哥大学，一位三十岁的年轻校长哈钦斯冒天下之大不韪，批判当时风行美国大学的实用主义和职业教育化倾向，对该校本科教育实行打破学科界限的四年制本科学院制度，让学生通过“人文教育”或称为“自由教育”的方式学习“共同知识”，这也就是我们今天广为称道的大学通识教育。

虽然芝加哥大学今日的通识教育模式已和多数美国大学趋同，仅在本科的前两年开设，但是其传统和内涵却依然延续。芝加哥大学教育的特点之一就是基础非常广泛、非常开放的文科和理科教育，是因为这里给了学生这样一种教育，让学生学会怎样脱离课本内容进行创新的独立思维。给学生提供这样一种教育，能够从更高层面带来一种灵活性，更好地适应未来的变化。能够使学生学会提很多不同的问题，对不同的问题进行深入调查，不光了解历史，还要了解这个问题的现今情况，帮助他们形成在未来做工作、解决问题的能力。这不同于纯粹实用性的教学方式，不是为了解决一个具体问题而设置的。

经济学家精英们从这片知识的沃土中汲取营养，芝加哥大学理解的通识教育，不仅是知识的传授，更是对知识的挑战。在这里，进行科学研究的时候也会面临同样的挑战，教育和科研两者是一致的。也许正因为如此，从1976年开始，至少平均每隔一年就有一位出自芝加哥大学的经济学家获得诺贝尔经济学奖。

“教育就是叫人去思维。”教育教人以知识，知识并不能代替思维，如同思维不能代替知识一样。在大多数实际生活中，知识从来就是不完全的，所以我们需要思维。芝加哥大学之所以经济学人才辈出，是因为它能吸引并留住已有或未来的经济学明星。这里的经济学者敢于大胆挑战当前流行的经济学理论，学校也鼓励学者独立创新。

让教育和学术研究回归本位，厘清学校和行政部门的关系，使得教育真正有尊严，然后才能真正有精力培养合格的人才。只有培育有希望的土壤，才能生长出希望来，只有好的环境，才能有利于创新人才的成长以及有价值的学术研究问世。否则，希望越大，失望越大，投入越多，离诺奖也就越远。

### 大学建设：已刻不容缓　培育创新人才

2013年4月11日，英国《泰晤士高等教育》刊登首期亚洲大学排名，日本以前100强院校入围数量最多且东京大学位列第一的骄人成绩，排名第一。这是日本长期重视教育与科研水平的结果。此次排名沿用与该杂志每年秋季发布的权威性世界大学排名相同的权威考评指数。中国大陆仅有15所院校入围前100强，总数低于日本和台湾。表现不尽如人意。中国高校中排名第一的是北京大学，在此次排名中位列第四名，清华大学紧随其后位列第六，共计8所院校入围前50强。香港虽然面积不大，但表现突出。在前100强中共占据6个席位，而且全部在前50名以内。在世界大学排名中的前400强仍以美国及其他西方国家为主，亚洲高校仅占有57个席位。

亚洲目前是高等教育领域最具活力和激情的大陆。许多亚洲国家已经认识到世界一流大学在推动新的知识型经济中所发挥的核心作用，正在大力投资高校教育与研究。2013年6月19日，英国《泰晤士高等教育增刊》公布了“2013年全球最具潜力大学排行榜”，建校仅27年的韩国浦项科技大学排名第一，中国内地高校无一上榜。

在这个共有100所大学的榜单中，香港有4所院校上榜，而且都在前40名之内，香港科技大学排名第4，香港中文大学排名第12，香港城市大学和香港理工大学分居第18和第34。台湾有5所大学上榜，排名最前的是台湾中山大学，位居第37，另外4所分别是：台湾科技大学排名第45、中正大学排名第90、元智大学排名第94、阳明大学排名第98。

这项排行榜的评选对象是全世界的“年轻”大学，入围者都是建校时间少于50年的大学，众多历史悠久的世界名校均不在此列。中国内地之所以无一上榜，原因之一是内地实力较强的高校大多数具有较长的历史，因此不在排名范围之内。这个榜单的排名主要依据学校的13项指标，包括创新能力、教学质量、研究成果、论文被引用次数、国际声誉等。

韩国的浦项科技大学是一所只有十几年建校历史的理工类学校。学校不大，只有七八个系，2000多名在校生，本科生和研究生各占一半。但是师资力量却很雄厚，韩国的浦项钢铁公司出巨资从世界各地聘请一流人才。结果这所在中国名不见经传的学校，在最近几年《亚洲周刊》评选的亚洲地区理工类高校中，多次名列第一。浦项科技大学在韩国高校中排名居首，在《泰晤士高等教育》刊登首期亚洲大学排名中，位列亚洲第五，排名处于北京大学与清华大学之间。这份排名表为我们清晰勾勒出亚洲院校日本和韩国注重教育和科研的崛起。

浙江大学校长兼中国九校联盟负责人杨卫的一段话耐人寻味，他指出："对于中国的经济竞争力和可持续发展而言，创新是一个基本要素，而研究型大学正是一个必不可少的创新源泉。我们为迄今在高等教育方面所取得的成就而感到骄傲，同时我们也越发认识到，我们距离实现成为首屈一指的世界一流大学的目标还有很长一段路要走。"

当前，我们看到，实施通识教育与专业教育相结合的教育体系院校正在悄然兴起。近年来，中国新增几所本科院校看，比如南方科技大学、上海纽约大学都明确要建"小而精"的研究型办学定位。"上海科技大学的办学理念是服务国家发展战略，我相信只要完成了服务国家发展战略的目标，成为世界一流大学就是水到渠成的结果。"上科大校长江绵恒这样定位这所新学校。从上海科技大学坚持"宽口径、厚基础、复合型、交叉型"的原则，秉持以人为本、改革创新、科教结合、开放合作、服务社会、追求卓越的办学理念，力求努力建设成为一所教育、科研、创业深度融合的小规模、高水平、国际化的研究型大学发展看，我国高等教育正摆脱单一的规模办学路线，开始寻求特色办学之路。

2010 年 12 月，中国正式启动"青年千人计划"。此举旨在为今后 10 年至 20 年中国自然科学、科技产业发展提供支撑。而随着大批"海归"精英进驻高校与科研机构，许多人也更加期盼中国能收获自然科学领域的诺贝尔奖。但不少归来者却坦言，中国社会的浮躁和功利给他们带来困扰。过于功利，很多人无法认真做一些周期较长的研究工作。科研评价标准关心的是发表了几篇论文，而不重视解决了多少个科学问题、带来了多少项世界领先技术。

韩国的浦项科技大学在高等教育领域惊人的崛起速度，带给我们的是：世界传统名校不能继续躺在历史和传统上睡大觉。只要有正确的策略和足够的支持，仅仅几十年就可以培育出一所杰出的大学。这对西方世界敲响了警钟，如果没有足够的投资、创新和远见，对中国大学的警示作用又何尝不是如此呢？

中国要建成一流大学，不仅仅要关注硬件建设，所谓的硬件既包括大楼、实验室等物质资源，也包括一流人才的引进。但是，如果只停留在硬件层次是建不成一流大学的。大学需要比硬件更深入的东西，就是文化。所谓的大学文化就是人们常说的大学精神，是软实力。

要吸引优秀的人才到大学工作，钱多少不是最重要的问题，关键是要看这所大学能否为一流人才的发展创造适合的环境。

据悉，中国建设"世界一流大学"的提法，源于 1998 年 5 月 4 日北京大学百年校庆典礼;这同时也是“985 工程”名称的由来。据报道,“以当年财政收入测算,‘985 工程’如果完全兑现,总投入在 300 亿元以上。”北京大学原校长许智宏认为:“我们在进步,国外的大学也在进步。我没听过哈佛大学校长讲,哈佛就是世界一流大学。‘985 工程’的建设有些急功近利的味道。”“世界一流大学建设不是一朝一夕能完成的,甚至都不是一代人、两代人就能完成的。”

在武汉大学 120 年校庆上,许智宏漫谈理想、责任和创新人才的培养时提到,“一个大学如果失去了独有的精神,就等于失去了灵魂,特别是像北大、武大这样的综合性大学,更应该注意培养学生的人文精神和科学精神”。

仔细思量中国现行体制下为何无获诺贝尔奖的大师？耐人寻味。古希腊的德尔斐神庙里,镌刻着苏格拉底的一句名言:“认识你自己。”它是这座神庙里唯一的碑铭,当然,认识自己并不是一件简单的事,所谓“不识庐山真面目,只缘身在此山中”,讲的就是这道理。在心理学上,认识自己又叫自我知觉,是一个人了解自己的过程。当前,全球化进程带来了社会贫富矛盾加剧、功利主义、诚信缺失等种种问题,对大学的影响也非常大,体现在各种大学排名、评估、SCI 论文等竞争加剧,也出现了种种学风浮躁,各种学术不端行为。

在当代全球化进程中,大学面临着很大的挑战,因此更应该思考如何培养青年一代成为“负责任的人”。但目前,转型期的中国大学面临着诸多困难和问题。比如教育理念模糊,办学模式趋同而失去特色。在国外很多大学的校训里都包含自由、正义、真理等几个关键词,例如,我们熟知的哈佛大学,是一所在世界上享有顶尖声誉、财富和影响力的学校。一直坚持三 A 原则,即学术自由,学术自治和学术中立。但我们的高校在快速发展的过程中,渐渐淡漠了这些精神。一个大学如果失去了独有的精神,就等于失去了灵魂。

你能看多远,你的视野就会有多大。大学不是为了创新而创新,而是要把既有的资源不断地优化和配置,来实现更高的目标。在中国的历史文化中,通过教育和考试“配置”人的“社会地位”,向来被认为是最公平的形式,最能为全社会所接受。这极大地推动了公众对高考和大学的追求,但同时也成为中国大学发展的最大羁绊。最要注重的,大学不仅能帮助学生“读书明理”,更需要帮助学生提升修养、品质、智慧。大学教育对于年轻人形成人生观、社会价值观,对于发现和理解生命的意义和人的社会价值有极大的作用,是人们的精神家园。

何谓创新人才？如何去培养？创新人才,就是善于进行好的创造性工作的人才。培养高素质创新人才,应该尊重个性。专家型人才可以培养,创新型人才只能自成。时代在进步,科技在发展,大学的灵魂是学术自由。原始创新来自于好奇心,来自学科发展的内在需求。与学术自由相辅相成的是学者自律。大学要鼓励科学家自己去创造。

要培养创新人才,首先是创造的意识培养。一个人无论他怎样满腹经纶,也无论怎样智力超群,如果缺乏创造意识,那么他就不能进入创造的状态,终将无所作为。科学中的创造意识是对于发现和发明的一种强烈向往和内心冲动,以对科学的信仰和对自身能力的信任为基础。它的重要性在于对人的创造活动起着发动的作用,对人的各种潜能起着唤醒和激发的作用。其次,“需要教”的还有创造价值观,也就是所谓“科学鉴赏力”,即对别人的研究成果做出价值判断,对自己的研究课题做出最有价值的选择的能力。它保证了英才们能够在英才水平的课题上从事研究。第三,“需要教”的还有科学创造的方法原则,即懂得怎样从各种矛盾或混沌的思想和概念中找出引向正确结果的途径。方法是科学研究的桥梁,没有正确的方法,再有价值的课题也达不到成功的彼岸。最后,“需要教”的还有科学研究的风格和一系列科学品质。至于科学品质,则包括道德上的客观、公正及意志上的执着、坚韧等方面。

培养科技创新人才,才能强国富民。要提高高等学校和科研院所的创新服务能力。大学要注重加强高水平领军人才和青年科技人才培养,引进海外优秀人才,支持归国留学人才创新创业;要建立健全科学合理的人才评价标准,加强科研诚信建设,营造科学民主、宽松包容的学术氛围,进一步激发广大科技人员的积极性和创造性;要完善科技项目、经费管理制度和科技评价、奖励制度,形成激励创新正确导向。

## 教学相长:最好的老师　最好的学生

芝加哥大学的成功之道,告诉我们:要建成世界一流的大学的秘诀就是最好的教师和最好的学生。大学要想获得持续不断的成功,主要取决于两个方面,第一是发现和培养有潜力的青年教师,第二是挑选优秀的学生。优秀的学生不是单向地从教师那里汲取知识,也可以使教师受到启发。当然,现在要挑选优秀的学生和教师并不容易。在高等院校面向全球的时代,各校之间的竞争异常激烈。

由伟大的物理学家尼耳斯·玻尔任所长的哥本哈根大学物理研究所，有10个人获得诺贝尔科学奖，其中著名的有海森堡、鲍利、赫维塞、罗瑟兰、鲍林、无莱因、邓尼逊等人。哥本哈根学派培养了那么多的精英，就是因为玻尔点燃了他们的“想象火炬”，激发了他们妙不可言、跃跃欲试的探险冲动。例如，就研究类型方面来看，玻尔的风格可称为集德国的理论型和英国的实验型之大成。显然他的这种风格在弟子们身上也表现得淋漓尽致。

在怎样发现与挑选具有潜力的青年，怎样与别的群体交流学术并交流人员，实现“杂交优势”，怎样为学生寻找最合适的研究岗位等方面。哥本哈根大学物理研究所有自己独到的见解。就如何把学生从潜在的英才培养成现实的英才而言，所有这些经验似乎都可以概括为一句话，即：不教之教。

“不教之教”是一种合作的教育。它在形式上表现为导师与学生为共同的科学目标而合作进行的研究，是导师和学生的互相启发和鼓舞。合作，就是要以平等的师生关系为基础，以师生的亲密人际接触为前提。像玻尔那样，平等地生活在学生之中，而不是凌驾于学生之上。

无独有偶，美国哈佛大学力行的“导师制”，也值得参阅。以1987年诺贝尔经济学奖获得者罗伯特·默顿·索洛为例，是“教学相长”在教育实践中得以实现的很好例证。哈佛实行的“导师制”，是指每一位大三与大四的学生都被分配到一位导师，每周会面一个小时。导师会指定一些阅读的文献，偶尔也会要求学生撰写短篇报告，两人再针对一周的功课进行讨论。从导师华西里·里昂惕夫身上，索洛了解到经济学不单是一门大杂烩，而是一套建立在极严谨的理论与实证架构上的科学。在接下来的好几年间，里昂惕夫教给他经济学部分架构的细节。必须承认，是里昂惕夫引导索洛走向了经济学者之路。值得一提的是他的导师里昂惕夫是1973年诺贝尔经济学奖获得者。

正是因为合作，“不教之教”才不是单向的作用，师生的角色也不存在泾渭分明的界限。在合作的教育中，师生的角色是可以互相转换的，师生的作用是互补的，导师是教育者又是受教育者，弟子是受教育者又是教育者。导师一方面为学生提供榜样，并为学生指明方向，同时又从这些潜在的英才身上汲取思想的活力和大胆的想法。

“教学相长”在一般的教育中只是停留在原则要求的状态，人们只是偶然能看到它，但是作为合作的教育，它却是必然的结果。导师对于学生的成才是必不可少的，学生对于导师的进步也是同样不可或缺的。师生合作，亲密接触，是哥本哈根精神的精髓之所在，也是哈佛“导师制”贯彻的。这是榜样的教育、过程的教育、行动的教育。

给予学生这样一种教育，会让学生学会怎样脱离课本内容进行创新性独立思维，从更高层面为学生带来一种灵活性，让他们更好地适应未来的变化。教育的重点并不是说让每个学生一定要读什么书、上什么课，而是让他们学会怎么样解决问题，培训人们怎么思考。能够使学生学会提出很多不同的问题，对不同的问题进行深入调查，不光了解历史，不仅仅限于人文科学，还要了解这个问题的现今情况，有一个更广阔的范围，帮助他们形成在未来解决问题的能力。这种教育不同于纯粹实用性的教学方式，不只是为了单单解决一个具体的问题。

孟子曾经说：“心之官则思，思则得之，不思则不得也。此天之所与我者。先立乎其大者，则其小者不能夺也。此为大人而已矣。”这话的意思是：心灵的功能是思考。凡思考必有所获，不思考则无所获。这是上天所赋予我们的。当你确立了对你的心灵而言是最重要的东西后，就不会让那些琐碎之务喧宾夺主地占据你的心胸。这才是“大人”，或可说是精英的意味。

诺贝尔的一生给我们昭示了：科学的研究应该服从于对人类的爱、对真理的爱。唯有这份爱才能引导国人坚持独立思考、不盲从，才能产生服务于全人类的真思想。一个成熟和负责任的大国，应该超越民族自豪和国家荣誉，具备一种“兼济人类”的情怀。反省“为世界作贡献”这个问题，这几十年我们一直在“遇着问题绕着走”和“减少改革成本”的改革路径上走，积淀下了许多问题。

顾炎武说：“天下兴亡，匹夫有责。”人民对国家的那份忠诚和热爱，是固有的也是高尚的。发展中国家的科学家和经济学家们，想要得到国际承认，必须要以自己国家大多数人民的切身利益为基本出发点，对本国人民的切身痛苦有亲身感受，有终极关怀。否则不仅会脱离本国人民，在国际学术界也不会得到认可，所以中国诺贝尔奖梦的落点应是“中国问题”。

上个世纪初叶，年轻人“为中华崛起而读书”，曾经造就一代把为国家服务作为最高原则的读书人，这种伟大的爱国情怀至今依然震撼人心。一百多年前，因禁毁鸦片被革职、充军新疆的林则徐，当时写了两句诗：“苟利国家生死以，岂因祸福避趋之。”这句诗动人心魄，历久而不泯。一位在软件方面做出重大贡献的科学家，在荣获国家最高科学技术奖时说：“为了心中的梦想，十八年我没有休息过节假日。对我来说，科研本身带来的愉快是最大的报酬，科学奉献祖国是最大的幸福。”

今天，当习近平总书记2014年2月25日在中共中央政治局第十三次集体学习时强调：“把培育和弘扬社会主义核心价值观作为凝魂聚气、强基固本的基础工程，继承和发扬中华优秀传统美德”时，我们不禁要问：祖国，我能为你做什么？只有拥有了常警醒自己的爱国情怀，时常这样提醒自己，我们的生活将因此而充实，我们的奋斗就有了不同寻常的意义。

我们有理由充满期待，有朝一日，当中国具备了科学研究创新所需要的社会体制等诸多方面的条件，当我们的教育科研体制不再是功利性的载体，我国的科研真的达到了国际先进的水平，获得诺贝尔奖也自然是水到渠成，是必然的结果。

经济的竞争最终是创新的竞争，创新的竞争最终是人才的竞争，而人才的竞争最终是教育的竞争。如果一个国家，教育只是致力于灌输知识，而不注重于培养能力，特别是好奇心，想象力和批判性思维能力，那么，这个国家可以在经济发展的追赶阶段表现出色，但很难进入引领世界的地位。创新源于好奇心，创新源于想象力，创新源于批判性思维能力。如果一个人学会了人类的全部知识，但若没有好奇心、想象力、批判性思维能力，他也只能是一个有知识的人，但不可能是一个有创造能力的人。

中国教育的今天，就是中国经济的明天。

# 诺贝尔奖的启示：对中国经济发展的借鉴意义

## 启示一：诺贝尔经济学奖对发展中国家的发展模式借鉴

诺贝尔经济学奖，是当今世界上最有影响力的经济学奖项，它被称为当代经济学家的“王冠”。获奖者或是因为建立了一种新的分析方法，或是角度各异地为当代经济学的发展做出了独创性或奠基性的贡献。他们对西方经济学的发展起着相当大的作用，对中国经济学的发展模式探讨也有巨大的借鉴作用和深远影响。

这就有必要先来回顾一下过去获奖的经济学科相关领域：首先是早期对一般均衡理论的广泛的认知，并且成为了现代经济学分析的理论基础。宏观经济学把国民经济行为划分为私人消费、投资、进出口和政府消费支出，在不同部门之间解释了经济的运转。微观经济学则牵涉到个人消费和公司的经济决定，涉及经济部门中的资源应该如何更好地分配。跨学科研究也得到了关注，比如经济与法律、历史还有社会学等的交叉研究。同时，诺贝尔奖对经济分析的新方法也给予了肯定，博弈论就是一个很好的例子。当然单纯依据获奖的经济学科分类来判断经济学的研究历程也是武断的，经济学也在向多维发展。

诺贝尔经济学奖目前显现了如下规律：在经济分析方面侧重演绎法而非归纳法；更偏爱定量分析方法，包括系统的统计测试或估计的重要性等。要达到这个标准并非易事，需要经过长时间的怀疑、论证和检验。通常经济学家的分析都是来自于过去的数据整理，因为世殊时异，经验的模型未必稳定可靠，新的研究结果可能仅在特殊情况下才会成立，或者有待实践数据的支撑。1976 年获奖的弗里德曼的经历就可以说明这个问题。他被看成是货币主义经济理论的宗师。货币主义学说视货币供给为决定国民生产总值最重要的因素，美联储的货币宽松政策也可以看做是相关理论的现实版注脚。

问鼎诺贝尔经济学奖,已经是近年来中国经济学界绝大多数经济学家和经济学爱好者耳熟能详的一个响亮口号。那么,诺贝尔奖是否会引领经济学领域的最新研究动向呢?答案是“没有”。诺贝尔评审委员会在颁奖时考虑的经济学研究时间跨度很广。只能说颁奖会唤醒对相关领域的再次验证的热情,但不能说是对相关领域带来了新的启发。按照诺贝尔当年的遗嘱,他设立诺奖的目的,是旨在奖励那些在相应领域“对人类做出最大贡献的人”。在当代中国的经济成就有目共睹的时刻,我们是否具备产生诺贝尔经济学奖得主的条件了呢?目前,中国国内更侧重于对当下现实问题的分析与探讨,对应用性的学科有着更多的关注,而少有纯理论研究者进行数十年如一日的研究。现在诺贝尔奖关注的是西方经济学,从这一点上来看,我们的研究历史和现实差异巨大。我们要正确地看待诺贝尔经济学奖的基本特点与发展趋势,正确地把握经济学研究方法的多元性,正确地借鉴西方经济学的分析方法。诺贝尔经济学奖不是评价中国经济学成就的唯一途径。它对于中国经济学家可能成为一种激发研究潜能的激励作用,中国经济学家应当培养严谨的治学精神,以开创和繁荣中国经济学为己任,中国经济学的发展需要科学精神。只有这样,我们才能够坚持从实际情况出发,善于发现问题;从老百姓利益出发,认真研究问题,从维护国家利益出发,提出解决方案。为发展中国的经济学做出自己应有的贡献。

## 启示二:从诺贝尔经济学奖看数学量化模型的价值

诺贝尔经济学奖全称为“纪念阿尔弗雷德·诺贝尔瑞典银行经济学奖”,也称瑞典银行经济学奖。1968 年,瑞典国家银行为纪念建行 300 周年,为了纪念诺贝尔奖奖金提供者,由当时的行长艾斯伯林克等倡议增设的。这一经济学奖也将以诺贝尔来命名,并请同时也负责颁发诺贝尔物理学奖和化学奖的瑞典皇家科学院来授奖。由于该奖项的评选机制、颁奖时间和奖金额度与原来的奖项相差无几,所以就被简称为“诺贝尔经济学奖”,现在已经成为整个诺贝尔奖的一部分了。尽管此奖项并不属于从 1901 年起开始颁发的诺贝尔遗嘱中所提到的物理学、化学、医学和生物学、文学、和平等五大奖励领域之一。获奖者由瑞典皇家科学院评选,经济学奖的奖金以及所有相关管理费用,并非由诺贝尔遗产支付,而是由瑞典银行捐赠,全权交予诺贝尔基金会管理,从此,五大奖励领域的诺贝尔奖又多了一个经济学领域。

诺贝尔经济学奖从1969年首届授予计量经济学的奠基人拉格纳·弗里希和简·丁伯根以来,就与数学结下不解之缘。正如瑞典著名经济学家、后来瑞典皇家科学院长E. Lundberg在首届颁奖仪式上的讲话所说:"过去四十年中,经济科学日益朝着用数学表达经济内容和统计定量的方向发展。正是这条经济研究路线——数理经济学和计量经济学,表明了最近几十年这个学科的发展。"表面上看,经济学属于社会科学,由于诺贝尔奖的光环,使得这颗"社会科学皇冠上的明珠"越发璀璨。当然这也得益于经济学的研究方法最接近自然科学,使得经济学奖能进入诺贝尔奖的授奖视野。

我们从经济科学的发展概况中,似乎能感觉到数学所起的作用。真正严谨科学的经济学研究,它离不开定量分析,自然也就离不开数字、数据、统计学、概率论与数理统计,当然更离不开数学规划、数学模型、运筹学。诺贝尔经济学奖获奖的很多人的理论都需要有抽象的数学模型。诺贝尔经济学奖的设立,在很大程度上是在科学至上主义的思潮中,由于数学的大量引入,而试图将经济学改造成自然科学的产物,但经济学毕竟本质上属于社会科学,无论是研究对象还是研究方法都与自然科学存在很大差异。因此,这一奖项的激励反而使得经济学日渐脱离其他社会科学分支,而扭曲性地向物理学等攀亲,使得经济学理论与现实之间的距离越来越远;同时,经济学家的视野也越来越狭隘。

萨缪尔森就曾指出,在这个专业化时代,他可能是最后一位全能的经济学家。在某种程度上讲,正是这些奖项的设立,经济学的发展方向遭受了进一步误导:在这一奖项设立之前,绝大多数最为知名和博学的经济学家都是经济史学家,但此后被视为经济学家的却越来越多的是数学家;相应地,经济学"科学化"取向日益加深,以至技术性经济学大行其道,经济学也越来越像自然科学。

在诺贝尔经济学奖得主的工作中,数学建模起什么作用呢?数学建模是为了解决经济领域中的问题而作的一个抽象的、简化的结构的数学刻画。或者说,数学经济建模就是为了经济目的,用字母、数字及其他数学符号建立起来的等式或不等式以及图表、图像、框图等描述客观事物的特征及其内在联系的数学结构的刻画。当今数学与经济的关系可以说是息息相关。任何一项经济学的研究、决策,几乎都离不开数学的应用。例如,在宏观经济中的综合指标控制、价格控制,都有数学问题在微观经济中数理统计的“实验设计”、“多元分析”、“质量控制”等,对提高产品的质量都能起到重要的作用。当代西方经济认为,经济学的基本方法是分析经济变量之间的函数关系,建立经济模型,从中引申出经济原则和理论进行决策和预测。为了能用数学解决经济领域中的问题,就必须建立数学模型。

现代世界发展史证实其经济发展速度与数学经济建模的密切关系。数学经济建模促进经济学的发展,带来了现实的生产效率。在经济决策科学化、定量化呼声日渐高涨的今天,数学经济建模更是无处不在。数学经济建模应用非常广泛,为决策者提供参考依据并对许多部门的具体工作进行指导,如节省开支,降低成本,提高利润等。尤其是对未来可以预测和估计,对促进科学技术和经济的蓬勃发展起了很大的推动作用。但目前尚没有一个具有普遍意义的建模方法和技巧。在细分的经济问题上过分倚重甚至依赖数学建模,则会与现实世界渐行渐远。因为再完备的建模假设都无法替代现实生活中千变万化的变量。

虽然数学模型跟实际经济活动差得很远,到底要不要用数学模型来推动经济学发展呢?那还是需要的,因为我们可以用经济模型预测一些经济或者资本应用。诺贝尔经济学奖是朝着更加理论性的方向去发展。数学建模可以有效地论证和建树经济学基础框架的经典理论,诺贝尔奖中没有数学奖。但是,数学工作者却与诺贝尔奖有着不解之缘,他们不仅通过物理、化学发挥数学独有的功能,摘取了诺贝尔奖,尤其在经济领域中,数学正在发挥越来越显著的作用。数学经济建模是我们今后应该努力发展的方向,又是我们不可推卸的责任。因此,我们要以自己的辛勤劳动,多实践、多体会,使数学经济建模为我国经济腾飞作出应有的贡献。

## 启示三:研究诺贝尔经济学奖 加强中外合作对中国崛起的意义

我国自改革开放以来,经历了几十年的经济转型。改革开放多年来,我国最主要的经济发展方式是由传统的计划经济向市场经济转型。在这历史性的转变中,我国选择的转型道路不同于前苏联和东欧国家,我国根据自己的国情和中国特色的社会主义特点,选择了渐进式改革。这种改革的方式最终为我国的经济体制转型带来了不同的结果。30 多年来的被称为"北京共识"的中国现行模式被实践证明这一选择是成功的,但也付出了巨大代价。我国经济转型的实践必然受到来自于传统经济理论的强力挑战,也把世界各国经济学家的研究焦点从标准的价格与货币理论转向合同及其社会制度环境。

所谓"北京共识",相对应的是"华盛顿共识"。那么,什么是"华盛顿共识"呢?20 世纪 80 年代,绝大多数拉美国家陷入了长达 10 余年的通货膨胀暴涨、债务危机爆发的经济困难。1989 年,曾任职于世界银行的经济学家约翰·威廉姆森执笔写了《华盛顿共识》,系统地提出指导拉美经济改革的各项主张,包括实行紧缩政策防止通货膨胀、削减公共福利开支、金融和贸易自由化、统一汇率、取消对外资自由流动的各种障碍以及国有企业私有化、取消政府对企业的管制等,得到世界银行的支持。

在威廉姆森看来,由于这些思想秉承了亚当·斯密自由竞争的经济思想,与西方自由主义传统一脉相承。后来人们将这些观点称之为"新自由主义的政策宣言"。随着全球化的畅行,"华盛顿共识"日益深入人心,形成广泛的社会影响。

"华盛顿共识"虽然成为全球主流的发展理念,但仍不免遭遇其他思想的挑战。主要的挑战来自两个方面:一是"欧洲价值观",二是"后华盛顿共识"。"欧洲价值观"基于欧洲传统的社会民主主义价值理念,在强调经济增长的同时,倡导人权、环保、社会保障和公平分配。但是,近二十年来,欧洲福利社会型的资本主义在与美英自由市场资本主义的竞争中处于劣势,欧洲国家在政策导向上整体向"华盛顿共识"靠拢,因此"欧洲价值观"对"华盛顿共识"的挑战是软弱乏力的。近年来,更加有力地对于"华盛顿共识"的挑战是以美国经济学家、2001 年诺贝尔经济学奖得主约瑟夫·斯蒂格利茨为代表的一批西方学者提出的"后华盛顿共识"。"后华盛顿共识"强调与发展相关的制度因素,认为发展不仅是经济增长,而且是社会的全面改造。斯蒂格利茨曾指出,"华盛顿共识"的实质是"市场原教旨主义","这些政策未能带来许诺的效果,经济或是陷入停滞,或仅是少数富人才能享受增长的成果,众多国家更加频繁地爆发经济危机"。因此,"后华盛顿共识"不仅关注增长,还关注贫困、收入分配、环境可持续性等问题,它还从信息不对称出发,指出市场力量不能自动实现资源的最优配置,承认政府在促进发展中的积极作用,批评国际货币基金组织在亚洲金融危机前后倡导的私有化、资本账户开放和经济紧缩政策。

然而,无论是“欧洲价值观”还是“后华盛顿共识”,他们对于“华盛顿共识”的挑战还都远远不够。比较起来,因为有持续的经济增长作后盾,“北京共识”才最有可能对“华盛顿共识”形成新的强有力的挑战。

“北京共识”从何而来呢?曾任《时代》周刊外国报导编辑,目前大部分时间在中国生活和工作的拉莫先生发表了《北京共识》的论文,“北京共识”一词由此不胫而走。在拉莫那里,对“北京共识”的定义是:坚决进行革新和试验,如中国经济特区;积极维护国家边境和利益,如台湾问题;以及不断精心积累具有不对称力量的工具,如4000亿美元外汇储备。其目标是:在保持独立的同时实现增长。

在拉莫看来,建立在“北京共识”基础上的中国经验具有普世价值,不少可供其他发展中国家参考,可算是一些落后国家如何寻求经济增长和改善人民生活的模式。拉莫对于“中国经验”的概括未必准确,其“北京共识”也未必能够得到人们共识,在今后的探讨中存在着极大的被替换或补充的可能。但是,拉莫所创立的“北京共识”一词却有很大的可能存续下来,并被不断地热烈讨论,日益成熟和完善,成为全球既不认同计划经济,又不接受“华盛顿共识”,而是试图探索“第三条道路”的发展中国家和转轨国家的一面思想旗帜。

中国经济学发展需要有自己的目标,诺贝尔经济学奖是一个令中国的经济学家们兴奋不已的“崇高”梦想,这种目标本身应当符合中国经济和中国经济学发展的内在逻辑。经济学作为社会科学的分支学科,它是人类活动中有关经济现象和经济行为的理论。而人类活动受道德的、历史的、社会的、文化的、制度诸因素的影响,经济理论的发展要从自身独有的研究视角出发,去研究、分析现实经济活动内在的本质和规律。

无论仅仅是为获得诺贝尔经济学奖,还是从真正为促进中国经济学发展和为中国经济建设提供经济指南而言,中国的经济学研究成果是在中国的经济实践中形成的,每一位中国的经济学家理应崇尚终极关怀,培养一种严谨、执着和潜心深造的治学精神,以繁荣中国经济和振兴中华民族为己任。诺贝尔经济学奖给中国经济学理论研究构造的,是建立中国经济建设所需要的经济学的激励机制,研究诺贝尔经济学奖给中国经济学注入的是这样一种科学精神活力。马克思在《资本论》法文版序言中对这种科学精神做出了极好的总结:“在科学上没有平坦的大道，只有不畏劳苦沿着陡峭山路攀登的人，才有希望达到光辉的顶点。”

正视中国经济学的发展现状，对中国经济建设中出现的问题做出理论解释，为这些问题提供有效的对策。如今，中国经济社会发生了巨大变化，从转轨国家到市场化国家的进程在加快，“北京共识”模式在变化了的大趋势下需要创新，需要学习发达国家成功的发展模式，但从“北京共识”到发达经济体的模式需要一个符合循序渐进的制度转换，“后华盛顿共识”的可持续、协调、创新、民生化等发展理念可成为未来中国通向发达国家过渡期的选择。当中国经济学发展成就达到能够获得诺贝尔经济学奖的水平之时，为这一成就做出重要贡献的中国经济学家应当受此殊荣。换言之，中国需要诺贝尔经济学奖。

# “触”心灵篇

**一个人只有专注于一个目标，才能在这个目标上取得成功**

# 数学架起沟通的桥梁

## ——1969年诺贝尔经济学奖获得者简·丁伯根

创立一个更好的世界，也就是承认社会有责任保证个人与集体满足和建立某些国际、国内体制，在这种体制下，机会及获得这些机会的手段的分配要比现在更为公平。

——简·丁伯根《国际秩序的重构》

随着经济科学日益朝用数学表达经济内容和统计定量的方向发展，科学分析被用来解释经济增长、周期波动和经济资源重新分配于各个目的之类的复杂经济过程。在经济生活中，人们能找到的往往是一种模糊不清的混合物，其内容有的是多少有些规律的重复多次的较系统的相互关系；有的是历史上独一无二的事件及破坏。对于常人来说，没有实验的支持，要在这些极端复杂的经济变化过程中寻找发展规律，并且为此目的应用数学和统计分析技术，似乎有些不知深浅。

简·丁伯根　获奖时间：1969
获奖年龄：66

简·丁伯根被誉为经济计量学模式建造者之父，他发展了动态模型来分析经济进程。简·丁伯根一生都专心致志于使数理经济学同统计分析结合在一起，为创建资产阶级经济计量学而坚持不懈。他强调经济观点的数学化具有精确性，丁伯根在数量经济学理论上有三个贡献：一是提出了现代动态经济分析和"蛛网理论"；二是根据历史统计资料，利用数学和数理统计方法，对各种商业循环理论进行统计检验，这是经济计量学给自己规定的主要任务；三是在《商业循环理论的统计检验》一书中，首次用48个方程式替美国建立了完整的宏观经济计量模型，把通行的统计方法用于宏观经济问题的研究，从而开创了一个全新的经济学分支，即经验宏观经济学。简·丁伯根的研究活动对西方经济学的贡献，大致可分为1929年至第二次世界大战期间；第二次世界大战结束到50年代中期，1955年，丁伯根从荷兰中央计划局退休后的学术活动三大阶段。在每个阶段都有其独特的开创性的研究成果，开拓了经济理论及政策的新里程碑。由于他的科研成就，1969年被授予诺贝尔经济学奖。值得一提的是他的弟弟尼可拉斯·丁伯根是1973年诺贝尔生理学或医学奖得主。

数学是简·丁伯根由自然科学工作者转向经济学家的桥梁。1903年4月12日简·丁伯根出生于荷兰海牙，这个拥有郁金香之称的国度。1922年，当他19岁时，丁伯根考入了荷兰莱顿大学，攻读物理学，23岁毕业后，经过三年的努力，于1929年以一篇论述物理学和经济学中极值问题的论文而获得莱顿大学物理学博士学位。但是，就在这时，他的志趣已经不在物理学方面，而转到经济学方面了。促使丁伯根有这种转变的原因是他对数学有特殊爱好。即便是在专攻物理学时，他也着重于研究物理学中的数学问题。他的博士论文就是以“物理学和经济学中的最小值问题”为题的。1929年至第二次世界大战期间，他与其他经济及统计学者一起，共同努力使经济计量学成为一门科学。16年间，作为一名中央统计局商业循环研究的统计学家，潜心研究。1931年，他成为阿姆斯特丹大学的兼职统计学老师，1933年成为设在鹿特丹的荷兰经济学院（现名伊拉斯姆斯大学）的兼职教授，教各种课程。

1945年，简·丁伯根就职于荷兰政府中央计划局长。10年间，作为海牙的中央计划局长，丁伯希教授和他的同事们编制了一个预测和计划荷兰经济政策的经济计量模型。第二次世界大战结束到50年代中期，是丁伯根的学术活动和理论创造的第二个阶段。这一时期，他在现代经济政策理论上的新贡献，就是把他在荷兰中央计划局的经验和在经济政策的广阔领域内参加讨论的结果，提高为系统的经济政策理论，成为规划短期经济政策的基础。

1955年，丁伯根离开了中央计划局，成为荷兰经济学院的一名专职发展计划学科的教授，讲授发展规划。他从荷兰中央计划局退休后，仍在许多国际组织中任职或担任一些国家政府的顾问，因而能连续多年全力投身于长期发展计划的方法研究和实践。此后，他的活动集中在第三世界的问题上。1966年至1974年，他还担任过联合国发展计划委员会的主席。与许多当代经济学家不同，丁伯根一贯摒弃那些游离于社会联系之外的经济问题的狭窄概念。对人类福利的深切关注以及他对经济状况研究的综合观点，他提出的三个最急迫的问题是军备竞赛、人口控制和食物供给。应该采取什么样的新国际秩序，来满足当前与未来的迫切需要，其目标是要铲除当前国际关系体系中的不公平状况。他积极发展能够迅速地用于推进当前经济政策的设计与实施的理论。丁伯根1967年获埃拉斯穆斯奖金，还曾获得20余个大学授予的荣誉学位。

1994年6月9日，著名经济学家简·丁伯根逝世，他的一生主要从事于把统计应用于动态经济理论，丁伯根对西方经济学的贡献主要是创建或参与创建了现代动态经济学、经济计量学、经验宏观经济学、发展计划的理论以及国际经济合作和一体化的政策和理论。他的研究主要得益于他经历中的两个方面，即在中央计划局的工作以及与朋友们对经济政策多方面的探讨。他的许多观点，都得到了荷兰工党的认可。他的基本目标是将经常处于肤浅、盲目方式的争论引导到客观、科学的分析中去。由于他50多年来在经济计量学方面，特别是在“发展和应用动态模式于经济过程分析”中的贡献，1969年，与拉格纳·弗里希共同荣获首届诺贝尔经济学奖。

## 在科学研究中勇于攀登，不计较个人名利

# 勤于探索才能更优秀

## ——1969 年诺贝尔经济学奖获得者拉格纳·弗里希

如果我不能相信我努力的结果，在最后不是用来为渺小的人类开创更美好的未来，我是不会快乐的。

——拉格纳·弗里希

1895 年 3 月 3 日，拉格纳·弗里希出生在挪威的奥斯陆，父亲是金银匠安敦·弗里希，母亲叫拉格纳·菲德烈·季特尔。他们对弗里希的人生观有很大影响，当考虑未来的前途时，继承家族传统的金银事业，这多少被认为是理所当然的事。金银作为弗里希的传统家业，父亲在奥斯陆的金银作坊是他的祖父在 1856 年开办的。为了子承父业这个目的，弗里希在奥斯陆大卫·安德生的作坊中当过学徒。1920 年学徒期结束时，成了一名合格的手工金匠工人。但是，弗里希的母亲强烈地感觉到，从长远看，对一辈子从事金银这一行业，弗里希可能是不会满意的。她坚持要求弗里希完成学徒期的同时，应当继续进入大学学习。当浏览了奥斯陆大学的有关手册，发现经济学是“最短”和“最容易”的学科，所以就选择了经济学。

拉格纳·弗里希
获奖时间:1969　获奖年龄:74

1919 年，弗里希在奥斯陆大学通过了经济学学位考试，大约一年后，到外国积极学习经济学和数学。访问了法国、德国、英国、美国和意大利，在法国停留了近三年。1923 年起在奥斯陆大学任教。1925 年，被任命为助理教授，1926 年，根据一个“数理统计”的论文题目，在奥斯陆大学得到哲学博士学位。1928 年成为副教授，他在 1930 年与丁伯根

等共同创建了国际经济计量学会，并任会长。1931 年他被任命为奥斯陆大学的经济学教授，成为正教授，并成为奥斯陆大学新成立的经济研究所的所长。这个职位他一直保持到他 1965 年退休为止。1933 年创办《经济计量学》杂志，以后的 22 年时间里，主编国际经济计量学会的刊物《经济计量学》。第二次世界大战后，曾任联合国经济顾问、经济与就业委员会主席。曾在印度和埃及工作多年。1969 年，和荷兰经济学家丁伯根共同获第一届诺贝尔经济学奖。1969 年之前得到的科学奖中，必须提一下，1961 年弗里希获意大利林西国家学院安东尼奥 · 弗尔特林纳里大奖。他是英国皇家统计学会、美国科学与技术协会、美国经济协会名誉会员，英国科学院、英国皇家经济学会通讯院士，剑桥大学、伯明翰大学、哥本哈根大学、斯德哥尔摩大学名誉博士。

弗里希业余爱好户外生活，包括小规模的登山，但是首先是养蜂和培育蜂后，从事了 57 年，着重遗传学和统计学研究，他想改良蜂的素质，如果有人问他是否发现这个活动愉快有趣，虽不能肯定地说“是的”，它更好像是一种先入为主的属性，他将永远不能排除它。1920 年，弗里希同玛丽斯迈德尔结婚。育有一个孩子拉格纳，1952 年，他的第一个妻子逝世。1953 年，同商人和船主的女儿阿斯特里 · 约翰逊结婚，她于 1921 年通过了奥斯陆大学语言学的学位考试。弗里希从小就认识她了。两人青梅竹马，两家是世交，双方的父母是多年的密友。自从结婚后，阿斯特里永远是弗里希的不灰心的伴侣，诚心诚意地和他共同经历人生的兴衰。

作为经济计量学的一位先驱者，1926 年首先提出经济计量学一词，并把经济计量学定义为数学、统计学和经济理论的结合。弗里希以经济计量学“三合一”的先驱而最负盛名。“三合一”即把经济理论、数理方法和统计技术应用于实际经济问题的分析中。他在经济领域最重要的影响表现在三个方面：努力使经济学变成数量科学，使经济学成为构成合理经济政策的一种辅助手段以及对经济学动态分析的发展。他在西方经济学中把数学方法和统计方法应用于经济研究，第一个应用经济计量学方法分析资本主义周期性经济波动。他提出用等量法来衡量货币的边际效用，研究了多重共线性等问题。他主张利用现代化的经济计划方法推动战后经济的重建。他的计划化并不取消市场机制，而是要对市场机制进行有效的测量，作为经济政策的反馈信息。他强调专家治国，使经济学家和政治家在政治优先的基础上进行合作，建立强有力的国家协调机构。

弗里希既是一位有造诣的经济学家，又是一位有丰富经验的教育家，他一生的大部分时间都是在学校中度过的。弗里希对经济学的贡献大部分表现在各大学的讲演、教学讲义和各种手稿中。据说，仅其手稿一项重就约 2 吨多。弗里希精力过人，但其中专著却寥寥无几。他的这个特点反映了他在科学研究中勤于探索而不计较个人名利的精神。他从来不关心自己研究成果的出版，他最关心的是弄清某些亟待解决的问题。一旦这些问题获得解决，他便迅速着手开辟新的研究领域，而不忙于把自己的手稿细加推敲，拿去出版。因此，弗里希虽是经济计量学的创始人，从 1926 年以来的近 50 年中，他公开发表的论著目录虽然有约 160 多项，但他生前没有出版过经济计量学的专门著作。

追求是人特有的品质，追求更是才智的源泉

# 经济界最后一个通才

## ——1970年诺贝尔经济学奖获得者保罗·安东尼·萨缪尔森

在这专业化时代，我有时认为我是经济学中最后一个'概括主义者'，我的兴趣从数理经济学一直到金融时论。我的真正兴趣是研究和教学……

——保罗·安东尼·萨缪尔森

萨缪尔森教授在经济哲学方面自称为"民主新政经济学家右翼的一个'现代'经济学家"。他在经济理论中的工作涉猎现代福利经济学、线性规划、凯恩斯经济学、经济动力学、国际贸易理论、逻辑选择和最大化。1941年，哈佛大学授给他大卫·A·威尔斯奖。1947年，美国经济学会授给他约翰·贝茨·克拉克奖章，因为他是"对经济思想和知识的主体作出最显著贡献的"四十岁以下的活着的经济学家。1958年，他为经济发展委员会发起的"今后二十年美国面对的最重要经济问题是什么?"讨论集写稿。萨缪尔森对上述问题的回答是："通货膨胀的威胁。"现实生活中经济的发展趋势印证了他的预测。

1915年5月15日，萨缪尔森出生在印第安纳州的加里城。1935年从芝加哥大学得到文学学士学位，并在1936年从哈佛大学得到文学硕士，1941年又得到理学博士学位。从1935年到1937年，他是社会科学研究会的一个攻读博士学位的会友，1937到1940年是哈佛大学研究生会会员。1940年，他来到麻省理工学担任经济学助理教授，1944年被任为副教授。1944到1945年，他是放射实验室的人员，1945年在弗来秋法律和外交学院任国际经济关系兼职教授。1947年在麻省理工学院任教授，现

保罗·安东尼·萨缪尔森
获奖时间:1970　获奖年龄:55

在是研究所教授。1948 到 1949 年，他是一位古根亥研究员。1958 到 1959 年是福特基金会研究员。他在 1961 年从芝加哥大学和奥柏林学院得到名誉法学博士学位并在 1966 年从印第安纳大学和英国的东英吉利大学得到名誉法学博士学位。甚至在哈佛当研究生时，他已赢得了国际声誉，并对经济理论作出重要贡献。他的研究涉及经济学的全部领域。他并不宣称数学是经济分析的万应灵丹，但坚持对于理解经济学研究而言，数学是重要的，并在数学中寻求统一和清晰。他说经济学家们是在实行“一种特别令人沉沦的智力运动”，他们像“从未竞赛过的有高度训练的运动员”。

1948 年第一次出版的他的《经济学：初步分析》，成为历来最畅销的经济学教科书。此书卖了一百多万册，并已翻译为法、德、意、匈、波兰、朝鲜、葡、西、阿拉伯和中文。现在是它的第十版。《商业周刊》在 1959 年写道：“随着我国经济问题的变化此书对不同主题的着重程度有所改变。第一版以战争结束时担心广泛失业会回来为主……以后各版愈来愈强调对通货膨胀的财政和货币控制。以后各版中，萨缪尔森设法达到他所说的古今各国成就的‘新古典综合’。简言之，他的综合是今日各方能用财政和货币政策成功地控制衰退或通货膨胀……”。他是新古典综合派最重要的代表人物。有些经济学家认为，萨缪尔森的书是他的真正最大贡献，“它在提供世界一种共同经济语言上走了很长一段路”。

萨缪尔森担任多方面的顾问。他在 1941 ~ 1943 年为国家资源计划局工作，负责继续充分就业的战时计划工作；1945 年战争生产局工作和战时动员和重建局工作，负责经济和一般计划工作；1945 ~ 1952 年在美国财政部工作；1952 年在预算局工作；1959 ~ 1960 年在总统国家目标委员会的研究顾问组工作；1960 年在研究顾问局经济发展委员会工作。1960 ~ 1961 年，他是国家经济教育特遣组成员，并从 1949 年以来一直是兰德公司顾问。他现在是美国财政部和经济顾问委员会的一名非正式顾问。他也是联邦准备银行的顾问。同时是参议员、总统候选人、当选总统肯尼迪的经济顾问，并且是 1961 年 1 月 5 日“给当选总统肯尼迪的美国经济状态报告”的作者。1965 年，他被选为国际经济学会会长。

一般说来，萨缪尔森的贡献是，他以提高经济科学的一般分析方法的水平有贡献，超过任何其他当代经济学家。他事实上干脆重写了经济理论的许多部分。他也指出了经济学中问题和各种分析技术方面的基本统一性，部分地借助于系统地运用最大化方法于宽广的问题集合。这一点意味着萨缪尔森的贡献跨越经济学的许多不同领域。总结他的研究成就,或许能把他的贡献分为四大领域:第一个领域是动态理论和稳定性分析;第二个领域是消费理论和密切相关的指数理论;第三个领域是全部均衡理论,其中研究很多不同变量之间的相互作用——原则上包括经济系统中一切价值和数量;第四个领域是交配理论方面。

最近几十年中,经济学发展的明显特点之一是部分地靠数学方法的帮助带来的分析技术的开工化程度的提高。我们或许能区分这个发展的两个不同分支。一个分支是为立即统计估计和经验应用设计的经济计量学,其先驱者如拉格纳·弗里希和简·丁伯根,他们共同得到纪念阿尔弗雷德·诺贝尔的第一次经济学奖金;第二个分支比较倾向于基本理论研究,没有任何立即的统计和经验比较的目标。美国麻省理工学院的保罗·安东尼·萨缪尔森教授是在后一领域中作出他的巨大贡献,并且为此被授予 1970 年诺贝尔经济学奖。客观的真理远在彼方,纵然千辛万苦也要设法了解,萨缪尔森被称为“经济学界的最后一个通才”。2009 年 12 月 13 日,萨缪尔森逝世。令许多昔日学生和友人唏嘘不已。麻省理工学院校长苏珊·霍克菲尔德13 日说:萨缪尔森“改变了他接触的一切”。

## 细致是一种工作态度，毫不妥协地长期坚持

# 让严谨成为一种习惯

——1971 年诺贝尔经济学奖获得者西蒙·库兹涅茨

一个国家的经济增长，可以定义为这个国家向她的人民提供经济商品的能力的长期提升，这个增长中的能力，基于改进技术以及它要求的制度和意识形态的调整。

——西蒙·库兹涅茨

经济科学的任务之一，是研究只能直接观察某些事情的世界中实际发生了什么事。纵观最近几个世纪的经济发展，要对数字和其他材料进行批判性的审查和聪明的收集，作出估计和测量，并发现解释推动力量和关系的可能性，这肯定是一项非常困难的任务和范围极广的任务。在这个领域里，成就大于任何别人的学者是俄国出生的美国经济学家西蒙·库斯涅茨，马萨诸塞州，坎布里希，哈佛大学的退休教授。由于在研究人口发展趋势及人口结构对经济增长和收入分配关系方面做出了巨大贡献。库兹列茨于 1971 年获得诺贝尔经济学奖。

1901 年 4 月 30 日，西蒙·库兹涅茨出生于俄国乌克兰哈尔科夫市的一个皮毛商人的家庭，父亲亚伯拉罕·库兹涅茨和母亲波琳·弗里德曼都是犹太人。1906 年，在西蒙·库兹涅茨 6 岁的时候，他的父亲移居美国，西蒙·库兹涅茨回忆童年时感慨地说，他从那时候起已经对经济学产生浓厚的兴趣，相信经济学是研究一切社会问题的基础。1922 年，西蒙·库兹涅茨也移居到美国与父亲团聚，库兹涅茨的大学学习生活开始于俄国，而结束于哥伦比亚大学，进入哥伦比亚大学攻读经济学，1923 年获得科学学

西蒙·库兹涅茨
获奖时间:1971　获奖年龄:70

士，1924年获得语言学硕士，1926年获得哲学博士。学习生活结束后，库兹涅茨在社会科学研究会当了一年多的研究员，那时的工作产生了后面所列的每一项著作。从1927年到六十年代初，作为国民经济研究局的一名工作人员，主要做美国国民收入和资本形成方面的工作；并且从1940年起，28年担任社会科学研究会经济增长委员会主席，库兹涅茨的主要工作放在各国经济增长的比较定量分析方面。1955年库兹涅茨提出了收入分配状况随经济发展过程而变化的曲线——倒U曲线，是发展经济学中重要的概念，又称作“库兹涅茨曲线”。1960年，他到哈佛大学担任经济学教授直到1971年退休。其间，他在1960年代末协助台湾大学筹办经济学博士班，成立了台湾的第一所经济学博士研究所；1963年，担任以色列毛立斯·法尔克经济研究所理事会理事及名誉主席，1961到1970年，任美国社会科学研究会中国经济委员会主席。

西蒙·库兹涅茨，作为一名俄裔美国著名经济学家，他在西方经济学界十分活跃，他是美国经济学会、美国统计学会、美国哲学学会、美国科学促进协会、国际统计学会会员，美国经济史学会、英国皇家统计学会的名誉会员，瑞典皇家科学院院士，英国科学院通讯院士，担任过美国经济学会会长和美国统计学会会长等职。他还获得普林斯顿大学、宾夕法尼亚大学、哈佛大学、耶路撒冷希伯来大学名誉博士学位。

1971年12月，库兹涅茨在斯德哥尔摩作为诺贝尔奖获得者所作的演讲中，提出了现代经济增长的六个相互关联的方面。其中最主要的是总产量和人口的快速的增加；第二个最重要的因素是生产效率的增长率；第三个方面的经济结构从农业生产占主导地位向制造业和服务业占主导地位的改变；第四个方面是社会结构和思维方式的转变；第五个方面则是通讯和运输技术改变引起的国家之间的相互依赖；最后一个方面是，世界经济中的分化迹象。

西蒙·库兹涅茨在多项研究领域中都作出了杰出的贡献。他在经济周期研究中所提出的为期20年的经济周期，被西方经济学界称为“库兹涅茨周期”。他在国民收入核算研究中，总是细心地对待在工作中遇到的一些有争议的概念和统计问题，仔细地注意基本假设的分类。他特别留心那些数据使用者不易辨别的主观因素和那些被错误输送的精度。在库兹涅茨的许多著作中都讨论了假设、定义以及所公布数据的说明。他提出了国民收入及其组成部分的定义和计算方法，被经济学家们誉为“美国的G. N. P. 之父”，此外，他还涉猎了在国民收入著作以及许多国内及国际会议中有争论的社会哲学问题。他对经济增长的分析，被西方经济学界认为揭示了各发达国家一个多世纪的经济增长过程，并提出了许多深刻的见解。加利福尼亚大学的 GeorgeMurphy 曾这样评价：“库兹涅茨出色地运用他高超的技巧，从纷乱的资料中整理出许多有用的数据，恰如其分地用它来表达他需要的意思。”据说，西蒙·库兹涅茨的研究成果被引用的次数，在西方经济学界的经济学家和统计学家中无人能与之相比。正因为这样，在 1971 年诺贝尔经济学奖的评选过程中，瑞典皇家科学院从 100 多个提名所选出的 10 个候选人中，最后确定了西蒙·库兹涅茨。

1985 年 7 月 8 日，西蒙·库兹涅茨卒于美国马萨诸塞州坎布里奇。他对长期经济增长、结构变化以及资本形成的分析，成为经济增长与发展理论的经典。今天以库兹涅茨命名的“库兹涅茨曲线”，包括收入分配状况与人均收入的关系以及环境状况与人均收入的关系，成为理解经济发展阶段重要性的理论命题。

**客观真理远在彼方，纵然千辛万苦也要寻找**

# 经济界的一个开拓者

## ——1972年诺贝尔经济学奖获得者约翰·希克斯

因为我相信，一个人除非了解事实，不应发言；而要了解世界上，甚至一个国家的变动的事实，是主要研究理论的人力所不及的。仅仅熟悉别人编制和消化的统计是不够的。

——约翰·希克斯

1904年4月8日，英格兰的瓦尔维克郡的土地上又新增了一名小小的婴孩，他的父母给他起名约翰。13岁后的几年时光，约翰在利明顿的格雷弗莱尔斯中学学习。17岁时，希克斯获取奖学金进入牛津大学克利夫顿学院和巴里奥学院学习数学。1923年，他以优异的成绩通过了数学学位考试，但是约翰并不满足于成为一名数学专家，他对文学和历史产生了浓厚的兴趣，为了必需满足这些兴趣的研究，继而转到牛津才开办的“新学院”，转入对“哲学、政治学和经济学”的学习，然而，学习并不顺利，学习成绩只达二等水平，通过继续努力，1925年获硕士学位。

约翰·希克斯　获奖时间：1972
获奖年龄：68

那些日子里，经济学家很缺，所以约翰在伦敦经济学院得到了临时讲师职位，并且居然能继续下去。约翰开始时是一个劳动经济学家，对产业关系作描述工作；但是他逐渐转到分析方面。曾经几乎已经忘记的数学慢慢派上用场，逐渐恢复起来，并且足以对付那时任何人在经济学中用的数学。这多亏约翰过去所接受的数学训练。到1930年，当伦敦学院的经济系在里昂纳·罗宾思领导下继续办下去的时候，约翰已全然了解自己所从事的工作。约翰学到了许多经济学方面的知识，逐渐从一个经济学知识贫乏的初学者，成长为一名颇有理论建树的经济学家。到1935年，已学到这么多知识，约翰需要到更高的历史舞台去把所思、所学、所想组织在一起。所以，当有了一个千载难逢的机会，要约翰转到剑桥大学当讲师时，他接受了。在剑桥大学的几年里，约翰主要在写《价值和资本》，它以约翰在伦敦做的工作为基础，所以约翰的处境未能使他从剑桥经济学家同事那里学到很多东西。

从1938年到1946年，他是曼彻斯特大学教授，成为首任斯坦利·杰文斯政治经济学讲座教授，并在那里度过了整个第二次世界大战的年代，1943到1945年间，他担任曼彻斯特统计学会主席。约翰还在那里做了关于福利经济学及其在社会核算中应用的主要工作。这一时期，约翰主要的贡献在消费者剩余和福利经济学方面。此外，他还写了《社会结构》一书。该书后来多次再版，并被译为多种文字。1946年，约翰回到牛津，先当纳斐德学院的高级研究员，并参加了该学院的组建工作。然后任德伦蒙政治经济学教授，负责组织研究生教学的工作，最后任万灵学院研究员，直到退休。在后面若干年中，他对理论经济学的几个分支作出了贡献。写了关于货币，国际贸易，以及关于增长和波动的文章。此外，他还参加了厄休拉关于公共财政的著作以及其他著作的写作。约翰也做了一些应用经济学的小工作，特别是关于"发展中"国家的问题。例如在1950年，约翰是尼日利亚收入分配委员会委员。1951年曾任皇家利润税和收入税方面的委员会成员。1954年，约翰和他的妻子两人研究了牙买加的财政。虽然一直不愿对较大的实用经济学问题发言。

约翰·希克斯对西方经济学理论有许多重要贡献。他就像一个开拓者。约翰·希克斯的学术贡献表现在：他完善了以序数效用论和无差异曲线来解释的边际效用价值论，发展了一般均衡理论。提出了IS－LM模型，成为凯恩斯宏观经济学的核心；乘数——加速原理，用于解释经济周期。希克斯认为，从历史上看，经济物品和劳务实际产量的波动表现为一种沿增长或趋于上升路线上下运动状态。其波动的高涨阶段和低潮阶段是由乘数和加速原理结合的作用决定的。即：约翰·希克斯经济周期理论。他继卡尔多之后提出了新的补偿标准，在批评庇古福利经济学基础上，建立起新福利经济学理论体系。他还研究了通货膨胀，提出结构性通货膨胀理论。他与萨缪尔森提出乘数——加速原理，用以解释经济中产生周期性波动的根源。他在工资理论、货币理论、增长理论、资本理论以及经济学方法论和经济史理论方面都有所贡献。

约翰·希克斯，作为一名英国经济学家，在微观经济学、宏观经济学、经济学方法论，以及经济史学方面卓有成就。1942年，约翰成为英国科学院院士；1948年为瑞典皇家科学院院士；1952年为意大利林西科学院院士；1958年美国科学院外国院士。1958自从以来，是牛津纳斐德学院名誉委员，1971年以来是剑桥冈维尔和凯乌斯学院名誉委员。1960~1962年，是皇家经济学会会长，并在1964年成为爵士。他是几个英国大学以及里斯本技术大学名誉博士。1971年，成为维也纳大学名誉委员。1972年与美国经济学家肯尼迪·约瑟夫·阿罗一起获诺贝尔经济学奖。

## 教育在知识的积累过程中，具有举足轻重的地位

# 困境中奋起的佼佼者
## ——1972年诺贝尔经济学奖获得者肯尼迪·约瑟夫·阿罗

我愿意矢志追随福尔摩斯(SherlockHolmes)这位卓越的真相追求者的训示，这是他在也许是唯一一次表现得过度谦虚时所说的话：“我亲爱的华生，我绝对不能同意将所谓谦虚与其他的美德并列。服膺逻辑思维的人，对所有的事都应该实事求是，贬抑自己与自我夸大，同样都是背离了真理。”

——肯尼迪·约瑟夫·阿罗

阿罗一直对经济思想史有浓厚的兴趣。过去几年也教授这门课程。他经常面对的一个问题是，在新观念的发展中，不同因素的相对重要性究竟如何。有些人可能会认为，经济学家的个人成长历史与阶级背景是重要的因素。然而，实际的状况并非如此。无可讳言的是，教育在知识的积累过程中，具有举足轻重的地位，而且影响程度愈来愈深远。因为今天的经济学，和其他的自然与社会科学一样，早已成为一项专业的学问。说到个人的才智与兴趣，也可能影响经济学的专攻方向以及使用的研究方法。但是，似乎没有证据显示出，经济学家的人格特质，会在他所引介的新观念中扮演决定性的角色。

肯尼迪·约瑟夫·阿罗
获奖时间:1972　获奖年龄:51

肯尼迪·约瑟夫·阿罗，1921年8月23日出生于美国纽约市。他的父母双方的家庭皆是外国移民，在1900年左右来到美国，并在纽约安定下来。双亲来自贫穷的家庭，而母亲的家庭则是勤奋而业绩平平的商人。他们两人都非常聪明，母亲是高中毕业，父亲则是大专毕业。父亲年轻之时，经营事业可说一帆风顺，因此阿罗10岁之前生活非常舒适，而更重要的

是,家里有许多好书。后来,经济大恐慌使父亲的事业一败涂地,大概有十年的光景,他们的家境是一贫如洗。阿罗在年幼的时候,就被认为是天赋优异。他几乎无书不读,并且渴望将自己的理解加以系统化。举历史为例,在他的想法里头,历史并不仅仅是一摊日期与一些生动的故事,他将之视为一个序列,从一个事件中不断产生下一个事件。这种秩序感在他高中与大学的阶段逐渐成形,导致他对数学与数理逻辑产生浓厚兴趣。长大后的阿罗,由于家境贫寒,仅能选择在纽约市社会科学学院就读。该校自 1847 年以来,就受纽约市政府补助而不收学杂费。迫于经济因素而不得不来此就读的优秀学生,可以说比比皆是,因此学生的平均素质相当高。在师资方面,一般来说都能胜任其职,有些更是相当杰出。老师们均以育英才作为职责,阿罗从中获益颇多。经过 4 年的学习,1940 年获得了社会科学学士学位。因为无法在高中谋得教职,于是决定进入研究所攻读统计。当时统计学还未成为独立的科系,教授数理统计课程的地方也是凤毛麟角。阿罗考进了哥伦比亚大学继续深造,受业于统计学大师霍特林(Harold Hotelling)门下。霍特林的正式职位隶属于经济系,也写过若干在经济理论上相当有分量的报告。他在修习霍特林的数理统计时,了解自己已找到了专长所在。紧接着他又仅用一年的时间就获得了哥伦比亚大学文科硕士学位。在学习中他认识到:研究现代经济必须有深厚的数学基础。因此,阿罗一直没有放松学习数学,他攻读了微积分、线性代数等高等数学课程。

1942 年,获得了硕士学位的阿罗继续攻读博士学位。可是,第二次世界大战爆发了,美国政府开始大量征兵。和别人一样,他的研究生学习因战争而中断。年满 21 岁的阿罗应征入伍当了空军。在服兵役的 4 年中,他在美国陆军航空兵司令部服役,当一个气象官,升到上尉级,他的工作完全在研究方面,发表的第一篇文章《空战计划中对风的最优利用》,是那项工作的产物。由于始终没有放弃自己,只要有空闲,他就看书学习,研究卡尔多、希克斯、伯格森等许多经济学家的著作。1946 年,阿罗退伍后,又重新投身于经济学的研究中。1951 年,阿罗用数学推理得出的“不可能性定理”,即:如果由两个以上偏好不同的人来进行选择,而被选择的政策也是超过两个,那么就不可能做出大多数人都感到满意的决定。因此,在每个社会成员对一切可能的社会经济结构各有其特定的偏好“序列”的情况下,要找出一个在逻辑上不与个人偏好序列相矛盾的全社会的偏好序列是不可能的。他提出的“不可能性定理”是对福利经济学的革新,是新福利经济学的一个重要组成部分。在西方经济学界引起了长期的辩论,而且逐渐建立了独树一帜的地位。鉴于他在新福利经济学研究中的成就,哥伦比亚大学授予了他博士学位。

1949 年到 1968 年,阿罗在斯坦福大学任教授。由于阿罗在美国经济学界很有名气,他得到了政府的重用。1956 年担任过经济计量协会会长,1962 年担任总统经济顾问委员会成员,后来任肯尼迪总统的经济顾问,1963 年担任管理科学研究会会长。1967 年到 1974 年担任美国经济学会会长、1968 年以来在哈佛大学任教授。

阿罗这位美国经济学家,他利用数学分析工具,研究一般均衡和福利经济学,对经济学说新的发展做出了重要贡献。在微观经济学、社会选择等方面卓有成就,被认为是战后新古典经济学的开创者之一。除了在一般均衡领域的成就之外,阿罗还在风险决策、组织经济学、信息经济学、福利经济学和政治民主理论方面进行了创造性的工作。阿罗是保险经济学发展的先驱,更一般意义上讲,他是不确定性经济学、信息经济学和沟通经济学的发展先驱。于 1972 年因在一般均衡理论方面的突出贡献与约翰·希克斯共同荣获诺贝尔经济学奖。

天才就是具有卓越想象力、创造力和突出的聪明才智的人

# 经济分析法的先驱者

## ——1973年诺贝尔经济学奖获得者华西里·里昂惕夫

投入产出分析为研究社会生产各部门之间的相互依赖关系，特别是系统地分析经济内部各产业之间错综复杂的交易提供了一种实用的经济分析方法。

——华西里·里昂惕夫

华西里·里昂惕夫是投入产出分析方法的创始人。投入产出分析为研究社会生产各部门之间相互依赖关系，特别是系统地分析经济内部各产业之间错综复杂的交易提供了一种实用的经济分析方法。1973年，里昂惕夫因发展了投入产出分析方法及这种方法在经济领域产生的重大作用，而备受西方经济学界的推崇，并因此获得诺贝尔经济学奖。

1906年8月5日，华西里·里昂惕夫出生于德国慕尼黑，在俄罗斯的圣彼得堡成长，他的父亲老里昂季耶夫（Wassily W. Leontief）是一位经济学教授。他15岁就进入了父亲执教的彼得格勒大学攻读哲学，也选修了一些经济学的课程。1921年，考入了彼得堡大学，专修社会学。当苏维埃政权建立起来的时候，急需恢复和发展经济。里昂惕夫的父亲参加了编制1923~1924年苏联国民经济平衡表的工作，社会与家庭各方面的影响和时代的需要，使这位还在攻读硕士学位的年轻人，对经济学问题发生了浓厚的兴趣，开始这方面的探索。他一边担负繁重的教学工作，一边阅读有关经济学理论的书籍。1925年，他通过努力学习，取得了社会学硕士学位，这时，他年方19岁。毕业后被校方留任为助

华西里·里昂惕夫
获奖时间:1973　获奖年龄:67

教。同年移居马克思的故乡德国进入柏林大学博士研究生班继续深造。专攻经济学，1927至1930年，他任职于基尔大学下辖的世界经济学会。1928年，22岁的里昂惕夫获经济学博士学位。他离开俄国的原因跟他公开反对共产主义有关，他甚至为此数度被逮捕跟监禁。1928年，他以国民政府铁道部的顾问身份访问中国，在中国住过一年。之后他不时地利用在中国时的经验解释“投入产出理论”。作为一位俄裔美国经济学家，1931年移居美国，并任职于国家经济研究局（NBER），1932年起获聘为哈佛大学经济系助教，在哈佛大学经济系任教这段期间，约瑟夫·熊彼特是他的同事并且对他的研究成果极为推崇，还有两位诺贝尔经济学奖得主保罗·安东尼·萨缪尔森和罗伯特·默顿·索洛是他的学生。1932年与诗人埃丝特尔·马尔克斯（Estelle Marks）结婚，婚后育有三子。1946年升为哈佛大学正教授至1975年退休。

早在1925年，当他还在柏林大学读书时，曾在德国出版的《世界经济》杂志上发表了《俄国经济平衡——一个方法论的研究》的短文，第一次阐述了他的投入产出思想。1930年，他移居美国后，正式从事投入产出方法的研究。半个世纪以来，里昂惕夫的工作大体经过了三个阶段。第一阶段是二十世纪三四十年代。这期间，他的工作重点是编制美国的投入产出表，并建立投入产出分析法的理论体系。第二阶段是二十世纪五六十年代，里昂惕夫把投入产出分析看做是经济分析的一个全能工具。所以，他在解决了一国国民经济投入产出表的编制问题后，便进一步探索运用这一方法深入研究不同局部或个别环节的途径。1953年，比萨大学授予他查理—包姆勋章；1966年，里昂惕夫将自己的理论系统整理后，出版了《投入—产出经济学论文集》一书。这部书是一个重要的总结。同年，他又出版了《经济学论文集：理论和理论的形成》一书。1967年，里昂惕夫被纽约大学授予终身教授职衔。1968年，法国全国退伍军人协会授予他名誉会员的称号。同年，他又被聘为法国工业委员会通讯员。他还曾任日本经济研究中心、英国皇家统计学会的名誉会员。第三阶段是二十世纪七十年代以后，列昂惕夫的学说有了更大的发展。据1979年联合国统计，世界上已有89个国家和地区广泛采用这一理论。投入产出分析的特点和优点是能够用来研究实际经济问题。它是从数量上系统地研究一个复杂经济实体的各不同部门之间相互关系的方法。这个经济实体可以大到一个国家，甚至整个世界，小到一个省、市或企业部门的经济。进行经济预测，是投入产出法最广泛的应用。研究某项经济政策的实施将对社会经济产生什么影响，也是投入产出分析的重要应用。投入产出分析还可用于一些专门的社会问题研究,如环境污染问题、人口问题、世界经济结构问题等。

1987 年,里昂惕夫随美国总统尼克松来华访问。他很欣赏中国的以计划经济为主、市场调节为辅的经济体制,回国后发表了《社会主义在中国行得通》的评论文章,高度地评价了新中国成立以来的经济恢复和发展。这篇评论轰动了西方世界,对西方国家了解中国起到了积极作用。里昂惕夫因发展了投入产出分析方法及这种方法在经济领域产生的重大作用,而备受西方经济学家所推崇。联合国社会经济部门建议成员国,把投入产出分析方法作为国民经济核算体系的一个组成部分。

里昂惕夫等国外经济学家,充分肯定了《资本论》有关资本主义社会经济矛盾和运动规律理论的实证性和科学性。里昂惕夫指出:“在试图做出任何解释以前,如果一个人想要了解资本主义企业的利润和工资实际上是什么,那么,他从三卷《资本论》可以得到的信息,会比他在十期《美国统计普查》、一打有关当代经济制度的教科书,甚至我还敢说,再加上托斯丹 · 凡勃伦的所有论文集当中,可以找到的信息都更真实也更有用。”

## 执著坚持不懈地学习，最终肯定会赢得胜利

# 敢于推开那虚掩的门

## ——1974 年诺贝尔经济学奖获得者根纳·缪达尔

在任何时候和对每个问题，我们的知识，以及我们的无知，倾向于受机会主义的限制，因而导致偏离完全的真理。在每个时代和每个问题中，如果不是批判地仔细考察，这种机会主义的倾向也在我们的工作中起作用。

——根纳·缪达尔

自从设立经济学奖以来，研究工作已超过纯经济学范围的两位经济学家的名字，始终在提议的获奖人名单之上：根纳·缪达尔和菲德烈·冯·哈耶克。他们都曾以纯经济理论领域中的重要工作开始他们的研究事业。二十世纪二十和三十年代，他们的早期工作主要在同一领域之内：经济波动理论和货币理论。从那时以来，这两位经济学家已扩大了他们的视野，包括社会和制度现象的宽广方面。根纳·缪达尔是瑞典学派和新制度学派以及发展经济学的主要代表人物之一。根纳·缪达尔由于在货币和经济波动理论方面的开创性贡献以及对经济社会和制度现象的内在依赖性进行的精辟分析，1974 年和哈耶克一起荣获诺贝尔经济学奖。

根纳·缪达尔　获奖时间：1974
获奖年龄：75

1898 年 12 月 6 日，根纳·缪达尔生在瑞典的格斯他夫教区。1923 年，他在斯德哥尔摩大学法学院毕业，开始实习法律业务，同时在大学继续学习。他在 1927 得到经济学博士学位，并被任命为自费学生的经济学讲师。从 1925 到 1929 年，他在德国和英国学习，然后在 1929～1930 年作为一位洛克菲勒基金资助的学者，第一次访问美国。在此期间，他

出版了他的第一批书，包括《经济理论发展中的政治因素》。

回到欧洲后，他首先在瑞士日内瓦国际研究生院任副教授一年。1933 年，他作为格斯他夫—卡塞尔的继承人，被任命为斯德哥尔摩大学拉斯—希阿他政治经济学和财政学教授。除他的教学活动外，缪达尔教授积极参加政治动，于 1934 年作为社会民主党成员被选入参议院。1938 年，纽约的卡尼基公司委任他指导美国黑人问题的研究。他收集和论述的材料，于 1944 年作为《美国的两难：黑人问题和现代民主》一书出版。于 1942 年回到瑞典后，他被重新选入瑞典参议院，担任瑞典银行董事会成员，并且是战后计划委员会主席。1945 年到 1947 年，他是瑞典商业部长。他离开这个职位以后，任联合国欧洲经济委员会执行秘书。1957 年，他离开这个岗位，为二十世纪基金会去指导对南亚国家经济趋势和政策的综合研究，产生《亚洲戏剧：关于各国的贫困的研究》和《世界贫困的挑战：世界反贫困规划大纲》。

1961 年他回到瑞典，被任命为斯德哥尔摩大学国际经济学教授。在同一年。他创办了该大学的国际经济学研究所。他曾任斯德哥尔摩国际和平研究所理事会主席，他曾担任斯德哥尔摩拉丁美洲研究所理事会主席。在 1973 ~ 1974 的学年中，他是加州圣地·巴巴拉的民主制度研究中心的客座研究员，并在 1974 ~ 1977 年为纽约市大学荣誉客座教授。

缪达尔教授是三十多个名誉学位的接受者，从 1938 年他在哈佛大学作高德金讲演开始，他曾接受许多奖金，他还获得过应用人类学学会授予的马林诺夫斯基奖。他是英国科学院、美国艺术科学院、瑞典皇家科学院院士，经济计量学会会员、美国经济学会名誉会员。

缪达尔对经济政策问题深感兴趣，由于他的大多数研究工作指向最宽广意义上的经济问题，特别是美国黑人问题和发展中国家的贫困问题，并且因此也研究了社会中组织的、制度的和法律的条件的变化。缪达尔寻求把经济分析联系到社会的、人口的和制度的条件。缪达尔具备的一种品质是一种为文献充分证明了的才能，发现思考问题和对原因及政策提出新思想的新的创造性的方式，这个特点常常使他有些引起争议。当研究领域扩大到包括经济学家们通常视为当然或忽视的因素及关系时，这完全是自然的。

缪达尔的学术贡献主要表现在循环积累因果原理、发展经济学研究、经济分析方法。

“对经济的、社会的和制度现象的内在依赖性的精辟分析”，即所谓“循环积累因果原理”。尽管该原理存在一些明显的不足和缺陷,但由于它把社会经济作为一个整体,分析各相关因素的因果联系,并在分析经济因素时考虑到非经济因素的影响,因此具有一定的合理性和科学成分。缪达尔客观地指出:“在对穷国进行经济研究方面存在偏向的主要根源是多数研究力图按照西方的政治和军事利益的观点——把穷国从共产主义中拯救出来,来看待穷国的内部问题。”缪达尔在经济分析中采用整体方法论建立宏观动态经济理论,并和其他学者一起形成了现代西方经济学发展过程中独树一帜的斯德哥尔摩学派。

缪达尔在“三一学院”的一次演讲中曾经提到:虽则我的世界观必然是忧郁的,但是我对我们科学的发展抱有希望。我们能依靠伦理语言的内在批判向我们自己的思考挑战,并且洗净它的机主义的人云亦云。并且我们能扩大我们的眼界。每件事情可以研究。我们有扩大和完善我们对世界的知识的可能,只受在这方面工作的科学家数目的限制,当然也受他们的勤奋、才能和他们接受新方法的开明程度的限制。1987 年 5 月 17 日,缪达尔在瑞典斯德哥尔摩逝世。他的妻子阿尔娃·莱默是 1982 年诺贝尔和平奖获得者。缪达尔与阿尔娃·莱默结婚,她曾在联合国和联合国教育、科学及文化组织担任高职,曾任瑞典驻印度大使,以后又任瑞典裁军和教会部长。他们有两个女儿,西色拉和凯依;一个儿子,詹安。

## 发现思考问题，提出创造性新思想是一种品质

# 积极珍视自己的价值

## ——1974年诺贝尔经济学奖获得者菲德烈·冯·哈耶克

哪里没有财产权，哪里就没有正义。

——菲德烈·冯·哈耶克

1992年3月23日菲德烈·冯·哈耶克在德国的弗莱堡去世，享年93岁。他在经济理论领域内的贡献，既深刻又有创造性。即使是在死后，哈耶克的理论依然持续发挥影响力，尤其是在那些他曾经任教的大学里：伦敦政治经济学院、芝加哥大学、弗莱堡大学。许多在他去世后才发表的著作也进一步发挥影响力。在伦敦政治经济学院，一个由学生组织的团体便以他为名。在牛津大学也有哈耶克社会组织。而美国华盛顿特区影响力最大的智囊团之一的卡托研究所则将所内的一个演讲厅以哈耶克为名。

1899年5月8日，是奥地利出生的英国知名经济学家和政治哲学家哈耶克的诞辰日。哈耶克以坚持自由市场资本主义、反对社会主义、凯恩斯主义和集体主义而著称。哈耶克生于维也纳一个杰出知识分子家庭。他的父亲是维也纳大学植物学教授奥格斯特·冯·哈耶克博士，在政府的社会福利系统担任医生，还发表过植物学论文。此外他还是哲学家路德维希·维特根斯坦的表弟。分别在1921年和1923年于维也纳大学取得法律和政治学博士学位，同时也对学习心理学和经济学有极大兴趣。最初哈耶克相当同情社会主义，但在他参加了路德维希·冯·米塞斯的授课之后，经济思想开始逐渐转变，逐渐变成一名强硬极端分子。

菲德烈·冯·哈耶克
获奖时间:1974　获奖年龄:75

哈耶克在1923年至1924年之间，担任纽约大学教授耶利米·精其的研究助理。接着他回到奥地利，协助政府处理在第一次世界大战后留下的国际条约上有关法律和经济的问题。接着哈耶克创办了奥地利商业周期研究中心并担任所长，并在1931年应邀前往伦敦政治经济学院任教。

在1930年代，哈耶克被广泛认为是最主要的奥地利学派经济学家之一，但他的经济理论却和当时新崛起的凯恩斯学派格格不入。两个经济学派之间的争论一直持续至今日。在奥地利被纳粹德国侵吞后，哈耶克不愿意再返回母国。他在1938年成为了英国公民，并终身使用这个公民籍。在1950年哈耶克离开了伦敦政治经济学院，前往美国的芝加哥大学担任社会思想委员会的教授。从那时开始，哈耶克的兴趣逐渐转向政治哲学和心理学——虽然他也持续撰写经济学有关的著作，而且即使到这时，他的主要经济学理论也尚未完全发表。哈耶克在1962年前往德国担任弗莱堡大学的教授，直到他在1968年退休为止。哈耶克的理论在1970年代后期，开始于美国和英国获得重视，支持哈耶克的政治家们开始在这些国家浮上台面，例如美国的罗纳德·里根和英国的玛格利特·撒切尔。除了深刻影响撒切尔的经济政策以及担任罗纳德·里根的经济顾问之外，哈耶克在1990年代于东欧成为最受敬重的经济学家之一。哈耶克对于社会主义和非社会主义的预测在苏联解体的过程中完全获得证实，他也因此在前共产政权的东欧国家大为出名。

哈耶克是20世纪学术界对于集体主义的主要批评者之一。哈耶克相信所有形式的集体主义最终都只有可能以中央集权的机构加以维持。在他的著名著作《通向奴役之路》(1944)和其他作品里，他主张社会主义必须要有一个中央的经济计划，而这种计划经济最终将会导致极权主义，因为被赋予了强大经济控制权力的政府也必然会拥有控制个人社会生活的权力。在哈耶克的观点来看，国家的主要角色应该是维持法治，并且应该尽可能地避免介入其他领域。哈耶克主张经济上的自由是公民和政治自由所不可或缺的要件。哈耶克对于资本、货币、和商业周期的著作被广泛视为是他对经济学最重要的贡献。对不同经济制度功能效率的分析，是他对较广意义上的经济研究的最重要贡献之一。从三十年代中期开始，他致力于集中计划问题的深入研究。他对这个领域中学说和意见的历史，作出了深刻的历史阐述。他提出了关于“社会主义计划”中的基本困难的新思想，并且研究了通过各种形式的分散的“市场社会主义”达到有效结果的可能性。他在比较不同制度时的指导原理是研究分散在各个人和各企业的所有知识和信息的利用效率如何。他的结论是，只有通过深远的分散于竞争和自由定价的市场体系，才可能充分利用知识和信息。

在1947年，哈耶克和其他人一同创办了培勒林山学会，由一群在各种学术领域反对社会主义的学者所组成。在他于1974年获颁诺贝尔经济学奖的演讲上，哈耶克指出人类知识在经济和社会制度上的出错性之高，并称他对于经济学经常被误导为是和物理学、化学、和医学一般的精密科学感到忧虑，因为强加精密科学的研究方式在经济学上将会导致不可收拾的灾难性结果。哈耶克的著作影响相当广泛，包含了经济学、政治学、哲学、社会学、心理学、和人类学。

在1974年他取得了诺贝尔经济学奖，这成为了奥地利经济学派的理论开始获得重视的主因之一。1984年，在英国首相玛格利特·撒切尔的推荐下，他获得伊丽莎白二世授予名誉勋位，以表扬他对于经济学研究的贡献。之后哈耶克又担任了萨尔斯堡大学的客座教授。在1991年，哈耶克获颁美国总统自由勋章，以表扬他“终身的高瞻远瞩”。

荣誉面前，没有故步自封才能继续向前

# 规范经济学使用的人

## ——1975年诺贝尔经济学奖获得者列奥尼德·康托罗维奇

数学方法在经济中的应用不会辜负我们对它所抱的希望，它会给经济理论和实际工作做出重大的贡献。

——列奥尼德·康托罗维奇

西方经济学已将数学知识渗透到经济学的方方面面，如今经济学的许多论文稍作翻阅便会发现，大量数学方法的运用比比皆是，数学已经成为经济学的必备的工具之一。自1969年设立诺贝尔经济学奖以来，有半数以上的获奖者是得益于有效地应用了数学，这表明数学方法在现代经济理论中起到了重要的作用，而且大有用武之地。

回顾列奥尼德·康托罗维奇的一生，将会使人们看到，他怎样运用数学为经济学的系谱创造了一个强大的分支。经济学研究的根本问题是，如何利用有限资源合理安排生产，如何将生产出来的产品在消费者中合理分配，以达到人类现在和未来的极大满足。面对复杂的经济问题，用文字和图示仅仅只能描述问题的表面，单纯的直觉思维也难以理清经济要素间的内在联系。数学作为研究数字、数和空间性质的一门古老而应用广泛的科学，是通向一切科学大门的钥匙。正如马克思所说："一种科学只有在成功地运用数学时，才算达到真正完善的地步"。1949年，康托罗维奇因在数学研究工作中的成就获斯大林奖金。1965年，为表彰他在经济分析和计划工作中应用数学方法的成绩，苏联政府又授予他列宁奖金。1939年康托罗

列奥尼德·康托罗维奇
获奖时间:1975　获奖年龄:63

维奇创立了享誉全球的线形规划要点，对资源最优分配理论做出了贡献，1975年，63岁的康托罗维奇与美国经济学家库普曼斯共同获得诺贝尔经济学奖。成为第一个获此殊荣的前苏联经济学家。康托罗维奇不但是一位数学和经济学家，还是位诗人，同时，他还曾作为一个发明家，被授予一些雏形计算器的专利权。

列奥尼德·康托罗维奇，1912年1月出生于俄国彼得堡，1926年考入列宁格勒大学数学系，1930年在列宁格勒大学毕业。1934年任列宁格勒大学教授，1935年获博士学位。是前苏联著名经济学家，前苏联科学院院士，前苏联国家科学技术委员会国民经济管理研究所经济问题研究主任。在对现实经济学的思考中，康托罗维奇于1938年首次提出求解线性规划问题的方法——解乘数法。这是对现代应用数学的一个首创性贡献，他打开了解决优化规划问题的大门，这对现代应用数学和经济学的发展，有着深远的影响，这时，康托罗维奇年仅26岁。康托罗维奇作为一个青年数学家，已经登上数学奥林匹斯山的高峰。

康托罗维奇在经济学领域的最大成就在于他把资源最优利用这一传统经济学问题，由定性研究和一般定量分析推进到现实计量阶段，对线性规划方法的建立和发展做出了开创性贡献。对现代经济应用数学的重要分支——线性规划方法的建立和发展，做出了开创性的贡献。随后，他在研究企业之间以及整个国民经济范围内如何运用线性规划方法时，认识到被他称为“平衡指标”的乘数在衡量资源的稀缺程度、最合理地选择生产方法、编制国民经济最优计划以及使国家整体利益和企业局部利益相互协调等方面具有独特的作用。于是他把乘数改称为“客观制约估价”。所谓客观制约估价是在最优计划下每种产品生产中所必要的劳动消耗量，它由转移物质消耗部分的生产中所加入的劳动消耗部分构成。客观制约估价包括对各种产品的估价和对各种资源的估价。客观制约估价可以实现全社会范围的资源最优分配和利用。这时，在现有资源条件下，全社会能够以最小的劳动消耗，获得最大限度的生产量。由此得出的生产计划叫做最优计划。有时把客观制约估价称为最优计划价格。这是他革新、推广和发展资源最优利用理论的具体表现。康托罗维奇的线性规划的发现以及他在一系列具体生产活动中的运用，都是引人注目的成就。

康托罗维奇利用解乘数法求解线性规划问题，具有广泛而重要的应用意义。康托罗维奇指出，提高企业的劳动效率有两条途径。一条是技术上的各种改进，另一条是生产组织和计划方面的改革。过去，由于没有必要的计算工具，后一条途径很少被利用。解乘数法的提出,为求解线性规划问题,为科学地组织和计划生产开辟了现实的前景。他把这一方法推广运用于一系列实践。诸如合理地分配机床机械的作业,最大限度地减少废料,最佳地利用原材料和燃料,有效地组织货物运输,最适当地安排农作物的布局等等。解决这类问题的一般程序,概括起来就是,首先建立数学模型,即根据问题的条件,将生产的目标、资源的约束、所求的变量这三者之间的数量关系用线性方程式表达出来,然后求解计算。在一些国家的数学和经济学书刊中,常把这类模型称为“康托罗维奇问题数学模型”。以上研究的是在一个企业的范围内如何科学地组织和计划生产的问题。

1986 年,康托罗维奇逝世,享年 74 岁。正如康托罗维奇在领取诺贝尔经济学奖奖金时发表的《数学在经济中的应用:成就、困难、前景》演讲所言:“数学方法在经济中的应用不会辜负我们对它所抱的希望,它会给经济理论和实际工作做出重大的贡献。”

## 学习是一种态度，学习是一种信仰

# 依靠学习提升的豪士

## ——1975年诺贝尔经济学奖获得者佳林·库普曼斯

当今，经济学作为一种实践的艺术远高于作为一门理论。在现阶段我们中的大多数都更愿意认识到政府政策的咨询是委托给有实际经验的经济学家的，这需要提供不同于以前人们所习惯的思想之经验方法。

——佳林·库普曼斯

1975年，瑞典皇家科学院的诺贝尔经济学奖颁奖贺词称："在20世纪60年代发表的一系列论文中，库普曼斯讨论了如何以最优方式在消费和投资之间分配国民收入的问题。这个问题在所有长期计划中都是很重要的，它与现在和将来的消费选择有关，并因而涉及代际之间福利分配的判断。在这个研究领域，库普曼斯是伟大的先驱。他教导我们如何陈述问题，并且证明了一些关于最优条件的重要定理。"

1910年8月28日，库普曼斯生于荷兰，自幼刻苦读书，在中学时代，他就立志成为科学家，决心为造福人类做出贡献。1933年，库普曼斯以优异成绩毕业于乌德勒支大学的数理系。次年，库普曼斯写出了关于量子力学的论文，获得了硕士学位。从此，开始了他的科学院生涯。然而，不知是因为西方严峻的社会经济问题，还是因为他博览群书受到了什么新启示的缘故，他认为如果能用自己学到的科学知识去解决一些社会经济问题，要比研究量子力学更能直接改善人们当前生活状况。这样，他放弃了自己原来探讨的物理学科，而进入了经济科学领域。

佳林·库普曼斯
获奖时间:1975　获奖年龄:65

无论是经济理论还是经济实践，对于年轻的库普曼斯来说都是陌生的，他必须从头学起。首先，他阅读了大量的经济理论专著，继而又根据自己的特长，专心研究数理统计学，并于1936年获得了荷兰莱顿大学的数理统计学博士学位。为了进一步增长经济学领域的知识，他不仅从书本上学习，而且特别重视从实际经济工作中学习。库普曼斯于1938年至1940年担任日内瓦国际联盟财政秘书，这一职务就是他从实践中学习经济知识的最好开端。但是，第二次世界大战的爆发打乱了他的学习计划，于是，他在1940年离开荷兰移居美国，在普林斯顿大学研究会研究经济并兼任纽约大学商学院特邀教师。

1941年，库普曼斯转任宾夕法尼亚互助人寿保险公司经济员，此后又在英国航运协会任统计员。当他取得了丰富的经验之后，于1944年重新返回学术界，在芝加哥大学柯尔斯委员会从事经济研究工作。1946年，他任芝加哥大学经济学副教授，1948年升为教授并兼任柯尔斯委员会主任。1955年，他到耶鲁大学任教，此后又受聘于哈佛大学。库普曼斯在学术方面的成就，主要表现在现代经济半量学的创立和将线性规划应用于经济分析这两个方面。西方经济学家认为他对线性规划的创立和铺垫做出了重要贡献。今天，对于西方各先进国家的管理人员、经济学家来说，都把活动分析与线性规划视作为一种不可缺少的理论和工具，并且已经发展到用于控制污染、保护环境、规划教育、制定区域计划等广泛的社会经济领域。

1957年，库普曼斯又出版了《关于经济科学现状的三篇论文》，这是他经济思想的代表作。它的主线在于强调了明确的、正规的模型构建对理论和实际研究的作用。他所关注的这些问题非常广泛，涉及经济理论、经济观察和经济计量的齐头并进，其目的是要增加人们对经济状况、经济发展和福利的理解以及社会对这些方面的把握。这些论文尤其关注的是，为了达到这些目的，数学和统计学理论与工具的开发和使用。这本论文集是对当前经济学发展阶段的成果进行阅读和反思的结晶，是对最近经济理论发展的解释，是对经济学知识的特点和基础进行的评论和显示出的困惑，是对未来理论和世纪研究可能的发展方向给出的直觉判断。库普曼斯指出，此书的第一篇“资源的分配和价格制度”的论文是内容问题，旨在介绍目前数理经济学发展的原因及部分基本理由。第二篇“经济知识的构成”论文，是方法问题，是库普曼斯对普通经济学家的呼吁。在经济学知识构建的过程中，要更清楚地将推理与对事实的认识区分开来，以便对两者更有利。第三篇是讨论经济学的工具与经济学问题之间的关系，是工具问题，都强调理论和经验研究中的模型构造。这些理论对于社会学家、哲学家和数学家也有一定的价值。由于库普曼斯对现代经济计量学的创立做出的贡献，1975 年，他和康托罗维奇同时获得诺贝尔经济学奖。

库普曼斯早年就对有关统计和经济计量分析的问题较感兴趣。库普曼斯的又一重要理论是行为分析理论和最优经济增长理论。库普曼斯 1966 年获比利时天主卢万大学经济学名誉博士，1975 年获美国西南大学数理名誉博士，1976 年，获费城大学名誉博士。他还是美国科学院、国际统计学会、美国管理研究学会、荷兰皇家科学院成员。

## 唇枪舌剑论纵横，能言善辩竞八方

# 全球最知名经济学家
## ——1976年诺贝尔经济学奖获得者米尔顿·弗里德曼

世上没有免费午餐。

——米尔顿·弗里德曼

弗里德曼生于纽约市一个工人阶级的犹太人家庭，父亲是耶诺·绍尔·弗里德曼，母亲是萨拉·埃特尔·兰道，两人从奥匈帝国，即今天的乌克兰一带移居美国，在当地邂逅，曾在血汗工厂工作。弗里德曼是家中第一个孩子，也是唯一的男孩。他的三个妹妹包括：蒂莉·F·弗里德曼、海伦·弗里德曼和露丝·弗里德曼。高中时，弗里德曼父亲逝世后，举家搬到新泽西州的罗威市。

16岁，弗里德曼完成高中，凭奖学金入读拉特格斯大学。原打算成为精算师的弗里德曼最初修读数学，但成绩平平。1932年取得文学学士，翌年他到芝加哥大学修读硕士，1933年芝加哥大学硕士毕业。上第一堂经济课时，座位是以姓氏字母编排，他紧随一名叫罗斯的女生之后，两人6年后结婚，从此终生不渝。弗里德曼曾说他的作品无一不被罗斯审阅，更笑言自己成为学术权威后，罗斯是唯一胆敢跟他辩论的人.

米尔顿·弗里德曼
获奖时间:1976　获奖年龄:64

毕业后，弗里德曼曾为罗斯福新政工作以求糊口，批准了许多早期的新政措施以解决当时面临的艰难经济情况，尤其是新政的许多公共建设计划。辗转间他到哥伦比亚大学继续修读经济学，研究计量、制度及实践经济学。返回芝加哥后，获亨利·舒尔茨聘任为研究助理，协助完成《需求理论及计算》论文。为美国国家经济研究局工作时，他1940年曾完成一书，直指医生的垄断局面导致他们的收入远高于牙医,引起当局方争议,令该书要在战后始能出版。弗里德曼在威斯康辛大学任教了一小段时间,但由于在经济学系里碰上了反犹主义者的阻挠而只得返回政府部门工作。

1941 年至 1943 年,他出任美国财政部顾问,研究战时税务政策,曾支持凯恩斯主义的税赋政策,并且协助推广预扣所得税制度。随着时间过去,弗里德曼对于经济政策的看法也逐渐转变,他在芝加哥大学成立货币及银行研究小组,借着经济史论家安娜·施瓦茨的协助,发表影响深远的《美国货币史》鸿文。在书中挑战凯恩斯学派的观点,抨击他们忽略货币供应、金融政策对经济周期及通胀的重要性。1943 年至 1945 年在哥伦比亚大学参与 Harold Hotelling 及 W. Allen Wallis 的研究小组,为武器设计、战略及冶金实验分析数据。1945 年,他与后来的 1982 年诺贝尔经济学奖得主乔治·斯蒂格勒到明尼苏达大学任职,1946 年他获哥伦比亚大学博士学位,随后回到芝加哥大学教授经济理论,期间再为国家经济研究局研究货币在商业周期的角色。他接着在芝加哥大学担任经济学教授,直至 1976 年退休。这 30 年里他将芝加哥大学经济系塑成紧密而完整的经济学派,力倡自由经济,被称为芝加哥经济学派。在弗里德曼的领导下,多名芝加哥学派的成员获得诺贝尔经济学奖。

弗里德曼在 1953 年至 1954 年间以访问学者的身份前往英国剑桥大学冈维尔与凯斯学院任教。从 1977 年开始弗里德曼也加入了斯坦福大学的胡佛研究所。弗里德曼在 1988 年取得了美国的国家科学奖章。他在 1980 主持了名为《选择的自由》的节目,并出版了同名的著作,使得他广泛地被大众认识。在节目中他以一支铅笔说明自由市场的原理的片段,成为了他广受欢迎的一段言论,至今在网络上依然可以见到其踪影。弗里德曼曾于 1980、1988、1993 年三度访华,了解中国市场经济改革,自言这是他最知名的外访之一。

1992 年获诺贝尔经济学奖的加里·贝克形容,弗里德曼可能是全球最为人认识的经济学家,“他能以最简单的语言表达最艰深的经济理论”。他亦是极出色的演说家,能随时即席演说,极富说服力。香港科技大学经济发展研究中心主任雷鼎鸣形容弗里德曼思考快如闪电,据说辩论从未输过。“无人敢说辩赢了他,因与他辩论过已是无限光荣,没多少人能与他说上两分钟。”

米尔顿·弗里德曼是学术世家。他妻子罗斯是经济学家,其妻兄长 Aaron Director 是芝加哥大学声望显赫的法律学教授。他育有两名子女,包括女儿珍尼·弗里德曼及大卫·弗里德曼,大卫本身是无政府资本主义学说的重要学者。

2006 年 11 月 16 日，弗里德曼在旧金山家中因心脏病发引致衰竭逝世。作为美国当代经济学家，货币学派代表人物，以研究宏观经济学、微观经济学、经济史、统计学、及主张自由放任资本主义而闻名。1976 年获诺贝尔经济学奖，以表扬他在消费分析、货币供应理论及历史和稳定政策复杂性等范畴的贡献。其著作《资本主义与自由》于 1962 年出版，提倡将政府的角色最小化以让自由市场运作，以此维持政治和社会自由。他的政治哲学强调自由市场经济的优点，并反对政府干预的计划，尤其是对于市场价格的管制。他的理论成了自由意志主义的主要经济根据之一，并且对 1980 年代开始的美国的里根以及许多其他国家的经济政策都有极大影响。

## 勇于探索和创新精神，传奇人生铸辉煌

# 国际贸易理论创始人

## ——1977年诺贝尔经济学奖获得者戈特哈德·贝蒂·俄林

由于要素禀赋的稀缺性及在各国各地区内分布的非均衡性，以及诸要素之间的非置换性，一国在国际分工与贸易中的地位主要由其要素禀赋决定，即一国的生产和出口需较少地耗用其供给相对稀缺的要素的产品。

——戈特哈德·贝蒂·俄林

俄林不仅是一位经济学家，还是瑞典著名的政治活动家。他一直雄心勃勃，希望有朝一日能爬上首相的宝座。他刚任斯德哥尔摩经济学院经济学教授不久，就当上自由青年协会的主席，一举成为政坛上引人注目的活跃人物。1938年，俄林当选议会议员。1944年，他出任瑞典主要反对党自由党的主席。同年，在联合政府中任贸易部部长。他连任自由党主席达23年之久。但是，使他失望的是，他想当首相的宿愿一直没有实现。

驰骋政坛并未使俄林中断对经济学的研究。他不负盛名，探索不止。自进入政界之后，他不仅扩大了研究范围，写出了大量论著，而且多次出国讲学。俄林在经济学研究方面的特点是，不做已有理论的奴隶，勇于探索和创新。他认为，后来者的任务不是对有名的理论仅仅做些解释，而是要在已有基础上创新、突破。他登门求教于陶西格，但他并不同意陶西格的古典贸易理论；他赞赏赫克塞尔的开放贸易理论分析，但他又在此基础上加以修改和完善。因此，俄林所提出的贸易理论被认为是资产阶级经济学中关于区域和国际分工贸易理论体系第一次较完整的

戈特哈德·贝蒂·俄林
获奖时间:1977　获奖年龄:78

阐述。俄林标榜自己是社会自由主义者。实际上他的一系列理论都与凯恩斯主义非常相似。30年代资本主义世界大危机时期,他多次发表论文或为政府起草报告,均极力强调国家垄断干预对于解决失业和复苏经济的关键作用。

1925年,俄林参加了获取丹麦哥本哈根大学经济教授的竞争。按照挑选委员会的规定,参加竞选者必须在三个月内就指定的题目写一篇论文,在48小时之内准备一篇讲演。结果,竞选时,俄林以三比二的优势获胜。这样,年仅26岁的俄林,成了当时最年轻的教授。1930年,他应聘回到母校斯德哥尔摩商业经济学院,接替他的老师赫克塞尔任经济学教授,从此担负这一职务达35年之久。

戈特哈德·贝蒂·俄林,1899年4月出生于瑞典,先后在隆德大学、斯德哥尔摩商学院、剑桥大学、哈佛大学学习和深造。1925年,任哥本哈根大学经济学教授;1930年,应聘到斯德哥尔摩商学院任经济学教授;1977年,俄林因对国际贸易理论和国际资本运动理论做出了开拓性的研究,与英国剑桥大学的詹姆斯·爱德华·米德一同获得了当年的诺贝尔经济学奖。俄林是瑞典著名经济学家,现代国际贸易理论的创始人。1969年到1975年期间,俄林担任诺贝尔经济学奖委员会主席,主持颁发这项资金的评选工作。

俄林对国际贸易理论和国际资本运动运动理论作出了开拓性的研究。生产要素禀赋说是俄林贸易理论的核心,生产要素禀赋理论自创立以来,虽然受到列昂惕夫等学者的质疑,但仍被奉为当代国际经济理论中的圭臬,西方经济学界认为该理论构成了对古典学派李嘉图比较成本说的重大挑战,奠定了现代国际贸易理论的基石。俄林被誉为"第二代斯堪的纳维亚经济学家的旗帜"。俄林贸易理论的价值及现实意义主要有以下几方面。第一是俄林贸易理论给出了资源配置优化的崭新角度,赋予古典比较利益原则以新的内涵,强化了自由贸易政策最优的规范结论。第二是俄林与李嘉图都认为商品相对价格之差异导致贸易的发生,但俄林假定各贸易国拥有相同的生产函数,从而把商品相对价格差异最终归因于两国要素禀赋的不同,将一国的贸易方向与其经济机制相联系。而李嘉图则认为生产函数的国际差异是贸易的根源。第三是运用一般均衡原理研究贸易问题,既构成了俄林生产要素禀赋说的鲜明特色,又实现了国际贸易研究方法的变革,所谓一般均衡分析,其特点在于重视和强调经济系统中各变量的相互依存及影响。第四是俄林理论有助于我们分析、判断和预测世界各国的贸易模式,并制定相应对策,在充满风险的国际竞争中知己知彼,掌握主动权。此外,我们应认识到一国的生产要素实际是变量,随着生产力的提高,科技和教育的发展,生产要素的数量、质量和结构相应发生变化。当代技术革命已改变了要素的内涵,促进了人力资本、技术创新信息资本等无形要素和有形要素的相互融合,赋予生产要素以全新的内涵。

俄林从16岁跨入经济学的大门到获得诺贝尔奖金,奋斗达60余年。1979年8月3日,也就是在获得诺贝尔奖的第三年,他于书桌前与世长辞,享年80岁。俄林被认为是对20世纪国际经济的发展有重要的独立影响的一位关键人物。

## 机会青睐勤于奋斗的人，一生著作颇丰

# 国际经济政策创始人
## ——1977年诺贝尔经济学奖获得者詹姆斯·爱德华·米德

国内经济平衡，是指充分就业、物价相对稳定、国民收入上升、经济呈现景气状态。反之，经济衰退、失业增长、国民收入下降，就是国内经济失衡。

——詹姆斯·爱德华·米德

1957年，米德回到剑桥大学当了一名政治经济学教授。同年担任英国科学进步协会F部主任，他之所以这样做，是想把注意力转向国内政策制定问题，他的愿望是为国际经济政策理论提供一种国内经济政策理论分析。米德坚信，如果能准确地把握宏观经济，大量的微观事务就可以留给单个经济组织。这一被保罗·安东尼·萨缪尔森称为“现代主流经济学新综合”的信条，是一条贯穿米德的生活和他的几乎全部工作的主线。他是在凯恩斯和庇古的感召下到剑桥的。实际上，他的大量研究都可被看做是把凯恩斯学派宏观经济学与庇古学派微观经济学相结合的尝试。米德是1962年美国经济协会的名誉会员，1964年至1966年期间，担任英国皇家经济协会会长。到1967年，他不再任教，成为剑桥基督学院的一名高级研究员，1974年退休。

詹姆斯·爱德华·米德
获奖时间:1977　获奖年龄:70

詹姆斯·爱德华·米德，生于1907年6月23日，在英国的巴士市长大。1917年到1926年期间，米德曾受教于兰伯路克学校，在马莱文学院接受了教育，进入马尔沃恩学院学习人文科学，之后转向交叉学科哲学、政治学、经济学PPE学习，成绩非常优异。1926年到1930年间就读于牛津大学。1930年被选为牛津赫特福学院的院友；1930年到1931

年,他在剑桥三一学院受教于丹尼斯·罗伯逊。在此期间,他成为“凯恩斯周围团体的成员”,并且是最早将凯恩斯的理论写进教科书的人之一。这是他“一生中学术上最紧要的一年”。1931 年,他在牛津赫特福学院担任经济学讲师长达七年之久,他的工作是教经济学理论的全部内容,但有两个问题他特别感兴趣,就是大量失业的经济学和国际经济学。1933 年,米德和玛格丽·威尔逊结婚,她是国际联盟同志会在牛津支部的秘书,婚后他们有四个子女。

1937 年末,米德暂时中断了学术生涯,赴日内瓦国际联盟经济部工作,任《世界经济概览》的编辑,出版了 1937 ~ 1938 年和 1938 ~ 1939 年的两期《世界经济概览》中的第七期、第八期。米德在该机构工作至 1940 年。二战爆发后,米德于 1940 年返回英国,成为战时英国内阁秘书处经济部的一员,1946 年升任该部的主任。这是一个重要部门,当年曾为英国战时经济提供政策建议,接着又为英国政府应付战后的经济困难出谋划策。在这段时期,米德与经济部的同事理查德·斯通编制了第一部凯恩斯式的英国国民收入账户,这促成了他们的成果《国民收入与支出》一书的出版,该书被视为研究国民收入核算的开创性著作。

1947 年,米德重返学术界,担任伦敦经济学院商学教授,主要讲授国际贸易理论,直到 1957 年。这是米德学术生涯中最重要的一段,因为在这期间他完成了《国际经济政策理论》,书中第一卷国际收支部分,他以凯恩斯主义和新古典的一般均衡理论为基础,系统地探讨了一个国家的国内平衡与国外平衡的关系。第二卷贸易与福利部分,重新考察了贸易管制问题的论据:并从中发现了“次段理论”,这是对福利经济学文献的重要补充。米德在构建上述著作体系过程中,还获得了两项理论上的副产品:一是 1952 年出版的《国际贸易几何学》,全书有 50 个关于国际贸易理论的几何图解。二是 1955 年出版的《关税同盟理论》,西方学术界认为这是在范纳(J. Viner)《关税同盟问题》(1950 年)一书基础上的重要发展。上述著作完整系统地反映了米德对国际经济学的贡献。《国际经济政策理论》一书为他赢得了诺贝尔经济学奖奠定了坚实的基础。1977 年由于与戈特哈德·贝蒂·俄林共同对国际贸易理论和国际资本流动作出了开创性研究,而获得 1977 年诺贝尔经济学奖。

米德被视为西方国际经济宏观理论和国际经济政策领域的开拓者。他的国际经济政策理论,大体上可分成两个部分。第一部分主要是提出了一国的双重政策目标,即国内经济平衡和对外收支平衡,分析了实现双重目标的政策手段，并用大量篇幅阐明两大平衡及其政策手段往往会发生尖锐的冲突，应如何制定政策才能同时保持两大平衡。第二部分是在福利经济学的基础上，论证了只有在一个修正的自由贸易体制下，才能使世界实际收入达到最大，并在各国间有较合理的分配，也就是说，只有这样的自由贸易体制，才能使世界经济福利臻于最大值。

在1975到1977年间的两年时间里，米德担任了政府有关改革国内税制的研究委员会的主席，主持起草了题为《直接税的结构与改良》的报告。米德一生著述颇丰，他一生出版著作和小册子34部，发表文章60多篇，故评论家认为米德是经济学界的多产作家。由于米德对经济学界的巨大贡献，他获得了英国几所著名大学如牛津和瑞士巴塞尔大学授予他的名誉博士学位；他也是英国学士院的院士；英国女王还授予他“巴施勋位”。

## 童年与书籍和其他智力活动结缘，终生受益

# 富有创新精神的通才

## ——1978 年诺贝尔经济学奖获得者赫伯特·西蒙

现实生活中作为管理者或决策者的人是介于完全理性与非理性之间的"有限理性"的"管理人"。

——赫伯特·西蒙

管理学大师西蒙与中国的关系十分密切，他先后来中国访问交流达 10 次之多。1972 年 7 月作为美国计算机科学家代表团成员之一第一次到中国访问。他同中国的多个大学和研究机构有着多方面的学术合作。学界对西蒙有着业余外交家之称，西蒙一向致力于中美学术交流的工作，是北京大学、天津大学、中国科学院管理学院等单位的名誉教授。1995 年，西蒙当选中国科学院外籍院士。2001 年 2 月 9 日，西蒙去世，享年 84 岁。

1916 年 6 月 15 日，西蒙生于美国威斯康辛州米尔沃尔，父亲是一名在德国出生的电气工程师，母亲是一个多才多艺的钢琴演奏家。1933 年西蒙进入芝加哥大学政治系学习。在上大学时，西蒙就对密尔沃基市游乐处的组织管理工作进行过调查研究，这项研究激发起了西蒙对行政管理人员如何进行决策这一问题的兴趣，这个课题从此成为他一生事业中的焦点。1936 年从芝加哥大学毕业，取得政治学学士学位。之后，他应聘到国际城市管理者协会 ICMA（International City Managers' Association）工作，很快成为用数学方法衡量城市公用事业的效率的专家。在那里，他第一次用上了计算机，对计算机的兴趣和实践经验对他后来的事业产生了重要

赫伯特·西蒙
获奖时间:1978　获奖年龄:62

影响。

1937 年圣诞节在威斯康辛州米尔沃尔，与芝加哥大学社会学系秘书多萝西娅·派伊结婚。1939 年转至加州大学伯克利分校，负责由洛克菲勒基金会资助的一个项目，这个项目是对地方政府的工作和活动进行研究。这期间，他完成了博士论文，内容是关于组织机构如何决策的研究。这一论文成为其代表作《管理行为》的雏形。1942 年在完成洛克菲勒基金项目以后，西蒙转至伊利诺伊理工学院政治科学系，在那里工作了 7 年，其间还担任过该系的系主任。1943 年经其母校芝加哥大学进行评审与答辩后，被授予政治学博士学位。

1949 年在卡内基—梅隆大学的经济管理研究生院任教。他一生中最辉煌的成就就是在这里做出的。1956 年夏天数十名来自数学、心理学、神经学、计算机科学与电气工程等各种领域的学者聚集在位于美国新罕布什尔州汉诺威市的达特茅斯学院，讨论如何用计算机模拟人的智能，并根据麦卡锡的建议，正式把这一学科领域命名为“人工智能”。西蒙和纽厄尔参加了这个具有历史意义的会议，而且他们带到会议上去的“逻辑理论家”是当时唯一可以工作的人工智能软件，引起了与会代表的极大兴趣与关注。因此，西蒙、纽厄尔以及达特茅斯会议的发起人麦卡锡和明斯基被公认为是人工智能的奠基人，被称为“人工智能之父”。

1957 年西蒙与别人合作开发了 IPL 语言（Information Processing Language）。在 AI 的历史上，这是最早的一种 AI 程序设计语言，其基本元素是符号，并首次引进表处理方法。

1958 年荣获美国心理学会杰出贡献奖。1960 年西蒙夫妇做了一个有趣的心理学实验，这个实验表明人类解决问题的过程是一个搜索的过程，其效率取决于启发式函数（heuristic function）。在这个实验的基础上，西蒙、纽厄尔和肖又一次成功地合作开发了“通用问题求解系统”GPS（General Problem Solver）。GPS 是根据人在解题中的共同思维规律编制而成的，可以解 11 种不同类型的问题，从而使启发式程序有了更普遍的意义。1966 年西蒙、纽厄尔和贝洛尔合作，开发了最早的下棋程序之一 MATER。

1968 年被任命为总统科学顾问委员会委员。1969 年美国心理学会由于西蒙在心理学上的贡献而授予他“杰出科学贡献奖”（Distinguished Scientific Contributions Award）。20 世纪 60 年代末 70 年代初西蒙提出“决策模式理论”这一核心概念，为当前受到极大重视的决策支持系统 DSS（Decision Support System）奠定了理论基础。1970 年在研究自然语言理解的过程中，西蒙发展与完善了语义网络的概念和方法，把它作为知识表示（knowledge representation）的一种通用手段，并取得很大成功。

1975 年他和艾伦·纽厄尔因为在人工智能、人类心里识别和列表处理等方面进行的基础研究，荣获计算机科学最高奖——图灵奖。1976 年西蒙和纽厄尔给“物理符号系统”下了定义，提出了“物理符号系统假说”PSSH（Physical Symbol System Hypothesis），成为人工智能中影响最大的符号主义学派的创始人和代表人物，而这一学说则鼓励着人们对人工智能进行伟大的探索。这也是两人在人工智能中做出的最基本的贡献。1976 年到 1983 年间，西蒙和兰利、布拉茨霍夫合作，设计了有 6 个版本的 BACON 系统发现程序，重新发现了一系列著名的物理、化学定律，证明了西蒙曾多次强调的论点即科学发现只是一种特殊类型的问题求解，因此也可以用计算机程序实现。1978 年由于西蒙对“经济组织内的决策过程进行的开创性的研究”，荣获诺贝尔经济学奖。1986 年因其在行为科学上的出色贡献而荣获美国全国科学奖章（National Medal of Science）。1995 年在国际人工智能会议上被授予终身荣誉奖。

## 绝对的正直，永不动摇的勇气

# 阴差阳错的黑人表率

## ——1979年诺贝尔经济学奖获得者威廉·阿瑟·刘易斯

我从没有想到我要成为经济学家。家母曾教导我要全力以赴，而这正是我一生努力去实践的。

——威廉·阿瑟·刘易斯

刘易斯在1984年9月27日演讲中坦言：“我从来不曾想过当经济学家。家父原本希望我当律师，但他在我7岁那年就撒手人寰，所以在决定我一生出路的重要时刻，他已无从表达意见。那是1932年，我获得路易斯（St. Lucia）政府的奖学金，可以选择进入任何一所英国大学就读。我不想行医，也不想当老师，所以我感到十分彷徨，因为在那个年代里，只有律师、医生、传教士与教师，是黑人青年能从事的工作。我一心想成为工程师，但是当时的殖民地政府以及制糖业却不可能雇用黑人工程师。至于家母，对我所作的任何选择都无条件地支持。事实上，如果不是她老人家，我不可能有今天这样的成就。在翻阅伦敦大学（University of London）的简介时，我深深地被所谓‘商学士学位’所吸引，课程内容包括会计学、统计学、商事法、企业管理、经济学、一门外国语言以及经济史。经济学到底是什么名堂？我从未听过这个名词，大概整个圣路易斯也没有人知道。”不过没关系，这项学位的其他课程都非常实用，有助于刘易斯日后在民间企业或政府行政部门就职。虽然当初他对经济学一无所知，但对行政管理却不陌生。从1929年离开学校到1933年赴伦敦的四年期间，就在政府

威廉·阿瑟·刘易斯
获奖时间1979　获奖年龄：64

部门担任基层办事员。在那里，他学到了所有文书处理的技巧——如打字、记录、写信及档案管理等，对大学时期的学业可以说是助益匪浅。对于行政与法律架构的逐渐熟悉，也给他极大的帮助。所以，在 1933 年，也就是 18 岁那年，动身前往伦敦，修习商学士的课程。在伦敦经济学院（London School of Economics）修业期间，经济学成为刘易斯最拿手的科目，1937 年他以第一名毕业时，获得了该校的奖学金，继续攻读经济学博士。1940 年获经济学博士学位并留校任教直至 1948 年。这是刘易斯学术生涯的第一时期，主要研究一般经济学问题，涉及工业组织及一般经济学问题。这一时期的研究为他以后对经济发展问题的探讨打下了坚实的基础。

翌年，被聘为助教，为期一年，期满后升为助理讲师。似乎在冥冥之中刘易斯要成为经济学者，连哪一种经济学者也好像早有定数：应用经济学者。这并不是把经济学应用到产业界或是结构性的问题上，而是在从事经济分析时，由制度面的背景来处理问题，他认为解决之道应同时兼顾制度架构与经济分析。至于要专攻应用经济学的哪一方面，也早安排好了。毕业后他担任的是商学系教授普兰特爵士的助理讲师，他也是刘易斯的指导教授。由于他的推荐，才能获得奖学金以及助理讲师的职位，这是该学院有史以来第一件聘用黑人教师的人事案，当然也引起一些反应。基本上，普兰特爵士是位主张自由放任的经济学家，但刘易斯却不是。然而在经济学认知上的歧义，却无损于彼此的情谊。“普兰特是专攻英国产业组织的专家，他引领我走向这个领域，也建议我的博士论文选择这方面主题，所以我成为研究英国产业组织的‘专家’。我深爱这个研究题目，因此也就乐在其中。”过去数年来，刘易斯曾为自己的前途举棋不定，但面对亲朋好友的质疑时，他总充满信心地微笑。如今这些都已过去，他立志要成为经济学者。

1915 年 1 月 23 日，刘易斯出生在原英属西印度群岛圣卢西亚岛，现为圣卢西亚共和国的一个黑人移民的家庭。父亲去世之际，兄弟五个年龄都很小，刘易斯在家中排行老四，他们有一位伟大而坚强的母亲。总是竭尽所能地增加家庭的收入，靠着她的努力以及慈爱，才能将五个儿子扶养成人。因此母亲的一生，可说是艰苦奋斗有成的典范：一位寡妇带着一群年幼的孩子，手头拮据，人生地不熟。所凭借的就是绝对的正直，永不动摇的勇气，以及对上帝虔诚的信仰。刘易斯从小就很聪明，跳级就读，在 14 岁就修完取得剑桥学院文凭（Cambridge SchoolCertificate）的所有课程，相当于美国的 SAT，即美国大学入学资格测验。由于他是黑人,曾经受到过种种不公正的待遇,投宿遭拒、受到推荐却工作不成、种种失礼的对待等,所以具有反帝国主义的思想,关心与同情贫穷国家的人民。在政治上他倾向于对英国殖民政策持批评态度的费边社和工党。刘易斯从来就不是一个推崇自由放任政策的经济学家,他的《经济计划原理》是为费边社撰写,以解决混合经济的问题的。这种态度影响了他一生的研究与工作。

回顾他的研究生涯,可以划分为三个部分。首先,研究产业结构;其次,探讨 19 世纪中叶以后的世界经济史;第三个部分则是对经济发展问题的钻研,对这个主题感兴趣,乃是衍生自个人反帝国主义的信念。刘易斯早就习于做打破惯例的第一位黑人,身为种族的一个表率,多少会有压力。威廉·阿瑟·刘易斯,经济学家,作家,教授。在经济发展方面做出了开创性研究,深入研究了发展中国家在发展经济中应特别考虑的问题,而获 1979 年诺贝尔经济学奖。

## 有了金刚钻而没那手艺，照样揽不了瓷器活

# 关心民众的一代学儒

## ——1979年诺贝尔经济学奖获得者西奥多·舒尔茨

从发展中国家经济发展策略的成功与失败的比较中，可以看到，凡是推行“重工轻农的国家无不遭到极大困难，而给予农业足够重视的国家都取得较大的成绩”。农业也可以成为经济发展的原动力。

——西奥多·舒尔茨

“世界上大多数人是贫穷的，所以如果懂得穷人的经济学，我们也就懂得了许多真正重要的经济原理；世界上大多数穷人以农业为生，因而如果我们懂得农业经济学，我们也就懂得许多穷人的经济学。”这是1979年瑞典皇家科学院的贺词。1902年4月30日，二十世纪刚刚开始的第二个春天，西奥多·舒尔茨出生在美国南达科他州一个德国移民聚居的农场。舒尔茨22岁在他家乡的布鲁克林农业学校毕业，以后考入本州州立学院。三年后领到了一张科学学士的文凭。此后，他又进入威斯康星大学攻读硕士和博士学位，于1928年和1930年分别获得科学硕士和哲学博士学位。或许是因为受到广阔草场和良田沃土环境的影响，或许是受到陪伴他度过孩提时代田园风光的熏陶，舒尔茨对农业经济学发生了浓厚的兴趣。此后，他成为美国农业经济学领域的一位重要人物。

西奥多·舒尔茨
获奖时间:1979　获奖年龄:77

舒尔茨令人称道的是科学上的贡献。他对农业经济学所做的第一个贡献是，使农业经济学成为现代经济学中不可分割的一部分，同时摈弃了把农业问题局限在农业的范围内的传统。舒尔茨最初研究的是农业经济学，他长期专注于农业经

济和以农业为基础的经济发展问题的研究，对于农业经济学的发展和发展经济学的进步做出了突出贡献。二十世纪三十年代后期和四十年代，舒尔茨集中精力研究美国的农业政策。舒尔茨还注意到第三世界国家的农业发展问题，提出了如何提高低收入国家食品生产和增加农业收入的一些措施。在经济研究方面，舒尔茨感兴趣的第二大问题是关于经济增长的理论。他通过自己的著述，向人们解释应当如何理解经济增长，怎样才能促使经济增长。在二十世纪五十年代，经济学家普遍重工轻农，他们把经济发展等同于工业发展，认为农业对经济增长无所裨益，甚至还拖了工业的后腿。舒尔茨坚决反对轻视农业的观点，在他看来，农业绝不是那么消极无为，相反，它可以成为经济增长的原动力。但舒尔茨同时也强调，对于经济增长，传统农业很难做出什么贡献，唯有现代化的农业，才能像发射卫星的助推器，推动经济腾飞。因此，如何把传统农业改造成现代农业，也就很自然地成了要讨论的中心问题。

传统农业究竟“传统”在哪里呢？舒尔茨认为，在漫长的封建社会里，统治者为了维护自己的切身利益，竭力阻碍技术进步，压制工业发展，农民变革屡受打击后，思想被禁锢得像能发酵的死面疙瘩，安于现状、墨守成规，对技术创新失去兴趣。他们世世代代使用相同的生产要素，技术水平长期在原地踏步，生产已经形成定局，不可能进一步增加产量。这是传统农业的基本特征。它的直接后果是生产率低，由此导致产出低，农民收入微薄，生产出来的东西，除了填饱肚子外，所剩无几。

但贫穷是否就意味着资源配置效率低呢？在二十世纪五十年代，许多政府官员和经济学家的观点，几乎是众口一词，他们认为，农民之所以贫穷，是因为农民既没有经济头脑，又缺乏管理知识，不能充分利用现有资源，因此，如果派专家深入到农村中去，把农民组织起来，帮助他们重新配置现有资源，采用西方先进的生产技术，那么，效率可以大幅提高，产量也会随之增加，贫穷落后的农村就可以乌鸡变彩凤。舒尔茨的观点却与此针锋相对，他认为，即使在传统农业中，农民也并不愚昧，他们精明能干，锱铢必较，时刻盘算着怎样才能少投入，多产出，生产要素在他们手里，被配置得恰到好处，达到了最佳状态，即便是学识渊博的专家，也不可能再作哪怕是一小点改进。所以，企图通过重新配置现有生产要素，来改变传统农业，只能是一厢情愿。

舒尔茨不止是农业经济学界的老前辈，他还是一位教育家。自二十世纪五十年代起，舒尔茨就提出并倡导了人力资本论，被西方经济学界称为“人力资本概念之父”。他认为,由教育、保健、人口流动等投资所形成的人的能力提高和生命周期的延长,也是资本的一种形式。教育促进经济增长是通过提高人们处理不均衡状态的能力的具体方式实现的。舒尔茨得出人力资源是经济和社会发展的重要原因的结论,这对整个经济学的发展产生了重大而深刻的影响,解开了战后日本、德国乃至西方国家经济迅速发展之谜。

由于舒尔茨在研究农业以及整个经济的发展方面做出了突出贡献,在经济发展方面做出了开创性研究,深入研究了发展中国家在发展经济中应特别考虑的问题,1979 年被授予诺贝尔经济学奖。除诺贝尔经济学奖外,舒尔茨获得的其他奖励及荣誉还有:1972 年被美国经济学会授予该会最高荣誉勋章——沃克奖章;从 1952 年到 1972 年退休为止,一直膺选为芝加哥大学的查尔斯·哈琴逊特殊贡献教授;退休后仍被聘任为芝加哥大学荣誉教授。

### 毫不妥协地坚持，平静崇尚学术自由

# 计量经济模型的泰斗

## ——1980 年诺贝尔经济学奖获得者劳伦斯·克莱因

衡量是不是可持续发展的标准永远是基础性的东西，比如说生活品质的好坏就是一个衡量指标。从这个角度来看，中国已经取得了里程碑式的成就，这个成就比 GDP 的增长还要大，因为这是生活品质的实质增加。

——劳伦斯·克莱因

1920 年 9 月 14 日，克莱因出生于美国尼布拉斯加州的奥马哈城。劳伦斯·克莱因和他的长兄及幼妹都出生在此。早年在奥马哈的公立学校中接受教育，回想起来，那里的中学训练为他在数学、英语、外国语和历史等基本课程打下了良好的基础。虽然，当时并不知道，在大衰退中取得的经验，对他的文化和学术事业有深刻影响。1942 年，他从加州大学伯克利分校毕业后，考入麻省理工学院。大学生活给了他理解这种经验的条件，并且掌握一些分析技巧，用于研究这个时代和即将来到的震撼人心的时期——第二次世界大战，战后重建，及扩张的重要经济特点。早期醉心的大学水平的高等数学，给他提供了可以研究经济问题基础的抽象思考。洛杉矶市立学院数学系的教诲给了他很大鼓舞，而第二次世界大战的来临，以及导致战争的一切扰动，对他的社会、政治、经济的相互关系的思想，产生巨大的影响。

劳伦斯·克莱因
获奖时间:1980　获奖年龄:60

在麻省理工学院保罗·安东尼·萨缪尔森的指导下学习，对于克莱因是一个无法忘记的经历，他成功地争取到萨缪尔森的时间和关切，这

对他很好地理解经济学,研究这个学科的重要问题的数学方式起了作用。在萨缪尔森指导下完成他的论文,1944 年,劳伦斯·克莱因在麻省理工学院获得博士学位,他是该院第一个经济学博士。拿到博士学位之后,他参加了芝加哥大学考尔斯委员会的经济计量学习班。在那里,他接受了一个挑战性的任务,继续简·丁伯根编制经济计量模型的尝试。他的第一个宏观经济计量模型就是在这里完成的。在考尔斯委员会,克莱因遇到了索尼亚·爱德逊,并和她结婚了,这是他的第二次结婚。他和妻子育有四个孩子:汉纳是一名博士衔的遗传学家,致力科学事业;利蓓是一名教师;拉契尔是一名编辑;琼那善是一名计算机程序员。

1947 年夏天,克莱因离开了芝加哥,接受加拿大政府顾问的职位。在渥太华的一个暑期,他帮助加拿大政府建造的第一个经济计量模型问世。之后他和妻子索尼亚去了欧洲。在 1948 年中,他有机会访问瑞典的赫曼·华尔德、爱立克·伦德伯、爱立克·林达尔、拉格纳·本策尔,荷兰的简·丁伯根,英国的理查·斯通等经济学家们。这次接触使他得到很大启发。

1948 年秋季,回到美国,应阿述·伯恩斯的邀请,加入国民经济研究局,在一笔博士学位赠款的支持下,对生产函数作一些经济计量研究,奠定了经受住时间考验的研究方法。那时,克莱因对估计财富,特别是流动资产以及储蓄行为的效应感兴趣,并且参加了密歇根大学的调查研究中心,利用乔治·卡顿娜的消费者财务调查正在取得的数据。他的同事詹姆士·摩根研究类似的问题,克莱因受到同事的很好启发。在密歇根,他重新开始宏观经济计量模型的建造工作,他和他的学生阿述·戈德伯格编制了克莱因——戈德伯格模型,它发展为若干代的密歇根模型。在密歇根四年之后,因统计研究所的弗兰克·波查德的提议,克莱因到牛津去研究牛津储蓄调查的数据,而且还编制一个英国模型。在牛津停留的四年中,他开始对理论经济计量学进行一些研究,讨论统计推断方法。

1958 年后,克莱因加入宾西法尼亚大学的教师队伍。他此后一直在该校的沃顿商学院经济系做教授,从事教学和研究工作。在那里,他创制了一系列模型,后来被称为沃顿模型。

1959 年,他获得了美国经济学会颁发的约翰·贝茨·克拉克奖章,时年 39 岁。该奖素有“小诺贝尔奖”之称,是美国经济学会 1947 年设立的经济学大奖之一,用于表彰对经济思想和知识做出重大贡献、年龄不满 40 周岁的中青年经济学家。

克莱因曾广泛旅行，为许多国家和地区，特别是为日本、以色列和墨西哥的模型方案进行工作。也指导了一些论文，它们变成许多发展中国家和发达国家的不懈的模型事业。在人生的学术旅途上，克莱因一直是一位成功者。他在很多组织中都很活跃，曾担任经济计量学会、美国经济协会和东部经济协会会长。克莱因还参加过其他学术组织，如美国商业经济学家协会、美国哲学学会、美国经济学家俱乐部等。除此之外，克莱因还为政府机构工作。多少年来，他常被国内的和外国的，包括国际团体的官员，就经济问题征询意见。有若干次，在听证会上作证，但是他一直留在学术界，没有在政府中担任永久职务。从学生时代开始，公共服务的概念，以及理论经济学或经济计量学对世界问题的关系，一直打动着克莱因，他一直努力追随他的老师们的脚步，以这个方式实践着经济学。

克莱因的学术成就，概括地说，是将计量经济学方法和凯恩斯主义宏观经济学分析结合起来，创立了宏观经济计量学。克莱因，作为计量经济模型的创建人。由于他的贡献，计量经济模型的构想已经获得了即使不普遍也是广泛地应用了。计量经济模型现在可能在世界各地，不仅在科学研究机构，而且在政府部门、政治组织和大型企业都可以找到。这位 1980 年的诺贝尔经济学奖获得者被称为“计量经济学之父”。

# 经济学家中的经济家

## ——1981 年诺贝尔经济学奖获得者詹姆士·托宾

不要把你所有的鸡蛋放在同一个篮子里。

——詹姆士·托宾

长大之后的志愿是当一名经济学家或教授，我想这样的小孩已经很稀罕了。托宾 1918 年 3 月 5 日出生，生长于一个大学城，念的是大学的附设中学，他的同窗好友大多数是大学教授或员工的子弟。他一直是成绩特优的学生，拿 A 是家常便饭。不过，现在回想起来，当初托宾真的从未想过以学术研究为生。托宾原来很喜欢新闻记者的工作，那正是父亲的职业；从 6 岁开始，就自行编制报纸。也曾想过念法律，因为喜欢争辩讨论，而且在他十多岁时就对政治着迷。当时虽然知道大学里有经济学这门课，但究竟内容为何，则一无所悉。当然，有关经济的课题，经常会出现在中学的历史课与公民课里头。因此托宾想当然的认为经济学将会是日后自己在大学所选修社会科学之中的一个学科，可能会是修习法律课程前先修的部分课程。

托宾无忧无虑地成长，也一直认定自己会在家乡上伊利诺斯大学。就在打算前往注册成为新生的前一个月，他获得哈佛大学提供的柯南特奖学金(Conant PrizeFellowship)。这笔意外的奖学金事实上归功于父亲的好学多闻，父亲喜欢阅读各类书籍，是香潘(Champaign)地区公立图书馆借书最多的人，托宾的父亲在《纽约时报》上看到，哈佛提供中西部五个州每州两名的新生奖学金。当时哈佛的校长柯南特(James BryantConant)希望此举能够扩大哈佛学

詹姆士·托宾
获奖时间:1981　获奖年龄:63

生在地缘上与社会阶层上的涵盖面。反正申请一下也不会有任何损失，托宾接受家父的建议提出申请。伊利诺斯大学附设高中也并未为托宾通过哈佛奖学金考试而刻意作任何备。托宾的破冰之举后，又有多人获得全国性的奖学金。

所以说，世事难料。柯南特、托宾父亲以及附设中学改变了他的一生。伊利诺斯大学一直都是很好的学校。但是毋庸置疑，假如托宾在该校就读，是否会走进经济学的世界？不得而知。初到哈佛时，托宾打算主修社会科学中的一科或是数学。到大一结束，已偏向主修经济学，但却还没有修过任何经济学的课程。因为在当时，即使是经济学原理那种入门课程，也被视为对大一学生还太过艰深。因此，18 岁那年，大二的时候，托宾才开始经济学原理的课程，他的导师波拉德是专攻劳动经济学的研究生。除了修习四门课之外，也要和导师定期会面，经常是一对一的性质。导师制并不是为学生分级，基本上系参考牛津与剑桥的在家指导学习制度(housesystem)。波拉德当时建议，把讨论课题全心投入“这本来自英格兰的新书”。他刚从英国回来，知道该书在正式出版之前，已经引起很大的震动，因此推断该书势将成为一本重要著作。那本书正是在1936 年出版、由凯恩斯撰写的《就业、利息与货币的一般理论》。波拉德并不拘泥于学术成规，所以开始阅读后，托宾一路和波拉德讨论念过的章节，从初次接触《就业、利息与货币的一般理论》开始，就被经济学迷住了。透过经济学的研究，对经济大恐慌及其为全球政治走势所造成的可怕影响有所了解，甚至可能提出解决之道。透过他的双亲，能深入感受到当时政治与经济面的各项问题。托宾之父系一位学识丰富、心思细密的自由派人士，其母则是社会工作者，她的一辈子几乎都在处理失业与贫穷的个案。由于有了凯恩斯，经济学让托宾充分领略两个世界的极致。着迷于凯恩斯理论和正统古典经济学家的抗衡，他对普遍笼罩着的错误作全面颠覆，进行鼓舞年轻人的经济学圣战。1939 年从大学毕业之际，托宾很自然地决定成为专业的经济学者。

对于三十年代中长大的托宾，研究经济学并且使它成为他的事业有两个原因。这个学科在学术上过去是、现在仍是非常动人而且有挑战性的，特别对一个有理论推导和定量分析有兴趣和才能的人是如此；同时它提出希望，增进了解可能改善人类的命运。1939 年到 1941 年，托宾是哈佛大学研究生，1941 年春离开哈佛。参加爱德华·马逊的研究班时曾写过一篇关于应用统计预测与稳定经济的论文。而被介绍到华盛顿的一个新机关工作，负责限制发展国防生产需要的金属和其他材料的民用。1942 年，加入海军后备队，花费将近四年时间，在驱逐舰基阿尼号上成为一名海军军官。机会再一次引诱托宾回到华盛顿，哈佛经济系主任哈罗德·H·布班克及时地来了一封信，指明托宾的前途是在学术界，于是他回去在1946年到1947年完成他的哲学博士学位工作。1947年到1949年，在哈佛当助理研究员，并在1949年到英国剑桥大学应用经济学系当访问学者。1950年以来一直在耶鲁大学经济学系。从1955至1961年和从1964年至1965年，在耶鲁的基金会任主任。

托宾的成就涉及宽广的经济研究领域。他对如此求同的领域，如：经济计量方法和严格数学化的风险理论，家庭和企业行为理论，一般宏观理论和经济政策应用分析，做出了很大贡献。他的最显著的和最有意义的研究贡献属于金融市场及其与消费和投资决策，生产，就业和物价的关系的理论。1981年，瑞典皇家科学院为了表彰他对金融市场及其与支出决策、就业、生产和物价的关系进行的分析。授予詹姆士·托宾教授1981年诺贝尔经济学奖。

从学习中获得知识，知识成就人生

# 幽默的经济学布道者

## ——1982年诺贝尔经济学奖获得者乔治·斯蒂格勒

身为一位经济学者，成为我生命中喜悦与满足的源泉。经济学是一门迷人的学问。而最令人着迷的是，它的基本原理如此简单，只要一张纸就可以写完，而且任何人都可以了解，然而真正了解的人又何其稀少。

——乔治·斯蒂格勒

每一门科学是一个传统和变化的混合物。在经济科学中，传统的代表是市场和价格形成的基本理论，那是200年前从亚当·斯密开始并且以后不断改进的。它的基础是关于个人、家庭和企业在寻求职业、生产、买卖时的行为的简单的甚至粗糙的假设。然而对于一代又一代的经济学家而言，这种理论显示了它的解释和预测市场过程的主要特点的能力。不过，由于经济生活变得日益复杂，总是有更多的现象未能得到解释。有些市场现象甚至似乎与理论有出入。市场机制变得日益与立法相互纠葛的事实仍然完全在理论之外。由于乔治·斯蒂格勒对于把基础理论与真实市场过程重新结合的贡献，以及由于澄清了经济立法的作用，1982年他被授予诺贝尔经济科学纪念奖。

乔治·斯蒂格勒　获奖时间：1982
获奖年龄：71

1911年1月17日，乔治·斯蒂格勒生于华盛顿州西雅图郊区的伦腾。他是约瑟和伊丽莎白·斯蒂格勒的独子，在十九世纪末父母分别移居美国，父来自德国的巴伐利亚，母来自那时的奥匈帝国，是第一代的匈牙利移民。斯蒂格勒作为移民的第二代，在美国华盛顿州的西雅图的学校上学一直到华盛顿大学，1931年从那里毕业，取得商学院企业管理学学士。第二年在西北大学度过,获得西北大学企业管理学硕士。在芝加哥大学接受他的主要研究生训练,1938 年从该校得到哲学博士学位。芝加哥大学经济系学术空气活跃,那时有三位经济学家,每一位各有其突出的地方,法兰克·H·奈特是一位强有力的怀疑论哲学家,那时积极争辩奥地利资本理论,但对经济理论的细节渐渐失去兴趣。雅谷·凡纳对逻辑要求很严,并且同时是经济学史的渊博学者。亨利·西蒙斯是争取一个理性的、分散组织经济的热情发言人。受到他们的学术熏陶和影响,斯蒂格勒的志愿是当一名经济学家或教授。同样对斯蒂格勒有所触动的是他的两位同学,W·阿仑·华理斯和密尔顿·弗利德曼。

斯蒂格勒的执教生涯首先是从爱达荷大学开始的,从 1936 年至 1938 年担任助理教授。1938 年至 1946 年任教于明尼苏达大学。在斯蒂格勒的早期学术生涯中,他对经济学的许多领域都感兴趣。1938 年他着手于价格理论方面的研究并发表著作。他在芝加哥大学负有盛名的《政治经济学》杂志上发表了他的第一篇论文《社会福利和差额价格》。不久,他就着手撰写他的第一本专著《竞争价格理论》。1946 年,他又推出了《价格理论》。同年斯蒂格勒得知他的母校芝加哥大学希望他参加教授征选的面试,跟他同一天前来应征的另一位教授候选人是米尔顿·弗里德曼。结果,弗里德曼获得了这仅有的一个教授空缺。落选的斯蒂格勒来到布朗大学短暂地任教一年至 1947 年。1947 年至 1958 年他任教于哥伦比亚大学,这段时间斯蒂格勒的经济思想趋于成熟。1958 年芝加哥大学再度有一个教授缺额,斯蒂格勒终于得偿所愿被聘为正教授。其后在芝加哥大学里经历了芝加哥经济学派引领风骚的二十年多个年头。1977 年在斯蒂格勒的指导下创立了“芝加哥大学经济与国家研究中心”并出任该所主任。1981 年斯蒂格勒从经济系教授职位上退休,但持续担任研究中心主任至 1991 年去世为止。在 70 岁的这一年,斯蒂格勒进入了安逸的半退休生活,他拥有了较多的时间从事他所喜欢的业余爱好:收集书籍、摄影、木刻和打高尔夫球。他放弃了大学的领导岗位,但被命名为查尔斯·W·沃尔格林杰出荣誉退休教授。1982 年,斯蒂格勒作为美国经济学家、经济史学家,因为在工业结构、市场的作用和公共经济法规的作用与影响方面做出了创造性重大贡献,获得经济学最高荣誉诺贝尔经济学奖。

斯蒂格勒是芝加哥学派在微观学方面的代表人物,他是信息经济学的创始人之一,他认为消费者在获得商品质量、价格和购买时机的信息成本过大,使得购买者既不能，也不想得到充分的信息，从而造成了同一种商品存在着不同价格。斯蒂格勒认为这是不可避免的、正常的市场和市场现象，并不需要人为的干预。斯蒂格勒的观点更新了微观经济学的市场理论中关于一种商品只存在一种价格的假定。在研究过程中，斯蒂格勒还把这种分析延伸到劳动市场。这些研究建立了一个被称为“信息经济学”的一个新的研究领域。

斯蒂格勒的另一贡献是对社会管制政策的精辟批评，他力图论证“看不见的手”在当代仍或获得良好的效果，而政府管制则常常不能达到预期的效果。他主张实行自由市场制度，反对垄断和国家干预。他是被称为“管制经济学”的新的重要研究领域的主要创始人。弗里德曼赞誉斯蒂格勒是“以经济分析方法来研究法律与政治问题的开山祖师”。

斯蒂格勒为人风趣幽默，但是在长达多年的教学实践中治学严谨，乔治·斯蒂格勒希望自己能专心地做一个知识分子，始终认为投身于“枯燥”的经济学研究是一件惬意并具独特刺激性的生活，他有意避开能使他离开学术的一切非学术的职业和活动。他从教学研究和学术交流中获得了无穷的乐趣，也留下许多有价值的著作。

## 治学严谨细致，用词精准贯穿始终

# 精准分析方法改进者

## ——1983 年诺贝尔经济学奖获得者罗拉尔·德布鲁

以确定的方式给出了关于价格系统效用最大化配置和帕累托最优配置之间的关系。采用了数学中的超平面分离定理，并在一般意义上建立了这两个概念之间的等价性。

——罗拉尔·德布鲁

1983 年瑞典皇家科学院决定授予罗拉尔·德布鲁诺贝尔经济学奖金。德布鲁 1921 年 7 月 4 日生于法国的加莱，1950 年定居美国，1975 年加入美国国籍，1962 年起一直在美国加利福尼亚大学任教。自 1969 年首次颁发该项奖金以来，他是美国第十二位获奖的经济学家。1959 年他的代表作《价值理论：对经济均衡的公理分析》一书的出版使他的声望大增。该书只有 102 页，书中指出：从理论上说来，自由竞争经济能够使所有市场实现供需均衡，任何产品既不会短缺也没有剩余。这种状况称为"一般均衡"。就是这本篇幅极小的著作，帮助他摘取了诺贝尔经济学的桂冠。他的学术贡献不在于理论本身，而在于分析方法上的改进。他使用的公理化分析方法已成为西方经济分析的标准形式。二十世纪七十年代以来的资本理论、区位理论、金融理论、国际贸易和宏观经济理论等，均从他的一般均衡理论概念、思想和新加入的工具中获益匪浅。

罗拉尔·德布鲁
获奖时间：1983　获奖年龄：62

德布鲁出生于一个富有的商人家庭，其父亲和外祖父在法国加莱经营蕾丝制造及贩卖，德布鲁从小家境比较富裕，在第二次世界大战期间，在中立地带准备高中会考。1941 年夏，德布鲁来到了巴黎，经过精心准备入学考试，德布鲁进入颇有声望的巴黎高等师范学校，在那里学习和生活。直至1944年春季。那年，诺曼底登陆爆发，德布鲁加入法国军队，至阿尔及利亚受训，之后，他随法国军队到达德国占领区，在此服役，直至1945年7月退伍。1946年，德布鲁与法兰索瓦斯·布莱德结婚。婚后很幸福，他们的孩子，尚塔尔与弗洛，弗洛伦斯，分别在1946年与1950年出生。

1945年底1946年初，德布鲁在巴黎取得了数学助教的资格，并开始学习研究生课程。当他在1943年读莫里斯·阿莱的《个体经济学说研究》中陈述的列昂·华尔拉在1874年到1877年始创的一般经济均衡的数学理论时，对一般均衡发生了浓厚的兴趣。第二次世界大战后的欧洲面临重建的繁重任务，使德布鲁认识到经济学在其中扮演重要角色，这进一步激发了他对经济学的热情，结果兴趣变成了终生事业。得到数学助教资格后的两年半，德布鲁在国家科学研究中心做研究助理。这一时期，他完成了从数学领域向经济领域的过渡。

1948年夏，德布鲁参加了在萨尔茨堡举行的为时几个星期的研讨班。这个研讨班由像华西里·列昂惕夫这样的人物讲授经济学。年底，他由阿莱提名获得洛克菲勒基金会的奖学金。洛克菲勒基金会给予他一个千载难逢的机会，使他在美国、挪威和瑞典度过了1948年到1950年这段时期。1949年，在德布鲁访问芝加哥大学期间，考尔斯委员会向他提供了一个经济学副研究员的职位。那时他开始同肯尼斯·阿罗合作，联名发表了一篇具有划时代意义的文章《竞争性经济中均衡的存在》。这篇文章1954年发表，他们运用了经济学中尚鲜为人知的拓扑学方法，对一般均衡的存在提供了权威性的数学证明。1955年，德布鲁与考尔斯委员会的其他成员去耶鲁大学，直到1960年为止，他一直在那里任副教授。1956年德布鲁获得巴黎大学经济学博士学位。

德布鲁从1962年1月初开始做加州大学伯克利分校的经济教授，并于1975年7月获得数学教授职务，至今没有离开过伯克利。德布鲁拥有法国与美国国籍，1976年德布鲁获得法国荣誉军团勋章。1990年担任美国经济学会会长。德布鲁是许多国外的著名大学与研究中心的客座教授、研究员和顾问。二十世纪六十年代末和七十年代初，他作为古根海姆的研究员和客座教授访问了卢万大学的运筹及经济计量学中心；1972年，他是丘吉尔学院、剑桥大学的海外研究员；1973年和1987年，他作为客座教授访问新西兰的坎特伯雷大学。

2004年12月31日，在新年前夕，德布鲁在巴黎过世，享年83岁。罗拉尔·德布鲁的工作改写了现代数理经济学，一般均衡理论是经济学理论的核心。一般均衡理论的思想渊源可以追溯到亚当·斯密。亚当·斯密以深邃的目光揭示了私有制经济运行中的基本规律,我们现在形象地称之为“看不见的手”原理。德布鲁曾概括了帕累托最有理论。德布鲁的影响在各个领域都能看到,他不仅引入了许多重要的新概念,而且对国内外同事和学生产生了许多强有力的影响。德布鲁的最杰出的贡献或许还是间接性的。他用词准确,分析有说服力,始终强调把一种理论与其解释截然分开,这一切对经济学中分析方法和分析工具的选择产生了深刻而卓绝的影响。

## 机会青睐勤于奋斗的人，幸运离不开辛劳付出

# 国民经济统计创始人

## ——1984 年诺贝尔经济学奖获得者约翰·理查德·尼古拉斯·斯通

一方面从事于英国计量经济模型的建立工作，另一方面，，他还致力于研究改进社会和人口的统计分析方法，并试图把国民经济核算与社会和人口统计体系结合起来。

——约翰·理查德·尼古拉斯·斯通

一个人的成功除了靠自己先天的资质、后天的不懈地努力外，更幸运的是遇到与大师级人物共同合作、并肩作战的工作机会。而斯通有幸在他的学术生涯中，遇到两位大师级的人物，一个是詹姆斯·爱德华·米德，1977 年度诺贝尔经济学奖获得者，斯通与詹姆斯·爱德华·米德一起研究了如何使理论上的国民收入和支出的平衡与实践相一致的问题；另一个是凯恩斯，斯通曾先后担任战时内阁中央统计局高级统计师及凯恩斯的助手。

斯通于 1913 年 8 月 30 日出生于伦敦。青年时代曾就读于剑桥大学冈维尔与凯斯学院，为了子承父业，他起初选择了法律专业，但两年后，又开始对经济学产生了浓厚的兴趣，遂改学经济学。在其改学经济学的最初两年，他受到了凯恩斯的指点和教诲，认真通读了《通论》，并经常参加由凯恩斯组织的政治经济学俱乐部。这为他日后从事经济学研究奠定了良好的基础。他于 1935 年、1948 年和 1957 年先后获剑桥大学文学学士、文学硕士和理学博士学位。美国、法国、瑞士、比利时、挪威等国的有关

约翰·理查德·尼古拉斯·斯通
获奖时间:1984　获奖年龄:71

高等学校先后多次授予他各种荣誉学位。

大学毕业后,他放弃了读研究生的机会,首先在英国的一家金融机构充当保险经纪人,这段时间和经历使他学到了许多生活知识。1939 年 9 月 2 日,斯通开始在刚刚建立的英国经济作战部工作,负责航运和石油统计。1940 年被调到战时内阁办公室的中央经济信息处工作,并协助伦敦大学教授詹姆斯·爱德华·米德完成全国经济和财政情况调查的有关统计事宜。

斯通在担任战时内阁中央统计局高级统计师时,在凯恩斯领导下,作为凯恩斯的助手,他开始了建立国民经济核算体系的工作,研究有关英国的国民收入和支出,以及如何筹措战费的问题。后来,他与凯恩斯合写了一篇《英国的国民收入和支出以及如何支付战争费用》的文章。在这一时期,他与詹姆斯·爱德华·米德一起研究了如何使理论上的国民收入和支出的平衡与实践相一致的问题,并于 1941 年编制出英国国民收入和支出核算的估计数据。凯恩斯认为,他们的估算完全可以并入当年英国政府的预算报告。1944 年,斯通和米德合写了《国民收入和支出》一书。这本书不仅为斯通以后的研究奠定了基础,而且一问世就成了国民收入核算的标准教科书。1952 年英国中央统计局根据这本书提出的原理和方法,开始发表年度国民收支"蓝皮书",如今它已成为英国宏观经济学的"经典之作"。这本著作后来由他与夫人 G·斯通进行了修订,至 1977 年已再版第 10 版,在西方经济界广为流传,影响极大。

二战结束后,在凯恩斯的建议下,剑桥大学成立了应用经济学系,1945 年,年仅 32 岁、只有学士学位的斯通被任命为系主任。在以后数年间,他始终思考着如何采用社会账户体系来测量经济流量。直到 1947 年,他完成了一份联合国在日内瓦公布的《国民收入的测量和社会账户的编制》。当时,在欧洲社会核算的兴趣不断增长,人们认为国民账户对于评价各国的进展可以提供一种有效的框架,为此,斯通在剑桥设立了一个国民账户研究组。其中最为重要的结果是,欧洲经济合作组织分别于 1950 年和 1952 年公布的《简化的国民经济核算体系》和《标准化国民经济核算体系》。50 年代初,斯通与西蒙·库兹涅茨等人曾被邀请作为印度国民收入委员会的顾问。同年 7 月,被联合国召往纽约,旨在建立一个标准的国民经济核算体系,为此联合国还专门成立了一个专家委员会,由斯通担任主席。不久,《国民经济核算体系及辅助表(1953 年)》(SNA)很快问世了。

1955 年至 1980 年期间,斯通担任剑桥大学财务与会计教授。1976 年他任剑桥大学冈维尔·开佑斯学院名誉研究员。1978 年,由英皇授予爵士称号,被选为皇家经济学会主席。1980 年退休后，虽然不再担任一些国际组织和学术机构的要职，但其学术活动和学术思想并未因此而消退，相反却得到了西方学术理论界的进一步认可和推崇。1984 年，瑞典皇家学院向其颁发诺贝尔经济学奖就是一个最好的例证。另一方面，除从事一些个人的学术研究外，以后的大部分时间，他与联合国仍保持着相当密切的联系和合作，并负责组织和协调世界各国国民核算专家或统计学家，共同对 1968 年 SNA 进行合乎需要的修订，以更好地适应世界经济形势的发展和变化。

1994 年，联合国、世界银行、国际货币基金组织、经济合作和发展组织及欧洲共同体委员会共同颁布了 1993 年 SNA。该体系的问世，应该说在很大程度上与斯通的早期贡献是分不开的。

**一生的财富累积状况，就像驼峰的形状**

# 向哈佛说不的叛逆者

## ——1985年诺贝尔经济学奖获得者弗兰克·莫迪利安尼

我期望未来能继续扮演挑战正统的角色，但是我不愿对未来的方向作过多的思考。我只愿顺其自然，一遇到有趣的事情，能随时准备妥当而投入其中。

——弗兰克·莫迪利安尼

哈佛的经济学系在全国是首屈一指的，如果以排名来看，哈佛是毋庸置疑地在第一位，1947年，莫迪利安尼面对哈佛的邀请，抱着略带好奇的心情，决定去那里工作。在哈佛的那天，真是特殊，碰到的第一件事，就是受到系主任的接见，当时莫迪利安尼还不晓得这位系主任素以冷淡对待外国学者而著名。他是受到学校教务单位的指令，邀请莫迪利安尼前来哈佛任教，依令照办，但在面谈时却说：“听着，莫迪利安尼，我们有像杜森贝利、亚历山大、古德温等等的教授——你永远不可能赶得上他们。所以，假如你够聪明的话，就不会接受这项职务。你为什么不回新社会研究学院去，在那口小池塘当条大鱼。你可别想来这个池塘当大鱼。”

弗兰克·莫迪利安尼
获奖时间：1985　获奖年龄：67

当时的莫迪利安尼对是否接受哈佛的教职仍在犹豫，因为哈佛给他的薪水还比原来少。在这样的情况下，于是说：“也好，我想你的观点不错。我不来了。”和系主任面谈之后，他和好几位哈佛的教授会面。也和熊彼特及哈伯勒共进午餐，他们问：“面谈进行得如何？”莫迪利安尼就把经过的情形告诉他们。他们的回答是：“噢，你这个笨蛋，你不用管伯班克教授怎么说。你应该接受这项职位的。”不过，当时莫迪利安尼已下定决心，如果是由那样的人来领导经济系的话，他根本就不想来哈佛。所以，又回到新社会研究学院。

在接下来的一年内，他获得芝加哥大学的经济研究奖学金。这是一项极高的荣誉，在哥伦比亚及芝加哥大学任教，奖学金额度也相当高，好像一年有3000美元左右——在当时来说是一笔相当大的金额，足够养活他的一家人。因此，他就接受了这项奖学金，申请留职停薪，前往芝加哥。恰好就在同一时间，伊利诺斯大学商学院院长波温找他加入该校一项名为“预期与景气波动”的专题研究。此一专案的薪水极佳，而该校也是各方人才荟萃的名校，于是莫迪利安尼就接受了伊利诺斯的邀请。而且在这项专案计划进行的过程中，他学到了一些基本的观念与想法，对日后在经济学上的贡献，这些扮演了相当重要的角色。当初回绝哈佛的教职，还真可以说是塞翁失马。比起同时进哈佛的人来说，莫迪利安尼在伊利诺斯的发展及领的薪水，都有过之而无不及。同时，借着这次机会接触了美国中西部，这对像他这样出生在欧洲的人来说，是非常珍贵的经验。

现在，来谈谈莫迪利安尼个人成长的历程。1918年6月18日，他出生于意大利罗马的一个犹太家庭里，年轻的岁月就在法西斯主义高唱入云的情形下度过。他的父亲是罗马著名的小儿科医师，母亲则是献身于社会工作的义工，他还有一位兄长。在家人充满关爱的保护下，度过了愉快的童年时光。不过大家都认为莫迪利安尼相当固执，除了这点之外，他的早年生活并无特别之处。在上高中之前，只是一位成绩中等的学生，但有幸进入全意大利最优秀的高中就读，这所位于罗马的高中曾经产生了许多位教宗、枢机主教以及主教等神职人员。他并没有加入他们的行列，但他们伟大的心灵的确弥漫在校园中。莫迪利安尼在高中的最后一年试着跳级，直接进入大学，没想到还真的成功了，于是就在17岁那年进入罗马大学，开始了大学生涯，整整比正常的学制提早了两年。1936年获得了罗马大学法学学士学位。不久，鉴于欧洲行将陷入一场浴血战争，莫迪利安尼与妻子瑟琳娜便向美国申请移民签证，并于1939年8月第二次世界大战爆发的前几天抵达美国纽约。

战争使他们感到美国的居留将是长久的。于是，他立即开始考虑如何最好地谋求在经济学方面的事业。他的运气不错，得到了纽约新社会研究学院的奖学金。马尔沙克是莫迪利安尼的良师益友，他主要教莫迪利安尼学习宏观经济学。但最重要的是，莫迪利安尼从他那里学到了研究方法。马尔沙克强调建立检验性的假设的重要性，以及分析中数学和统计学的重要性。1941年，马尔沙克离开新学院前往芝加哥大学，莫迪利安尼的正试训练便告终止。1942年，在莫迪利安尼还是一个研究生时,马尔沙克帮助他在新泽西妇女学院谋得第一个教学职位。这项工作使莫迪利安尼拥有了集中精力于他的研究所需要的经济保证。1944 年,新社会研究学院授予莫迪利安尼社会科学博士学位。同一年,莫迪利安尼的第一篇论文《利息和货币的流动性偏好理论》在有影响的《经济计量学》杂志上发表,该文基本上是他的博士论文的精髓。这篇论文在当时把被一般人认为是同过去完全决裂的凯恩斯的“革命”和古典经济学的主流统一起来。1944 年,这篇论文为学术界广泛接受,并很快成为凯恩斯主义经济学的经典文献。1946 年,莫迪利安尼申请美国国籍得到批准,而成为美国公民。

莫迪利安尼有一条一贯的脉络:喜欢与时代主流背道而驰,挑战当时所谓的正统。回顾莫迪利安尼在经济方面不曾停歇的思维,有影响力的思想及理论有:储蓄生命周期假说、公司理财领域著名的 MM 定理、稳定性政策、经济计量模式构建与预测等。

## 良师益友莫逆之交，学高为师身正为范

# 追随先知但未见上帝

## ——1986年诺贝尔经济学奖获得者詹姆斯·麦吉尔·布坎南

一切都需以智力获取，很多看似真理的事物，其实都大有问题，有勇气能冲破知识的迷雾，才不愧是真正的学者。

——詹姆斯·麦吉尔·布坎南

布坎南曾写过一篇自传性的文章，题目是《胜过耕田》。文中指出，他的研究方法与研究主题，乃至对学术生涯、实证分析与规范性立场的态度，受到两个人的重要影响。其中一位是威克塞尔，回溯在公共选择理论中，威克塞尔的奠基与后续发展之间的关系，尤其是其中和布坎南的研究有紧密关联的宪法经济学，威克塞尔的影响完全在观念上。另一位深刻影响他的人是奈特。二十世纪四十年代，芝加哥大学流行这样的说法：“上帝并不存在，但奈特是它的先知。”事实上，奈特对布坎南的影响，不只是透过观念，也透过延伸四分之一世纪以上的亲密友谊。布坎南是在奈特的影响下而转变的。倘若不是先有奈特有关协调原理的教诲奠定了基础，他很可能根本无从认识威克塞尔的理论。在回顾个人的发展时，布坎南坦言，假如未曾受业于奈特，实在难以想象，他将会变成什么样的人。

詹姆斯·麦吉尔·布坎南
获奖时间:1986　获奖年龄:67

1946年布坎南进入芝加哥大学冬季班就读。在第一季的课程中，他修了奈特、休兹及李兰德等教授的课。作为一名第二次世界大战退伍人员中首批返回校园的研究生，短短几个星期后，1946年2月中旬，他对整个经济体系如何运作的理解，已经有了相当程度的改变。第一次能够用市场经济秩序的原理来思考问题。由于对竞争性结构模型运作有了认

识,让他在对实地观察的经济问题提出建设性批评时,有了可以参考的标准。第一次觉得自己称得上是一位经济学者了。他深知,这样的转变直接归功于奈特的教导。在奈特的教导中,提出的问题可能超过解答的问题。奈特清楚地让布坎南这样的学生理解到,假如连自己努力去找答案这种最起码的勇气都没有,那么将很容易沦为伪神的牺牲品。

奈特并不是聪明或机智的思想家。他是一位不折不扣的困思者;他将在思考过程中深入探索的精神,不折不扣传给了他的学生,布坎南认识到事情绝不会像外表所显露的那么简单,对所有极端的事物保持基本的容忍,因为他在所有原则中,都能察觉到属于真理的成分。奈特的出现,让布坎南相信自己总有一天也能发展出受人重视的观念。

长久以来,布坎南个人对奈特的了解、欣赏与尊敬,因彼此间密切的私人交往而日益增进。就在选修他的课约三、四个礼拜之后,布坎南来到奈特那间有点零乱的办公室。原本预期只会有五分钟的对话,没想到竟延长到两小时以上;在芝加哥两年半的时间以及离开芝加哥之后,还有过好几次这样的对话。布坎南和奈特在许多方面有共同的经验。他们都来自乡下,在贫穷的农村长大,了解农村生活的辛劳,但也喜爱生活在大地上的独立感。奈特十几岁的时候离开故乡伊利诺伊州,来到布坎南的故乡田纳西州接受大学预科的教育,后来他进入田纳西大学的研究所,刚好布坎南的第一个研究所也是在这里念的。1940 年布坎南毕业于中田纳西州师范学院,获理学学士学位。并在田纳西大学完成了一年的研究生课程,1941 年获文学硕士学位。这些共同经验的联系,使他们建立了相当友好的关系,这是布坎南和其他教授所无法分享的。他们之间还有其他共同兴趣,包括欣赏哈代阴郁的诗作,以及分享充满机智的低级笑话所带来的乐趣。奈特作为布坎南的指导教授,劝告他不要浪费时间去选修哲学方面的正式课程,也详细地改正他的博士论文的文法。奈特成为布坎南漫长学术生涯中无可替代的榜样,1948 年,他在芝加哥大学获得哲学博士学位。

1919 年 10 月 2 日,布坎南生于美国田纳西州的穆尔弗里鲍尔。1949 年,布坎南接受田纳西大学的聘请,成为该校的教授,并开始了他的学术生涯。1955 年至 1956 年,布坎南靠富布赖特奖学金在意大利进行了为期一年的研究,受到了欧洲财政学派的影响,使他进一步坚定了关于政府不是一种理想的制度的观念。1956 年至 1968 年,布坎南在弗吉尼亚大学任麦金太尔讲座经济学教授,他与 W · 纳特建立了研究政治经济学和社会哲学的托马斯 · 杰斐逊中心,并于1958年至1969年担任该中心主任,在此期间逐步奠定了公共选择理论的基础。1968年至1969年,布坎南在洛杉矶的加利福尼亚州立大学任教。1969年以后,布坎南在弗吉尼亚理工学院任教,与塔洛克一起创建和领导了公共选择研究中心。1982年他随该研究中心迁到弗吉尼亚的乔治·梅森大学,任该校经济学教授。布坎南是该中心主任并冠有霍尔伯特·L·哈里斯大学教授称号。布坎南曾获得两个荣誉博士头衔,一个是梅森大学于1982年授予的,另一个是泽里奇大学1984年授予的。自1976年以来,他还是美国企业研究所的名誉学者和美国科学艺术研究院院士。1983年,他成为美国经济协会的有突出贡献会员。1983年到1984年担任了美国北部经济协会的会长,1984年到1986年,担任了M·T·皮莱林协会的会长。他在1971年还担任过美国经济协会副会长的职务。2013年1月9日,这位公共选择理论的里程碑人物、“发展了经济和政治决策的契约论与宪法基础”的1986年诺贝尔经济学奖得主,“宪政经济学之父”詹姆斯·麦吉尔·布坎南在美国去世,享年93岁。

**所谓科学化，应采用逻辑的思考方式并尊重事实**

# 增长理论杰出构建者

## ——1987年诺贝尔经济学奖获得者罗伯特·默顿·索洛

我们要能进步，只有扩大供研究用的事实层面，纳入诸如专家与市场参与者的意见和随意的推论、态度调查、制度面的规则性，甚或我们本身的判断等等。我比较赞同的形象是吸尘器，而不是显微镜。

——罗伯特·默顿·索洛

在奥匈帝国，人人都对经济学有兴趣。索洛成长于二十世纪三十年代，1924年8月23日生于纽约布鲁克林。1940年1月高中毕业。在那个时代，聪明的高中学生所关心的不只是经济大恐慌的问题，也包括法西斯主义以及纳粹主义的崛起，当然这些事件都和世界经济的衰退息息相关。生活中很明显的事实是，当时社会的政治与经济无法正常运作，没有人真正知道怎么来解释这些现象，或是怎样来解决这些问题。

1940年9月，索洛进入哈佛大学学习。经济学原理是索洛大一的四门课之一。当时，索洛压根没想到会成为经济学者，恐怕连所谓“经济学者”的职业都没听说过，其工作的内容则更不用提了。索洛原本打算往生物学的领域发展。大一那年，他两个学期都选修了生物学的课程，而且都获得A。但是他逐渐了解生物学并不适合自己，所以转而主修一般性的社会科学，在大二、大三，修了社会学、人类学、心理学以及经济学等学科。对于美国三十年代刚发生过的经济大恐慌，并没有学到一套完整的思考架构。所以并没有下定决心专攻经济学或成为经济学者，反而自愿入伍，因为他认为这是更有建设性的

罗伯特·默顿·索洛
获奖时间:1987　获奖年龄:63

事。1942年,他加入美国军队,三年后,从军队退伍,索洛几乎不假思索地回到校园,去修完大学的经济学课程。事实上,当时已没有多少时间可以让他从容地选择。虽然那时表现出来的模样,好像是要把无限个单一期间效用的折现值发挥到极大化。1945年9月,哈佛大学仍然力行其“导师制”。索洛的导师是里昂惕夫。也许,这纯粹是一种运气。也许是因为索洛过去的成绩良好,总是拿A。也许正好相反;导师是外国人,又是一位理论家,也许感觉就像是身陷于外国人聚居之区。但不管如何,这的确是他人生的一大转折点。从里昂惕夫身上,索洛了解到经济学不是一门大杂烩,而是一套建立在极严谨的理论与实证架构上的科学。在接下来的好几年间,里昂惕夫教给索洛部分架构的细节。他必须承认,是里昂惕夫引导自己走向了经济学者之路。1947年索洛获哈佛大学经济学学士学位,依循里昂惕夫的方式学习经济理论,索洛重视数学和经济学的关联,通过选修了一系列的微积分,并持续研读数学的课程,学懂宏观经济学。1949年获哈佛大学硕士学位。

索洛能做的研究很多。从1949年起,花了三年左右的时间撰写博士论文,同期间也开始在麻省理工学院任教。他的博士论文是将所得分配的动态纳入模型,主要是工资及薪资所得,研究进入与离开就业市场的随机过程以及伴随而来的工资水准变动的结果。1950年5月,他开始在麻省理工学院执教,担任经济暨社会科学系的统计学助理教授。从莫斯提勒以及哥伦比亚大学所学到统计学,引发了他的兴趣,当时曾有意终生投入于经济学的机率模型研究。一旦我们建构可应用于实际生活的模型,并领略其中乐趣,几乎都会体会机率理论在引发内在兴趣以及确保实务运作的成功上,扮演了相当重要的角色。此时,他的博士论文也已顺利展开。这篇博士论文赢得哈佛的魏尔斯奖,奖金是以1951年的币值计算的500元,而且交出论文手稿,即可出版成书。可是他却一直没这么做。目前哈佛这项奖学金的给付金额比当年多上几千美元;因为索洛认为他的论文应该还可更好,但一直没有找到时间修正。1951年索洛获哈佛大学哲学博士学位。

索洛,这位美国经济学家,1954到1958年任麻省理工学院统计学副教授,1958年到1973年任麻省理工学院经济学教授,1973年后任麻省理工学院客座教授。曾任波士顿联邦储备银行董事、董事会主席,白宫首席经济顾问,收入委员会主席,美国经济学会会长等职务。1961年被美国经济学会授予人称“小诺贝尔经济学奖”的“约翰·贝茨·克拉克奖”。该奖是美国经济学会设立的用于表彰对经济思想和知识做出重大贡献的中青年经济学家的。索洛对增长理论做出的贡献,提出长期的经济增长主要依靠技术进步,而不是依靠资本和劳动力的投入,1987 年他被授予诺贝尔经济学奖。作为一名职业经济学家,索洛大部分研究重点放在了促进对经济增长机制理解的工作上。

索洛的得奖,是因为他在 1956 年提出了一个用以说明存量的增加是如何使人均产值增长的数学方程式,它可用来衡量各种生产因素对发展所做出的贡献。根据这一方程式,国民经济最终会达到这样一种发展阶段:在那个阶段以后,经济增长将只取决于技术的进步。诺贝尔奖金委员会主席林德贝克认为,正是索洛的理论,使工业国家愿意把更多的资源投入大学和科学研究事业,这些方面是促使经济发展的“突击队”。

**大事业大眼界大勤勉，好学问好担当好先生**

# 日理万机为学的教授

## ——1988年诺贝尔经济学奖获得者莫里斯·阿莱斯

我们追求的目标属于政治学领域，事实上政治系统的主要任务是通过社会的各方面妥协来确定的。但是在经济上，经济学家的任务恰好是研究通过这类妥协所确定的目标，实际上彼此是否相容，以及为了达到这个目标所用的手段是否最为合适。

——莫里斯·阿莱斯

1943年，在德国占领的黑暗年代里，一本突出的经济理论著作在法国出版。这本书的书名是《经济学科研究》，而作者是一位32岁的工程师莫里斯·阿莱斯，他的学位得自工学院和矿业高等学院。在他的全部事业中，一直有两项平行的兴趣：历史和物理学。一直热爱文明史的学习，从未间断过对历史的研究。这位工程师和科学家对他以前学习的和正在研究中的经济理论感到不满意。他认为原则上经济理论应当用自然科学，特别物理学中所使用的数学的严谨性来陈述。这种数学严谨性将使进行统计和经验测量更有意义。

莫里斯·阿莱斯
获奖时间:1988　获奖年龄:77

莫里斯·阿莱斯在其早期的著作中做出了许多重要的贡献，它们对现在的一般经济理论具有很大的影响。作为这类贡献之一，阿莱斯比前人的分析更加严谨。他论述到，当社会上没有人能变得更好，也没有人变得更坏时，市场的均衡就是有效率的。而且，当初始资源再分配以后，任何社会上有效率的解都能通过市场均衡来实现。阿莱斯的另一贡献是，在其一般均衡理论模型中引入了规模报酬因素——或者称之为基础设施投资。他还提供了一种形式,可以用于研究一个时间段的经济,并把资本和投资理论与一般均衡理论结合起来。由于他对市场理论及资源有效利用方面做出了开创性贡献,对一般均衡理论重新做了系统阐述,获得1988年诺贝尔经济学奖。然而,在这些早期贡献后,阿来斯继续进行优异的并又常常是高度创造性的经济科学其他领域的研究。通过他对货币需求的确定的理论和经验的研究,他变成可称为货币宏观动力学的一位早期探索者。

莫里斯·阿莱斯,1911年5月31日生于法国巴黎,他的父母有一家奶酪店。他的外祖父是一位木匠。因此通常认为他来自一个工人阶级家庭。1914年8月,阿莱斯的父亲入伍参加战争,然后被俘虏。1915年3月27日在德国囚禁中逝世。阿莱斯的青少年时代,直接和间接的深受此事的影响。尽管家境困难,但仍能上中学。1928年得到拉丁文和科学的高中学士证书,然后在1929年得到数学和哲学两个学士证书。在他的全部学业中一般是年级中包括法文和拉丁文以及数学在内的几乎一切科目的第一名。阿莱斯对历史很有兴趣,想申请入古典学院,但是由于他的数学老师的坚持,进了特别数学班,这是为了准备进工学院,1931年进入巴黎工学院。1933年,阿莱斯以全班第一名的成绩毕业于巴黎工学院。在法国这通常被认为是一个“最高峰”。工学院以及高等师范学院确实是法国科学教育的顶点。大学毕业时,他选择了一个政府机关——国家矿务局工作。这是因为每年工学院的前三名优秀毕业生总是选择这个政府机关,因为它开辟了在法国大工业企业中就业的可能性。

毕业后阿莱斯在部队短期服兵役一年,在枫丹白露炮兵学校,后来在巴黎的国立高等矿学院工作两年,1936年10月开始在矿业机关当工程师。1937年阿莱斯26岁,被任命到南茨地区国有企业管理局矿业机关做负责人,以及在一般和地方铁路系统中担任一些控制职务。那时他除了干行政工作外,开始认真地学习经济理论,目的在于利用这些理论提高经济效益。1939年被召回意大利前线的阿尔卑斯军。指挥白里安松地区的一个重炮连。但是真正的战争只持续了两个星期,从1940年6月10日意大利对法国宣战,到同年6月25日停战。从部队归来,1940年7月仍在德国占领区中的南茨担任老职务。自1943年10月至1948年4月,他是巴黎的矿业文献和统计局局长。阿莱斯作为一名年轻的工程师,致力于雄心很大的研究计划。这是毕生的追求,并且一直付诸行动,已产生许多重要的和高度创造性成果的研究工作。从1941年1月到

1948年4月,在执行行政职能的同时,出版了他的第一批著作,即两本基础理论书、三本一般性的书以及在各种报纸上发表的论文。在这整个时期中阿莱斯工作很勤奋,每星期至少工作80个小时。1948年4月以后,他已解除了所有行政职务,可以用全部的时间致力于教学、研究和写作。他对法国的发展有很大影响。事实上,有一个基于阿莱斯的严谨方法和他对经济有关性要求的法国学派。阿莱斯不仅与较老的既定的法国传统有很强的智力联系,而且他也是战后法国经济研究发展中最著名的经济学家。

1944年以后,他是巴黎的“国立矿业高等学院”的经济分析教授;1946年以后,是“国家科研中心”的一个研究单位的负责人。1980年5月31日从文官退休,但是国立矿业高等学院和国家科研中心,仍有一些经费可以让他工作并继续积极从事教学、研究和写作。由于阿莱斯的工作成绩,获得了许多奖。从1933年到1987年共获14个科学奖。最重要的是1978年授给他国家科研中心金奖,这是为了表彰阿莱斯的毕生工作,他是第一位而且至今也是唯一一位获此殊荣的经济学家。

## 崇尚科学精神，激励指引开辟道路

# 令人信服的概率论者

## ——1989年诺贝尔经济学奖获得者特里夫·哈维默

所谓应用科学，哪个更重要，我不认为这种讨论很富于成果，但是人们可能允许我提一下，因为在今日的研究是一项很费钱的事，数以百万计的人不得不为之付钱，我们应当给人们一些对他们有好处的进步和希望，这不是不合理的。

——特里夫·哈维默

今天，在经济计量学这门课程中，概率模型是一个必不可少的学习内容。这要源于哈维默的贡献。哈维默的工作中，最引人注目的成就体现在其博士论文《经济计量学概率方法》中，该论文发表于《经济计量学》杂志1944年7月增刊上。这篇论文的创作目的是让经济学家确信，他们应该将概率论模型作为经济研究的一个基础。从这一点我们可以看出，将概率论引入计量经济学之后给该学科带来了多么大的革命。他在经济研究中极为重视以往经济分析中常被忽略的随机因素，把随机因素看成是经济计量学的基础。正是从随机因素出发，为分析经济变量之间的相互关系提供了一种理论基础。他指出，在实际工作中，即使那些不愿意运用概率论方法的人们进行的研究中，最终都会依赖于可能非常含混的概率或随机变量的概念。因为无论如何，理论和事实之间总是存在一点差距的。其中有些差距被认为是允许的，而有些差异则被看成是“实际上是不可能的”。这种分类本来就体现了某种概率论方法。

特里夫·哈维默
获奖时间:1989　获奖年龄:77

1911年12月13日，哈维默出生在挪威斯克滋模。1930年中学毕业；1933年哈维默毕业于奥斯陆大学，获得奥斯陆大学政治经济学学士；1933年后，他为挪威政府贸易委员会服务，同时，在奥斯陆大学经济研究所做研究助理。之后，1938年，在阿胡斯大学当了一年统计学讲师。

哈维默对挪威的经济学有决定性的影响，不仅作为一个研究人员，而且也作为一位教师。在他活跃于奥斯陆大学经济研究所的岁月中，他是经济学方面的主要教师。他教过经济理论的许多领域，他的许多学生和助教根据他的讲义写文章，因而得到他们在写作方面的第一次教导——激励的指引。哈维默是他们的顾问，他给予许多研究人员的启发也不少。由于他对发展经济计量学，即用以估计和测试数量经济关系的方法的先驱贡献，被授予诺贝尔经济学奖。在我们的日常生活中，这类经济计量学估计的关系的实例应用很广。例如不同市场中供和求的价格灵敏度，市场国家中相互豁免关税的效果的估计或未来宏观经济波动的预测。

1939年，应洛克菲勒基金会的邀请，哈维默作为研究员到美国芝加哥大学任教。因此哈维默有幸在加利福尼亚向世界闻名的统计学家裘西·尼曼学习两个月。那时他年轻而天真，自以为懂一些经济计量学。当向尼曼教授暴露了对该题目的一些思想。尼曼不和哈维默讨论，却给他两、三个数值习题去做。尼曼说当他做了这些习题之后，将会谈话。当哈维默第二次再次遇见尼曼谈话时，已失去大部分关于自己懂得如何做经济计量学的幻觉。但是尼曼教授也给了他希望，除以往造成困难和失望的方法外，研究经济计量方法问题可能有其他更有效果的途径。

在四十年代，经济学的科学工作条件发生很大变化。新经济政策创议需要发展系统化的经济数据，特别是国民核算形式的数据。哈维默很幸运应邀访问芝加哥大学的考尔斯本金会，与一群著名的经济计量学家、统计学家及数学家一起工作。他们勤奋工作，设法寻找做经济计量学的更强大和更能接受的方法，并且发现一些更一般的原理。是哈维默为经济学中重要的方法论的发展提供了指导原则。在美期间，1941年，哈维默获哈佛大学博士学位。回国后，哈维默担任工商部和财政部处长职务。1944年，哈维默为经济计量学会的会员，1946年，为数理统计学会会员，1948年他回到奥斯陆大学，担任该校经济学教授，同时从事研究工作，进行经济计量学理论研究。1950年，哈维默为挪威科学院院士。1954年到1970年，曾断断续续地担任经济计量学会理事会理事，1957年，为该学会会长。1975年，为美国经济学会荣誉会员。1979年，为丹麦科学院院士。同年，获弗里乔夫·南生高级研究奖。

1989年瑞典皇家科学院的贺词是：二十世纪三十年代出现了引人注目的、

运用经验数据检验经济理论的尝试。其结果引起人们对两类基本的经济问题的关注:首先,经济关系往往涉及两个人或企业统计数据如何处理的问题。其次,经济学家几乎不能或者永远无法做出像自然科学家所做出的那种可控制的实验。现有的市场运行的结果都是众多不同行为和关系的产物,并且这些关系具有相互作用的效应。这就引出了用观测数据正确地识别、估计和检验潜在基础关系的困难。哈维默在其 1941 年的论文集及后来的若干研究结果都有力地说明,只要运用概率论系统地表述经济理论,上述两个基本的问题就可以迎刃而解。于是,数理统计关系方法便能被应用,以从“随机样本”的经验观测中取得有关潜在关系的严密结论。哈维默表明了数理统计方法为何能被应用于经济理论的估计、检验及经济预测。哈维默这个挪威人,建立了现代经济计量学的基础性指导原则。今天,用为公司决策基础的经济关系的数量研究,在很大程度上是按照他创始的方法论发展构造的。

**读书如同吃饭是家常，工作如同游戏是快乐**

# 学习能力极强的儒士

## ——1990年诺贝尔经济学奖获得者哈里·马科维茨

我抱歉不能向过去38年中我与之工作的所有人士致谢，以及描述我们完成的是什么。正如这些人士中每一位所知，我常常认为工作是游戏，并从我们的合作得到很大欢快。

——哈里·马科维茨

研究经济学并非哈里·马科维茨童年的梦想。他是在拿到学士学位之后选择硕士专业时才决定读经济学的。微观经济学和宏观经济学他都学得很好，但是他最感兴趣的是不确定性经济学，特别是冯·诺伊曼和摩根斯坦及马夏克关于预期效用的论点，弗里德曼—萨凡奇效用函数，以及萨凡奇对个人概率的辩解。

1927年8月24日，哈里生于美国伊利诺伊州的芝加哥。是莫里斯和密尔德来·马科维茨的独生子。父母开着一个小副食店。一家人住在一个漂亮公寓里，不愁吃，而且哈里有自己的房间。所以从未觉察到大萧条。可以说，哈里的青少年生活是在无忧无虑的快乐中度过的。他的业余爱好也很丰富，经常在附近空地上或几个街外的公园里玩棒球，还在高中乐队里演奏小提琴，当然，他也喜欢读书。起初，除学校指定的外，他的读物包括笑话和冒险杂志，例如《影子》。在文法学校后期和全部高中，哈里爱看物理学和天文学的通俗记述。当然，在高中的美好时光，哈里也慢慢开始阅读严肃哲学家的原著。其中特别被大卫·休谟的论点打动，他说虽然我们释放一个

哈里·马科维茨
获奖时间:1990　获奖年龄:63

球一千次,而每次它都落到地板上,我们没有一个必要的证明,它将落下第一千零一次。哈里也读了《物种起源》,并被达尔文的事实叙述和仔细考虑可能的反对意见所感动。这些都无形中为他以后的兴趣导向和深入研究经济学的态度起到很好的启蒙作用。1945 年,哈里从高中进入芝加哥大学,读了两年学士课程,开始更广泛地接触各科。大学强调尽可能读原著。哈里对所有的课程都很有兴趣,尤其对一个称为 OII:观察,解释和集成的课程中读到的哲学家们特别感兴趣。

1947 年,20 岁的哈里从芝加哥大学经济系毕业,获得学士学位。变成一名经济学家不是他的童年梦想。当哈里读完学士学位并且不得不选择一个高级专业时,经过一个短时间的考虑而决定读经济学。微观和宏观都很好,但是最后使他感兴趣的是不确定性经济学,特别是冯·诺伊曼和摩根斯坦及马夏克关于预期效用的论点,弗里德曼·萨凡奇效用函数,以及 L·J·萨凡奇对个人概率的辩解。哈里在芝加哥有幸结识了弗里德曼,马夏克及萨凡奇等这样一批伟大的老师。库普曼斯的活动分析课程连同它的效率定义和它的有效集的分析也是哈里受教育的一个关键部分。

由于在学校的突出表现和优异成绩,以及极富钻研的好学精神,在芝加哥大学中,哈里被应邀成为考尔斯经济学研究委员会的一名学生会员。如果任何人从考尔斯委员会对经济和经济计量所受的影响,并且从它产生的诺贝尔奖金获得者的数目了解它,他们可能设想它是某一个巨大的研究中心。然而,事实上它是一个小而令人激动的团体。那时这个小团体是在它的主任 T·库普曼斯,和它的前主任 J·马夏克领导下开展活动的。

选择论文题目的时候,一次偶然的谈话,给了哈里很大的提示。当询问到马夏克教授,如果将数学方法应用于股票市场的可能性时,他认为是一个合理的想法,而且解释阿尔弗雷德·考尔斯本人对此类应用感兴趣。他叮嘱哈里去见马歇尔·克春教授,马歇尔·克春教授给了哈里一个阅读书目,作为现代金融理论和实践的一个向导。当哈里循着导师的思路在图书馆读到约翰·布尔·威廉斯的《投资价值理论》时,有了证券夹理论的基本概念。哈里关于“证券夹选择”的文章是在 1952 年发表的。自那时起的 38 年中,曾与许多人对许多题目进行工作。哈里注意的焦点始终在数学或计算机应用于实际的问题,特别是不确定下企业决策问题。有时应用现有技术,另外一些时候会开发新技术。1989 年,美国运筹学会和管理科学学会授予哈里冯-诺伊曼运筹学理论奖。1952年哈里离开芝加哥大学而加入兰德公司。虽然并未研究证券夹理论，但从乔治·但泽那儿学到的优化技术，清楚地反映在以后哈里对均值一方差边界速算法的工作中。在五十年代，哈里和许多人一样，确认许多实际问题超出分析解的能力，需要仿真技术。于是，在兰德公司他参加建造大型后勤仿真模型；在通用电器公司他帮助建造工厂模型。有关仿真应用的一个问题是编制一个详细的仿真模型需要的时间长度。在六十年代初，哈里回到兰德，为了开发一种以后称为SIMSCRIPT的程序语言，它允许程序员描述待仿真的系统，而非描述为了完成仿真计算机必须采取的动作。后来创办了一家计算机软件公司CACI。现在SIMSCRIPT II.5由CACI维持，而且仍有相当多用户。

哈里·马科维茨被选为耶鲁大学考尔斯经济研究基金会会员，美国社会科学研究会会员，美国经济计量学会会员，管理科学研究所董事长，美国金融学会主席等。他因发展了证券夹选择理论而获得1990年诺贝尔经济学奖。之所以获奖，是因为他“对现代金融经济学理论的开拓性研究，为投资者、股东及金融专家们提供了衡量不同金融资产投资的风险和收益的工具，以估计预测股票、债券等证券的价格”。

## 遵循谦卑的步伐，兼具广度和深度

# 博学睿智幽默的教授
## ——1990 年诺贝尔经济学奖获得者威廉·夏普

对财务经济学这门重要而持久的学科，能在其演化进程中扮演一角，就算再微不足道，也足以令人感到莫名的兴奋满足。值得欣慰的是，还有更多新东西有待发掘，因此未来世世代代的财务经济学者，也同样可以期待我曾亲历的种种震撼。

——威廉·夏普

受到家庭环境的影响，威廉个人在年幼时就颇能领略学习之乐。威廉出生在一个学习气氛浓厚的家庭，他的双亲都是教育界人士，父亲是学院校长，母亲是小学校长，由于第二次世界大战的干扰，父母到了中年时才到研究所进修。父母完成了他们的大学教育，父亲学英国文学，母亲学科学。那时威廉的父亲受雇于哈佛大学，在安置办公室工作。

1934 年 6 月 16 日，威廉·夏普出生于美国马萨诸塞州的坎布里奇市。1940 年，世界大战导致父亲的国民自卫队单位活动起来并且迁移到得克萨斯。以后第二次世界大战爆发，需要进一步迁往北加州，最后到南加州。威廉的中学教育是在加州河边的公立学校完成的。那些学校都是加利福尼亚州最好的公立学校。在那里威廉受益于令人鼓舞的教师和有挑战性的课程。中学毕业之后，1951 年他进入加利福尼亚大学柏克莱分校，计划完成母亲对他习医的期望，通过主修科学而得到医学学位。但在上过一两门和实验有关的课程，威廉知道自己的兴趣并不在这方面，为了改变课程

威廉·夏普　获奖时间:1990
获奖年龄:56

和地点，于是就转到加利福尼亚大学洛杉矶分校，并决定主修企业管理。在个人面对的许多决策关键上，幸运之神总是指点威廉该选择的方向。在大二的第一学期，他选了会计学及个体经济学两门必修课。前者只是完全不用脑筋的簿记，令威廉非常厌恶。但微观经济学则完全不然：理论严谨、前后关联、结构完整又合乎逻辑。在这里威廉发觉了其中不可抗拒的魅力，随即在下学期转而主修经济学，从此不再回头。这是幸运之神第一次眷顾。在洛杉矶加州大学，威廉得到两个经济学位，分别是在1955年获得的文学学士学位和在1956年获得的文学硕士学位。有时候回想一下，假如当时选读的是现代会计学以及制度经济学，现在的情况会是如何时，威廉想想都会不自觉地出一身冷汗。

大学毕业之后，威廉曾去银行界应征工作。结果在面谈时，大学优异的成绩却成了妨碍。面谈者在仔细看过他的成绩后，往往会称赞一番，接着又问他为什么不继续念研究所。这几乎成了他在面谈时碰到的典型过程。经过几次这样的经验后，威廉把原先的申请表格拿回来，向面谈者强调自己在各种课外活动、工读以及社团方面的记录。尽管努力证明自己是一个均衡发展的人，但成效不彰，因此只有继续在加利福尼亚州大学洛杉矶分校攻读经济学硕士。

在就学期间，威廉或多或少以打工的方式自食其力，做过的工作包括：在加油站上夜班、为大公司担任小夜班的过账交易、同时批改七个科目的作业、各种不同的暑期打工、教学助理等。在大学主修经济学时，曾选修了一门商学院的投资学。但课程内容保守而传统，令人泄气。虽然全力研读，却怎么也找不出其中一贯的原理与基本的架构。显然投资学绝对不适合威廉的研究。不过，幸运之神又再度降临。威斯顿是商学院的教授，也是公司理财方面的权威，威廉有幸在大四那年担任他的研究助理。威斯顿引领他进入当时刚成形的财务经济学的世界，虽然还没有决定要往这方面发展，但的确感到兴趣盎然。威斯顿教授首先介绍他读哈里·马科维茨的著作，以及开始使金融学发生革命的有挑战性和严格的研究，作为威廉的哲学博士计划的一部分，威廉以后跟威斯顿研究金融，大大开展了对此主题的了解。在撰写论文过程中，赫雪雷佛也是他一生中最重要的贵人之一。1961年威廉获得加利福尼亚大学洛杉矶分校博士。

说起走上成为经济学者的不归路的心路历程。威廉坦言这一切的功劳应该归诸于研究所微观经济学的艾智仁教授。他性格温和保守，却是位与众不同的经济理论学者。在第一堂课上即宣称，经济学期刊的内容，有百分之九十五是错误或是无关紧要的，这项主张让威廉有时候倒觉得并不算过分悲观。接着艾智仁教授就开始讨论有关非法贩卖婴儿市场的经济课题。有一阵子，他在六节课的讲次中花了五节来辨正“利润”的意义。事实上，在他的课堂里，常常像在进行脑力竞赛。学生目睹这位才华横溢的智者，以全然创新的方法来捕捉经济学里头最困难的概念。对尚待磨炼的年轻学者而言，没有比这更扎实的训练，也找不到更高的标准。

受业于艾智仁教授两个学期之后，威廉坚定了自己要成为微观经济学者的信念。之后短期参军，在1956年作为一名经济学家加入兰德公司。致力于最优化以及各种取舍问题的研究。虽然兰德提供了绝佳的工作，但是依然觉得最终的志趣还是教职。所以重返学校，1961年到1968年，在华盛顿大学任教；1970年到1993年，在斯坦福大学教授财务学。

在1986年与凯塞琳结婚，她是一位有成就的画家，与威廉共享个人和职业生活。她是威廉·F·夏普公司的管理人。威廉有两个孩子，德保拉和约那善。两人都爱学习和别人交流知识，虽则他们选择的领域与威廉自己的领域距离甚远。无疑地，在个人发展的进程中，优良的基因、勤奋的工作，以及幸运之神的眷顾是威廉在这个舞台上成功的必要条件。

山不在高有仙则名，水不在深有龙则灵

# 比肩巨人的学界翘楚

## ——1990 年诺贝尔经济学奖获得者默顿·米勒

我们强调实证经济学而非规范经济学，努力在简单的但是有力的组织理论的基础上作坚实经验研究。现在我们的园地已满法定年龄，或许我的金融学同事们可以被劝说不时从他们的数据库伸出头来，并且把我们园地的深刻见解，特别是公共政策的深刻见解，提请更广大人士注意。

——默顿·米勒

大哲人萨特说：“命运即你周遭的人。”与伟人为伍，吸收共同的营养，浸染相同的文化，会取得更大的成功！无疑，默顿·米勒的天资是出众的，但更重要的是他是幸运的。一生能够与三位前诺贝尔经济学奖金获奖人做同事，与高层的思想对话必将终身受益。1923 年 5 月 16 日，默顿在麻省波士顿出生，是乔尔和塞尔维亚·米勒的独生子，中学就读于波士顿拉丁学校。他的父亲是一名律师，是哈佛大学毕业生，1916 年获文学学士学位。至少在这一点上，默顿追随父亲的脚步，于 1940 年进入哈佛大学，1943 年以优异成绩，从哈弗大学毕业，也获文学学士学位。但是，米勒发现，自己的主要兴趣在经济学，而不在法律。他的大学同级同学之一是罗伯特·默顿·索洛，1987 年经济学奖金获奖人，他们是在入门课程经济学 A 的同一组中。

默顿·米勒　获奖时间:1990
获奖年龄:67

战争年代，米勒作为一名经济学家，先在美国财政部税务研究处，后在联邦准备系统董事会的研究和统计处工作。1949 年，他选择了巴尔的摩的约翰·霍浦金斯大学的研究生院，并于 1952 年获约翰·霍普金斯大学博士学位。他的第一个任命是伦敦经济学院1952年到1953年访问助理讲师。从那里米勒来到了卡尼基工学院,即现在的卡尼基·梅隆大学。当时,卡尼基工学院的工业管理研究是领导美国商学院新浪潮的第一家,也是最有影响的一家。米勒在卡尼基的同事中有赫赫有名的1978年诺贝尔经济学家获奖人赫伯特·西蒙和1985年诺贝尔经济学获奖人弗兰科·莫迪利安尼。1958年米勒与莫迪利安尼合作发表了第一篇题为“资本费用、公司理财和投资理论”的文章中,这是关于操纵和资本费用的合作论文,陈述了基本模型,很久之前这是公司界的一种既定的特点。在1963和1966年米勒和莫迪利安尼利用这个基本模型,又以两篇其他重要文章导出两项所谓不变定理,即现在称为MM定理。MM定理的主要意思可以表达如下:如果企业有一个最优资本资产结构和红利政策,即,如果资产结构和红利政策影响一个企业的市场价值,则这个现象反映赋税或其他明显识别的市场不完善性的结果。MM定理因此成为公司理财中理论和经验分析的自然基础,或比较标准。默顿·米勒用近20年时间主导了这种分析。他因而对现代公司理财理论作了独一无二的贡献。

六十年代中期,米勒和莫迪利安尼合作建立一种理论,通过资本市场的关系,解释用于生产企业的资本资产结构和红利政策为一方与企业的市场价值及资本费用为另一方之间的关系理论、或缺乏关系的理论。此理论根据一个假设,股东自己和企业能进入同一资本市场。这一点意味着在他们的资产证券范围中,投资者们能求得他们自己的报酬与风险之间的平衡。其结果企业不必使它们的决策适应不同股东的风险偏好。公司经理们简单地使企业的净财富最大化即能最好地保护股东的利益。换言之,企业通过多样化减少风险并不符合投资者的利益,因为股东们通过他们自己的证券夹选择能实现这一点。米勒的贡献是有关公司理财理论和市场上对企业的评价。在这个园地中米勒获得最重要的成就,对金融经济学作出了先驱性贡献。因在金融特别是在证券投资方面做出杰出贡献而获1990年诺贝尔经济学奖。

1961年,米勒离开卡尼基到芝加哥大学,任芝加哥大学商业研究生院布朗讲座银行金融学教授。1966年到1967年在比利时鲁文大学当一年访问教授,就一直在芝加哥将大部分工作继续集中在公司理财研究方面,1976年,他担任美国金融学会会长和《商业杂志》副主编。1981年任芝加哥大学商业研究院马歇尔讲座功勋教授。直至八十年代初,他担任芝加哥商会的一名公职董事,将研究兴趣强烈地转移到金融服务业的经济和管制问题，特别是证券和期货交易方面。1983 年到 1985 年，米勒是芝加哥贸易委员会的一名理事，1990 年以后，米勒还一直担任着芝加哥商品交易所理事。在 1990 年之前，他曾担任该所的特别学术委员会委员，对 1987 年 10 月 19～20 日的危机作事后分析。

提到米勒的家庭，他的第一个妻子爱里诺，在 1969 年过早谢世，那时已是三个小女儿的母亲。这对米勒是一个沉重的打击。重新结婚后，米勒更加注重对家庭生活的关注，第二个妻子凯塞琳和他共同分配他们的时间，工作日是在海德公园的一处市区住宅里，周末则在伊利诺伊州伍德斯托克的一个农场，过乡村退居生活。和其他有些周末退居者相似，米勒的业余爱好是修剪灌木和一般维修，加一点园艺。米勒的与娱乐性运动最接近的事是在寒冷的兵士球场用他的季票，在南端的固定座位上观看芝加哥熊队赛球。2000 年 6 月 6 日因癌症在芝加哥逝世，享年 77 岁。

**科学的基本原则真实或客观，本质上就是道德的原则**

# 长寿的经济学突破者

## ——1991年诺贝尔经济学奖获得者罗纳德·科斯

让大家了解“原创性的观念由酝酿到终于为同行所接受的过程。”但是，即使说我的思想是由偶发事件所促成的，我对这些事件的反应，却无疑地受到了时代精神的影响。

——罗纳德·科斯

2013年9月2日，科斯在芝加哥去世，享年102岁。在其漫长的学术生涯中，科斯对于经济学领域的最大贡献是对产权经济学的深入探讨，这一领域的研究也令他最终获得诺贝尔经济学奖的垂青。“科斯成就了大多数学者做梦希望能做到的事，那就是不朽。”芝加哥大学法学院院长迈克尔·斯切尔这样评价，“他的学术研究从根本上改变了律师对于政府何时如何干预经济以及私人合约如何管理的方法路径，他的研究和我们今天所作的很多争论都是紧密相关的。”冥冥之中一切似有定数安排，非人力所能左右。科斯一路走来成为我们眼中看到的经济学者，而没有成为编篮工人、历史学者、化学家、工厂经理人或律师，这还要从他的成长经历说起。1910年12月19日下午3点25分，科斯出生在伦敦近郊的威尔斯登小镇，是家中的独子，父母双亲都在很小时候就辍学了，但却极有教养。父亲在邮局担任电报员，母亲婚前也在同一地方任职。尽管如此，母亲教导科斯做人要诚实与真诚，父母虽不能和孩子共享志趣，但一直支持科斯去做自己想做的事。

罗纳德·科斯　获奖时间:1991
获奖年龄:80

年幼之时，科斯因腿疾必须穿上铁鞋行走，因此上的是残疾学校。学校的主管单位同时也管理另一所供心智障碍者就读的学校。回忆起童年时光,科斯只记得在学校时学过编篮子,可惜这门有用的技能科斯却学艺不精;12 岁参加中学入学考试,获得基尔本中学的奖学金。学校的师资优秀,在正规课程上,科斯接受了扎实的教育。1927 年,通过了大学先期入学考试,其中历史与化学两科成绩优异。因为要为伦敦大学的中级考试做好准备,又在中学待了两年。这段期间的课程,相当于大学一年级所修习的科目,所以必须决定主修的科系。当时,科斯的第一志愿是历史,但是发觉要取得这方面的学位,必需通晓拉丁文;转到科学组选择另一个表现优秀的科目,主修化学。但当时对数学的理解是数学公式和运算过程,却不了解各项运算的意义,所以不喜欢数学,而这又是所有科学学位的基础,所以只有再度变更主修的科目为商业,这是当时基尔本中学剩下的唯一选择。

通过自身的不懈努力,科斯顺利进入了伦敦政治经济学院,在伦敦经济学院修习商学士的最后一年,刚巧能碰上普兰特来此执教的第一年,参加了普兰特主持的研讨课程,给他带来莫大的启示。在普兰特的教诲之下,了解生产者会相互竞争,结果提供了消费者最需要的产品;次年获得了伦敦大学 1931 年到 1932 年的卡塞尔爵士游学奖学金,那一年在普兰特指导下工作,那段时间也被伦敦经济学院认可为在校修习。他和同样选修产业的朋友佛勒一起讨论经济问题。当年的伦敦经济学院规模不大,科斯结识了一批专攻经济学的同学,彼此相互讨论,特别是维拉·史密斯。22 岁那年科斯获得了商科学士学位。1932 年,年轻的科斯进入就业市场,那一年正值经济大恐慌以来最差的年份,伦敦经济学院毕业生找不到工作的比比皆是,但科斯有更特殊的际遇,10 月受聘为丹迪经济暨商业专校的助理讲师,在该校任教 6 年。

早在 1937 年,年仅 26 岁的科斯便在一篇名为《公司的性质》的论文中,以独特的观点阐述了企业是如何形成的。这篇论文后来被广泛认为对于经济学界具有重要意义。科斯从“交易成本”的角度给出了他所认为的企业如何产生的原因。这一独特的研究视角,直到今天,为经济学界所惊叹。科斯在 1951 年获得伦敦大学博士学位,随后他前往美国,促成他这项决定的原因,一方面是对社会主义化的英国的未来缺乏信心;另一方面是 1948 年在美国待了一段时间,研究商业广播系统的运作。喜欢美国的生活,再加上个人对美国经济学者十分仰慕。在老一辈的经济学者中,最尊敬奈特,同辈的学者中,则属斯蒂格勒,还有舒兹的影响。到了美国之后,第一所执教的学校是布法罗大学,该校公用事业的专家桑纳曾在战前造访伦敦经济学院，因此是由他推荐科斯来此任教。1958 年，转往弗吉尼亚大学执教；到 1964 年，又受聘成为芝加哥大学法学院教授，并担任《法律与经济日志》的主编。科斯在早年便显露出了一名优秀的经济学家所具备的深刻的洞察力和严谨的逻辑分析能力。在另一篇发表于 1960 年的名为《社会成本问题》的著名论文中，科斯提出，假定交易成本为零，而且对产权界定是清晰的，那么法律规范并不影响合约行为的结果，即最优化结果保持不变。换言之，只要交易成本为零，那么无论产权归谁，都可以通过市场自由交易达到资源的最佳配置。1982 年的诺贝尔经济学奖得主斯蒂格勒将科斯的这一理论进一步归纳为“在完全竞争条件下，私人成本等于社会成本”，并最终形成“科斯定理”。科斯定理在经济学领域的重要之处在于，发现了除价格之外，产权安排与交易费用对于制度安排的影响。科斯的这一研究最初并没有得到太多的重视，直到 30 年后，产权理论才引起学界的重视，科斯本人也最终因为这一学术成果在 1991 年获得诺贝尔经济学奖，当时的科斯已经是 81 岁高龄。

**鸟巢必须靠自己筑巢，培养独立性和自信心**

# 经世济民理论创新者

## ——1992 年诺贝尔经济学奖获得者加里·贝克

父母的态度和行为对他们的子女有很大的影响，嗜酒的或爱吹牛的父母为易受影响的年轻人创造一种不正常的气氛，而传递知识和启发他们的子女有稳定价值的父母对于他们的子女能做的事情和想做的事情都施加有利影响。

——加里·贝克

加里·贝克 1930 年 12 月 2 日出生于美国宾夕法尼亚州的波茨维尔东部的一个小煤市镇，父母在那里有一家小企业。贝克的父亲因急于挣钱，8 年级后辍学，只有 16 岁时，就离开他的加拿大蒙特利尔的家到了美国。先做生意，在美国东部迁移许多次，直到 1920 年才定居波茨维尔。贝克的两个姊妹温狄和娜塔丽，以及兄弟马尔文也在那里出生。后来，在贝克 5 岁时全家搬到纽约布鲁克林，在那里贝克的父亲成另一个企业的一名合伙人。

加里·贝克　获奖时间：1992
获奖年龄：61

贝克在布鲁克林上小学和中学。是一名好学生。在 16 岁前对运动比对智力活动更感兴趣。那时贝克不得不决定是参加手球队或是数学队，因为它们在同一时间活动。虽然他的手球打得更好，但当时选择了数学，这说明人对运动和数学有优先次序的改变。在父亲大部分视力丧失后，贝克常阅读政治和金融的新闻报道给父亲听，还担负了给他读股票行情和金融发展的其他报道的任务。刺激了贝克对经济学的兴趣，尽管那时觉得很麻烦。家里气氛很民主，经常展开对政治和司法问题的生动的讨论。

为了更快地在财务上独立，在大学第一学年结束时，贝克决定用三年时间毕业，这在普林斯顿大学是少有的选择。于是在下一学年贝克不得不多学几门课程，并在后来又选择了读代数和微分方程的唯一性。对于这类证明学了不少，但是很少学习实际求解一个方程。在普林斯顿大学对数学的重投资，为贝克更好地在经济学中愈来愈多的运用数学打下了坚实的基础。1951 年，贝克顺利地在普林斯顿大学获经济学学士学位，在大学三年级，贝克对经济学开始失去兴趣，因为它似乎并不研究社会问题。因此想转移到社会学，但是发现那个主题太难。很幸运，最后决定去芝加哥大学作经济学研究生。在芝加哥有一群第一流经济学家做创新研究，弗里德曼显然是精神领袖，他的微观经济学课程，使贝克恢复对经济学的兴趣。弗里德曼强调经济学不是聪明的学者玩的游戏，而是分析真实世界的强大工具。他的课程充满了对经济理论的结构及其在实际和必要问题的应用和深刻见解。那个课程和以后与弗里德曼的接触对贝克的研究方向有深刻影响。1955 年获芝加哥大学经济学博士学位。他的博士论文《歧视经济学》在当时是一篇富有首创性的重要经济学论著。但由于他的论题对歧视的经济分析和研究方法，试图计量“非货币”因素对市场运行的影响太出格了，以至于过了两年芝加哥大学出版社才发表了他的博士论文。

鸟巢而必须靠自己筑巢。在第三年研究生学习后，贝克成为芝加哥大学的一名助理教授。教学任务很轻，能集中精力研究。三年之后，贝克感到如果想在精神上变得更加独立，必须放弃芝加哥大学的丰厚的薪金。他在哥伦比亚大学等到一个相似的任命，并在曼哈顿民国经济研究所工作。贝克始终相信这是正确决定，因为比起留在芝加哥大学的发展，自己有了独当一面的勇气和较大的独立性自信心。在 12 年时间里，贝克更加勤奋、合理分配他的时间，用于哥伦比亚大学教学和所作研究的工作上。贝克的人力资本的书是他做研究所的第一个研究项目的产物。在此期间，还写了关于时间配置、罪与罚及无理性行为的文章，后来经常被人们写文章时引用。1968 年，因为学生造反，贝克决定离开哥伦比亚大学，坚定地维护自由研究权。1969 年回到芝加哥大学，发现那里气氛很令人鼓舞。并从此一直任教于芝加哥大学，曾任经济系主任。贝克是佩尔学会成员，是国家教育科学院的奠基人，曾在美国全国经济研究局和斯坦福大学胡佛研究所从事研究工作。还担任过 1974 年美国经济学会副会长。贝克尔曾于 1967 年荣获美国经济学会颁发的克拉克奖。

贝克有过两次婚姻。1954 年第一次结婚，育有两个女儿，朱蒂和凯基琳。

为了有一个较好的家庭气氛和环境，住在郊区而远程到哥伦比亚大学和研究所上班。后来开始厌倦远程上班，并决定或者迁入纽约或者脱离哥伦比亚大学到另一所大学。当时事业上也不是很顺利，学术研究上处于停滞状态。妻子于1970年去世。1980年与贵蒂·那沙特第二次结婚，这样使他有两个女儿外，又有两个继子：密海尔和西鲁斯。贵蒂是说服贝克写《商业周刊》专栏的人。她是一位中东历史学家，她的专业兴趣和贝克的研究相吻合，即有关经济和社会生活以及经济增长中妇女的作用问题。她提供的个人和专业的兼容性，使他们的婚后生活如此的美好。

瑞典皇家科学院决定将1992年纪念阿尔弗雷德·诺贝尔的瑞典银行经济学家奖授予芝加哥大学的加里·贝克教授，因为他把微观经济分析的领域扩大到包括非市场行为的人类行为和相互作用的广阔领域。在运用经济理论分析人类行为方面，贝克是一个成功的先驱者。

## 科学家思维独到，开阔视野

# 饱受争议的经济学家

## ——1993年诺贝尔经济学奖获得者罗伯特·福格尔

如果有效率的进程同时又是道德的,那么这便是一个美好的世界;一个文明的社会应该遵循一定的道德准则,而道德应该建立在一个健康的基础上。

——罗伯特·福格尔

有人认为福格尔对经济史的贡献仅仅是用挑衅性方式解释过去,这种看法也许是误解。从历史的档案中重新发掘各种有关资料,是福格尔大部分工作的中心内容。他把美国经济追溯到18世纪,重新建立了诸如这样一些变量的时间序列:生育率与死亡率、女性参与率、移民率、人口流动率以及储蓄率。福格尔教授的研究领域是:北美死亡率的经济解释,营养、劳动福利、劳动生产力的长期变化,对美国经济增长进行长期观察,对两代人不同的家庭行为数据的分析。通过运用经济学理论及数量的方法来解释经济发展和制度变迁,从而刷新了经济史的研究,以他在计量经济史方面出色的工作因此获得1993年诺贝尔经济学奖。

罗伯特·福格尔　获奖时间:1993
获奖年龄:67

在二十世纪四十年代后半期,身为经济大恐慌时代的年轻人,渴望了解周遭究竟发生了什么事。成长在那个年代,心里的确充满了苦闷,对经济前途普遍悲观,也感觉不到有无穷的机会等待着他们。1926年,福格尔出生在纽约市,是一位俄罗斯裔犹太人移民的儿子。1944年他从史岱文森高中毕业后,进入康奈尔大学学习,在大学期间,他的兴趣从物理和化学转向经济学和历史。并成为了共产主义组织——美国青年民主组织校园分部的主席。1948 年获得学士学位。毕业后,他成了共产党的职业组织者。但之后他放弃共产主义,并进入哥伦比亚大学继续深造,并于 1960 年在那里得到硕士学位。1963 年在约翰·霍普金斯大学获得博士学位。

福格尔 1958 年在约翰·霍普金斯大学开始执教,但于 1959 年又转到罗切斯特大学。1964 年他进入芝加哥大学,1965 年在那里任经济史教授。1965 年,他同时兼任罗切斯特大学的教授职位,1975 年他把两个职位都辞去,而到哈佛大学任教授。但是,对他来说,既要任人口经济学中心的理事,又要兼瓦格林基金会的理事,所以,1981 年,他还是回到了芝加哥大学,并一直任教数十年。福格尔 1977 年曾任经济史学会会长,1980 年任社会科学史学会会长,1978 年以后又一直任国立经济研究局的项目理事。福格尔选择了一位黑人女性,伊妮德·卡珊德拉·摩根作为自己的妻子,于 1949 年结婚并育有两个子女。

作为美国著名学者、经济学家,2013 年 6 月 11 日福格尔在伊利诺伊州的健康照护服务中心辞世,享年 86 岁。纵观他的学术研究人生轨迹,福格尔的《铁路和美国经济增长:计量经济史学论文集》的出版,标志着“历史计量学”或“新定量经济史学”的诞生。这是把新古典经济学的原理同统计推断原理相结合的一门新学科,用以考察这样的反事实性问题:如果铁路从来就不存在,美国的经济增长率会是多少?对那些反对这一问题的人说来答案是:所有历史研究实际上都是提出反事实性问题,不过是采用含蓄的而不是直率的方式罢了。

在围绕“新经济”史学的兴起而展开的热烈讨论中,福格尔坚定地维护《美国经济史新释》和《“科学”史学与传统史学》中明确制定的方法。不仅如此,对于 19 世纪美国铁路的经济影响,福格尔推翻了不少过去的研究。

《汤姆叔叔的小屋》和《飘》的故事风靡世界,它们从不同角度呈现美国的黑奴制度,在经济学界,奴隶制同样没有好名声,被普遍认为经济效率低下,终将衰败。福格尔却敢于提出与众不同的观点。福格尔与斯坦利·恩哲尔曼齐心协力,重新考察了美国奴隶制经济学。美国史是以其受到热烈的争论而著名的课题,而《苦难的时代:美国黑奴制经济学》要算是迄今在美国史方面出版的一本争议最大的书。康拉德和迈耶尔发表在《政治经济学杂志》1958 年 4 月 10 月号上的那篇文章《南北战争前的南方奴隶制经济学》,最先与那种认为奴隶制是一种无效益、不赢利的生产方式的正统观点唱反调。福格尔和恩哲尔曼接受了这篇经典文章的观点，进而严加抨击像种族主义者那样的死死维护正统观点的那些人；坚持认为奴隶制具有相当的效益，并且唯有像南北战争那样的超经济力量才可能导致它解体。他们的书已多次被译成别种文字。在不到10年的时间里，对这本书的各种评论文献就远远超过了原书本身。在1974年出版名为《在十字架上：美国黑人奴隶制经济学》的书中，指出使用奴隶的农场相比那些没有使用奴隶的农场，在生产上更高效。

福格尔以一系列突破性研究而为世人所敬仰，其观点也受到不少批评和曲解，但他从未动摇。福格尔的经济史研究方法对传统的“历史不能假设”的金科玉律是颠覆性的，而他所开创的计量经济史学同以往的计量方法相比，则是革命性的。福格尔教授虽然待人宽厚，但对真理的探求因被他视为原则问题，所以从不轻易妥协，就显得好争辩。瑞典皇家科学院表示，罗伯特·福格尔关于铁路和奴隶制的著作“迫使研究人员重新考虑早期被普遍接受的结论，在经济学史上很少有著作被同僚以这样的细节进行过审视。”授奖辞特别强调，关于奴隶制的著作“引起了巨大关注和苦涩的争论”。

## 目标明确的追求，丰富多彩的生活

# 充实人生的经济学家

## ——1993 年诺贝尔经济学奖获得者道格拉斯·诺斯

我们还有一段长路要走，不过我相信，如果要在社会科学上更进一步，必须了解一些不容回避的根本问题：人们如何从事选择，在什么样的条件下，理性的假设才是有用的工具；在不确定或模糊的情况下，个人如何选择等等。

——道格拉斯·诺斯

海上航行的岁月，让诺斯有三年的时间持续不断地阅读，就在阅读的过程中，慢慢清楚地知道自己要走的方向，就是立志要成为一名经济学者。一开始先探索是什么因素造就了经济的富庶或贫困，因为在他看来，只有做到了这点，接着才能谈如何改善经济的表现。探索经济表现的最初根源，可以说是一段漫长而充满意外旅程，从马克思主义转变到认知科学，一路走来，这项持久不变的目标一直指引、塑造着诺斯的学术生涯。

1920 年 11 月 5 日，诺斯出生于马萨诸塞州的剑桥，并非因他的家庭和此地的高等学府有何关联，而是他的父亲当时担任附近城镇大都会人寿保险公司的经理，而在 1920 年，附近最近的医院就在剑桥。诺斯是三名子女中的老幺，上有兄姐各一，都是父亲在第一次世界大战期间前往欧洲之前出生的。诺斯的家庭并不是书香门第。父亲当初进入大都会人寿保险公司担任小职员时，连高中还没毕业；至于母亲，也不敢确定她是否完成了高中教育，不过母亲真是一位精彩人物，聪慧又有求知欲，在诺斯的知识发展上扮演了重要的角色。此

道格拉斯·诺斯　获奖时间:1993
获奖年龄:72

外,他的一些长辈也都对他有相当的影响,他们引介诺斯进入了古典音乐的世界。即使到了今天,诺斯的姑姑阿德莱还是他生命中非常特殊的人。

诺斯有着国际化的教育经历。从他出生的第二年起,因为父亲工作的关系搬了好几次家,先是康涅狄格州,后来父亲升任大都会人寿保险公司加拿大办事处的主管,他们又搬到了渥太华。因为母亲崇尚多元教育,因此他们就前往欧洲游历,1929 年到 1930 年间,诺斯在瑞士的洛桑念书。后来在渥太华完成小学教育,再进入一家私立中学。1933 年搬回美国后,在纽约市以及长岛的私立学校分别念过短暂的时间,最后是在康涅狄格州的学校完成高中教育。高中时诺斯迷上了摄影,回想自己年轻的岁月中最值得大书特书的事,就是曾在国际性的大专及高中摄影竞赛中,荣获首奖以及第三、第四与第七名。

上大学那年,原本已经拿到了哈佛的入学许可,可是因父亲调任为大都会人寿保险公司美国西岸主管,全家又搬到了旧金山。因为不想离家太远,于是决定改念加利福尼亚大学柏克莱分校。在那里,诺斯变成了马克思主义信徒,生命也全然改观。

进入加利福尼亚大学柏克莱分校的研究所就读,当时影响他最深的教授,都不在正统经济学的主流之列,如布莱迪,在经济思想史上有举足轻重地位的罗金,至于奈特的兄弟——M·M·奈特虽然不相信理论,但是对经济史的事实及背景却了如指掌,后来成为他在柏克莱的导师,也是论文指导教授。诺斯也曾用死记的方式来学习一些必要的理论,但却无法真正了解其中的精义。直到从事第一份工作,在西雅图的华盛顿大学任教时,借着和高登这位优秀的年轻理论家下棋的机会,才开始真正学到经济理论。高登教他如何以经济学者的方式思考,而这项技巧迄今仍可算是诺斯最重要的研究工具。诺斯的博士论文是美国人寿保险的发展史,获得社会科学研究委员会的奖助金,到美国东海岸从事基础研究的工作。那是收获丰硕的一年。不只在哥伦比亚大学参加墨顿的社会学研讨课程,也接触了哈佛大学的科尔企业家中心。由于熊彼特是企业家学派的导师,因此受到他强烈的影响。诺斯早期的研究以及著作重心,是由博士论文扩充的寿险分析以及寿险公司与投资银行的关系。

1944 年诺斯第一次结婚。那是在研究所的求学时代,妻子在学校教书的收入是他们家庭经济的主要来源。他们有三个儿子,分别是道格拉斯、克里斯多佛及麦尔肯。后来,诺斯的妻子从政,成为华盛顿州议会中出色的政治人物。诺斯于 1972 年第二度结婚,对象是伊丽莎白·凯斯。她自此一直扮演了妻子、伴侣、评论者以及编辑的角色，也可以说是诺斯所研究各项专案计划的合作伙伴。由于身兼评论者与编辑，她在诺斯个人发展为经济学家的演化过程中，扮演了非常重要的角色。她把诺斯平淡的字句，转变成漂亮的文章，更重要的是，她有正确的直觉，能点出诺斯考虑不够周全的部分，并促使他面对模糊与混淆之处，重新理清自己的思路。

经济研究一直是诺斯生命中的重心，但其他各式各样的活动也掺杂其中，丰富了他的人生。他始终没有忘情于摄影；也一直与一位挚友同享垂钓与打猎之乐；有两所农场，一所在加利福尼亚州北部，后来又在华盛顿州买了一所。学会驾驶飞机，在60年代，还有属于自己的飞机。佳肴美酒也一直是诺斯的嗜好。整个早上是潜心研究的时间，下午则遛狗、打网球或游泳，到了晚上，由于住处距因持洛肯音乐营只有16英里，音乐也持续在他生活中占有非常重要的部分。与妻子每周会去听两三个晚上的音乐。1979年到1994年的十五年时光中，诺斯夏季住在密西根北部，既能兼顾学术研究又能是休闲的绝佳地点，让他得以充分体验丰富的人生。

## 苦难使人成长，教会人们如何认识生活

# 历经苦难博弈论奇才

——1994年诺贝尔经济学奖获得者约翰·海萨尼

道德、平等和个人美德：一个不正统的功利主义理论。

——约翰·海萨尼

1920年5月29日，海萨尼出生在匈牙利的布达佩斯，是富裕药商的独生子。他拥有犹太血统，海萨尼的父母曾希望他将来成为一个药商，但海萨尼自己爱好研究哲学和数学，中学时代在一个高中生数学比赛中曾夺得第一名。1939年父亲将他送往法国，预备入读里昂大学的化学工程。但由于第二次世界大战爆发，他被迫回到匈牙利。在中学毕业决定自己今后发展方向时，海萨尼还是尊重父母的意愿，选择了布达佩斯大学的药学专业。身为药理学学生，他得以避过匈牙利军队的征兵，1944年初，他获得了药学硕士学位。1944年3月德国军队占领了匈牙利。霍尔蒂·米克洛什政权倒下，箭十字党夺得政权，海萨尼的缓期应召被取消，因而被强迫加入苏德战争中的一个劳动单位，5月到11月，海萨尼被强迫到一个苦力营中劳动。同年11月，纳粹当局决定将海萨尼所在的苦力营从布达佩斯放逐到奥地利的一个集中营去。但是，就在列车开往奥地利之前，海萨尼很幸运地从布达佩斯火车站逃脱。一位他认识的耶钱教神父救了他，并让他躲在修道院的地窖里避难。海萨尼逃过这次大劫难，幸运地活下来，后来与他一起的那些苦力营的同伴绝大多数死于集中营里。

约翰·海萨尼　获奖时间:1994
获奖年龄:74

战争结束后，海萨尼回到了布达佩斯大学，主修哲学，副修社会学和心理学，并于1947年完

成哲学博士学位。在那时,他作为一个虔诚的天主教徒,决定同时研究神学,后来他对信仰失去信心,成为一个无神论者直至离世。1947 年到 1948 年,他在布达佩斯大学社会学研究所学院中度过。在那里,他遇上安妮克·劳贝尔,他未来的妻子。因公开表达反马克思主义的观点,海萨尼被迫辞职离开学院;而安妮克也由于相同原因,面临着越来越多亲友的压力要她离开海萨尼。后来,海萨尼管理家族生意两年,受到来自匈牙利共产主义机关的政治迫害,最后决定逃离匈牙利。苦难激发了海萨尼潜在的求生能力,磨炼了他的意志、性情和耐力。1950 年,他与安妮克和她的父母非法越境逃往奥地利,辗转前往澳大利亚。1951 年 1 月 2 日,海萨尼在抵达澳洲悉尼后第三天,和安妮克结为伉俪。

对悲观者来说,苦难只能带给他们失落与绝望。对乐观者来说,苦难能带给他们生的希望和前进的动力。海萨尼是一个勤奋的学者。由于海萨尼的英语水平不高,同时他在匈牙利获得的学位澳大利亚不承认,因此在到达悉尼头三年中的大部分时间里,海萨尼不得不到工厂做工以养家度日。海萨尼在悉尼的工厂当劳工的同时,晚上在悉尼大学修读经济学课程,这时的他越发感觉到经济学理论的概念和数学方法的雅致对他很有吸引力,因此决定从社会学改行学经济学。在匈牙利的学位虽然不被承认,但他在匈牙利上大学时的课程使他获得了一部分学分,他只需学习两年的进一步课程并写一篇经济学的硕士论文就可以获得硕士学位。1953 年底完成学业,海萨尼取得悉尼大学经济学硕士学位。这时,海萨尼已开始了他的经济学学术生涯。由于拥有学位,1954 年初,他到布里斯班的昆士兰大学做经济学讲师,取得教席,一直工作到 1956 年。这期间,海萨尼发表了五篇论文,开始在经济期刊发表研究论文。1958 年,他获得了洛克菲勒基金会的基金,使他和安妮克得以有两年时间在美国斯坦福大学度过,另外一学期在考尔斯基金会度过。在斯坦福,海萨尼结识了 1972 年的诺贝尔经济学家肯尼斯·约瑟夫·阿罗,在他的指导下写了一篇关于博弈论的论文,并于 1959 年取得了斯坦福大学经济学博士学位,这是他的第二个经济学博士学位,而妻子安妮克则取得心理学文学硕士,这时海萨尼已年届 38 岁了。1958 年,海萨尼和太太回到澳大利亚,在堪培拉澳大利亚国立大学以研究员身份工作一段很短的时间后,因为博弈论在澳大利亚仍是默默无闻而感到被孤立。在阿罗和詹姆斯·托宾的帮助下,海萨尼迁移到美国定居,同时于 1961 年至 1963 年之间在底特律韦恩州立大学担任经济学教授。1964 年,他转到美国伯克莱加州大学,并一直留在那里直至 1990 年退休。抵达柏克莱后不久,他和安妮克生了一个孩子,取名为汤姆。在柏克莱任教的同时,海萨尼对博弈论作了大量的研究。从1966年至1968年,他参与一个博弈论专家的团队,联同来自新泽西州普林斯顿的咨询小组向美国ACDA(Arms Control and Disarmament Agency)提供咨询意见。

约翰·海萨尼这位美籍经济学天才、理性预期学派的重量级代表,推动博弈论发展成为经济分析工具的先驱之一,1994年获诺贝尔经济学奖。海萨尼最著名的是对博弈论的研究及博弈论应用于经济学的贡献,特别是他对不完备信息的博弈,即塞局博弈(Bayesiangames)的高度创新分析。他的重要贡献还包括博弈论与经济推理在政治和道德哲学特别是功利主义伦理学的应用。此外,他还在福利经济学和经济哲学方面获得了重要的研究成果,从50年代初直到90年代,海萨尼在这两方面发表了一系列的文章,做出了一定的贡献,进一步确立了他在经济学界的地位。

晚年,海萨尼患上阿兹海默病,2000年在美国柏克莱因心脏病发作逝世,享年80岁。

## 傲慢古怪幽灵一般，沉醉于自己的隐秘世界

# 疯狂孤独的数学天才

——1994年诺贝尔经济学奖获得者约翰·福布斯·纳什

从统计学看来，没有任何一个已经66岁的数学家或科学家能通过持续的研究工作，在他或她以前的成就基础上更进一步。但是，我仍然继续努力尝试。由于出现了长达25年部分不真实的思维，相当于提供了某种假期，我的情况可能并不符合常规。因此，我希望通过至1997年的研究成果或以后出现的任何新鲜想法，取得一些有价值的成果。

——约翰·福布斯·纳什

约翰·福布斯·纳什曾患有严重的精神分裂症，可他坚称他的疾病是全靠意志力治愈的。他痛恨精神病院，痛恨药物，至今说起他妻子将他强行送入精神病院的情形，他都一脸心悸。他疯狂离奇的经历被改编成电影《美丽心灵》后，在世界各地广为传颂。纳什共入过两次精神病院，1959年在波士顿附近专治上层阶层的麦克林医院，那里的医生把精神分裂症当做心理疾病，成天做心理咨询，询问童年经历。1961年在普林斯顿附近的特伦顿精神病院里，纳什被迫接受了如今已被西方医学界停用的胰岛素昏迷治疗：大剂量注射胰岛素，让精神病人陷入昏迷状态。而病人清醒时，也状如行尸走肉。他开始只吃素食，以此抗议医院的治疗。在长时间胰岛素昏迷治疗后，他终于“变正常”了，他生平从没有如此谦逊有礼。

约翰·福布斯·纳什
获奖时间:1994　获奖年龄:66

两次入院之间，他莫名其妙地从麻省理工辞了职，提取了所有养老金，宣布要去欧洲旅行。1959年7月，纳什的航班在巴黎着陆，他看到整座

城市充斥着抗议核军备竞赛的游行、罢工、爆炸。直到终于被遣送回美国,有九个月的时间,纳什在欧洲各大城市游荡。这段游荡不禁让人联想起虚构世界里流浪四方的英雄们:杜拉斯念念不忘的恒河边上的女乞丐,乔伊斯笔下用一天游历都柏林的布鲁姆先生,还有荷马歌咏的花十年时间返家的奥德修斯。这些虚构的英雄和纳什一样。九个月中,纳什看到的是,到处都像巴黎那样满是冷战意识下的喧嚣与骚动,北约与华约的黑影不分伯仲地徘徊在欧洲大陆。

纳什在欧洲目睹了种种疯狂世景,用漫无终点的肢体的游荡企图达到某种精神目标。一个刚出精神病院的精神分裂症患者如何去面对一个比精神病院更加疯狂的宏观世界?尤其是这个宏观世界言之凿凿地标榜自己是“正常”的、“理性”的。

1928 年 6 月 13 号,纳什出生于美国西弗吉尼亚州工业城布鲁菲尔德的一个中产阶级家庭。父亲老约翰·福布斯·纳什来自德克萨斯州,是一名电气工程师,任职于阿巴拉契亚电力公司,是第一次世界大战的老兵,当时在法国担任负责后勤工作的中尉;母亲玛格丽特·弗吉尼亚·马丁生于布鲁菲尔德,结婚前是当地的一位中小学教师,教英语和拉丁语。

纳什从小就显得内向而孤僻。他生长在一个充满亲情温暖的家庭中,幼年的大部分时间是在母亲、外祖父母、姨妈和亲戚家的孩子们的陪伴下度过的,小纳什总是偏爱一个人埋头看书或躲在一边玩自己的玩具,并没有表现出神童的特质,却是一个聪明、好奇的孩子,热爱阅读和学习。纳什的母亲和他关系亲密,或许出于教师的职业天性,她对纳什的教育格外关心,早在纳什进入幼儿园前,就开始亲自教育、辅导他。而纳什的父亲则喜欢和孩子们分享自己在科学技术上面的兴趣,能够耐心地回答纳什提出的各种自然和技术的问题,并且给了他很多的科普书籍。少年时期的纳什还特别热衷做电学和化学实验,也爱在其他孩子面前表演。纳什就读于布鲁菲尔德当地的中小学,然而在学校里,纳什的学习成绩并不好,被老师认为是一个学习成绩低于智力测验水平的学生。纳什的社交障碍、特立独行、不良的学习习惯等时常受到老师的诟病。这些问题令纳什的父母忧虑,曾经想过很多办法,但收效甚微。但是,纳什的双亲极力提供给纳什一些书籍和允许他在高中时就去进修当地大学布鲁菲尔德专科学院的高阶数学课程。之后,纳什参加了卡内基技术学院的学习。1948 年,大学三年级的纳什同时被哈佛、普林斯顿、芝加哥和密执安大学录取,而普林斯顿大学表现得更加热情,当普林斯顿大学的数学系主任莱夫谢茨感到纳什的犹豫时,就立即写信敦促他选择普林斯顿,这促使纳什接受了一份1150美元的奖学金。由于这一笔优厚的奖学金以及与家乡较近的地理位置,纳什选择了普林斯顿大学。在这里,他显露出对拓扑、代数几何、博弈论和逻辑学的兴趣,通过学习,他取得了数学的硕士学位。1950年,22岁的纳什凭借以非合作博弈为题的27页博士论文毕业。他在那篇仅仅27页的博士论文中提出了一个重要概念,也就是后来被称为“纳什均衡”的博弈理论,也奠定了数十年后他获得诺贝尔经济学奖的基础。

1952年,纳什24岁,开始在麻省理工学院教书。当时的纳什“就像天神一样英俊”,1.85米高的个子,体重接近77公斤,还有一张英国贵族的英俊容貌。他的教学和考试方法有悖于传统。如果说一般人心目中的数学家们是一些以古怪偏执傲慢为自豪资本的典型的话,那么你可以想象纳什只能是有过之而无不及。在研究领域里,纳什在代数簇理论、黎曼几何、抛物和椭圆型方程上取得了一些突破。1958年,纳什几乎因为在抛物和椭圆型方程里的工作而获得菲尔兹奖,但由于他的一些结果没有来得及发表而未能如愿。20世纪80年代末期,纳什渐渐康复,从疯癫中苏醒,而他的苏醒似乎是为了迎接生命中的一件大事:1994年,他和其他两位博弈论学家约翰·海萨尼和莱因哈德·泽尔腾共同获得了诺贝尔经济学奖。

**博弈论促进人类思维的发展，促进人类相互了解与合作**

# 勇敢的博弈论拓荒者

## ——1994 年诺贝尔经济学奖获得者莱因哈德·泽尔腾

我从来不卖股票，买低价位高分红的股票，然后长期持有一定会获利。

——莱因哈德·泽尔腾

2013 年 11 月 15 ~ 16 日，在南开大学召开的第二届“公司治理国际研讨会”上，由诺贝尔经济学奖获得者泽尔腾、著名经济学家和管理学家南开大学国际商学院李维安教授、香港中文大学唐方方教授、香港大学张俊喜教授和宋敏教授联合发起成立的“泽尔腾实验模拟研究室”举行揭牌和挂牌仪式，该所实验室是中国人文社会科学领域首家以诺贝尔奖得主名字命名的实验室。有关专家认为，南开大学“泽尔腾实验模拟研究室”的建立，有效地整合了国内外的学术资源，使中国公司治理研究实现了与国际接轨。

泽尔腾教授，欧洲经济学会主席、计量经济学学会委员、德国科学院院士、美国经济学会名誉委员，长期从事博弈论方面的研究工作，对行为经济学和实验经济学的研究长达 20 年之久。他因在“非合作博弈理论中开创性的均衡分析”研究中做出的杰出贡献，于 1994 年荣获诺贝尔经济学奖。

莱因哈德·泽尔腾
获奖时间:1994　获奖年龄:64

1930 年 10 月 10 日，泽尔腾出生于德国的不莱斯劳。第二次世界大战以后，不莱斯劳划属波兰，改名为弗罗茨瓦夫。1951 年，泽尔腾高中毕业，尽管他曾考虑上大学学习经济学或心理学，但最后还是决心选择学习数学。1957 年，泽尔腾在德国法兰克福大学获数学硕士学位，然后被法兰克福大学的经济学家海因茨·萨尔曼教授聘为助手，萨尔曼教授是最早在德国倡导凯恩斯主义的经济学家。一开始,泽尔腾被安排进行将决策理论应用于厂商理论的研究。但不久,泽尔腾即迷上了经济学的实验。这项工作得到萨尔曼的支持,于是泽尔腾与几个同事一起开始从事经济学的实验研究。尽管萨尔曼没有受过多少数学训练,但他鼓励助手们对经济问题展开模型研究,他对经济学的发展趋势有很好的直观感觉,并对他的助手们的研究提出了很好的指导。泽尔腾从事着博弈论及其应用、实验经济学等博弈论的学术研究。1959 年,泽尔腾与萨尔曼合作发表了他的第一篇学术论文《一个有关寡头的实验》。在当时,实验经济学这门学科还不存在。泽尔腾大学期间学习心理学课程时所做实验的经验给他做这项研究打下了基础。1961 年,泽尔腾获得法兰克福大学数学博士学位。不久,摩根斯坦邀请他到普林斯顿大学参加博弈论会议。在这次会议上,泽尔腾与哈萨尼首次相遇。会后,摩根斯坦资助泽尔腾在普林斯顿做了一段短期的访问学者。在此期间,泽尔腾与摩根斯坦研究集体的其他成员如奥曼、马斯库勒等进行了学术交流,这对于泽尔腾的博弈论研究有重要的促进作用。1964 年,泽尔腾发表了论文《n 人博弈的评价》。这是一篇重要的博弈理论论文,是泽尔腾博弈理论研究中的一个重大贡献。60 年代早期,泽尔腾在分析中发现了一个自然均衡,但同时发现这个博弈有许多其他的均衡。为了描述自己的发现,泽尔腾定义了子博弈精炼的概念,并于 1965 年发表了最著名的博弈论论文《一个具有需求惯性的寡头博弈模型》。泽尔腾当时没有想到他的这篇文章后来会被广泛引用,并成了子博弈精炼均衡的正式定义,同时成为后来获得诺贝尔经济学奖的主要原因。

在德国,要做大学教师,博士学位不是唯一的要求,还得取得一定的资格,这要求写一篇资格论文,常常是关于某一个研究领域的专题文章。泽尔腾 1967 年写了一篇多产品定价的专题论文,1970 年发表。1967 年到 1968 年,泽尔腾到加州大学伯克利分校做访问教授。之后,泽尔腾取得了从教资格,并在柏林自由大学任经济学教授。在自由大学任教期间,正值德国学生学潮高涨,教学工作遇到很多困难,有时甚至于不能正常教学,而自由大学的学潮又最甚。这时,泽尔腾想建立一个大型的数理经济学研究所,因此于 1972 年转到比勒菲尔德大学工作。后来由于资金方面的原因,他只建立了一个小型的研究机构。泽尔腾成功地说服了拨款委员会,允许该研究机构聘请博弈论专家,一共三人。

在比勒菲尔德大学,泽尔腾继续实验研究,主要从事博弈理论及其在产业组织与其他领域的应用研究,取得了一系列的研究成果;并开始与哈萨尼合作进行博弈均衡选择的研究,合作研究的成果在1988年发表。泽尔腾在到伯克利的经常性访问中,还与马萨克合作,于1974年出版了一本关于多产品定价理论的书。在比勒菲尔德大学的12年中,泽尔腾还与古斯有密切的合作。他们研究了泽尔腾与哈萨尼博弈均衡选择理论的应用(当时泽尔腾与哈萨尼的博弈均衡选择理论还远没有定型)。同时,他们在经济周期模型的框架中对工资谈判问题进行了研究。在此期间,泽尔腾还指导过一些学生,其中有些已成为世界知名的博弈论专家,如范·登。1984年至今,泽尔腾教授一直在波恩大学工作。

泽尔腾现还任计量经济学社团委员、美国艺术与科学学院外籍名誉院士、青岛大学名誉教授、南开大学公司治理研究中心顾问。1991年,泽尔腾和夫人伊丽莎白都患上严重的糖尿病。伊丽莎白因此而下肢瘫痪,并且视力也接近于失明。但泽尔腾夫妇仍对生活充满了自信和快乐。

## 追求自己的智慧兴趣，抱有很大的雄心

# 理性预期经济学天才

## ——1995年诺贝尔经济学奖获得者小罗伯特·卢卡斯

我为之获得此奖的工作是想了解货币政策的改变如何能影响膨胀,就业及生产的努力的一部分。对此问题思考过那么多,证据有那么多,以致人们可以合理地假设很久以前它已获得解决。但是事实并非如此。

——小罗伯特·卢卡斯

小罗伯特·卢卡斯是一位经济学天才、理性预期学派的重量级代表,倡导和发展了理性预期与宏观经济学研究的运用理论,深化了人们对经济政策的理解,并对经济周期理论提出了独到的见解。他很可能是20世纪70年代以来最有影响力的经济学家之一,他改变了此前由凯恩斯主义经济学一统天下的宏观经济学理论的基础,提出宏观经济模型应该具有微观基础。最为人熟知的是他对理性预期含义的探索。他开发了有关经济政策制度的卢卡斯批判,认为对于那些在一个经济中表现出的关系,例如通货膨胀和失业之间有很明显的关系,会随着经济政策的变化而变化。他是1995年诺贝尔经济学奖唯一的获奖者。

小罗伯特·卢卡斯
获奖时间:1995　获奖年龄:58

1937年9月15日,卢卡斯出生于华盛顿的雅奇马,是罗伯特·爱默生·卢卡斯和简爱·坦普顿·卢卡斯的长子。卢卡斯有一妹两弟,妹妹珍妮弗生于1939年,弟弟彼得和尼尔分别生于1940年和1948年。父母从西雅图迁往雅奇马,开了一家名叫“卢卡斯冰激凌店”。但是,随着1937年到1938年的经济大萧条,冰激凌店倒闭。第二次世界大战中,全家又迁回西雅图。在那里,父亲在造船厂找到一份装修锅炉汽管的工作,母亲则恢复以前

时装设计师的职业。母亲是一名开明的宗教新教徒，但是很优雅，她喜欢硬木地板和东方地毯装饰家里，甚至抽烟知道选择何种烟卷。战后，父亲在一家商业冷冻机公司找到一份电焊工作，在这家刘易斯冷冻公司，他变为绘图员，然后是一名销售工程师，再后来成为销售经理，最终成为公司的董事长。他没有学院学位，没有工程训练，但是自学能力极强，是从和他一起工作的人及手册中学会他需要的工程。卢卡斯有许多与父亲一起的技术和管理讨论，以及他们的现行政治论点的切磋。当卢卡斯在高中学微积分时，父亲要他帮助解决正在工作的一个冷冻机设计问题，并且实际用了卢卡斯的计算！这次的经历极大地鼓舞了卢卡斯，这是他第一次品尝实际应用数学，并且是激动人心的一次。

卢卡斯上西雅图公立学校，1955 年从罗斯福高中毕业，他的父母于 1927 年也在那里毕业。卢卡斯擅长的是数学和科学课程，父母希望他进西雅图的华盛顿大学并变成一名工程师。在 17 岁时，卢卡斯准备离家，但如果他能得到一笔奖学金，父母将同意支持这项决定。麻省理工学院不给，但芝加哥大学给了奖学金。由于芝加哥没有工学院，这终止了他的工程事业。但是当卢卡斯开始 44 小时火车“东归”旅行到芝加哥时，他确信自己的人生将会改写，命运掌握在自己的手中，相信人生际遇将会碰到有趣的事情。

在那个时候，热门专业是学物理，但卢卡斯对此没有兴趣。真正令他激动的是芝加哥学院的人文科学，如西方文明史和知识的组织、方法及原理。这些课程中的一切对他都是新的。他选修古代史序列，并且变成主修历史。卢卡斯由于获得了一项伍德罗·威尔逊博士奖学金，而进入加州大学攻读历史专业研究生。他不懂希腊文或法文，懂很少一点拉丁文和德文，没有条件追求他的古典兴趣，如此开始在伯克莱工作，心中几乎是一片空白。卢卡斯在芝加哥读过的最令人激动的近代史家是比利时历史学家亨利·皮伦尼，他记述罗马时代终结，并强调面对政治大破坏时，人民的经济生活的连续性。对此，卢卡斯印象深刻。在伯克莱，他选修经济史课程，并旁听经济理论课。从那时起，他开始对经济学产生浓厚的兴趣。他决定改学经济学，因为在伯克莱的经济学系似乎没有希望得到财务支持，因此回到了芝加哥。在那个学年的其余时间，卢卡斯选修一些芝加哥的大学本科经济学以及一两门研究生课程，准备第二年秋季开始当一名合格的研究生。

1964 年，卢卡斯获芝加哥大学经济学博士学位，随即前往卡内基—梅隆大学的工业管理研究生院，这里提供给他一个教职。工业管理研究生院对卢卡斯而言是一个鼓舞性的和宜人的地方。该院的主要学术人物是赫伯特·西蒙。虽然到卡内基时西蒙不再做经济学工作,但他在午餐或咖啡时间总是愿意谈论经济学、社会学或管理科学的任何其他领域。他给予在研究生院所有人以身在大团体的感觉,并且帮助他们驱除一切重要工作都在芝加哥或剑桥进行的感觉。

卢卡斯称自己有一个报酬很好的个人生活,与他描述的智力生活交织在一起。1959 年 8 月芝加哥的一名本科生丽塔·柯恒和卢卡斯在纽约结婚,恰好是在他到伯克莱做研究生之前。1960 年 9 月,他们的长子斯蒂在芝加哥出生。1966 年 1 月,他们的次子约瑟在匹兹堡出生。长子现在是纽约化学银行一个证券买卖人,次子在波士顿大学当一名历史研究生。1982 年丽塔和卢卡斯分居,几年后离婚。自 1982 年以来他和南希·斯托基一起生活,她现在是卢卡斯在芝加哥的一位同事。他们曾合写关于增长理论、财政学及货币理论的文章。他们的专著《经济动力学中的递归法》在 1989 年出版。从那时以后,他们的合作只在家庭方面。在芝加哥北边他们有一套公寓房,并在威斯康辛道尔县密歇根湖边有一所夏屋。

## 虚怀若谷的人生，谦虚戒躁的品质

# 牛津大学最年轻教授

## ——1996年诺贝尔经济学奖获得者詹姆斯·莫里斯

永远不要说“你应该怎么做”的生活态度。

——詹姆斯·莫里斯

2011年6月，莫里斯在接受《21世纪经济报道》专访时谈道：“中国经济仍然将保持上行态势。目前看来，中国经济的增长主要的推动因素仍然是投资，而出口只是一种需求的表现。”他指出，拉动中国经济增长仅仅依靠投资是不够的，还需要有更多的国内消费为中国GDP的增长做贡献。

对于莫里斯来说，他的理论研究高峰真正出现的时间是1996年。这一年，英国剑桥大学的詹姆斯·莫里斯因“在信息经济学理论领域做出了重大贡献，尤其是不对称信息条件下的经济激励理论”的贡献，他和美国哥伦比亚大学的威廉·维克瑞一起荣获诺贝尔经济学奖，该理论已成为现代经济学的重要基石。莫里斯凭借着这样一份内部交流文稿就摘走了国际经济学界的桂冠。除信息经济学外，莫里斯教授在其他方面也有很多重要建树。最著名的是他对公共财政理论的贡献。另外，他在福利经济学、增长理论、项目评估方面都有贡献。

詹姆斯·莫里斯
获奖时间:1996　获奖年龄:60

说到个人简历的辉煌，非詹姆斯·莫里斯爵士莫属。33岁，他成了当时牛津大学最年轻的经济学教授。我们知道，牛津授予一个教授头衔可不是很容易的事，那时牛津经济学科内总共也就两三位教授，当时莫里斯并没有什么有影响的论文正式发表，但牛津就授予了他教授职位，这或许正体现了牛津对选择人才有很好的机制，能够发现人的潜质。60 岁，莫里斯获得 1996 年诺贝尔经济学奖，这或许是对他几十年学术生涯的一个完美嘉奖；61 岁，获英国女王授予的“爵士”爵位；73 岁，还获得了由爱丁堡皇家学会授予的皇家勋章。就是这样一个充满传奇色彩的人物，在 75 岁高龄时，坚持着“永远不要说‘你应该怎么做’”的生活态度的学者，依然坚定地行走在经济研究之路上。

莫里斯于 1936 年 7 月 5 日出生于苏格兰的明尼加夫，与亚当·斯密是同乡，莫里斯在这位经济学奠基者的影响下，开始了自己的求学之路。1957 年获得爱丁堡大学数学硕士学位。1960 年以硕士学历申请剑桥大学本科数学专业成功。随后转学经济学。1963 年获剑桥大学经济学博士学位。作为经济学家，莫里斯自 60 年代便活跃于西方经济学界，以激励经济理论的研究见长。1962 年莫里斯参与麻省理工学院经济项目访问印度。1968、1970、1976 年出任麻省理工学院经济系客座教授。70 年代，他与斯蒂格里茨、罗斯、斯彭斯等人共同开创了委托—代理理论研究，并卓有成就。现在流行的委托—代理的模型化方法就是莫里斯教授开创的。莫里斯分别于 1974、1975、1976 年发表的三篇论文，即《关于福利经济学、信息和不确定性的笔记》、《道德风险理论与不可观测行为》、《组织内激励和权威的最优结构》，奠定了委托—代理的基本模型框架。莫里斯教授开创的分析框架后来又由霍姆斯特姆等人进一步发展，在委托—代理文献中，被称为“莫里斯－霍姆斯特姆模型方法”。

1969 年起到 1995 年，莫里斯教授一直执教于牛津大学，任该校的埃奇沃思讲座经济学教授、Nuffield 学院院士。此外，他还兼任卡拉奇巴基斯坦经济开发研究所顾问、英国财政部政策最优委员会成员等职，还曾担任过皇家经济学会会长，是英国科学院院士，美国艺术与科学院院士，并担任过几个重要学术杂志的编辑工作。1994 年，莫里斯感情甚笃的夫人因乳腺癌去世；1995 年 5 月，莫里斯教授为换环境，由从教 26 年的牛津大学转到剑桥大学任教，被选为剑桥大学的政治经济学教授。他于 2003 年从此职位上退休，并再次成为三一学院的研究员，继续研究福利经济学和契约理论。1998 年莫里斯曾访问中国。2001 年，他与 Patricia 结婚，她有很丰富的中国经验，负责组织中国项目，对于日后莫里斯对中国经济问题进行专门研究起了很重要的推动作用。詹姆斯·莫里斯教授是北京大学和西北大学荣誉教授；此外，从 2002 年起，他任香港中文大学客座教授。2010 年起，担任新设立的香港中文大学晨兴书院院长。

2012 年,莫里斯教授受聘为华中科技大学经济学院荣誉教授。

莫里斯,这位英国经济学家,激励理论的奠基者,在信息经济学理论领域做出了重大贡献,对中国的经济学家来说,是很好的研究推动力。中国正处于一个制度转变时期。制度为什么重要?是因为信息是不对称的。如果信息是对称的,那么很多制度都是等价的。分析我们在制度问题最有效的一些方法应该来自博弈论和信息经济学。国有企业的委托—代理问题、激励机制问题、产权问题都是信息经济学关注的问题。

## 敏锐嗅觉谈拍场之道，典型应用经济理论家

# 理论实践性的推动者

## ——1996年诺贝尔经济学奖获得者威廉·维克瑞

第二价格拍卖的好处是方便投标者，如此投标者在决定其出标时，只要评估自己需求，而不需要费力去搜集与评估每一个竞争对手的需求，所以就大大减轻了投标者的准备工作。

——威廉·维克瑞

威廉·维克瑞是当今经济学界真正举足轻重的重要人物之一，他富于才智，长于思考。在他60多年的学术生涯里，他不但由于在赋税、交通和公用事业、定价方面的杰出贡献而受到公众的赞赏，同时也由于默默包含在他的著作中而后来被发现的许多远见卓识闻名于世。而且因其对激励经济理论的开创性研究而令世人景仰。

如今，当人们开始注意博弈论在拍卖会上所起的作用的时候，经济学家威廉·维克瑞越来越为经济学界所瞩目。因为早在海萨尼发展他的拍卖博弈学的前几年，维克瑞已经开始用博弈论来研究拍卖了，他所研究的拍卖策略位于拍卖理论的前沿。维克瑞比较了最普遍的三种拍卖形式：英式拍卖、荷式拍卖、第一价拍卖。英式拍卖是一种“开放式”拍卖，由众多购买者的连续出价逐次提升，直至最终成交；荷式拍卖是初始价格确定后，随着拍卖的进行，该价格会随着时间的变动自动向下浮动，如果到某个价格有竞拍者愿意出价，则该次拍卖成交；第一价格拍卖，即维克瑞所谓的“密封”或书面投标拍卖，其中最高价竞买者以等于全额投标出价的价格拍到拍卖物。除了这些

威廉·维克瑞　获奖时间：1996
获奖年龄：82

拍卖，维克瑞还增加了现在众所周知的第二价格拍卖，诚实是最好的策略。在实际应用中，维克瑞的第二价格拍卖机制已逐渐被人们所接受，例如美国国家财政部的国库券拍卖和美国通讯频道的经营许可证拍卖都采用了这种方法，并且取得了良好的效果。维克瑞关于拍卖理论的所有研究都立足于一个本质假定之上，这就是著名的“私人价值模型”，即假定拍卖品对每一竞买者都有私人价值，并且这个价值与其他竞买者的价值独立。

维克瑞对于投标的研究，其意义不只局限于投标方面，因为投标方法解决的是如何在信息不完整或其分配不对称下最有效率地配置资源的问题，这开创了信息经济学研究的先河。在信息不完整或其分配不对称下，掌握较多信息者可以策略性地运用其信息以博取利益，而信息经济学所要探讨的，就是要如何设计契约或机制来处理各种刺激与管制的问题。维克瑞对投标与喊价的研究，带来了许多相关的研究，让我们更了解诸如保险市场、信用市场、厂商的内部组织、工资结构、租税制度、社会保险、政治机构等问题。

威廉·维克瑞于1914年6月21日出生于加拿大不列颠哥伦比亚省的维多利亚市，他的中学教育是在欧洲和美国完成的。1931年维克瑞毕业于菲利普·爱德华高中。1935年获耶鲁大学理学士学位，1937年获美国哥伦比亚大学文学硕士学位。此后，他到华盛顿为美国国家资源计划委员会和财政部税务研究部门工作。二战期间，他由于道德和宗教方面的理由拒绝服兵役，在这段时间曾兼职为波多黎各政府设计新的遗产税方案。自1945年起，维克瑞任职于哥伦比亚大学。1947年他又获哥伦比亚大学哲学博士学位。他的博士论文题为《论累进税制》，该论文作为经济学的经典文献于1972年再版。1951年他与西西里·汤普逊小姐结婚。他们居住在美国纽约郊外的哈德逊河畔的哈斯汀。1964年到1967年，他担任哥伦比亚大学经济系主任，在此期间曾任纽约市城市经济协会会长。1967年成为加利福尼亚斯坦福行为科学高级研究中心研究员与经济计量学会会员。1971年出任澳大利亚纳施大学客座讲师；1973年出任美国经济研究局局长；1974年出任联合国发展规划预测和政策中心财政顾问，并成为美国文理研究院研究员。1979年，维克瑞获芝加哥大学人文学博士；1996年去世前任职于哥伦比亚大学麦克维卡讲座政治经济学教授。

20世纪40年代末，维克瑞开始在学术界崭露头角，特别是在最优税制结构研究领域成绩斐然，渐渐脱颖而出，成为财政方面的权威性人物。其在1949年出版的《累进税制议程》一书成为研究财政与赋税问题的经典之作。维克瑞学识渊博,善于思考,具有敏锐的嗅觉,以理论的实践性闻名于经济学界。维克瑞一生的研究与公共事业及政策有紧密的联系,是一位典型的应用经济理论家。他不满足于纯理论的抽象研究方式,更多地把眼光投向于大众关心的现实问题,他对理论的主要贡献都是出于解决实际问题的需要。同时,他在经济理论方面也有很深的造诣,善于运用自己建立的理论去研究现实问题,使其对现实的分析具有一个坚实的理论基础,从而使理论与实践相互促进,相得益彰。

维克瑞在 1996 年获得诺贝尔经济学奖,主要因为他的前两项研究奠定了信息经济学的基础。一是他在 20 世纪 40 年代中期对所得税的研究。另一则是他在 20 世纪 60 年代初期对投标与喊价的研究。而对于投标与喊价的研究可以说是维克瑞最重要的学术贡献。获奖那年,维克瑞 82 岁,是自诺贝尔经济学奖颁发以来年龄最大的经济学家。他年事已高,经不起新闻媒体及亲朋好友等各种应酬的折腾,加之患有心脏病,更经不起过分的激动,在得奖的三天之后,维克瑞在前去开会的途中不幸去世。维克瑞的一生为学术研究鞠躬尽瘁,为自己的人生画上了一个美丽的句号。

**自信而动人的文风，敏捷而深度的思想**

# 光彩深度兼美的学者

## ——1997年诺贝尔经济学奖获得者罗伯特·C·默顿

我站在许多巨人的肩上。

——罗伯特·C·默顿

1987年，对于默顿的研究以及以后发生的事情都是一个分水岭。利用这一年的年假，默顿开始写作《连续时间金融》，这本书可以说是他早期研究的一个最高总结，也是他通往新的研究领域的一座桥，这本书向那些具有完美数学背景的读者详细阐述了有效市场资产定价的基本要素。美国《金融杂志》这样盛赞《连续时间金融》这本书："缜密思考的编排方式，环环紧扣的承启段落，著名学者的丰硕成果，这些都成功地使该文集具有金融学中的分水岭意义。它表明默顿对现代金融学作了多么系统的阐述，产生了多么大的推进，以及在具有深刻思想的意义上，将金融学带到一个多么令人满意的完美境界。现代金融学还有许多研究要做，但能够做的也仅仅是对默顿已经做过的研究进行补充。"默顿等人的理论开创了一个新的领域，从1988年起，这个新的领域被命名为"金融工程"。"金融工程"主要是要求在日常管理尤其是风险管理上是有定量的理论可以运用的，这是20世纪经济科学中最大的一个进展。从科学意义上讲，这一理论把数理经济从丁泊根到萨默尔逊的努力推到了最高峰。

罗伯特·C·默顿
获奖时间:1997　获奖年龄:53

1944年7月31日，罗伯特·C·默顿出生于美国纽约。默顿的父亲罗伯特·K·默顿是哥伦比亚大学著名的社会学家，他因为在社会科学领域的诸多贡献而荣获1994年美国国家科学奖，被誉为“科学社会学之父”。父亲对小默顿早年的学习生活影响是重要的。父亲教他学习棒球、扑克牌、魔术还有股票市场，提供各种各样的书籍。少年时，父子二人之间也曾经历过像其他家庭父子之间那样的紧张关系，但接下来，他们变得十分亲密：有30多年的时间，他们几乎每天至少有一次交谈。毋庸置疑，父亲勤勉的工作习惯、澄明严谨的思考和表达方式以及渊博的社会学知识都对儿子有潜移默化的影响。默顿提起父亲，常常会说：“没有父亲的培养和熏陶，诺贝尔经济学奖绝不会这么快就幸运地走向了我。”

受家庭环境熏陶，默顿从小就对金融市场和交易有极大的兴趣，10岁时就买了第一支股票，十几岁时就进出于经纪公司。默顿小时候还对数学特别感兴趣。11岁时，默顿的业余爱好从棒球转到汽车，15岁时，他买到并且重新改造了自己的第一辆汽车，接着又拿下驾驶执照，那时他想，长大后成为一名汽车工程师，事实上，后来上了大学，默顿曾利用两个暑假到福特汽车公司的总部工作过。

进入大学标志着默顿开始严肃地面对学术事务。来到哥伦比亚大学第一天后，默顿转入工程学院。除了完成像制图这样的工程课程之外，他还选修了哥伦比亚大学著名的当代文明课程、人文学科、萨缪尔森的经济学入门课、数学社会学研究生课程以及会计学、股票市场投资方面的课程。1966年，默顿获得哥伦比亚大学工程数学学士学位。

在哥伦比亚大学，默顿曾经上过楚才坤教授的热传导课，楚教授教会了他偏微分的方程和其他高深的数学理论。也正是在这位楚教授的鼓舞和推荐下，默顿大学毕业后去了加州理工学院攻读硕士学位。因为默顿在哥伦比亚大学时选修了许多研究生课程，所以在加州理工学院的第一年他就修完了所有必要的学分。在加州理工学院学习时，他仍然十分关注金融市场。他早上6:30就去一个经纪公司进行股票和场外期权的交易，直到8:30再去学院工作，在那里他形成了对金融市场交易过程的直觉，这种直觉对他今后从事的期权定价理论研究有莫大的帮助。1967年，默顿获加州理工学院应用数学硕士学位。

短暂的一年里，默顿开始接触数理经济学，逐渐产生了要把自己杰出的数学分析技能与对经济学的兴趣结合起来的想法。当时宏观经济蓬勃发展，许多知识分子投身于经济学研究，默顿也决心要在经济学上有所建树。于是默顿开始申请经济学硕士，但是他的想法没有得到人们的支持，他的家人以及加州理工学院的导师都对此表示难以理解。1967 年秋天，当其他大学经济系拒绝了默顿的申请时，麻省理工学院“贸然”地接受了这个野心勃勃但没有经济学背景的学生，并给了他全额奖学金。默顿尤其感谢哈罗德·弗里曼，他对系里的决策起到了关键作用，也正是这位“贵人”，在默顿入学之后，建议默顿去选修萨缪尔森的数理经济学课，而不是选标准的第一学期的课程。选修了萨缪尔森的课程，默顿极为幸运地成为他的助理研究员和学生，在萨缪尔森的办公室里度过了剩余的研究生生活。

萨缪尔森和默顿彼此发现对方都对用数学方法解决时间和不确定性问题很感兴趣。于是他俩开始合作研究投资组合、认股证定价等问题。1969 年他俩合作发表了《使效用最大化的完整的认股权定价模型》，1974 年合作发表了《对长期最优投资决策的对数正态估计的谬误》。萨缪尔森作为老师、导师、同事、研究伙伴以及长期的朋友，给了默顿无法估量的帮助。随后，在接下来的 1970 年到 1988 年的 18 年间，默顿任教于 MIT 的斯隆管理学院，讲授金融学。正是在向斯隆学院求职期间，默顿遇到有“现代期权理论之父”的迈伦·斯克尔斯教授，以后就有了他们合作并共同获得诺贝尔奖的故事。每当默顿回顾往事时，从他那里听到的都是对导师、朋友和同事们的热诚的感激，和他的父亲老默顿一样，罗伯特·C·默顿谦虚地说：“我站在许多巨人的肩上。”

## 良好的习惯养成，人格特点彰显

# 现代期权理论的鼻祖

## ——1997 年诺贝尔经济学奖获得者迈伦·斯科尔斯

期权是非常特殊的一类衍生工具，是在未来时间的选择权，是一种"或有"要求权。

——迈伦·斯科尔斯

提起"期权定价模型"的发表过程，还有一段曲折而有趣的经历。已故的经济学家费西尔·布莱克和斯科尔斯最初就曾将阐述该模型的论文试投到最终发表了该论文的《政治经济学杂志》，可是当时的主编根本未给编委们审读就退回了该稿件，其理由是金融内容太多、经济学内容太少！然后，他们又将该文试投《经济学和统计学评论》杂志，这一回他们的退稿信里甚至连审读报告都没有。最后，当《政治经济学杂志》更换了主编，他们又通过芝加哥大学著名金融经济学家尤金·法马和默顿·米勒与《政治经济学杂志》主编"打好了招呼"，这篇论文才被再次试投到《政治经济学杂志》，并于 1973 年以《期权定价和公司债务》一文得以最终发表。在这篇文章中，他们给出了期权定价公式，即著名的布莱克—斯科尔斯公式。由于这些延误，以至于《金融学杂志》上发表的有关他们公式的实证测验文章反倒赶在了《政治经济学杂志》发表这一公式之前。当时恐怕谁也不会料到，正是这样一篇靠"打招呼"所发表的"关系稿"却在后来为其著作者获得了诺贝尔经济学奖。诺贝尔经济学奖的获得体现了经济学界对期权定价理论巨大意义的充分肯定。

迈伦·斯科尔斯　获奖时间:1997
获奖年龄:56

1941 年 7 月 1 日，迈伦·斯科尔斯出生于加拿大安大略省的蒂明斯。斯科尔斯全家在大萧条时期举家搬迁至此。而他们全家后来在1951年再次搬迁到哈密尔顿。在父母和亲戚的影响下,斯尔科斯从小就对经济尤其是金融产生了浓厚的兴趣,在他十几岁时就从事过俱乐部的理财工作,在读高中和大学时还炒过股票,并开始对股票价格水平的决定因素着迷。而他的父母在他就读高中时帮他开立账户来投资股票市场。斯科尔斯在学校是一个好学生,虽然他从十几岁开始就苦于视力减退,直到26岁时才手术解决。

1961年,斯科尔斯毕业于麦克马斯特大学,获工程学学士学位。在他的母亲死于癌症之后,斯科尔斯继续留在哈密尔顿就学,并在1962年从麦克马斯特大学获得经济学的学士学位。在他就读麦克马斯特大学时,他的一位教授介绍他认识米尔顿·弗里德曼与乔治·斯蒂格勒,他们都是芝加哥大学的经济学家,后来分别获得1976年、1982年诺贝尔经济学奖。迈伦·斯科尔斯在获得学士学位后,决定前往芝加哥大学进行经济学研究。他在这里与迈克·简森与理查德·罗成为同事,也获得跟尤金·法马和莫顿·米勒学习的机会,他们的研究领域是历史较短的金融经济学。斯科尔斯在1964年获得工商管理硕士,然后在1969年通过莫顿·米勒的书面论文审核,获得美国芝加哥大学经济学博士学位。获博士学位后有两份工作供他选择,其一是德克萨斯大学副教授,年薪17000美元,且可当企业顾问;另一个是麻省理工学院(MIT)助教,且不准兼职。但斯科尔斯最终接受了MIT的聘约。他舍弃优厚的薪酬和诱人的职位而投向MIT,足见其对学术研究的兴趣和志向。1968年至1973年斯科尔斯执教于麻省理工学院,1972年至1983年执教于芝加哥大学,1983年到现在,执教于斯坦福大学。

2008年8月,斯科尔斯在接受新华社记者专访时曾预见金融危机要持续9个月到一年的时间。2009年10月10日,斯科尔斯被授予南京大学名誉教授,他还为南京大学数百名师生作了题为“我的通往金融世界之路”的讲座,与年轻学子们分享了自己成为一个著名金融学者的成长经验。

斯科尔斯有两个女儿。一个是谷歌的创始人之一,但自有了孩子以后就辞职了;另一个女儿从事教育行业,主要是对学习有障碍的学生进行教育。斯科尔斯的两个儿子,一个曾经从事了六年的金融行业,在一段时间里与他共事,后就读斯坦福大学商学院;另一个儿子是《纽约时报》的记者。谈及对子女的影响,斯科尔斯坦言在晚饭的时候和子女经常会谈论经济和金融问题,却不会谈及关于股票交易的问题,他们只对经济比较感兴趣。

迈伦·斯科尔斯在得奖前后曾发生过一些有趣的事情。其中之一就是诺贝尔奖获得者在对冲基金投机中失手。1990 年,斯科尔斯受所罗门兄弟的副董事长麦利威泽邀请,加入所罗门债券交易部门,该部门通过债券交易为公司带来 60% 的收益。1993 年,斯科尔斯与麦利威泽等共同发起设立了对冲基金长期资本管理公司(LTCM)并迅速取得骄人的业绩。成立之初,基金资产净值只有 12.5 亿美元,到 1997 年末达到 48 亿美元,净增长了 2.84 倍,回报率更是令人瞠目结舌,1994 年达 28.5%,1995 年和 1996 均超过 40%,1997 年也高达 17%,成为市场投资者争相追逐的基金,一举成为全球最大的对冲基金。然而,2004 年 8 月,斯科尔斯被告知曾经犯了一个严重的数学错误。美国纽哈文地方法院法官爱特顿女士判决,斯科尔斯为对冲基金长期资本管理公司合伙人设计的一套避税方案纯属逃税行为,尽管 LTCM 向美国国税局应交纳的 1.06 亿逃税因公司破产得以免除,但公司的 16 位合伙人必须为此交纳 1600 万美元的罚款。在斯科尔斯金融理论的指导下,总资产达 1300 亿美元的全球最大对冲基金 LTCM 亏损了 40 亿美元,成为差点拖垮全球金融体系后的又一次令世人关注的失败。

高尚的济世情怀，为人深具道义精神

# 正义理念的捍卫者

## ——1998年诺贝尔经济学奖获得者阿马蒂亚·森

经济学并不是冷冰冰的"铁则"，而是可以有人文关怀的。

——阿马蒂亚·森

关于正义的理念，人们首先必须关注托马斯·霍布斯以及他的门生让·雅克卢·梭、约翰·洛克，还有著名的伊曼努尔·康德。这是致力于建立公正社会制度的"先验的制度主义"，而不是一种相对而言的正义或者非正义。他们竭尽全力探索终极的社会正义，不对现实并不完美的社会进行比较分析研究，他们苦思冥想正义的本质，而不是直接指出哪一种社会相对而言更为公正。

在阿马蒂亚·森看来，这样的学术建构的确有很大的问题。由任何预设的制度所孕育出来的社会一定要受到很多非制度因素的影响。现实世界既是真实的，更具有不确定性。沿着这样的路径，这些才华横溢的思想家们一方面假想社会按照某种虚拟的契约在运作，契约论由此成为一种终极的美好秩序，这种理想的模式终于在学理的层面取代了正在发生的社会性无秩序。

阿马蒂亚·森　获奖时间:1998
获奖年龄:64

立足于这样的学术线索，阿马蒂亚·森把他的研究目光锁定在另外一批启蒙主义思想家的身上，尤其是那些采用了比较分析方法来关注社会现实的思想家，比如亚当·斯密、孔多塞、边沁、沃斯通克拉夫特、约翰·穆勒。这些处在另外一条路径上的思想家们，普遍致力于现实社会的分析与改进，而不是先验主义地去寻找绝对意义上的公正社会。他们的方法论如此直接，就是抵制或者消灭这个看得见的世界上明显的不公正制度。

这才是森的正义理论的出发点。所谓真实世界的经济学，森的正义理论正是牢牢建立在真实的世界之上。这是他诗意盎然的地带，是一个伟大的经济学家在一个现实的世界上挥之不去的思考与行动。在这样的意义上，我们说，森是一个脚踏实地的诗人，他的梦想无所不在，他的行动矢志不渝。

阿马蒂亚·森于1933年11月3日出生于印度孟加拉湾的圣蒂尼克坦，地点在罗宾德罗纳特·泰戈尔创立的国际大学校园内。他的外祖父是研究中世纪印度文学的著名学者，也是一位印度教哲学权威，与泰戈尔过从甚密。阿马蒂亚这个名字就是诗翁泰戈尔为他取的，意为“永生”。他的父亲在今天已属于孟加拉国的达卡大学教授化学。森浸染在周围浓厚的学术氛围当中，未来的人生道路似乎除了矢志向学，教书为文，辗转于世界各地的大小校园之间，再想不出还会是别的什么样子了。

森幼承家学，非常聪明，后来的初等和中等教育则主要完成于泰戈尔建立的学校。这里课程设置丰富，充分反映了泰戈尔在文化上兼收并蓄的思想。学校的教育理念也很先进，那就是着重启发和培养学生的好奇心和求知欲，而对于在考试成绩上争强好胜，希望因此而出人头地的表现，则从不鼓励。这种教育理念对森影响至深，使他毕生受用。他在青少年时期爱好广泛，17岁以前志趣几变，曾游移在梵语、数学、物理等不同专业之间，最后终于被经济学所吸引，不再旁骛。不过，毕生从事教学和研究的意愿，则从未变过。离开圣蒂尼克坦后，1951年，他进入加尔各答管区学院，专修经济；1953年离印赴英，进剑桥大学三一学院，继续深造，并于1959年在英国剑桥大学获得博士学位，先后在印度、英国和美国任教。

森研究经济学的重要动机之一，是帮助他的祖国印度摆脱经济贫困，走向繁荣。为此，他曾经选择经济发展问题作为他的主攻方向之一。他在1971年离开印度，辗转于欧美各著名学府，但始终和国内的大学保持着紧密的联系，尤其是他曾经工作过的德里大学。他一直是该大学的荣誉教授。为了学术活动，也出于自己的爱好，他始终过着带有游历性质的生活。剑桥毕业以后，他便常回印度，从来没有半年不归的情况。他也一直保持着印度国籍。这样的好处之一是保证了他对于国内公众事务的发言权。1998年，森离开哈佛大学到英国剑桥大学三一学院任院长。他曾为联合国开发计划署写过人类发展报告，当过联合国前秘书长加利的经济顾问。森穷其一生致力于福利经济学这一研究，并因此被称作“经济学界的良心”。为了表彰他在福利经济学和社会选择理论研究上的突出贡献,以及他对于社会最贫穷成员所面临问题的关心,他获得1998年诺贝尔经济学奖。

阿马蒂亚·森有过三次婚姻经历。他的第一个妻子纳巴尼塔·黛乌是一位诗人、小说家和文学批评家,是当代最受欢迎的孟加拉语作家之一,常有诗人带着自己的作品当面为她朗读,征求她的意见。早年她还同森一起研究过《罗摩衍那》等梵语史诗的风格和创作特点等问题。他们的婚姻在1971年去伦敦后结束。1973年森同爱娃·科洛尔尼结婚,她的双亲都是犹太人。科洛尔尼学法律、哲学和经济学,为人深具道义精神,善于理性思考。她在1985年因胃癌溘然去世。森的第三个妻子埃玛·乔治娜·罗思柴尔德是一位经济史专家,做过剑桥大学国王学院历史和经济学中心主任。

## 充满学术好奇心，远见卓识的探索

# 供给面学派开山鼻祖

——1999年诺贝尔经济学奖获得者罗伯特·蒙代尔

在一个更加开放的经济体系中，汇率变动和资本高度流动对经济政策会产生极大影响。

——罗伯特·蒙代尔

在我们常规认识中，诺贝尔奖获得者一定是治学严谨、不苟言笑的睿者，身上充满智慧的光芒，整日忙于学问，伏案埋头。但是，罗伯特·蒙代尔恰恰不同，甚至会打破我们固有的思维。在被誉为“欧元之父”的罗伯特·蒙代尔眼中，所有荣誉都不及他的宝贝儿子，在他的个人网页的主页上展示的不是诺贝尔奖，也不是欧元，而是他65岁得来的儿子尼克拉斯，一张父子亲热无比的合影占据了最重要的位置。

蒙代尔是一位随性的长者，一头漂亮的银发，一双亮亮的蓝眼睛，一张生动的面庞，是一个魅力十足的老者。他性格懒散，以“马大哈”著称，常常会忘记在世人眼中非常重要的事情。他经常杯不离手，别人常弄不清他是清醒还是微醉。而且他又是电视迷，经常数天足不出户，除了偶然上超级市场购物和回校讲课。在居住方面，他也不是很在意，依然住在自己30多年前低价购买的乡村别墅里。在他的心目中，美国最聪明的人是电视台的两位主播，而对经济学家在报刊上及电视上的时评言论嗤之以鼻。

罗伯特·蒙代尔
获奖时间:1999　获奖年龄:66

令朋友和媒体经常津津乐道并作为谈资的是蒙代尔的不拘小节。他当选为美国计量经济学院士，但因为根本没拆信，而对此荣誉全然不知；当选为美国经济学会主席后，忘记出席就职典礼，让等待听他就职演说的崇拜者空欢喜一场；担任《政治经济学学报》主编期间，经常懒得看稿复信，以至于这份学术刊物最终惨遭停刊。有一段时间，他的一头银发长至肩头，令他的崇拜者颇为不安和失望。

蒙代尔对经济学的贡献主要来自两个领域，一是经济稳定政策，二是最优货币区域理论。论及学问，蒙代尔在同行眼里地位甚高。曾经在麻省理工大学教过他的保尔·萨穆尔森就称赞：“他将人们对货币的注意力重新引到国际贸易中来。”论及学术成就，蒙代尔教授发表了大量有关国际经济学理论的著作和论文，被誉为最优货币理论之父；他系统地描述了什么是标准的国际宏观经济学模型；他是货币和财政政策相结合理论的开拓者；他改写了通货膨胀和利息理论；蒙代尔教授与其他经济学家一起，共同倡导利用货币方法解决支付平衡；此外，他还是供应学派的倡导者之一。蒙代尔教授撰写了大量关于国际货币制度史的文章，对于欧元的创立起了重要的作用。此外，他撰写了大量关于转型经济学的文章。蒙代尔的经典代表著作包括《国际经济学》和论文《最优货币区域理论》等。

蒙代尔于 1932 年 12 月 24 日出生在加拿大安大略省，在英属哥伦比亚大学和华盛顿大学接受大学教育，后赴伦敦经济学院做研究。1956 年，23 岁的蒙代尔就以题为《论国际资金流向》的博士论文一举成名，荣获麻省理工学院经济学博士学位。在 1961 年至 1963 年间，蒙代尔在国际货币基金组织的研究部门工作。1966 至 1971 年他开始担任芝加哥大学经济学教授和《政治经济学学报》杂志编委。其后在 1970 年加入欧共体，即欧盟前身的货币委员会。然后在 1972 年至 1973 年间，他参加了旨在成立欧洲经济及货币联盟的研究小组的工作。1974 年至今，他一直任教于美国哥伦比亚大学。1965 年、1974 年、1998 年和 2000 年他先后在普林斯顿大学、剑桥大学等著名学府讲学。1997 年获美国经济学会颁发的杰出人士奖。1998 年被选为美国艺术和科学院院士。1999 年获诺贝尔经济学奖。此外，他还一直担任联合国、国际货币基金组织、世界银行等国际机构的顾问。蒙代尔身上有诸多头衔，他是世界品牌实验室主席、1999 年诺贝尔经济学奖获得者、“最优货币区理论”的奠基人、供应学派的倡导者。按他在经济学界的贡献，1999 年的诺贝尔奖算是姗姗来迟。其实，早在 20 世纪 80 年代初他已被列入候选人名单，但因“举止怪异、行为不检”而遭除名。蒙代尔为自己的“我行我素”付出了代价。所有人都为蒙代尔遗憾，仅仅是个人性格原因,竟让诺贝尔奖晚到了近20年。2005年,以蒙代尔教授命名的《蒙代尔》杂志出版。蒙代尔教授自1999年开始担任全球领先的战略咨询机构——世界经理人集团董事会主席。2006年受聘为中国首都经济贸易大学兼职教授。

2008年12月13日,蒙代尔在河南郑州出席中部企业领袖年会时,以及12月14日在南京举行的"2008国际金融市场分析年会"上指出,全球金融危机为中国提供了一个可以提高国际地位的机遇,中国应该和美国一起通过发放巨额购物券刺激全球经济计划,引领世界走出正面临的严重的金融危机。蒙代尔表示,美国需要从政策层面对经济加以刺激,进一步拉动需求,重建消费者的信心。而在中国方面,中国政府已经提出了4万亿元人民币的刺激计划,主要用于很多大型项目,但问题是这一计划能在多大程度上、以什么速度转化为工业产品的需求。中国很多工厂停工或产能不足,应该以发行购物券的方法来提高需求。这对穷人来说是很好的生活补贴,而零售商则可以用税票的方式进行提交,并且从中得到实惠。蒙代尔建议中国政府向全国老百姓发放规模为1万亿元人民比的购物券,具体方式跟美国相似。在金融危机下,全球金融风暴愈演愈烈之际,这位诺贝尔经济学奖获得者为中国支招。

**统计数据非常重要，用数据说话更有说服力**

# 睿者的微观计量人生
## ——2000年诺贝尔经济学奖获得者詹姆斯·赫克曼

芝加哥大学获奖的传统实在压得我透不过气来，我为能够继续发扬芝加哥大学作为经济学重镇的传统感到高兴。

——詹姆斯·赫克曼

赫克曼有着天生挑战权威的风格，虽然大家知道未来获得诺贝尔奖是迟早的事情，但是年仅56岁的他"爆冷门"摘取了2000年诺贝尔经济学奖，把宏观经济学人为私利而追求最大效益的假设引进"微观经济选择"，意味着个人能正确地作出"生命中的重大选择"。

2003年12月4日，在庆祝北京大学中国经济研究中心成立十周年之际，赫克曼在北京大学发表题目为《中国的人力资本投资》的演讲。开场白中，北京大学中国经济研究中心主任林毅夫介绍了这位受人尊敬的"个体经济计量实践者"。他坦言，赫克曼是1982年自己到芝加哥大学读书时的一位老师，当时赫克曼在芝加哥大学工作正好前后十年，虽然是学府中一个比较年轻的教授，可是师生们都知道赫克曼一定会拿诺贝尔奖。在芝加哥大学读书时，第一年、第二年学习非常努力，没有白天，没有黑夜，但是对自己最大的安慰是知道当自己很累的时候，赫克曼教授都还在工作。所以，同学们会更加努力工作，这也许就是人格的魅力和榜样的力量。

詹姆斯·赫克曼　获奖时间:2000
获奖年龄:56

在写这篇文章前，笔者在互联网上搜索与赫克曼有关的资料时，仔细端详了他的一张肖像照片，这张照片给人的印象是：大名鼎鼎的赫克曼像一位老者,像一位历史性人物,仿佛离我们这个时代十分久远。而有关资料告诉笔者,他出生于并不遥远的1944年。那年的4月19日,赫克曼出生于伊利诺斯州的芝加哥,曾就读于科罗拉多学院数学系,1971年获普林斯顿大学经济学博士学位。还是一个毛头小伙的赫克曼第一次到芝加哥大学,就敢找上门和货币主义学派代表人物、著名经济学家弗里德曼进行广泛的讨论和交流,交流的结果是弗里德曼眉开眼笑地和赫克曼共进午餐。这样的讨论,如果没有芝加哥大学“挑战权威”的学风影响是不可能发生的。勇于发言、挑战权威是赫克曼的骨子里天生的芝加哥大学的风格。芝加哥大学是百家争鸣的乐园,每个人都具有非常批判的眼光,急于发表并交流自己的观点。举世闻名的经济学重镇芝加哥大学,在经济学研究上成就辉煌,诺贝尔经济学奖时常眷顾这里。自从1969年加添经济学奖以来,截至2000年得奖的经济学家共46位,其中29名为美国人,而连同赫克曼,芝加哥大学的经济学家共有9人获奖。

这位在56岁即获得诺贝尔经济学奖的天才人物,在应用经济学和理论计量经济学领域所取得的成就令世界瞩目,他的关于选择性偏差和社会规划评估的方法及对异质消费者偏好和时间序列数据的分析方法,在应用经济学领域有着广泛的应用。赫克曼曾在哥伦比亚大学、耶鲁大学任教。从1995年起,赫克曼就获任芝加哥大学亨利·舒尔茨杰出成就经济学教授。赫克曼在经济学领域的研究内容涉及诸如社会项目评估、非连续选择和纵向数据的计量经济学模式、劳工市场经济学以及收入分配的模式选择等。2000年他以“对分析选择性抽样的原理和方法所做出的发展和贡献”获诺贝尔经济学奖。

长期以来,赫克曼把自己的经济学理论运用于社会实践,我们从他的许多著述中可见一斑,比如关于涉及美国公民权利和反歧视行动计划的影响,税收对劳动供给和人力资本积累的影响,公共及私人职业培训对收入和雇用的影响,工会主义对发展中国家劳动市场的影响和资质认证项目的影响。他的著述和论文有一个很大的特点,就是用数据说话。赫克曼教授用他获得的很多强有力的数据进行了详尽的论述,且不让读者感到枯燥。

2001年,赫克曼到中国重庆开一个关于西部城市资本市场的研讨会,吃惊地发现,在中国,很大程度上,人们忽略了对人力资本的投入,也就是对人的投资。他们从外面进口了很多先进的机器,却缺少熟练操作这些机器的技术人员。当时,赫克曼向重庆的政策制定者咨询了这方面的有关情况后,提出了问题。后来赫克曼继续研究,收集这方面的数据,写成了关于中国人力资本问题的论文。2003 年 12 月 4 日，詹姆斯·赫克曼这位来自大洋彼岸的美国教授，在北京大学中国经济研究中心成立十周年纪念讲坛上的精彩演讲中，提到了中国的教育投资问题。凭借一双与众不同的“火眼金睛”，赫克曼直言中国目前的教育投资不是太热了，而是还不够，甚至低于其他发展中国家。赫克曼列举了一个个无可辩驳的数据，随后又对枯燥的数字进行了详细的解析，他运用自己发明的计量经济理论模式，使深奥的经济学原理走进普通人的日常生活。他的话引起了与会者的广泛共鸣，没有人怀疑，没有人诘问，以至于最后的即席提问无一例外都是“恭请大师指点迷津”。

作为芝加哥大学的第九位诺贝尔经济学奖得主，赫克曼体会到，这个经济学者心目中的圣地，一直保持强大的原因就在于它是一个开放的集体，不论是著名教授还是研究生，都非常民主，大家经常一起开放式地自由讨论、广泛思考和批判，创新观点，而不是一味地遵循权威的观点。

## 微观角度观察世界，映照现实经济现象

# 怀揣使命的经济学家

## ——2000年诺贝尔经济学奖获得者丹尼尔·麦克法登

*一个类别的脱颖而出必然是因为该类别能产生出最高的效用。*

*——丹尼尔·麦克法登*

丹尼尔·麦克法登是同时代中最全面的经济学家之一。他以几种不同的风格撰写理论文章，影响着经济计量经济学的发展。他致力于大范围的经验调查，这些调查涉及了生产关系、不确定状态下的决策、发展计划、福利经济以及城市交通系统等领域。在他所有的著作中都体现了一个共同的精神实质：经济学家的使命就是解释现实经济现象。

2009年11月9日，丹尼尔·麦克法登受邀参加“2009诺贝尔奖获得者北京论坛”，曾坦言：“我认为10年后将有越来越多的美国人选择到中国留学。”他说：“考察美国的高等教育，我认为研究生阶段的培养对学生的进一步发展是很有好处的，建议想去美国留学的中国学生研究生阶段再去。”麦克法登教授表示，美国的研究生教育对学生未来进行创新性、独立性思考很有帮助。但高中阶段的教育不是最出色的，不赞成中国学生太早去美国留学。

丹尼尔·麦克法登
获奖时间:2000　获奖年龄:63

1937年7月29日，麦克法登出生于美国北卡罗来纳州的罗利市。1953年进入明尼苏达大学，1956年获得物理学学士学位，1958年获物理学硕士学位，1958年到1961年在美国明尼苏达大学及斯坦福大学学习经济学。1962年获得美国明尼苏达大学行为科学经济学博士学位。1962年到1963年在美国匹茨堡大学做博士后。1963年到1977年的14

年间在美国加州大学伯克利分校经济系任教。1977 年进入麻省理工学院经济系任教,1986 年成为其统计中心主任。1991 年回到加州大学伯克利分校任教至今。现为加州大学伯克利分校经济学教授和计量经济学实验室主任。

丹尼尔·麦克法登最为突出的贡献是他对于离散选择分析,即“在不限定决策变换中的选择”有关的经济理论和经济计量方法的发展。微观数据经常反映离散选择。在一个数据库中,有关个人职业或居住地的信息反映出他们在有限的变动中所进行的选择。经济学理论中传统的需求分析假定个人的选择是由一个连续变量所代表的,并由此而认为它不适宜于进行离散选择行为的分析。在麦克法登取得这一最终获得诺贝尔奖的贡献之前,对此类选择所进行的经验性研究缺乏经济理论的支持。在他所创立的新理论的基础上,麦克法登发展了一系列可以用于社会科学诸多领域的微观计量经济学模型。

麦克法登在科学问题上的始终保持认真的态度,而且在他的著作中也体现着细致与严谨。麦克法登教授曾任《统计物理杂志》主编、《计量经济学》副主编、《美国经济评论》及《数理经济学》杂志等刊物的编委、世界计量经济学会主席、美国经济学会副主席。曾获 1975 年美国经济学会克拉克奖,1977 年当选为美国科学与艺术学院院士,并获 1986 年计量经济学会费希尔勋章、1994 年美国农业经济学会最佳论文奖、2000 年美国西北大学耐莫斯经济学奖。2000 年与赫克曼一起获得诺贝尔经济学奖。

麦克法登对诸如不同交通工具或不同职业等的“类别选择”问题上,发展出一套完整的理论和实证方法。和赫克曼一样,麦克法登也很擅长将经济理论和计量方法紧密结合起来,并将之应用到许多不同领域。麦克法登的开创性贡献是他在 1974 年提出的有条件的逻吉特分析。此类模型经常被应用到对城市旅行交通需求的研究之中,它们可以被应用于交通计划之中,用于检验政策措施的效果以及其他社会与环境等方面的变化。比如说,这些模型可以解释价格变化、通过改进而获得的可能性或者人口构成的变动是如何影响使用不同交通方式所占比例的。这些模型在其他领域也具有应用意义,比如说对居住方式和居住地以及教育的选择等。麦克法登还将他自己的模型应用到对许多社会问题的分析上,比如民用电力、电话服务和为老年人所提供的住所等。

在 1999 年中国之行中,麦克法登教授说限行不是解决北京拥堵的好办法。的确,北京交通是一个比较严重的问题。要解决这个问题可以先找一个范例,这个范例并不太远,甚至不需要走出中国,它就是香港。“我不认为采用诸如按车牌尾号限行、单双日限行等方法是解决交通拥堵的好办法。”麦克法登直言不讳地指出。他认为，相比限行措施，对城市中心区域征收较高停车费用、加大对高排量汽车的征费额度以及提高高速公路的收费标准可能更为有效。“北京有这个资源和管理能力。”教授最后强调。

丹尼尔·麦克法登作为一名美国经济学家、计量学家，他对分析离散抉择的理论和方法的发展，从经典的微观经济学出发，创建了有效的条件逻辑特模型。这种模型理论坚实，加之计算简单，因此现在被广泛介绍于竞技计量学教科书中。

近十年来，麦克法登将兴趣转移到环境经济学，研究人们利用自然资源时所愿意支付的价格，用以计算各种自然资源的“存在价值”，并评估自然资源受损时所造成的福利损失。麦克法登将这套研究方法应用到对美国阿拉斯加州休闲资源的评价上，还尝试计算 1989 年“艾克桑福尔第号”超级油轮漏油对阿拉斯加州所造成的损害。麦克法登在这个领域的研究也再次证明他整合经济理论和计量方法并将之应用到实证研究的大师级功力。

## 对人类问题敏锐洞察，直指社会现象原因

# 柠檬市场模型引入者

## ——2001年诺贝尔经济学奖获得者乔治·阿克洛夫

经济学对待理论就像法国厨师对待食物，要将那些被不成文的规则所限制的因素发展成为有独特风格的模型。传统的法国烹饪不使用生鱼和海藻，新古典经济学模型也不从心理学、人类学和社会学出发提出假设。我不同意任何限制经济学模型自然成分的规则。

——乔治·阿克洛夫

阿克洛夫被他的同事描述为“一个职业化的人”，他对市场的不对称信息研究具有里程碑意义。他引入信息经济学研究中的一个著名模型是“柠檬市场”。“柠檬”一词在美国俚语中表示“次品”或“不中用的东西”，主要用来描述当产品的卖方对产品质量比买方拥有更多的信息时，低质量产品将会驱逐高质量商品，从而使市场上的产品质量持续下降的情形。阿克洛夫的理论被广泛运用于一些完全不同的领域，如健康保险、金融市场和雇佣合同等。

乔治·阿克洛夫于1940年6月17日出生于美国康涅狄格州的纽黑文。1966年毕业于麻省理工学院，获得博士学位，自1980年到现在，一直在加州大学伯克利分校任经济学首席教授。阿克洛夫从1966年开始加盟加州大学伯克利分校经济系，任助教。他的研究借鉴了社会学、心理学、人类学以及其他学科的成果。他的研究领域包括宏观经济学、贫困问题、家庭问题、犯罪、歧视、货币政策和德国统一问题，并曾在贫困和失业理论、犯罪与家庭、社会

乔治·阿克洛夫　获奖时间:2001
获奖年龄:61

习俗经济学等领域发表过大量研究论著。

20 多年来，市场不对称信息理论在经济学领域已成为一个关键并富有生命力的理论，“信息不完全”已成了研究者不可或缺的研究工具。发展中国家内部市场的利率为什么如此之高？想购买二手车的人为什么求助于职业经纪商而不是私人售车者？即使对红利所征的税高于资本利得税，企业为什么还支付红利？保险公司提供的保费、保额和未保险额组合为什么因人而异？富有的地主在与贫困的佃户签订合约时为什么不愿承担庄稼收成的全部风险？这些表现不同但实质相似的诸多现象向传统经济学提出了严峻的挑战。而阿克洛夫于 1970 年发表的具有原创性贡献的论文《柠檬市场：质量的不确定性和市场机制》是信息经济学文献中最为重要的研究，提出了简单而又深奥的一个普遍化思想，并因应用广泛而产生了巨大影响。如今，称谓有缺陷旧车的口语“柠檬”已成为经济学家理论词汇中的一个著名的隐喻。

诺贝尔经济学奖的荣耀为阿克洛夫贴上了信息经济学奠基人的标签，但是，从另一个角度看，也导致他在“发展信息经济学”之上的一个更大的学术梦想未能引起学界太多的关注和讨论。阿克洛夫在诺贝尔经济学奖的颁奖典礼上发表了题为《行为宏观经济学与宏观经济行为》的演讲。演讲中，他语出惊人，声称使他获得经济学界最高荣誉的“信息不对称”研究只是他梦想的第一步，而他的最终目的是根据梅纳德·凯恩斯《通论》的精神发展出一门宏观经济学，将诸如认知偏差、互惠互利、认同、公平感、从众、社会地位等在《通论》中十分强调却被当今盛行的新古典经济学抛弃的心理和社会因素引入经济学的假设，并在对这些行为观察的基础上，为宏观经济学理论提供更为坚实的基础。

阿克洛夫在获奖演说中指出，新古典模型的行为假设是如此简单粗糙，以至于它很难解释在现实社会中确实存在的六个宏观经济现象。即非自愿失业的存在；货币政策对产出和就业的影响；当失业率很高时，通货紧缩并没有加速；普遍存在的退休储蓄不足；股票价格相对于其基本面的过度波动；痼疾难消的贫困和自暴自弃的底层社会。

以阿克洛夫为代表的新行为经济学强调人行为中的“非理性”一面，并认为“这种行为并不是主流经济学家所认为的随机偏误，而是可以预测并作系统研究的经济学非理性行为”。阿克洛夫认为凯恩斯“资本主义经济会有一个非自愿失业持续存在的均衡”这一判断是正确的，但不是源于任何能从现有经济学理论中推导出来的原因，而是来自其他社会科学家所作的研究。阿克洛夫相信，问题不是出在凯恩斯身上，而是出在经济学的传统假设上。若是将社会学等其他社会学科学的研究成果引入经济学假设，凯恩斯的观点在严谨的经济学框架内便会重新浮现。

这是历史上首位在获奖演说中公开强调社会学方法对经济学研究重要意义的诺贝尔经济学奖获得者。他将社会学的种种研究成果引入经济学假设的同时，也使这场原本只属于经济学范畴的学术论战有了从社会学视角去探讨的可能性和意义。

乔治·阿克洛夫是新凯恩斯主义的主要代表，也是当代主流经济学最杰出的代表之一。他在次品市场模型中对信息不对称现象及其结果的分析已经成为现代微观经济学的经典理论，广泛地引用来讨论市场失灵。对信息不对称问题的分析，对市场失灵结论的论证，动摇了新古典主义的理论基础。在几乎所有的微观经济学教科书中，我们都可以看到阿克洛夫的各种经典的分析。在家庭方面，1978 年，阿克洛夫与经济学家兼同事珍妮特·耶伦结婚，两人生有一子，婚姻幸福美满。他们在很多研究领域进行了合作。自 2010 年起，阿克洛夫的妻子珍妮特·耶伦担任美联储副主席。

秉持谨慎乐观的态度，发扬慷慨崇高的精神

# 不对称信息理论睿者

## ——2001 年诺贝尔经济学奖获得者迈克尔·斯宾塞

教育程度向雇主传递有关雇员能力的信息,原因是,接受教育的成本与能力成反比例,不同能力的人是因受教育程度不同,或者说教育传递信号具有把雇员能力分离开的功能。

——迈克尔·斯宾塞

迈克尔·斯宾塞作为普林斯顿、牛津、哈佛这三所世界上最知名的大学的毕业生,无疑是世人眼中具有“创造性、广泛的兴趣、独立思考能力”的人。1943 年 11 月 7 日,斯宾塞出生于美国新泽西州的蒙特克莱尔,1962 年到 1966 年就读于普林斯顿大学并获哲学学士学位;1968 年在牛津大学获数学硕士学位,并获得该校罗氏奖学金;1972 年在哈佛大学获经济学博士学位。

在哈佛大学读博士期间,斯宾塞研究的对信号传递模型的结论集中体现在他的博士论文《劳动市场信号》中。在迈克尔·斯宾塞的模型里,劳动力市场上存在着有关雇佣能力的不对称,他的模型研究了用教育投资的程度作为一种可信的传递信息的工具。在他的模型里,教育本身并不提高一个人的能力,它纯粹是为了向雇主“示意”或“发出信号”表明自己是能力高的人。斯宾塞确定了一个条件,在此条件下,能力低的人不愿意模仿能力高的人,即做出同样程度的教育投资以示意自己是能力高的人。这一条件就是,做同样程度的教育投资对能力低的人来说边际成本

迈克尔·斯宾塞　获奖时间:2001
获奖年龄:57

更高。迈克尔·斯宾塞证明:在这种情况下,虽有信息不对称,市场交易中具备信息的应聘者可通过教育投资程度来示意自己的能力,而雇主根据这一示意信号便可区别开不同能力的人。在他的模型里,假定教育对生产率没有影响,但是,厂商以教育为基础发放工资仍然有利可图,因为它能吸引更高能力的人。斯坦福商学院的大卫·克若普斯教授认为,斯宾塞的理论是过去五十年来经济学领域的一个里程碑。

1972 年到 1975 年,斯宾塞在斯坦福大学担任经济学系副教授;之后一直在哈佛大学从事研究和教学工作,为该校的经济学教授及工商管理学教授,并历任哈佛大学企业经济学博士部主任、经济学系主任、哈佛大学艺术及科学院院长。1983 年,斯宾塞当选为美国艺术及科学院院士。1990 年,斯宾塞回到斯坦福大学并担任该校商学院研究生院院长。1991 年到 1997 年,斯宾塞担任美国国家科技及经济政策研究委员会主席。另外,斯宾塞还担任 7 家公司的董事会成员职务。

迈克尔· 斯宾塞最重要的研究成果是市场中具有信息优势的个体为了避免与逆向选择相关的一些问题发生,如何能够将其信息“信号”可信地传递给在信息上具有劣势的个体。2001 年,他与乔治·阿克洛夫、约瑟夫·斯蒂格利茨共同获得诺贝尔经济学奖。许多市场都有信息不对称的特性,因而表现出特定的市场规律和现象。他们在此领域的研究构成了现代信息经济学的核心。

我们熟知的劳动力市场上的“劣币驱逐良币”的现象,斯宾塞认为,假如雇主不能区分高能力和低能力的劳动能力之间的区别,那么就会导致劳动力市场以低工资雇用低能力者。迈克尔· 斯宾塞还发现一个现象,即高能力的男性预期获得比同等能力的妇女更高的学历。在这种均衡下,男女之间的教育回报由于教育方面投资的不同而不同。另外,斯宾塞提出的信号传递模型还对博弈论产生了深远的影响,他的专业竞争下的市场均衡模型已经影响到其他领域,比如增长理论和国际贸易。

斯宾塞的同事约翰·罗伯特教授说:“迈克尔在经济学领域的洞察力引导我们更深地理解现实世界的种种现象,从通过价格竞争而获得的资本积累到那些信息明显匮乏的广告,而这些洞察力是极为罕见的。”“不对称信息”理论主要研究在缺乏借方信用价值信息的情况下贷方所面临的风险问题,它也解释了那些熟知科技产业资本运作的人是怎样取得对其他投资者的优势的,以及近年来科技股的泡沫问题。斯宾塞的研究显示了信息在当代经济社会的绝对重要性,即在一定情况下,消息灵通的商人比那些缺乏业内信息的人能取得更多的市场收益。比如说,汽车经销商可以通过提供产品担保书来表明他的车更好,而公司则可以利用红利的额外税收来显示它的高收益。

迈克尔·斯宾塞的信号传递模型也具有普遍的经济学意义。2014 年,迈克尔· 斯宾塞在他的“收入分配的挑战”的文章中指出:部分国家尝试通过向社会提供教育、医疗以及技能培训等基本服务与最低工资、累进所得税税制和物业税相结合,以解决分配问题。在一些国家,普遍限制收入和工资增长似乎已成为重塑竞争力、提振潜在产出的重要手段。自 2014 年,追求平等包容的可持续增长模式将成为全球经济决策的一大特征。他寄希望于商界和劳工领袖与政府、教育机构和公益界人士齐心协力推进这一日程,并称应当以曼德拉为榜样,发扬其慷慨崇高的精神。

**知识山峰登得越高，眼前的景色越壮阔**

# 经济学领域中的巨人

## ——2001 年诺贝尔经济学奖获得者约瑟夫·斯蒂格利茨

与 19 世纪一样，欧洲人和美国人在亚洲、非洲和拉丁美洲到处冲破壁垒打开市场，却阻碍第三世界的农产品进入他们的市场。鸦片战争中，西方用战争来推行他们的不平等贸易；今天，世界银行和国际货币组织使用的金融和财政手段几乎一样有效。

——约瑟夫·斯蒂格利茨

林毅夫教授认为，斯蒂格利茨早在 1982 年就应该获得诺贝尔奖，因为他几乎对经济学的各个领域都做出了贡献，而且还不仅限于经济学领域，还包括另外一个重要领域——经济政策。萨缪尔森在一封推荐信中说：“斯蒂格利茨是印第安纳州加里市出来的最伟大的经济学家。”显然，伟大的萨缪尔森认为斯蒂格利茨比自己还要伟大。

1943 年 2 月 9 日，约瑟夫·斯蒂格利茨出生于美国印第安那州一个叫做加里的小城，此城以生产钢铁闻名，除此之外，这个小城还诞生了两位当代最伟大的经济学家：一位是萨缪尔森，另一位就是斯蒂格利茨。在斯蒂格利茨生长的小城，他的同学们——那些钢铁工人的子女们，使他了解到破产和解雇带来的苦痛。他有一个“勤奋”的家庭，他的父亲 95 岁才从保险代理人的岗位上退休，他的母亲在 67 岁时按规定从小学教师的岗位上退休后，又开始教人纠正阅读，一直工作到 84 岁。

约瑟夫·斯蒂格利茨
获奖时间:2001　获奖年龄:58

斯蒂格利茨在大学的时候，学习成绩非常优

秀,对社会活动也很感兴趣。1963年,也就是大学三年级的时候,他成了学生会主席。那期间,美国民权运动正如火如荼,斯蒂格利茨博士在华盛顿参加了马丁·路德·金博士领导的大游行,那次游行的高潮就是金博士名垂青史的演讲《我有一个梦》。这些社会活动对于塑造斯蒂格利茨为人和善、天性乐观的性格和成名后的力倡公平、公正的市场思想应该说都具有很大影响。如果追溯斯蒂格利茨思想的起源,可以从他的成长过程、生长的小城、他的父母和同学那里得到印证。

瑞典皇家科学院在2001年颁奖典礼上特别说明,当年三位获奖者中,斯蒂格利茨博士对不对称信息经济学理论的贡献最大。斯蒂格利茨曾多次强调假如不考虑信息的不对称性,那么经济学模型很可能是误导性的。他的这一警示具有巨大的理论意义,因为就不对称信息来说,不同的市场会有不同的特征。这一结论同样适用于公共管理的研究领域。可见斯蒂格利茨的一系列论著不仅是进一步探索信息经济学理论的主要文献,而且也是有关领域深入研究的重要基础。他的有趣的理论,用简单的语言来表述,听起来就和非经济学的常识一样。

斯蒂格利茨博士在信息经济学文献中堪称是被人们引用得最多的经济学家,在更广泛的微观经济学与宏观经济学领域内也是如此 。他所倡导的一些前沿理论,如逆向选择和道德风险,已成为经济学家和政策制定者的标准工具。他所著的《经济学》在1993年首次出版后,一版再版,被全球公认为最经典的经济学教材之一,成为继萨缪尔森的《经济学》、曼昆的《经济学原理》之后西方又一本具有里程碑意义的经济学入门教科书。

24岁时,本科毕业仅三年的斯蒂格利茨就获得了麻省理工学院博士学位,此后在剑桥大学从事研究工作。1969年,年仅26岁的斯蒂格利茨被耶鲁大学聘为经济学教授,三年后他被选为计量经济学会会员,这是一个经济学家所能获得的最高荣誉之一。1979年,36岁的他获得了美国经济学会两年一度的约翰·贝茨·克拉克奖,该奖项用于表彰对经济学做出杰出贡献的40岁以下的经济学家,1988年他成为美国国家科学院院士,同年起在斯坦福大学任经济学教授。

1993年,斯蒂格利茨步入政界,成为克林顿政府的总统经济顾问委员会成员,并从1995年6月起任该委员会主席。1997年起,他又担任了世界银行高级副行长兼首席经济学家,提出经济全球化的观点。他还曾经在国际货币基金组织任职。自 2000 年至今，斯蒂格利茨执教于哥伦比亚大学。2001 年因为经济学的一个重要分支信息经济学的创立做出的重大贡献，斯蒂格利茨获得了诺贝尔经济学奖。

传统的经济学认为，在自由的不受管制的市场中，个人追求各自的利益会使整个社会的福利最大化。斯蒂格利茨认为现实世界并不是那么回事，相反，他认为，因为市场参与者不能得到充分的信息，市场的功能是不完善的，常常对人们的利益造成损害。所以政府和其他机构必须巧妙地对市场进行干预，以使市场正常运作。

斯蒂格利茨为人和善，天性乐观，乐于在演讲台上阐述自己的观点，在经济学领域中是一名无可争议的巨人。2006 年他接受了一个引人注目的职位——世界银行高级副总裁兼首席经济学家。在那里，以亚洲金融危机为契机，他静静地使用理论来重塑政策，而远离了自己从不擅长的政治角逐，虽然他也许是同代人中最伟大的经济学家。其实，斯蒂格利茨在白宫总统经济顾问团的四年中并没有受到重用。2011 年到 2014 年 他是国际经济协会的主席。对如何使国际贸易更加平衡、公平，斯蒂格利茨认为，最重要的一点是营造一个更为公平的竞争环境，减少发达国家对其产业实施的各种形式的补贴，因为这让发展中国家难以参与正常的竞争。

决定行为的因素，内在激励更重要

# 心理学视角看经济学

## ——2002年诺贝尔经济学奖获得者丹尼尔·卡内曼

“幸福经济”还没有纳入经济学教科书，但是随着收入上升与幸福感之间的联系不复存在，“幸福经济”这一概念已逐渐得到重视。准确衡量幸福感的标准可能在企业和政府中得到广泛应用。

——丹尼尔·卡内曼

丹尼尔·卡内曼是一位格外令人兴致盎然的思想家，是现今在世的最有影响力的心理学家之一，他因对判断和决策制定的理性模式提出挑战而荣获2002年度的诺贝尔经济学奖。他的研究打开了社会心理学、认知科学对理性与幸福的研究以及行为经济学的新局面。

心理学家丹尼尔·卡内曼遵循1978年诺贝尔经济学奖获得者赫伯特·西蒙的“有限理性”理论和启发式的思想，提出了三种常见的启发式：代表性、可得性以及锚定和调整。卡内曼发现人类的决策行为常常是非理性和有偏差的，这与传统经济学理论即期望效用理论的预期不符，而且这种偏差是有规律的。卡内曼提出前景理论以解释人类在不确定条件下的判断和决策行为。他获得诺贝尔经济学奖是因为他“把心理学的，特别是关于不确定条件下人的判断和决策的研究思想，结合到了经济科学中”。

丹尼尔·卡内曼　获奖时间：2002
获奖年龄：68

1934年3月5日，丹尼尔·卡内曼出生于以色列的特拉维夫。1954年在以色列的希伯来大学获心理学和数学学士学位，1961年在美国加利福尼亚大学伯克利分校获心理学博士学位。然后回国工作,任希伯来大学心理学讲师、副教授、教授,并在美国行为科学高级研究中心、密西根大学、哈佛大学、英国剑桥大学的应用心理学研究所进行访问研究。1978 至 1986 年任加拿大的不列颠哥伦比亚大学心理学教授。1986 年到 1994 年任加利福尼亚大学伯克利分校的心理学教授。1993 年至今任普林斯顿大学 Eugene Higgins 心理学教授、公共关系教授。他是美国国家科学院院士、美国人文和科学院院士,拥有美国和以色列的双重国籍。

丹尼尔·卡内曼将心理学研究的视角与经济科学结合起来,成为这一新领域的奠基人。在他之前,经济学和心理学在研究人类决策行为上有着极大的区别:经济学的观点认为外在的激励形成人们的行为,而心理学恰恰相反,认为内在的激励才是决定行为的因素。自亚里士多德时代始,哲学家认为人是理性的动物,其行为是由理性差遣的,只有在非正常情形下,如委靡、醉酒和愤慨时,人们的抉择妄想和思维才会缺乏理性。这个理论认为正常的人具有合理的推理能力,把握了规范化的理智和抉择妄想原则。这些理性的抉择妄想原则默示在人们的思维和动作上。在传统的经济学中也贯穿着理性人的思维,认可“经济人”的假设,认为人类为小我益处所差遣,抉择妄想者基于所把握的信息作出周全的权衡,作出最优的抉择。

卡内曼在不断修正“经济人”假设的过程中,看到了经济理性这一前提的缺陷,也就发现了单纯的外在因素不能解释复杂的决策行为,由此正式将心理学的内在观点和研究方法引进了经济学。卡内曼最重要的成果是关于不确定情形下人类决策的研究,他证明了人类的决策行为如何系统性地偏离标准经济理论所预测的结果。卡内曼的研究激发起新一代的经济学和金融研究者将认知心理学的观点应用于人类内在的行为动机的研究,掀起了行为经济学和金融学的研究热潮。

当人们谈论幸福时,我们实际上指的是什么?我们知道幸福来自许多不同的源泉,这取决于具体个人的观点。但是根据卡内曼的说法,人们并不知道他们究竟有多么幸福,因为幸福是相对的。1998 年卡内曼与来自德州大学奥斯汀分校的同事大卫施卡德作了一项研究,两位研究者要求身处加州和中西部的 2000 名本科生为自己的生活满意度打分。结果这两个地区学生的评分几乎没有差异,虽然两组受测者都认为在加州会更幸福。学生们正确地假定加州人会比中西部人对于自己所处的气候环境更为满意,但是没有认识到天气并不能够影响人们对自己生活的总体评价。该研究表明人们不能想象适应环境会对他们的幸福产生何种效应。

卡内曼的主要兴趣领域之一是享乐心理学,也可以定义为对快乐与痛苦、幸福与悲惨的研究,二者均为当期所体验并且在未来被记忆的感受。卡内曼一直试图复活边沁的效用观念,即快乐与痛苦的享用体验统治我们的生活,告诉我们应当做什么以及决定我们实际上做什么。决策研究中有关效用的现代观点是更加单一的,强调效用在选择中的影响。卡内曼断言他自己的研究表明体验效用可以被测度,“测度的质量最终好得足以获得对福利和悲惨的测度,因此能够满足制定政策的需要”。

2002 年的诺贝尔经济学奖颁发给了美国普林斯顿大学心理学和公共关系学教授丹尼尔·卡内曼,也许可以看做是一个标志,它意味着心理学在自身迅速发展的同时也在不断地和其他学科交叉和融合,正像在给卡内曼的颁奖词中所说的:“他把心理学的,特别是关于不确定条件下人的判断和决策的研究思想,结合到经济科学中。”

注意力在哪里，成就就在哪里

# 实验经济学的先驱者

## ——2002 年诺贝尔经济学奖获得者弗农·史密斯

保持经济能够持续增长，中国需要做到以下几点：要继续开放市场和公民的自由选择，要加大对基础教育和大学教育的投资力度。

——弗农·史密斯

1927 年 1 月 1 日，弗农·史密斯出生于美国堪萨斯州的威奇托，这是一个普通的技术工人家庭。史密斯刚出生不久就经历了 1929 年开始的经济大萧条，其家庭状况也受到了父亲数次失业的影响。史密斯的研究主要集中于对市场机制的分析，虽然不一定和他早年经历的大萧条有关，但他的研究对于建立效率高、可持续的市场机制有巨大贡献。史密斯的大学生活是在加州理工学院主修电子物理，于 1952 年获得堪萨斯大学经济学硕士。1955 年，史密斯获得哈佛大学博士学位，现拥有普度大学、马萨诸塞大学和亚利桑那大学教授头衔。

一个国家、行业或地区怎样安排商品的交易机制，是关系到经济发展和民众生活水平的重要问题。比如，商品交易可以完全按照一个中心机构的计划进行，也可以完全由市场自由进行，或计划和市场共同组织。但是和自然科学不同，我们很难先试验好一种机制，然后再应用到经济现实中去。在任何历史时期，我们只能有一种组织经济行为的机制在运作。一旦发现不好，整个社会已经付出了巨大的代价。史密斯教授的研究开创并奠定了在实验室里进行经济学研究的基础，因此使我们事先检验某一种市场机制的优缺点成为可能。

弗农·史密斯　获奖时间:2002
获奖年龄:65

自2001年起，史密斯担任美国乔治·梅森大学经济学和法律教授。他是该学校第二位获诺贝尔经济学奖的教授。1986年，该大学的詹姆斯·布坎南因公共选择理论获得诺贝尔经济学奖。史密斯在得知获奖消息后说：“当年我费了很长时间才明白，教科书是错的，而学生们是对的。”早在他开始发展经济分析的实验方法时，许多经济学家不明白他为何那样做，“经济学家不做实验，只有他在做”。史密斯计划把约50万美元的奖金全部捐献给他1997年创立的实验经济学研究国际基金会。弗农·史密斯确立了实验经济学的基础。他发现，仅仅依靠实际数据很难判断一个理论是否正确，也很难准确描述什么原因导致理论失效。而在可控的实验室条件下，模仿人们在市场上的相互行为和其他形式的相互影响的方法能有效地揭示经济理论的发展。他发展出一系列的实验方法，为经济学实验确定了标准。所以，史密斯不仅对该领域早期的崛起做出了巨大贡献，而且直至今日都是最重要的人物。

20世纪60年代，拍卖理论在微观经济学和博弈论中发展迅猛，史密斯设计出检验数种拍卖形式等价特征等一系列理论命题的实验方法，得到了出人意料的结果。弗农·史密斯有关实验经济学的第一篇论文是1962年发表在《政治经济学》期刊上的《竞争性市场行为的实验研究》，1965年又在该刊发表了《实验性拍卖市场与瓦尔拉斯假定》，从而奠定其实验经济学开创者的地位。1976年，他发展出日后成为实验经济学标准工具的“导出价值方法”；同时，他还率先引进“风洞测试法”，使得诸如选择性市场设计这类新的尝试在投入实际操作之前能在实验室中先行实施。

1979年，史密斯与阿莫斯·特沃斯基合作，共同提出了“期望理论”。该理论是行为经济学的重要基础，能更好地说明人的经济行为。他们通过实验对比发现，大多数投资者并非是标准金融投资者而是行为投资者，他们的行为并非总是理性的，也并不总是回避风险的。投资者在投资账面值损失时更加厌恶风险，而在投资账面值盈利时，随着收益的增加，其满足程度速度减缓。期望理论解释了不少金融市场中的异常现象：如阿莱悖论、股权溢价之谜以及期权微笑等。

史密斯最重要的成果是针对市场机制的研究，证明了可选择性的市场制度的重要性。他也在竞争性市场均衡性质的创新实验、不同的拍卖形式的检验和设计诱导价值方法等问题上奠定了基础。1948年，哈佛大学的张伯伦教授在课堂上通过对被实验者即自己的学生指定价值和成本参数，建立需求与供给曲线,进行对市场机制的检验,但当时他本人并未意识到这是经济学一个分支学科产生的开端。应该说实验经济学的产生是与博弈论联系在一起的,20世纪50年代初,兰德公司的数学家与心理学家对处于雏形的博弈论进行实验。当史密斯还在哈佛大学求学之时,师从著名经济学者张伯伦,他沿着导师的方向为描述竞争性市场设计了"双向拍卖"的实验机制,较好地接近于用于现代金融和商品市场的交易体制,从而验证了竞争均衡价格理论的正确性。在与普鲁特的合作中,证明了市场的制度确实对竞争价格的确定起作用,他们的实验方法第一次实现了"维持市场环境不变,只改变市场制度"的条件,这是在任何现实的观测中都做不到的。

2002年10月9日下午,瑞典皇家科学院宣布,2002年诺贝尔经济学奖授予两位美国学者丹尼尔·卡纳曼和弗农·史密斯,以表彰他们在与人类行为相关的心理分析应用和实验经济学研究方面所做的开创性工作。史密斯作为一名诺贝尔经济学奖获得者,获奖原因是"开创了一系列实验法,为通过实验室实验进行可靠的经济学研究确定了标准"。

## 做到从不放弃，努力就会成功

# 金融分析家们的楷模
## ——2003年诺贝尔经济学奖获得者罗伯特·恩格尔

没有应用的研究是枯燥乏味的。

——罗伯特·恩格尔

2003诺贝尔经济学奖最终授予了美国经济学家罗伯特·恩格尔和英国经济学家克莱夫·格兰杰两位计量经济学家。这是继首届1969年和2000年之后计量经济学第三度获奖。

瑞典皇家科学院称,恩格尔的ARCH理论模式现已成为经济界用来进行研究以及金融市场分析人士用来评估价格和风险的必不可少的工具。

1942年11月10日,罗伯特·恩格尔生于美国纽约的锡拉丘兹,1964年恩格尔毕业于威廉斯学院物理学专业,获物理学学士学位。1966年和1969年又在康奈尔大学获得物理学硕士和经济学博士学位。有趣的是,这位诺贝尔经济学奖获得者,在满怀抱负的大学时代,竟是渴望成为一名物理学家。当年在申请读研究生时,恩格尔分别申请了康奈尔大学和伯克利的物理学专业。与伯克利研究生院的电话联系受到耽搁之后,恩格尔最终选择了康奈尔大学。在那里,最初他还渴望成为超导研究小组的一员,但一年后受到启发,同周围的很多朋友一样,决定转向经济系。物理学出身的恩格尔对于经济学的学习可以说是驾轻就熟,在拿到物理学硕士之后就很快拿到了经济学博士学位。事实上,历史上很多经济学家都有物理学背景,2000年诺奖得主麦克法登亦是如此。

罗伯特·恩格尔
获奖时间:2003　获奖年龄:60

1969年至1974年,恩格尔任教于麻省理工学院。1975年,恩格尔进入加利福尼亚大学圣迭戈分校执教,任副教授,1977年升为教授,并于1990到1994年在该校担任经济学系主任,直至2003年退休。1999年开始到纽约大学斯特恩商学院任金融服务管理教授至今,现为美国计量经济学学会会员和美国艺术及科学学院院士。恩格尔是一名多产的经济学家,已发表100多篇论文,出版三部著作。此外,他还经常在学术界和实务界作演讲,现为美国纽约大学金融服务管理学教授。

罗伯特· 恩格尔的主要学术成就及贡献在于建立了描述经济时间序列数据时变波动性的关键概念:自回归条件异方差ARCH,并发展了一系列波动性模型及统计分析方法。瑞典皇家科学院称他不仅是研究员们学习的光辉典范,而且也是金融分析家的楷模。他不仅为研究员们提供了不可或缺的工具,还为分析家们在资产定价、资产配置和风险评估方面找到了捷径。

作为一名时间序列分析专家,恩格尔以擅长动态经济金融现象的经验模型分析而著称。他的研究足迹从早期的波段谱回归、假设检验和外生性一直遍及到20世纪80年代后的协整分析、ARCH模型分析以及金融资产收益数据的超高频分析。

作为近20年来金融计量领域的重要开拓者,他对金融市场分析长期持有浓厚的兴趣,在金融计量经济学的兴趣涉及金融市场微观结构、权益资产、利率、汇率和期权等。在恩格尔看来,随着电子化交易的发展,未来的金融计量经济学可以使金融市场做市商、经纪人和交易者借助于统计分析,自动地根据特定市场环境和目标做出最优的策略。

正如恩格尔所说,没有应用的研究是枯燥乏味的,但担任太多而又缺乏研究意义的顾问工作同样是枯燥乏味的。恩格尔的辉煌成就除了在理论研究中得益于早期与格兰杰、韩德瑞以及圣迭戈加州大学的经济学家和计量经济学家的学术交流之外,还得益于在纽约和纽约大学的现实环境。纽约作为世界金融中心,为恩格尔的学术研究提供了感兴趣的金融问题和模型分析所需要的数据;而纽约大学斯特恩商学院金融实务方面的同事所提供的在实际问题上的观点,又深深启发了他的模型研究。

2007年10月,罗伯特· 恩格尔应邀来到中国,在北京大学中国经济研究中心就亚洲金融危机和当前的金融安全等问题进行了专题演讲,与林毅夫、曹远征、李稻葵、陈平、左小蕾等中国经济学家就中国经济相关问题进行了深入讨论。探讨在目前中国经济结构性矛盾越来越严重的情况下,如何避免发生类似十年前亚洲金融危机的风险,这是当前一个引人注目的课题。罗伯特·恩格尔谈道:市场开放风险更小。他坦言中国会找到自己独特的位置。谈到汇率方面,他认为市场应当起更大的作用,政府应当减少干预,从全球经验来看,汇率肯定会有变动,但不会有急剧波动。他认为中国开放金融系统会面临的风险是,有外部资金流入,想要在国内投资,国内也有资金想流出。这些风险需要与不开放的金融系统所带来的风险结合起来看。不开放的金融系统也会带来很多风险,有一些就像现在在沪市 A 股中所看到的一样,由于股价的大幅变动,投资于沪市的许多家庭最近有很大的经济损失。这是由于他们没有多样化投资组合的渠道。所以,他认为开不开放金融系统都是有风险的,但是开放的风险要小一些。当问到全球金融市场中最重要的变化是什么?恩格尔认为总体上来说,中国经济发展得非常好,认为不存在着潜在的危机。中国可以向下一个阶段发展,不仅仅是靠出口发展经济。中国和美国经济已经有了很多共同之处,但中国并不会也不希望失去自己独特的个性。就生产力和发展速度而言,中国是很杰出的,当然也有其他国家做得很好。

学习的光辉典范，金融分析家的楷模

# 天才的研究者和作家

## ——2003年诺贝尔经济学奖获得者克莱夫·格兰杰

所谓协整，是指多个非平稳经济变量的某种线性组合是平稳的。目前，协整分析已成为处理非平稳金融、经济变量相依关系的行之有效的方法。

——克莱夫·格兰杰

格兰杰教授被认为是世界上最伟大的计量经济学家之一，无数经济学专业的学生奋斗一生，也只是为了能远远看到他的背影。他在利用数学模型分析时间序列数据方面的实证研究给全世界打开了一扇窥探经济运行规律特别是金融市场运行规律的大门。正因为如此，我们可以对股市和汇市浩如烟海的数据进行分析整理，并预测今后的走势。

1934年9月，格兰杰出生于英国威尔士的斯旺西，现为英国公民。他早期就读于诺丁汉大学，接受当时英国第一个经济学数学双学位教育，于1955年获得诺丁汉大学学士学位，同年留校任教，1957年在天文学杂志上发表了第一篇论文《关于太阳黑子活动的一个统计模型》。1959年，他在诺丁汉大学获得统计学博士学位。在20世纪60年代早期，格兰杰获得了支持英国学者去美国深造的哈克尼斯奖学金，去普林斯顿做访问学者，在著名学者约翰·塔基和奥斯卡·摩根斯坦门下深造。1974年移居美国，成为美国圣迭戈加利福尼亚大学经济学院教授。随后，他开创了该学院的计量经济学研究工作，并使之成为全世界最出色的计量经济学研究基地之一。格兰杰最后成为该校的荣誉退休教授。

克莱夫·格兰杰

获奖时间:2003　获奖年龄:69

格兰杰于1991年成为国际预测师协会会员。他还获得奥尔胡斯大学、拉夫堡大学、斯德哥尔摩经济学院、卡洛斯三世大学的荣誉博士学位。他曾经是西部经济学会主席、每年仅两位的美国经济学会杰出会员之一。他的研究兴趣主要在统计学和计量经济学，主要是时间序列分析、预测、金融、人口统计学和方法论等方面。据瑞典皇家科学院介绍，格兰杰对经济学研究的一大杰出贡献是，发现非稳定时间数列的特别组合可以呈现出稳定性，从而可以得出正确的统计推理。他称此是一种"共合体"现象，并提出了根据共同趋势进行经济时间数列分析的方式。瑞典皇家科学院说，格兰杰的发现对研究财富与消费、汇率与价格以及短期利率与长期利率之间的关系具有非常重要的意义。目前美国联邦储备委员会和许多国家的中央银行都使用这一方法来进行评估和预测。

除了在计量经济学方面造诣颇高之外，格兰杰教授的文学水平也非常出色。这些方面的长处与他本人的天才资质有关，还和他的学习经历有关。早在读高中时，他就曾在两个语法学校就读，而且他喜欢纯粹的数学思维训练，在初学经济学时，就对当时只会纯文字描述的经济学家感到遗憾。这使得他的论文语言流畅，可读性强，许多内容和案例都成为经典被广泛引用。格兰杰教授为研究经济规律做出了大量贡献，这首先要感谢他的一次口吃。在高中时期，格兰杰的第一理想是做方法论的研究，但有一次所有学生公开表达理想的时候，他竟然没有说出方法论这个单词，而是随口说要做统计学家。格兰杰教授后来回忆说，也许就是因为那一次口吃，决定了他现在的职业。从此世界上多了一位傲视群雄的经济学家——克莱夫·格兰杰。

从20世纪60年代早期开始，格兰杰就是一位非常有影响的时间序列计量经济学学者。他的论文几乎涵盖了过去40年间该领域的主要进展，没有格兰杰的分析方法，进行时间序列计量方面的实证分析几乎是不可能的。就他所产生的学术影响，人们对他的叹服可以用天才的研究者和作家来表达。格兰杰的学术作品有两个突出的特点：学术思想与实际问题密切相关；很强的可读性。因此，作品的很多内容经典，分析透彻。

2003年，诺贝尔经济学奖获得者克莱夫·格兰杰来到中国，在上海交通大学演讲。这位被称为世界级预测大师的演讲主题为"股票市场的价格预测问题"，格兰杰认为对于一个成熟的市场而言，股市的理想状态是不会有大起大落的，有大起大落则说明市场是不充分的或者不是有效的。由于没有作过十分深入的研究，克莱夫·格兰杰表示对于中国现在大牛市的行情不能做出直接预测,但他表示看好中国现在的经济发展对股市的拉动作用。中国现在经济发展很快,经济繁荣和股票市场的繁荣是联系在一起的。不过克莱夫·格兰杰也建议对于股市泡沫要有充分准备。如果股民感觉到泡沫存在,那么最好撤回一半投资,涨则可以继续赚钱,跌则不至于亏得太厉害。在中国股市大牛的情况下,这一讲座不仅吸引了众多学生,不少老师和市民也特意赶来一睹大师风采。

克莱夫·格兰杰曾任美国西部经济学联合会主席。他担任的职务和获得的奖励有:美国经济学联合会年度杰出资深会员奖、斯德哥尔摩经济学院荣誉博士、芬兰艺术和科学协会外籍会员、国际预测协会会员、美国艺术及科学院院士、经济计量学协会会员等。在问鼎诺贝尔经济学奖之前,他摘取了有"准诺贝尔经济学奖"之称的美国经济学联合会年度杰出资深会员奖。2009 年 5 月 27 日,伟大的计量经济学大师克莱夫·格兰杰爵士在美国因病逝世,享年 75 岁。

**对传统进行颠覆，共同开创新领域**

# 实际经济周期研究者

## ——2004 年诺贝尔经济学奖获得者芬恩·基德兰德

周期不是对均衡的偏离，而是均衡自身的波动所致。所以，只要均衡存在，就存在着帕累托有效，市场不会失灵，政府的任何干预都是毫无意义的。

——芬恩·基德兰德

在现代宏观经济学发展进程中，芬恩·基德兰德与爱德华·普雷斯科特这对“黄金搭档”令人久仰。他们共同发表的一系列研究成果，无论是理论本身，还是思想方法，都对传统进行了颠覆。基德兰德和普雷斯科特是新古典宏观经济学实际经济周期学派的代表人物。他们共同开创的实际经济周期理论被认为是近 20 年来宏观经济学最引人注目的进展之一。

2004 年 10 月 11 日，瑞典皇家科学院在古老的议事厅内宣布，将 2004 年诺贝尔经济学奖授予挪威经济学家芬恩·基德兰德和美国经济学家爱德华·普雷斯科特，以表彰他们在动态宏观经济学领域中所做的贡献。获奖成就是：推动了动态宏观经济学在经济政策的时间连贯性和商业周期的驱动力量方面的研究。

芬恩·基德兰德　获奖时间:2004
获奖年龄:60

在得知自己获奖的消息后，基德兰德表示：“这太神奇了，主要是因为我能够以一个经济学家的身份获得这项殊荣。诺贝尔奖委员会一定是看到了我工作中那些值得付出的东西。”基德兰德此前曾在 1969 年和 1989 年两次获得诺贝尔经济学奖提名，但最终都与该奖项无缘。基德兰德是诺贝尔经济学奖于 1968 年设立以来第三个获奖的挪威人。

1943 年 12 月 1 日，芬恩·基德兰德出生于挪威斯塔万格附近，基德兰德是六个兄弟姐妹中的老大，他在挪威西南部罗加兰的一个农场里长大。回忆到自己童年的成长，基德兰德坦言他的家庭教育很自由，父母对孩子没有很多限制。青年时期，基德兰德在朋友的水貂场帮忙做会计，之后开始对数学和经济学产生浓厚的兴趣。

基德兰德爱好广泛，虽然以一名经济学家著称，但看起来更像是一位运动健将。在工作之余，他非常喜欢布鲁斯音乐；此外，他更喜欢运动，经常从事健身活动，他曾经四次参加马拉松，喜欢踢足球和爱看足球比赛。他最喜欢的足球队是博卡青年队俱乐部。此外，他还经常骑他的 DUCATI 摩托车出行。

1968 年，基德兰德从挪威经济与工商管理学院毕业，获得经济学学士；又在挪威商业学院获得经济学硕士学位。1973 年，基德兰德从匹兹堡的卡内基梅隆大学获博士学位，他的博士论文的标题为《分散的宏观经济计划》。获得博士学位后，他回到挪威商业学院任副教授。基德兰德的专长领域是经济学，尤其是政治经济学。他教课和研究的重点是商业周期、货币和财政政策以及劳工经济学。基德兰德以独创性的研究分析了经济政策制定以及商业周期驱动力量的问题，不仅改变了经济研究，还对经济政策特别是货币政策的制定产生了广泛的影响。而传统上的经济研究倾向于认为宏观经济的波动是需求方面造成的。

1978 年，他转到卡内基梅隆大学的泰珀商学院任教，从此，他居住在美国。如今，基德兰德是一位出色的经济学家。他是圣塔芭芭拉加利福尼亚大学经济教授以及德拉斯储备银行和克里兰储备银行的副研究员。同时，他也是挪威商业学院的客座教授。作为研究助理，他为达拉斯、明尼阿波利斯和克里夫兰的美国联邦储备系统提供顾问服务。

经济周期性波动背后的动因和经济政策的设计是宏观经济研究的核心问题。芬恩·基德兰德对这个重要领域做出了基础性的贡献，不仅在宏观经济分析方面，而且在许多国家的货币与财政政策的实践中都功不可没。

在经济政策的兼容性方面，资本所有者如果预期未来税收高，那么他们的储蓄就会少；对未来的扩张性货币政策预期越高，通货膨胀预期越高，则价格和工资也越高。基德兰德解释了为什么未来经济政策能够提高兼容性的问题。如果经济政策的制定者缺乏事先把握特殊的决策规则的能力，那么以后往往也难以贯彻哪怕是最适宜的政策。基德兰德和普雷斯科特的研究结果表明，为什么经济体即使在以稳定的货币政策为目标的价格稳定政策下还会陷入通胀陷阱。他们的获奖成果为解决经济政策的可行性和可信性奠定了广泛的研究基础。

在经济周期背后的驱动力方面,基德兰德和普雷斯科特的研究也彻底改变了基于经济增长理论的经济周期模型。早期的研究者强调宏观经济波动取决于需求方面,而基德兰德和普雷斯科特认为供给方面的影响更加长远。在他们的模型中,技术进步的作用导致劳动生产力提高,相应的就业、投资和产出也增加,总供给曲线上移,经济繁荣增长;反过来,则相反。经济周期在相当大的程度上表现为经济基本趋势的波动,而不是经济围绕着基本趋势波动。另外一个贡献是最早将博弈论引入宏观经济学中,讨论了宏观政策的时间一致性问题。为宏观经济学提供的动态一般均衡模型改进了以往对宏观经济学的分析,使人们开始在更大的时空范围内研究经济问题,推动了宏观经济学向动态宏观经济学的演进。现在,动态一般均衡模型广泛应用于货币经济学、国际经济学、财政学、劳动经济学、资产定价等领域,显示出强大的生命力。

## 挑战凯恩斯主义，曾建言中国经济

# 新商业周期理论之父

## ——2004年诺贝尔经济学奖获得者爱德华·普雷斯科特

*为什么世界上的国家不能和美国一样富裕？*

*——爱德华·普雷斯科特*

在普雷斯科特的个人主页上，有一幅漫画：美联储主席格林斯潘与他并肩而立，前者笑容满面地说："是呀，爱德华，我们用明尼苏达宏观实验室来辅助我们的决策。"普雷斯科特正是该实验室的主持人，实验室的首席科学家基德兰德则是他的弟子，并与他一同分享了2004年度的诺贝尔经济学奖。普雷斯科特在亚利桑那大学任教，同时还是唯一在美联储任职的诺奖经济学家。他的理论思想影响着华尔街。作为时常要与格老喝咖啡的"同事"，普雷斯科特在美国的宏观经济决策中担当特殊角色。

普雷斯科特曾致力于研究中国经济史。这位2004年诺贝尔经济学奖的获得者曾建言中国经济。"视线所窥，永是东方"——歌德的名句推动大师们纷纷东来布道。普雷斯科特在增长与发展经济学方面的贡献集中体现在2000年麻省理工学院出版的《致富的障碍》一书中。该书讨论了增长的核心问题："为什么世界上的国家不能和美国一样富裕？"更有趣的是，他与人合著的这本《致富的障碍》一书的封面饶有兴味地用了一张中国街道的照片。之前，他还就中国的外汇储备和汇率问题提出了建议。普雷斯科特至今发表了大量的学术文章，涉及经济周期和经济增长、计量经济学、一般均衡

爱德华·普雷斯科特
获奖时间:2004　获奖年龄:63

理论、货币、方法论和经济政策。此外，普雷斯科特与别人合编了一些有影响的著作，如1987年明尼苏达大学出版社出版的《与华莱士合编跨期贸易的契约安排》。目前，普雷斯科特正致力于中国经济史和经济大萧条等重大问题的研究。他在诺奖论坛上作了《如何在人口老龄化条件下为养老提供财务支持》的演讲，这也是中国正日益关注的焦点问题之一。

爱德华·普雷斯科特研究的理论艰深难懂，但他本人比他的理论容易亲近得多。2005年来中国，他逗留了近半个月的时间。6月11日，他出现在北京大学举行的“中美新市场经济北京论坛暨2004年诺贝尔经济学奖得主普雷斯科特中国演讲会”，就“克服国富障碍——经济政策与经济周期”发表主题演讲，并与中外学者、企业家展开圆桌讨论。

普雷斯科特堪称平易近人的良师。在美国亚利桑那大学校园的林荫路上，他总是热情地和每一个认出他的人打招呼。在学生面前，普雷斯科特没有高高在上的大师架子。他自称从学生乃至本科生那里学到了很多东西：“他们提出了许多好问题，有的问题最后演变成为出色的学术论文。”在他的办公室的墙上，总是挂着一块小黑板。人们时常看到他和学生一边演算一边讨论。在普雷斯科特的个人主页上，挂着一张他和学生聚会的留影。当他2002年获得内默斯特经济学奖时，颁奖大厅里挤满了从全国各地赶来祝贺的学生。

1940年12月26日，普雷斯科特出生于美国纽约，1962年取得斯沃斯莫尔学院数学系学士学位，1967年在卡内基梅隆大学获博士学位。他还获得雅典大学荣誉博士。现任亚利桑那州立大学教授、美国联邦储备银行明尼阿波利斯分行的研究员。研究领域为宏观经济学、一般均衡理论与应用、收入差别与计量经济学。

爱德华·普雷斯科特教授执教过多所美国名校。他于2003年开始在亚利桑那州立大学执教。1967年到1971年，他在宾夕法尼亚大学任助教；1971到1980年期间，先后担任卡内基梅隆大学的助教、副教授和教授；1980年到1998年，担任明尼苏达大学经济学教授。1998年到1999年，成为芝加哥大学的经济学教授；1999年到2003年，重返明尼苏达大学任教；还曾担任经济动态与控制协会主席、高级经济理论协会主席、美国艺术及科学院院士、巴塞罗那经济学研究生院顾问委员会会员、计量经济学会会员。亚利桑那大学对普雷斯科特推崇有加。该校的网站这样介绍他：他的工作改变了过去三十年宏观经济学的思路。

“这是经济学的黄金时代。”亚利桑那大学介绍普雷斯科特的材料中有普氏的这么一句话。普雷斯科特认为:经济理论已成为运用定量方法研究的一门“硬科学”。普雷斯科特的学士学位是数学。他运用定量方法向传统的凯恩斯主义发起挑战,他指出经济波动的原因是供给,而不是需求。他开创了宏观经济学的新篇章。而他们的模型也已在现代宏观经济学中得到广泛的应用。最终他与弟子基德兰德以“经济政策一致性”和“真实经济周期”理论夺得诺贝尔奖,并被视为“新商业周期理论之父”。

普雷斯科特作为一名美国著名经济学家,经济学贡献除了瑞典皇家科学院公告中的贡献外,还包括:与卢卡斯合作探讨了不确定性下的投资问题和无穷区间的价格存在性问题;和 Mehra 合作提出了金融理论的“风险溢价难题”,该难题引起了国际上众多优秀经济学家和金融学家的兴趣,大大促进了金融学的研究,迄今该难题仍未得到彻底解决;与 Hodrick 提出数据平滑处理的普雷斯科特滤波方法。他的博士论文导师卢卡斯评价说:“普雷斯科特的学生用不着学习做他的助手,他们学到的是如何成为独立的研究者。”

犹太人聪明的原因，父母非常重视教育

# 这个奥曼其实不傲慢

## ——2005年诺贝尔经济学奖获得者罗伯特·约翰·奥曼

所谓博弈论，最通俗的解释是“交换的决策论”。

——罗伯特·约翰·奥曼

20世纪90年代，博弈论开始进入中国经济学界的视野。许多人因此也较早地认识了国际知名的博弈论专家奥曼。在2001年中国经济出版社出版的《挑战诺贝尔奖的经济学大师们》中，就较详细地介绍了罗伯特·奥曼与托马斯·谢林对经济学的贡献。2002年，奥曼与约翰·纳什一同被山东青岛大学聘为名誉教授，并来到中国参加了由青岛大学承办的“2002年国际数学家大会”。

作为一名杰出的经济学家，奥曼在决策制定理性观点方面有着杰出的贡献。在过去的几十年中，奥曼对博弈论和经济理论的发展做出了重要贡献。他的研究具有与众不同的广度和深度，从博弈论基本概念的确立到理论研究工具与方法的发展、理论体系的形成及其在不同领域中的应用，都具有开创性的进展。可以说，奥曼对博弈论作了全面系统甚至可以说是包罗万象的研究。

罗伯特·约翰·奥曼
获奖时间:2005　获奖年龄:75

白须飘飘、拥有一双充满睿智的又带着孩童般天真的眼睛，脸上总是挂着微笑的罗伯特·奥曼是一名在以色列、美国乃至世界各地享有极高学术声誉的著名经济学家。2005年10月，他因为“通过博弈论分析改进了我们对冲突和合作的理解”与托马斯·克罗姆比·谢林共同获得2005

年诺贝尔经济学奖。

奥曼于1930年6月8日出生于德国美茵河畔的法兰克福，是一位虔诚的犹太教徒，目前居住在以色列的耶路撒冷，是希伯来大学的教授。他一直在学习犹太教的经典《塔木德》，并从中获得了许多的智慧。奥曼的父母是一对犹太纺织品制造商夫妇，奥曼的童年很愉快，他成长在一个充满爱的家庭里，父母认为教育非常重要。1938年，在“玻璃窗事件”爆发前的最后一刻因逃避纳粹迫害，他和他的父母离开德国，全家迁到美国纽约。回忆起那段经历，奥曼的眼神完全变了，那是一种无法用言语描述的深深的哀伤。他说：“1938年我们很晚才离开德国，如果我们再待几个月、待一年的话，在德国肯定会被杀掉的，但我们到了美国以后，我们就一无所有了，因为我们不能从德国把钱取出来。我们逃离了那次灭顶之灾。想想我们也很悬啊。”1950年，奥曼从纽约州立大学毕业并获数学学士学位，又于1952年和1955年在麻省理工学院分别获得数学硕士学位和数学博士学位。自1956年开始，他在以色列希伯来大学数学系任教，1966年至1968年担任数学研究院院长，1966年当选为经济计量协会会员，1968年晋升为教授。

奥曼拥有以色列和美国双重国籍，他是美国科学院院士、美国艺术及科学学院外籍院士、以色列科学与社科院院士、英国社科院通讯院士，曾担任国际博弈论学会首任主席。奥曼对博弈论的研究成果大都是基础性的，并在经济学、数学和运筹学等许多学科领域内得以应用，比如一般均衡分析、最优配置、非线性系统、控制论、测度理论以及不动点定理等等。他曾于1983年获得了以色列技术机构颁发的科学技术哈维奖，于1994年获得以色列经济学奖。

奥曼是一位谦和平淡而又直爽的老人。他在个人网站上介绍自己时，只有简单的一句话：“一个死了老伴，现在有5个子女、17个外孙和1个曾孙的老头子。”现在，奥曼仍担任耶路撒冷希伯来大学数学研究院教授、纽约州立大学斯坦尼分校经济系和决策科学院教授以及以色列数学俱乐部主席、美国经济联合会荣誉会员等职务。他还是多家世界知名专业杂志社的编辑。奥曼最耀眼的贡献在于他的重复博弈理论对于解释复杂纷繁、充满冲突和合作的现实世界具有重要意义。1962年，美国发现苏联在古巴设立了进攻性导弹发射基地，立刻举国哗然。一时间，加勒比海地区战云密布，大战似乎一触即发。在仔细权衡了苏联的进攻可能后，美国最终决定派兵拦截。这一事件最后以苏联的撤出告一段落。当时，美国预期能通过威慑解决危机，而并不想让威慑的内容成为现实,它的目的在于通过施压让对手退却,从而为自己争取利益。在博弈论这一精确数学模型的支持下,威慑理论得以确立。古巴导弹危机事件发生以后,美国和苏联在核武器领域开始了长达几十年的军备竞赛;与此同时,在瑞士的日内瓦,两国也开始了漫长的裁军和军控谈判,这成为冷战时期一个突出的特点。1966 年,奥曼曾经和马席勒先生一起写过一个给美国武器和财经机构的开创性报告,在这个报告当中,建立了不完全信息的重复博弈的模型。

奥曼是能够用最通俗易懂的语言简练讲解博弈论精髓的学者。国外的媒体对他有这样的评论:“他成功地以许多不同的受众可以接受的方式解释了甚至是最复杂的观点。”在当代的博弈论研究中,奥曼涉足的领域很广泛,而且很有深度。从基本概念、学科的发现与形成到适当工具与方法的发展,在分析不同具体问题中的应用,都具有开创性的进展。他是率先提出“重复博弈”分析的学者,目前,“重复博弈”分析已经成为所有社会科学的主流分支,应用很广泛。

### 用敏锐的洞察力，进行非常细致的分析

# 周游不定的经济学家

## ——2005年诺贝尔经济学奖获得者托马斯·克罗姆比·谢林

许多人们所熟知的社会交互作用可以从非合作博弈的角度来加以理解。

——托马斯·克罗姆比·谢林

托马斯·克罗姆比·谢林，是美国著名学者、经济学家，外交事务、国家安全、核战略以及军备控制方面的研究专家，也是有限战争理论的奠基人之一。20世纪50年代起，谢林在冷战阴影下将博弈理论用在对全球安全问题和裁军问题的分析上。他的贡献主要在于如何处理冲突。

谢林的博弈理论建立在对新古典经济理论分析方法突破的基础之上，与主流的博弈理论在研究方法和侧重点上都有很大的不同，从而完善、丰富和发展了现代博弈论。他卓有成效的工作促进了博弈论的新发展并且加速了这一理论在社会科学领域的运用，特别是他对战略承诺的研究为许多现象比如公司的竞争性战略、政治决策权的授权等给出了解释。

1988年，美国经济学联合会将谢林评为“杰出资深会员”时，其评语为“谢林关于社会关系的理论以及他对该理论多方面的应用源于他富有成效地将理论与实践相结合。他有着异于常人的天赋，这使得他能切实涉及有着相同或不同利益的参与人的社会和经济状况的本质，并能具体而生动地把这种本质描述出来。”2005年诺贝尔评奖委员对他的评价是：“谢林，这位自称‘周游不定的经济学家’，被证明是一位非常杰出、具有开创性的探险者。”

托马斯·克罗姆比·谢林
获奖时间:2005　获奖年龄:84

一般认为，博弈论始于1944年。数学家约翰·

冯·诺伊曼和经济学家奥斯卡·摩根斯坦合作出版了《博弈论与经济行为》一书，概括了经济主体的典型行为特征，提出了策略型与广义型等基本的博弈模型、解的概念和分析方法，奠定了博弈论大厦的基石，也标志着经济博弈论的创立。1994 年诺贝尔经济学奖获得者纳什、泽尔腾、海萨尼在非合作博弈方面的贡献进一步增加了博弈论的适用范围和预测能力。谢林和奥曼这两位学者的工作又进一步发展了非合作博弈理论，并开始涉及社会学领域中的一些主要问题。他们分别从两个不同的角度，即奥曼从数学的角度、谢林从经济学的角度，感到从博弈论入手有可能重新塑造关于人类交互作用的分析范式。最重要的是，谢林指出，许多人们所熟知的社会交互作用可以从非合作博弈的角度来加以理解；奥曼也发现了一些长期的社会交互作用可以利用正式的非合作博弈理论来进行深入分析。

1921 年 4 月 14 日，经济学家托马斯·克罗姆比·谢林出生于美国加利福尼亚州的奥克兰市，1944 年获伯克利加利福尼亚大学文学学士学位，1948 年获得哈佛大学文学硕士学位，1951 年获哈佛大学经济学博士学位，是马里兰大学经济学系和公共政策学院的教授。研究领域是外交事务、国家安全、核策略和武器控制。从 1948 年到 1953 年，他先后为马歇尔计划、白宫和总统行政办公室工作。1953 到 1958 年任耶鲁大学经济学教授，1958 年被聘为哈佛大学经济学教授，1969 年到哈佛大学肯尼迪研究生院兼职，是该院知名的政治经济学教授，1978 年从哈佛大学辗转来到马里兰学院研究公共事务。

1960 年，谢林发表的《冲突战略》一书成为研究解决矛盾冲突策略的经典著作。书中，谢林首次定义并阐明了威慑、强制性威胁与承诺、战略移动等概念，开始把关于博弈论的洞察力作为一个统一的分析框架来研究社会科学问题，并对讨价还价和冲突管理理论作了非常细致的分析。讨价还价理论是谢林早期的主要贡献所在。尽管当时谢林并没有刻意强调正式建立模型问题，但是他的很多观点后来随着博弈论的新发展而定形，而他所定义的概念也成为博弈理论中最基本的概念，比如，完美均衡概念中的不可置信威胁就源自谢林的可行均衡概念。

1992 年，谢林当选为美国经济学联合会会长。他是政治经济学领域著名的“弗兰克·赛德曼奖”的获得者；凭借对预防核战争的相关行为的研究，他成为“国家自然科学奖”的获得者；1988 年美国经济学联合会将其评为“杰出资深会员”。他曾为美国军备控制与裁军署、国务院、国防部、参谋长联席会议、耶鲁大学和兰德公司等机构工作或担任顾问，并作为经济学家为美国政府工作。他发表了涉及许多领域的研究成果，包括军事战略和军备控制、能源和环境政策、气候变化、恐怖主义、团体犯罪、外交援助和国际贸易、冲突和讨价还价理论、种族隔离和种族融合、军事计划、健康政策、烟草制品和毒品走私政策以及与公共事务和公共政策相关的伦理学问题等。

2005 年 10 月 10 日，瑞典皇家科学院在瑞典首都斯德哥尔摩的皇家科学院议事厅宣布，因为“通过博弈论分析，促进了人们对冲突和合作的理解”所做出的贡献，将 2005 年诺贝尔经济学奖授予有以色列和美国双重国籍的罗伯特· 奥曼和美国人托马斯·克罗姆比·谢林，他们的研究成果有助于解释价格战和贸易战这样的经济冲突以及为何一些社区在运营共同拥有的资源方面更具成效。

## 音乐历史经济，或许有一定的联系

# 严肃而理性的科学家
## ——2006年诺贝尔经济学奖获得者埃德蒙·菲尔普斯

希望能够影响到其他人对于经济的思维方式。我想这就是一种回报，也是生活给我们的一种优势或者是特权，坐在那里去思考，然后把一些概念能够落实，所以说我很幸运了。

——埃德蒙·菲尔普斯

20世纪60年代末，30多岁的埃德蒙·费尔普斯与美国著名经济学家密尔顿·弗里德曼各自独立地对通货膨胀与失业率之间的关系进行研究，完全改写了经济学的主流见解。菲尔普斯和弗里德曼一起证明了菲利普斯曲线的重大缺陷，当时应该说在学术界引起了很大的震动。在1976年的时候，弗里德曼就因为货币理论的研究得到了诺贝尔奖，30年之后的2006年，菲尔普斯获得了诺贝尔经济学奖，已经73岁。这30年的等待之中，菲尔普斯每年都有这样的获奖期望。

1933年6月26日，菲尔普斯出生于美国伊利诺伊州伊凡斯顿，12岁的时候就开始学音乐，一直学到了22岁，是一个业余的音乐师，音乐对于他整个的人生有着非常深刻的烙印。菲尔普斯头发是黑的，个子很高，而且很喜欢跳舞。1951年，菲尔普斯进入阿默斯特学院，这是全美名列前茅的本科学院。在这里，他享受了人文学和哲学之旅，但最终喜欢上了经济学。1955年，费尔普斯开始在耶鲁大学攻读经济学专业的研究生，与自己仰慕已久、也是耶鲁名气最大的两位经济学家——詹姆斯·托宾和托马斯·谢林保持了密切接

埃德蒙·菲尔普斯
获奖时间:2006　获奖年龄:73

触和交往。同年,他获得美国阿姆赫斯特学院文学学士学位。1959 年,菲尔普斯获得耶鲁大学经济学博士学位,师从诺奖得主詹姆斯·托宾教授。菲尔普斯曾经执教于耶鲁大学和宾夕法尼亚大学。随着他第一次婚姻的破裂和个人生活的不断被干扰,菲尔普斯的学术生涯也随之步入了一个低谷。1971 年起,他任美国哥伦比亚大学经济学教授。1972 年,在哥伦比亚大学任教的菲尔普斯遇到了他的第二任妻子:来自阿根廷布宜诺斯艾利斯的薇薇安。菲尔普斯在其自传中这样称赞自己的妻子:“很有魅力和教养”,“美丽聪明”。1974 年,费尔普斯与带着两个女儿的薇薇安结婚。目前,费尔普斯夫妇已经有 7 个外孙和外孙女。

1958 年,经济学家菲利普斯在分析英国经济数据的基础上得出了通货膨胀率与失业率呈负相关的原理。菲利普斯曲线的诞生给各国政府的财政和货币政策决策提供了有力的依据。10 年后的 1968 年,35 岁的菲尔普斯修正了似已铁板钉钉的菲利普斯曲线——通货膨胀率与失业率坐“跷跷板”只在短期内成立,对于长期而言,通货膨胀预期会起作用,即无论通货膨胀率为多少,失业率终归会趋于一个,由劳动力市场状况决定的自然率。

当对菲利普斯的曲线提出质疑的时候,实际上是对当时的权威观念提出一种挑战。那段时间有点难,反对者那么多,年轻的菲尔普斯的攻击令他非常尊敬的专家和朋友们很失望,不能够接受他。对菲尔普斯来说,那段时光是非常痛苦的经历,有些时候会有一点失望,但是菲尔普斯还是那么做了,他不能够放弃自己的观点,所以不得不那么做,还得承受痛苦。但没有其他选择,只能继续。

1995 年,年过六旬的菲尔普斯以《献身经济学的一生》为题撰写了自传。自传中曾这样写道:“在过去,也就是说60 岁以前曾经总是不断地在争取成功,而且用最短的时间去争取成功,但是在 60 岁之后对这个问题似乎有了更多的反思。”“60 多岁的时候我逐渐放松了,因为我做了很多的事情,一方面是因为我的能力,一方面是因为我的幸运,我就是觉得对我的工作很满意,对我的事业很满意,可能是对我的一个回报吧,或者一种勇气。”

菲尔普斯在微观经济学和宏观经济学之间搭起了桥梁。在获得诺贝尔奖之前,他的成就已经获得了经济学界的公认。2001 年 10 月 5 日,哥伦比亚大学为菲尔普斯召开了个人纪念文集研讨会。哥伦比亚大学位于纽约市,当时距离“9·11”恐怖袭击事件还不到一个月,140 名全球最重要的宏观经济学家悉数到场祝贺。菲尔普斯在学生时代就仰慕不已的经济学前辈、86岁的萨缪尔森还在研讨会上发表了主题演讲。对于菲尔普斯来说,获得诺贝尔奖只是一件水到渠成的事情。

在得知获奖的那一天,当时的感受菲尔普斯记忆犹新,他坦言:“我当时非常高兴,非常非常高兴,首先第一个就是那个时候我岁数已经很老了,我得说实话,在那个时候、我这个岁数如果能得奖,对我来说是一个非常大的欣慰。和他们一块儿得这个奖对我来说是一个鼓励。另外一点,我们知道诺贝尔奖把这个奖独立地颁给我,事实上对我来说也是一个巨大的嘉奖了,我不仅仅感到非常高兴,而且我也有一点欣慰,松了一口气,因为我想可能在某些时候,在之前我就应该得这个奖,现在终于放下这个心了。”

菲尔普斯被誉为“现代宏观经济学的缔造者”和“影响经济学进程最重要的人物”之一。

菲利普斯曲线诞生50多年的历史,就是一部美妙的去粗取精的演进史。菲尔普斯站在菲利普斯的肩头,他的肩头又会站上其他经济学家,与时俱进的后来者还将超越他,正所谓“理论是灰色的,生活之树常青”。每个经济学家的贡献可谓成果不同、大小有别,但他们追求真理的科学精神一以贯之,毫无二致。诺贝尔奖所褒奖的,正是科学精神。

**不断地勇敢探索，抱有强烈的好奇心**

# 姗姗来迟的诺贝尔奖

## ——2007年诺贝尔经济学奖获得者莱昂尼德·赫维奇

激励相容原理简单说就是能将个人理性与集体理性相容，也就是政策能够达到主观为自己、客观为他人的效果。信息不对称会导致市场失灵，因此可以设计某种激励机制诱导经济人显示真实信息。

——莱昂尼德·赫维奇

爱因斯坦说：“我从不看未来，未来，来得太快。”而这一年的诺贝尔经济学获得者带给我们的礼物，让我们看见了未来的一缕阳光。赫维奇教授以90岁的高龄获奖。在得知自己获得诺贝尔经济学奖时，赫维奇幽了自己一默。他在位于美国明尼那波利斯的寓所说：“我还以为我的时代已经过去，对于获诺贝尔奖来说，我实在太老了。不过这笔奖金对一个已退休的老人的确不无裨益。”他见证了20世纪全球诸多经济事件，同时为“机制设计理论”做出了重大贡献。

早在20世纪中期，赫维奇已经开始思考博弈论工具衍生出来的课题。20世纪60年代，他的一篇题为《资源配置中的最优化与信息效率》论文，拉开“机制设计理论”的序幕。赫维奇也因此被誉为“机制设计理论之父”。赫维奇的机制设计理论与市场管制、市场甄别、公共品提供等重大经济问题有着密切联系，由此很多经济学家都投入了这方面的研究，而当时正值青年的迈尔森和马斯金都是其中的活跃分子。

莱昂尼德·赫维奇

获奖时间:2007　获奖年龄:90

在经济学前沿人士看来，这个奖项姗姗来迟了20年。上海财经大学经济学院院长田国强1984年起在明尼苏达大学师从赫维奇。“赫维奇教授是我见过最聪明、最有才智的人。”田国强说。在他看来，三位获奖经济学家中，赫维奇的贡献是最大的，正是赫维奇对经济机制设计最基本的思想和框架进行了正式的严格的界定。后来，赫维奇又写了《无须需求连续性的显示性偏好》、《信息分散的系统》等著名论文，慢慢完善理论基础。

1973年，赫维奇在最著名的《美国经济评论》杂志上发表了论文《资源分配的机制设计理论》，解决了机制设计理论框架中的两个核心问题——激励相容原理和显示性原理，奠定了机制设计理论这门学问的框架。

莱昂尼德·赫维奇于1917年8月21日出生于俄罗斯莫斯科，一战期间和家人一起迁往波兰，并在波兰度过了中学和大学时代。但这名伟大的经济学家只从华沙大学获得过法律学位。二战爆发时，赫维奇身在瑞士，为了避免纳粹迫害，他没有返回国内。1940年，赫维奇辗转来到美国，到美国后，赫维奇被录用担任著名经济学家保罗·萨缪尔森的助理，萨缪尔森于1970年赢得诺贝尔经济学奖。赫维奇是犹太人，他说：“如果我待在波兰，我很可能成为奥斯维辛集中营的遇难者。”

尽管赫维奇在经济学领域取得了卓越的成就，而且身为明尼苏达大学经济学名誉教授，但富有戏剧色彩的是，这位机制设计理论奠基人并未取得过任何经济学学位。赫维奇称自己有多个名誉学位。他说：“我是通过倾听和自修来学习经济学的。”1976年，59岁的赫维奇取得哈佛大学应用数学博士学位。1990年，他曾因在“机制设计理论”方面所做的开创性工作而获得美国国家科学奖。2007年，诺贝尔经济学奖授予莱昂尼德·赫维奇、埃里克·马斯金和罗杰·迈尔森3名美国经济学家，以表彰他们在创建和发展“机制设计理论”方面所做的贡献。

2007年4月14日，美国明尼苏达大学为这位自学成才的机制设计之父——莱昂尼德·赫维奇教授举行的90大寿生日会，显然成了经济学大师的聚会。包括这次获奖的埃里克·马斯金、罗杰· 迈尔森，还有1972年诺贝尔经济学奖得主阿罗和2000年诺贝尔经济学奖得主麦克法登等众多经济学大师济济一堂，庆祝大师寿诞。6个月后，诺贝尔经济学奖终于名至实归。而赫维奇也成了史上年纪最大的诺贝尔奖得主。

赫维奇治学严谨，对学生要求非常严格。他能够根据每个人经济学知识的多少和训练的不同，用非常通俗或严谨的语言把高深的问题讲得异常透彻。他的课有趣、通俗易懂,同学们都喜欢听,但考试很难。他对博士生也非常严格,他要求学生写的论文要思维连贯,文字要简单,证明要严谨。他手下的学生一般要学六年到七年时间才能拿到博士学位,很多人最后往往拿不到学位。经过这样一位经济学界泰斗的认真指导和教诲,他的学生学到了许多终身受用的东西,使自己的悟性进入了一个新的研究境界。正所谓"严师出高徒",7 年前,赫维奇的得意门生麦克法登获得 2000 年诺贝尔经济学奖。

聪明的人总是兴趣广泛。赫维奇的数学和数理统计都非常好。此外,他还对语言学颇有研究,和学生聊天时,很多时间往往聊的是语种的发源和各语种之间的关系。

年已 90 岁的赫维奇对中国的经济改革也非常有兴趣。早在 20 世纪 80 年代,他就多次访问中国。1981 年,赫维奇到中国社会科学院讲机制设计理论,此后在华中科技大学讲过一个多月的课,现在是该校的荣誉教授。他的研究成果深刻地影响着全球经济,对中国经济也不无借鉴价值。他将一生献给了经济学。

## 埋头苦干的精神，不断超越自我

# 桃李满天下的大智者

## ——2007年诺贝尔经济学奖获得者埃里克·马斯金

并不需要一个中央计划者命令人们怎么去做，而是设计好一个机制。人们都为了自己的利益做事情，在这样的机制引导下行动。

——埃里克·马斯金

10月15日，得知荣获诺奖的时候，马斯金并没有表示出太多的激动和惊讶，而是说：“很多人都能获得这个奖，这就像中六合彩一样。”第二天，他还是像往常一样，起床后早早便去了办公室工作。而在接受诺贝尔网站总编辑亚当·史密斯的采访时，他仍然非常谦逊地表示，赫维奇是机制设计理论之父，“我很荣幸能和赫维奇、迈尔森一起获得这个奖项，其实我取得的成就只是站在赫维奇的肩膀上”。同时他还透露，许多年来，他一直向诺贝尔奖委员会提名赫维奇，“终于等到了这一天，但我现在有点担心，现在获得这个奖对于赫维奇来说是不是太晚了，毕竟他已经90岁了。”

作为对策论领域的大师级经济学家，埃里克·马斯金代表了经济学理论形而上的价值取向。1977年，马斯金完成了论文《纳什均衡和福利最优化》——虽然时隔22年后才正式发表在1999年《经济研究评论》上，成为机制设计理论的里程碑。在该论文中，马斯金提出并证明了纳什均衡实施的充分和必要条件，他在证明充分条件时所构造的对策被称为“马斯金对策”，广为流传。

埃里克·马斯金　获奖时间:2007
获奖年龄:56

清华大学经济管理学院金融系主任李稻葵是马斯金的得意门生。他介绍，生活中的马斯金是一个极为谦逊的人,“待人非常好,是一个非常严谨非常理性的人,并且非常热情”。李稻葵举了一个例子:“比如说你要采访他,他肯定说我没时间;你再坚持,他会说请你写下来要采访的问题;等你写下来了,他会说给我两个星期时间准备。两个星期之后,他可能会说对不起,我太忙还没有时间看,再给我一星期吧。一星期之后,他说可以采访了,不过只能回答前三个问题,但每一个问题他都能仔细回答,滴水不漏,每个词都用得精确。有些人可能是让记者来了却还没准备好,而马斯金会认为如果没准备就接受采访,既耽误记者的时间又耽误自己的时间,宁肯把采访时间推后,虽然面子上不好看,但从实际效果来看是最好的,这就是他做事的风格。”

1950 年 12 月,埃里克·马斯金出生于美国纽约,现任美国普林斯顿高等研究院教授。马斯金是两个孩子的父亲。1972 年马斯金获得哈佛大学数学学士学位后,又选择在哈佛大学继续深造。1974 年,马斯金获得应用数学硕士学位。根据普林斯顿高等研究院网站介绍,马斯金研究的课题对经济学、政治学和法律等领域有深刻影响。目前,他正在研究“机制设计理论”、重复博弈和收入不均等课题。

在平日里,马斯金待人非常热情,但在学术上,马斯金对学生的要求极为严格。李稻葵教授回忆,当时在做博士论文时,马斯金并不告诉他论文题目,而是只告诉他几个原则,然后要他准备十个题目,并写下研究思路:“他往往只问一两个问题就可以看出你对这个题目准备得不够充分,然后要你回去继续准备。”经过反复的修改,反复完善,才可以通过论文选题。而在论文的写作中,是更为严格的要求,“每一个细节都会反复考虑,唯恐有一点点马虎。”正是这种严格的训练,马斯金培育出了一大批享誉国内外经济学界的大师级人物。如 2007 年诺贝尔经济学奖获奖呼声很高的法国经济学家让·梯若尔。

同样,在中国,很多著名的经济学家都是马斯金的学生,如著名的马斯金的“六大弟子”,除李稻葵教授之外,他们分别是清华大学经管学院院长钱颖一教授、经济学家许成刚教授、白重恩教授、王一江教授、邹恒甫教授。

1976 年,马斯金取得哈佛大学应用数学博士学位。随后,马斯金开始在剑桥大学进行为期两年的研究。1977 年开始,马斯金回到美国并在麻省理工大学担任教职。1981 年开始,马斯金成为麻省理工大学的经济学教授。1985 年,马斯金重返哈佛大学,曾在哈佛大学经济系任教 16 年,在麻省理工学院经济系任教 8 年,也是普林斯顿大学访问教授。2003 年,他出任世界计量经济学会会长。2004年,他受邀担任武汉大学名誉教授,2006年担任中央财经大学中国经济与管理研究院学术委员会联合主任。其经济学理论已经在经济、政治科学及法律研究领域产生了深远影响。2007年11月8日,他受聘成为清华大学名誉教授。当日,埃里克·马斯金向清华大学师生作了题为“我们为何拖延”的主题演讲。

马斯金年仅31岁时就成为麻省理工学院的经济学教授。虽然有大量论文发表,但他没有出版过一本专著,“主要精力都用来做研究了”。几十年来,马斯金一直埋头默默工作,已是取得巨大成就的“教父级人物”。北京大学中国经济研究中心主任林毅夫教授对马斯金这种工作精神表现出极大的敬佩。马斯金正是凭借这种埋头苦干的精神不断超越自我,做出了比前人更大的成就。只有50多岁的马斯金,因为自己的成就,很早就是学界德高望重的人物。马斯金对待工作的勤奋精神,确实值得我们今天的学者和专家们学习。

**极快的反应能力，敏锐的洞察能力**

# 走错路的伟大工程师

## ——2007年诺贝尔经济学奖获得者罗杰·迈尔森

我的工作就是探求"如何在社会中获得信息，以实现资源的分配"。

——罗杰·迈尔森

宽阔的额头，嘴角总是带着迷人的微笑，这就是2007年诺贝尔经济学奖获得者之一的罗杰·迈尔森。当被电话通知获得诺贝尔经济学奖时，他一开始有点"困惑"，但随后醒悟过来，对能加入到这一获奖名单感到非常"光荣"，"虽然以往我不在得奖名单上，我一直替其他得奖人感到高兴。但坦白地说，能在得奖名单上自然更好。"迈尔森这样告诉记者。

迈尔森获得2007年度诺贝尔经济学奖的最直接信号是：2002年芝加哥大学高薪把他纳入旗下。要知道，芝加哥大学经济系的教授几乎全部是诺贝尔奖获得者或者提名者。这个大学有专门的分析师，评估全球5年内可能得奖的经济学家，然后将其挖进学校里来。

罗杰·迈尔森　获奖时间：2007
获奖年龄：56

迈尔森是能让抽象的经济学理论变得很实用的经济学家。他为美国解决了如加州电力危机等在内的很多经济难题，在世界经济学界赫赫有名。20世纪80年代，美国加州的电力改革要打破电力垄断的弊端，可是电力行业实行完全竞争又不可能，最好的办法是寡头垄断。迈尔森用"机制设计"理论，运用博弈论，很好地为加州电力改革设计了方案，这个方案运行至今，效果良好。

在博弈论领域，迈尔森引入了更新的纳什

平衡概念,现在成为“更适当的平衡”。此外,迈尔森还解决了美国医学院的招生难题。美国医生是高收入群体,但是医学院大都是私立的。不控制医学院学生人数,就不能保证医生的质量和高收入。美国政府把迈尔森的“机制设计”原理引入相关法律,从而限制了医学院招生的数量。迈尔森对现实经济的贡献让美国经济学家感叹:可以因此而创立一门“经济工程学”,把经济学变得同工程学一样实用,一样可以设计经济现象。

1951 年 3 月 29 日,迈尔森出生在美国波士顿,现任美国芝加哥大学经济系教授。迈尔森目前还是世界计量经济学会、美国艺术及科学研究院成员。他育有两个孩子,分别生于 1983 年及 1985 年。迈尔森 1973 年获哈佛大学应用数学系硕士、荣誉学士,于 1976 年获得哈佛大学应用数学系哲学博士学位,其博士课题为“一种合作博弈理论”,著有《博弈论:矛盾冲突分析》及《经济决策的概率模型》等著作。他的研究专长包括经济学领域里的博弈论和政治学领域里的投票体制等。虽然罗杰·迈尔森在学术上取得了巨大成就,但据他小时候的伙伴“告密”,迈尔森曾经在第一次考驾照的时候,因为拐弯出错而不能通过考试,而他也因此被同伴们称为“走错路的人”。不过,正是因为“走错路”,迈尔森在学术上独树一帜,才有今天的功成名就。迈尔森和马斯金一起,发展了赫维奇的机制设计理论。只不过在“机制设计理论”方面,马斯金最突出的贡献是将博弈论引入机制设计;迈尔森则在把这个理论应用到具体的经济问题方面做了大量工作,比如拍卖问题以及政治选举、投票理论,并于 1981 年提出了“最优拍卖设计”理论。

其实,“机制设计理论”已经不是第一次获得诺贝尔经济学奖,1996 年莫里斯和维克瑞因为在不对称信息下的激励理论方面做出重大贡献而分享了当年的诺奖。不过,他们的理论仅仅代表了“机制设计理论”的第一个分支。而迈尔森则是“机制设计理论”第二个分支的奠基人。该理论主要侧重于最大化委托人或者拍卖者的预期收益,即最优机制设计,迈尔森在 1981 年发表的“最优拍卖理论”就是这方面的奠基之作。该理论力图解决在给定信息分布的情况下,如何设计出某种制度来最大限度地激励经济活动的参与人,也就是最优合同的设计问题。正如诺贝尔经济学奖的颁奖词中所说的那样,它弥补了亚当·斯密“看不见的手”机制在市场经济过程中的可能性缺失。“迈尔森总是能发现一般人不能发现的道路,也许最初看上去那条道路是一条错路。最后我们会发现,原来我们才是真正走错路的人。”他的好友说。

很巧的是，人们称迈尔森与马斯金“有点像”。当迈尔森在哈佛读书时，与2007年的另一位诺贝尔经济学奖获得者马斯金是同班同学。而且据他们的同学回忆，通常在学期综合排名中，马斯金排在第一名，而年幼一岁的迈尔森排在第二名。而且两人同样于1976年在哈佛大学取得应用数学博士头衔，同样在31岁时成为教授，不过迈尔森是西北大学凯洛格商学院的决策科学教授，马斯金是麻省理工学院的经济学教授。而这年两人又同时获得了同一个奖项，似乎也表明当年的同窗现在依然是“有点像”。两者相像的地方还不止这些，与马斯金一样，迈尔森在芝加哥大学也以乐于为中国学生写推荐信而闻名，并且迈尔森也多次到中国讲学。

迈尔森还是一位“中国通”，对中国的历史非常了解，说到朱元璋还谈到诛杀开国功臣之事。2005年，迈尔森曾经在到北京大学教授暑期课程。据听过他讲课的人回忆，迈尔森总是说自己的理论模型太简单，“迈尔森思考的速度大大超过说话的速度，虽然他说话的速度也已经非常非常快了。”他待人和蔼，非常投入地讲课，一点也没有大经济学家的架子，但讲授非常学术和专业，是一位值得我们学习和钦佩的经济学“工程师”。

独具慧眼的观察，应验精准的预测

# 备受瞩目的贸易理论家

## ——2008年诺贝尔经济学奖获得者保罗·克鲁格曼

和世界上99%的人相比，我没什么可抱怨的。但我的参照对象是同辈中最成功的经济学家，我还没有成为他们中的一员。

——保罗·克鲁格曼

在20世纪90年代，克鲁格曼成功预言了“1997年亚洲金融危机”，奠定了克鲁格曼作为“新一代经济大师”的地位。2008年10月13日，瑞典皇家科学院诺贝尔奖委员会由于克鲁格曼在“贸易模式上所做的分析工作和对经济活动的定位”方面取得的成就，宣布将2008年度诺贝尔经济学奖授予他。面对荣誉，55岁的克鲁格曼说：“我们都想得到权利，我们也渴望成功，但是对我来说，最好的回报就是理解带来的快乐。”之所以这样说，原因在于克鲁格曼的性格过于刚直，在华盛顿和学术界都得罪了不少人。

经济学奖“魔咒”再现。《华尔街日报》曾说，“预测诺贝尔经济学奖是出了名的困难”。本年度经济学奖的最终评选结果再次验证了这句话，此前虽有媒体和知名人士列出了有望折桂的数位经济学家的名单，但仍未能将最终的获奖者网罗在内。而保罗·克鲁格曼的横空出世，无疑又一次让诺贝尔经济学奖的“魔咒”得到了验证。

保罗·克鲁格曼　获奖时间：2008
获奖年龄：55

1953年2月28日，保罗·克鲁格曼出生于一个美国中产阶级的家庭。他在纽约的郊区长岛长大，是一名犹太人。从约翰·F·肯尼迪高中毕业后，他来到了著名的耶鲁大学，学习经济学。大学时代的克鲁格曼似乎更偏好历史，经济学的专业课修的不多，倒是天天去上历史课。不过，是金子总会发光的。大学二年级的时候，著名经济学家诺德豪斯在偶然看到克鲁格曼的一篇关于汽油的价格和消费的文章后，为他对经济问题的深刻理解所打动，立即邀请他做自己的助手。

大学毕业后，在诺德豪斯的推荐下，克鲁格曼顺理成章地进入了研究生院攻读博士学位。这一期间，由于个人问题，他的情绪比较低落，草草地完成了博士论文以后，就奔赴耶鲁大学任教去了。在耶鲁大学由于性格太强，他得罪了不少人，也不得志，连研究生奖学金也丢掉了。1978 年，他去探访著名经济学家多恩布什，即《宏观经济学》的作者，多恩布什的鼓励使他找回了自信，他发现自己找到了打开成功之门的关键。他开始写一篇关于垄断竞争贸易模型的论文。当年 7 月，他把这篇论文提交到国民经济研究局的暑期研讨会上，参加这个会议的都是当时国际上最有影响的经济学家。当他开始宣读论文时，人们没有加以注意，都在相互交谈。但渐渐地，大厅安静了下来，人们停止交谈，专心地倾听克鲁格曼的演讲。克鲁格曼一夜成名了！克鲁格曼回忆道：“那是我生命中最美好的 90 分钟。”接下来的日子里，荣誉和金钱接踵而未，克鲁格曼开始在世界各地飞来飞去，发表演说，参加研讨会，会见各式各样的人。但他始终保持着清醒的头脑，在忙碌应酬之余，仍然潜心于学术研究。

1982 年，克鲁格曼刚从瑞典的一个国际会议回来就接到费尔德斯坦的电话，邀请他去华盛顿任职，担任经济顾问团国际经济学首席经济学家。华盛顿的经历并不愉快，他发现，在这个地方，好的分析者并不受重用，阿谀奉承者倒是如鱼得水。很快，他就产生了厌倦，不过，在华盛顿，他又发现了自己的另一项才能：用简明易懂的语言讲述严肃的经济学问题。1983 年的总统经济报告就是由克鲁格曼主笔的。

华盛顿的一年使克鲁格曼身心俱疲。很长一段时间，他既不做学问，也不问政治。外人眼中的克鲁格曼已经相当有成就：年纪轻轻就成为终身教授，拿着丰厚的薪酬，常常在世界各地飞来飞去参加各种会议，甚至还写出了几篇挺好的论文。但是，克鲁格曼的内心极为失落，因为他知道自己想成为更优秀的人，成为同辈中最成功的经济学家中的一员。

1987 年，克鲁格曼开始重新恢复了创造力，他写出了大量高质量的论文——《第三世界债务减免》、《欧洲货币体系的作用》、《贸易集团化》等。这些文章获得的好评打消了他对自己研究能力的怀疑，他开始开辟一个新的领域——新贸易理论。这些成就使他获得了 1991 年的约翰·贝茨·克拉克奖章。

1992 年的总统选举使克鲁格曼在全美国人面前大出了一番风头，他在电视上的经济演说给克林顿极大的帮助，但是克林顿在执政之后并没有启用他为总统经济顾问，而是选择了伯克利大学的女经济学家泰森，原因在于克鲁格曼的性格过于刚直。克鲁格曼支持奥巴马竞选美国总统，在他当选后发表文章，表达对非裔首次当选美国总统的激动和自豪。更重要的是，他敦促奥巴马切勿听信要他延缓政策变化的建议，分析了坚持选战中提出的激进改革议程的可能性和必须性。

克鲁格曼被誉为凯恩斯以来文笔最好的经济学家，也是最著名的新生代经济学家之一。作为才华横溢的自由经济学派的新生代，克鲁格曼教授善于将复杂沉闷的经济课题用深入浅出、风趣犀利的文字向公众表达。克鲁格曼教授素有经济学界的“黑嘴”之称，他能从不同的角度把握问题的本质所在，超越传统理论的迷思，深刻理解现实的经济问题和未来的发展趋势。

**秉持平等的原则，坚实自治的精神**

# 走近首位女性获奖者
## ——2009年诺贝尔经济学奖获得者埃莉诺·奥斯特罗姆

“多中心治理”的核心就是，在私有化和国有化两个极端之间，存在其他多种可能的治理方式，并且能有效率的运行。

——埃莉诺·奥斯特罗姆

在2009年之前，经济学界少有人知道她。所以，当诺贝尔奖评审委员会于2009年10月宣布经济学奖获奖名单后，经济学家们颇为错愕，纷纷打听埃莉诺·奥斯特罗姆是谁。这并不奇怪，因为埃莉诺不是经济学家，而是一位政治学者，也是迄今唯一荣膺此奖的女性。

非经济学家获得诺贝尔经济学奖，埃莉诺并非孤例，2002年获奖的卡尼曼是心理学家，1998年的阿马蒂亚·森是一位伦理学家，1993年的福格尔是历史学家。更不用提公共选择理论的创始人、1986年获奖的布坎南了，他的身份也很难单纯认定为经济学家。这种情况往往是因为获奖者的成就具有特别意义。获得2009年诺贝尔经济学奖是对奥斯特罗姆30余年在公共资源管理、制度分析理论和可持续发展等领域取得成果的肯定。

埃莉诺·奥斯特罗姆
获奖时间:2009　获奖年龄:76

奥斯特罗姆获奖，在经济学界颇受争议。美国经济学家贝克尔的学生列维特在埃莉诺·奥斯特罗姆获奖之后写了一篇博客，声称自己之前从来没有听过奥斯特罗姆的名字。列维特甚至暗示，奥斯特罗姆的获奖会让经济学界恨得咬牙，因为这就相当于让一位政治学家挤占了经济学家的诺奖名额。但愿列维特不是嫉妒诺贝尔经济学奖历史上首次颁奖给女性。中国的李稻葵也指出，此前从未听说过奥斯特罗姆，更没看过其著作。相信很多经济学家也都不认识她。布坎南、哈耶克等以前的诺奖得主，方向虽偏向政治，但所做的仍是经济学研究。而奥斯特罗姆并不属于经济学领域，反对给她冠上“经济学家”的头衔。奥斯特罗姆获奖并不在经济学家之列，表明诺贝尔经济学奖已突破经济学边界，进入政治学领域。

1933 年 8 月 7 日，埃莉诺·奥斯特罗姆出生于美国洛杉矶，大萧条的经历对她的成长影响深远。由于家境并不宽裕，她幼时曾帮助家人做些农活。她中学毕业后希望读大学，但家人并不支持，因为在 20 世纪五六十年代，女性在教育和职业领域并不受欢迎。但她坚持申请了加州大学洛杉矶分校，并用三年时间完成了学业，于 1954 年在加州大学洛杉矶分院获得学士学位。课余时间，她靠教人游泳赚取生活费，毕业时手里只有 8 美元。她工作了几年之后决定读研，遇到的仍然是冷嘲热讽，但她是一个执著坚毅的女性，于 1962 年获得硕士学位，1965 年获加州大学洛杉矶分校政治学博士学位。

在那个时代，女性找工作遇到歧视是常态，她追随丈夫文森特到印第安纳大学布卢明顿分校，先是获得了一份临时教职，而后获得了正式职位。正是在这里，她与丈夫一起开始了长达近半个世纪的学术生涯，取得了举世瞩目的学术成就。他们是这所大学里的传奇人物，出了名的勤奋，每天早上 4 点钟起床写作，几十年如一日，笔耕不辍，硕果累累。奥斯特罗姆从一位受到歧视的女性，成为阿瑟·本特利讲座教授。她从不服输，她的学术成就和领导才能使她当选为美国政治学会、公共选择学会等知名学术组织的会长，当选为美国艺术与科学院院士和国家科学院院士，获得密歇根大学、洪堡大学、苏黎世大学等世界一流大学的名誉博士学位。奥斯特罗姆曾在 2005 年获美国生态学会颁发的可持续科学奖金，2006 年获得美国密歇根大学对人类有杰出贡献的荣誉博士称号。2009 年，她又以第一位女性的身份获得了诺贝尔经济学奖，几乎拥有了一个学者可以梦想的所有荣誉。

身为美国国家科学院院士和美国艺术及科学院院士的奥斯特罗姆，现任美国印第安纳大学教授。奥斯特罗姆从不自大，从不停止与学生的切磋和交流。她撰写了一稿又一稿，批改了一篇又一篇论文，自得其乐。她和丈夫于 1973 年创立了“政治理论与政策分析工作坊”，印第安纳大学为了表达感激，冠上了他们两人的名字。这是一个独一无二的研究组织，它的名称和成立宗旨意味着在这里，教授和学生之间的关系如同作坊中的师徒，老师手把手地向弟子传授技艺,师徒之间平等交流,互相合作。

奥斯特罗姆和丈夫所建立的多中心研究网络已经遍及世界各国,他们建立的美国印第安纳大学政治理论与政策分析研究所在国际政治学界、行政学界以及经济学界都有重要的影响。制度分析与发展框架、多中心治理、复合共和制政治理论、民主制行政理论以及公池类资源的自主治理理论,都是其重要的学术贡献。在公共选择领域里,她已经成为布卢明顿学派。

奥斯特罗姆十分重视中国学者的研究及其发展。目前,每年都有 2 ~ 3 名中国学者和学生到其创办的研究所系统学习其宏观和微观的研究理论和方法,为期一年,为中国学者的职业发展做出了重要的贡献。她曾先后于 1997、2007、2009 年三次访问中国。

2012 年 6 月 12 日,奥斯特罗姆因胰腺癌与世长辞。印第安纳大学校长迈克尔 · 麦克罗比当天在讣文中总结奥斯特罗姆一生的主要成就时说:她的辞世使本校失去了一笔无可替代的宝贵财富,她一生的创造性基础研究工作为本校带来了无比的殊荣。亚利桑那州立大学校长迈克尔 · 克劳评价说:“世界失去了一个从系统层面思考社会科学研究的开拓者。”奥斯特罗姆是当今世界上最重要的公共经济学家,她的逝世令整个经济学界为之惋惜。

**作为一名进攻型选手，善于分析对手的球路**

# 新制度经济学命名者

## ——2009年诺贝尔经济学奖获得者奥利弗·威廉姆森

当我回顾我所研究过的课题时，我感到实践十分重要。

——奥利弗·威廉姆森

1932年9月27日，威廉姆森出生在美国威斯康星州的苏必利尔镇，苏必利尔难以称之为人才的摇篮，它那时是、现在仍然只是一个三万人的小城镇，是苏必利尔湖西岸的一个港口区，在漫长而寒冷的冬季里航运停业，因此，小城的就业有很强的季节性。即使在战争年代造船业繁荣的时代，许多家庭仍然需要依赖副业为主。威廉姆森出身于普通知识分子家庭。父亲斯科特·威廉姆森和母亲露茜尔·威廉姆森相识时，都是一个小农庄里的中学教师，他父亲教物理、化学、手动课，并且是该校棒球队的教练，他母亲则教拉丁文、法语、德语。她是这所中学的校长。斯科特和他的“上司”结婚后，参与了岳父的不动产生意的经营，直到退休。苏必利尔的学校师资力量也并不算雄厚，除了一个小小的教区教育体系之外，城里仅有公立学校。

奥利弗·威廉姆森
获奖时间:2009　获奖年龄:77

从事经济理论研究，也并不是威廉姆森早期而为之的。起先，他曾想成为一名律师，但在读高中的时候喜欢上了数学和自然科学，并谈论自己要成为一名工程师。那么，是什么使他在经济学理论研究中做出了公认的成就呢？从威廉姆森的实际经历来看，至少有以下因素：师承和交往。他父母是普通知识分子，但也具有各自的优良品格。母亲聪慧，有语言天才，且极其神往于至善至美的境界；父亲热心公益，为人慷慨，秉性廉政。这都对他的成长产生了重要影响。

在苏必利尔的夏季,每个学生都会从事某种体力劳动。在求学期间,威廉姆森曾粉刷过房屋,曾为一个挖掘工安放下水管,还做过汽车装配工的助手,曾在当地炼油厂的试验室里做过一份工作。这一切形成了他今后参与社会生活的能力。威廉姆森在读书时就为今后的实践活动打下了基础。高中毕业后,他学业起步不高,去黎庞学院完成该学院和麻省理工学院共同提供的联合教学大纲,刚进黎庞学院,威廉姆森的能力和学业并不很出色。但不久,经过自己的刻苦努力而终于赶了上去。原来的教学大纲是需要在黎庞学完三年才去麻省继续读二年,以完成全部课程,但入学二年后,他就进入了这所世界一流的理工科大学。麻省理工学院浓厚的研究空气给威廉姆森以很深刻的影响。

1955 年,由于取得了麻省理工学院学士学位,威廉姆森的第一份工作成为美国政府的一名项目工程师。这使他能经常参观项目所涉及的那些政府部门和企业,那些大企业的开创者的素质深深地打动了他,并充分了解了科层组织是如何运作的。这份工作还使他有机会去日本、韩国和中国台湾等国家和地区,以及遍访世界各处。这为他此后的研究提供了相当丰富的实践经验。

1958 年,威廉姆森到斯坦福大学攻读工商管理哲学博士学位,这个专业领域在当时是不很明确的,他专攻市场学。当学习了以保罗·萨缪尔森著作为教材的经济学课程后,他对经济学理论产生了浓厚的兴趣,并广泛地选修了诸如肯尼斯·约瑟夫·阿罗等人的经济学理论课程。1960 年,他获得了斯坦福大学工商管理硕士学位。新的兴趣最终使他下定决心去卡内基工程学院完成自己的哲学博士学位,并走上了在经济学理论研究工作中从事创造性劳动的生涯。

威廉姆森在获得博士学位后先后在加州大学伯克利分校、宾夕法尼亚大学从事工业组织的研究和教学工作。威廉姆森非常注重跨科学的研究。作为麻省理工学院的理学士,威廉姆森有着扎实的数理基础。取得博士学位后,他的主要研究领域是工业组织。1965 年夏天,当他正以最大的工作量来研究如何评价厂商规模界限问题时,他在洛杉矶加利福尼亚大学与阿门·阿尔钦、加里·贝克尔、哈罗德·德姆塞茨等组织的一群对产权经济学有兴趣的学者相聚了,并开始对产权理论有了更大的兴趣。在反托拉斯部工作期间,他与该部评价处从斯坦福和哈佛聘来的一批十分出色的年轻律师有了密切的配合关系,使他对法学有了更多的了解。当他重返宾州大学实施新公共政策分析的哲学博士计划而需要开设组织理论课程时，终于有了崭新的眼界，使他转向了交易费用经济学。

之后，1966 年 9 月，威廉姆森再次从事实际工作：他在华盛顿担任了反托拉斯部长的特别助理。这 11 个月的工作使他有充分的机会经手一系列重要的反托拉斯案子，也深入地了解了企业兼并中会发生的种种问题。这些经验对他今后形成自己的学术思想是必不可少的。

尽管新制度经济学一派此前已有科斯、诺斯两位经济学家获奖，但这次还是颁给了同一领域的威廉姆森。2009 年诺贝尔经济学奖似乎特别重视社会思潮和舆论声音，毕竟金融危机爆发以来，人们一直都在反思。这次颁给新制度经济学领域的学者，也是让人们重新意识到经济制度的重要性。在经济学和管理学之间游走的威廉姆森，其探究企业权力机制及资源配置方式的理论体系十分值得关注。中国作为一个处于制度转型的国家，无疑对经济治理理论及其政策应用的需求非常巨大。我们衷心希望国内的新制度经济学者能够躬逢其盛，改进研究方法和研究思路，为国为民创造福祉。

## 我从不放弃，努力就会成功

# 麻省神童获至高荣誉

## ——2010年诺贝尔经济学奖获得者彼得·戴蒙德

不，我不会退出竞选！我仍将争取加入美联储！

——彼得·戴蒙德

曾经有一位诺贝尔经济学奖得主说过，经济学不是单纯的科学，而是一门研究如何最优配给稀缺资源的学问，但资源相对于人的欲望而言，总是稀缺的，所以经济学是一门"忧伤的学问"。应验了这句话，2010年诺贝尔经济学奖把经济学研究引向越来越务实的领域，在金融危机造就高失业率带来的社会消极情绪中，为西方失业病寻解，同时让一些更为关注社会现实、意在"出仕"的经济学家崭露头角。

彼得·戴蒙德是一位相当活跃、举足轻重的潜在诺贝尔奖得主。他在40多年的学术生涯中，引领了宏观经济学研究潮流，不断开辟新的研究领域，为其他经济学家建立了研究标准和方向。戴蒙德获奖的原因是对市场冲突的研究，这是极为重要的研究领域。然而，作为深邃的思想家，戴蒙德的成就不仅局限于这一领域。

彼得·戴蒙德　获奖时间：2010

获奖年龄：70

2010年获奖人数之多堪称历史最高水平，而且像这样三人同获此殊荣，在历史上仅出现三次。不仅让之前预测的多家机构大跌眼镜，就连诺奖得主本人也颇感意外。在三位获奖人中，彼得·戴蒙德的名字最为引人关注。戴蒙德是老骥伏枥，志在千里。2008年诺贝尔经济学奖获得者保罗·克鲁格曼在博客写道："我曾经的同事彼得·

戴蒙德，与戴尔·莫特森和克里斯托弗·皮萨里德斯一起，共同获得了2010年诺贝尔经济学奖。这绝对是实至名归。”能让心高气傲的克鲁格曼这样称赞的人并不多。实际上，现年70岁的彼得·戴蒙德在美国经济学界久负盛名，人脉极广。

戴蒙德出生于1940年4月29日，年仅20岁就在耶鲁大学获得数学学士；仅仅三年之后，即1963年，23岁的戴蒙德就获得了麻省理工大学经济学博士学位，为此，他得到了经济学泰斗保罗·萨缪尔森“麻省神童”的美誉。此后，他就职于加利福尼亚大学伯克利分校，并于1966年返回麻省理工大学任教，四年后获得终身教职。戴蒙德一度担任麻省理工大学经济学院院长职务。2002年到2003年，戴蒙德还曾担任美国经济学会主席，同时他也是美国国家科学院成员。

早在1965年，年仅25岁的戴蒙德就在《美国经济评论》上发表了他的第一篇经典论文《新古典增长模型中的国家债务》。从那时起，他就建立了著名的世代交叠模型。这一模型可以分析出不同年龄、具有不同消费和储蓄特征的人群经济行为差异对宏观经济运行的影响，还可扩展应用到通货膨胀、收入分配等研究领域，具有极大的现实意义。年轻的戴蒙德以世代交叠模型奠定了学界标杆地位。1982年，戴蒙德发表了关于劳动力市场搜寻和匹配的论文。这篇论文明确阐述了企业和劳动者之间的异质性，并提出搜寻过程可能会导致在劳动力市场均衡时仍存在失业。

戴蒙德在学术界享有极高的声望，乔治·梅森大学经济学教授泰勒·柯文认为，戴蒙德是代表麻省理工学院经济学最高水平的教授之一。他在宏观经济很多领域都做出了卓越的贡献，包括政府债务和资本积累、资本市场和风险分担、最佳赋税、劳动力市场的搜寻和匹配以及社会保险。

戴蒙德不仅是一个让同行钦佩的好学者，还是一个受学生称赞的好老师，门生包括现在的美联储主席伯南克，美国芝加哥大学经济学教授、《魔鬼经济学》的作者斯蒂芬·莱维特等知名人物。莱维特回忆大学生涯时曾经写道：“每年印象最深刻的就是戴蒙德的课。在学术讨论时，戴蒙德甚至是会打瞌睡。但是一旦醒来，他就会提出最深刻的思想。与其他经济学家不同，他不仅能彻底驳斥其他人的观点，也能够就提出的问题给出自己的答案。”伯南克也曾在自己毕业论文的感谢词中写道：“感谢戴蒙德慷慨地给予时间阅读和讨论我的研究工作。”

英国《卫报》发表评论文章，除了盛赞戴蒙德的才华，认为戴蒙德获得诺贝尔经济学奖是努力工作的回报之外，还认为戴蒙德的获奖正好契合了当前两大热点。一是美国失业率居高不下，戴蒙德又对就业有充分研究，他的理论很有助于美国的就业。二是奥巴马提名戴蒙德担任美联储理事，但是共和党人却不同意，认为戴蒙德不够格。所以戴蒙德的获奖无疑给了共和党一记耳光。

彼得·戴蒙德是世代交叠模型的提出者，社会保障、养老金和税收问题专家。戴蒙德的大量文章不仅仅具有学术上的意义，而且还有着强烈的政策含义。他认为，经济复苏的过程将是缓慢的，且对于整个经济体和那些正在寻找工作的人来说，将是十分痛苦的。但经济仍然具有较强的适应性，工人和雇主们已经适应了保持整个经济体机能的运行方式。戴蒙德尤其关注社保话题，除对美国和欧洲社保体制改革深入研究以外，他还参与了“中国经济研究和咨询项目”的首期研究，其研究结果认为，记账式个人账户养老金制度适合中国社保体系发展的方向。

## 小泥塘当条大鱼，鲤鱼跳龙门崭露头角

# 失业率成就诺奖剑客

## ——2010年诺贝尔经济学奖获得者戴尔·莫腾森

在某些情况下，最低工资标准是能够起到帮助作用的，尤其是当雇主在控制力方面具有优势。在这种情况下，设定最低工资标准能够同时提高工资和就业，只要最低工资不定得太高即可。

——戴尔·莫腾森

作为经济学界的最高奖项，诺贝尔经济学奖历来关注经济理论的原创性以及对于当下经济难题的指导意义。本轮由房地产泡沫破灭触发的全球性危机，虽经各国史无前例的宽松政策的刺激，西方国家却仍陷入无就业的复苏和消费乏力的困境之中。兴业银行首席经济学家鲁政委表示，戴蒙德在世代交叠模型上的贡献有助于寻找刺激消费的药方，莫滕森和皮萨里德斯对失业的研究和贡献则有助于找到化解无就业增长的病症，这些都是西方经济亟须解决的难题。

戴尔·莫腾森　获奖时间:2010
获奖年龄:71

“一言以蔽之，西方经济体病急寻医助三剑客获奖！”

2010年12月10日，在斯德哥尔摩时间中午1点左右宣布了获得诺贝尔经济学奖这个消息，当时71岁的莫腾森正和同事一起吃午餐，在一个研讨会开始之前。他的手机刚好关机，因此他的秘书只好打到他同事的手机上，然后接通了。在刚听到消息的那一刻，莫腾森还怀疑会不会是恶作剧。他坦言，获奖对他来说是个意外的惊喜。但是，那个研讨会还是如期进行了，在研讨会上，几位年轻的同事带来了香槟和玻璃杯，他们可能

是有备而来。莫腾森在几个小时之后才接受了采访。他的学术思想也影响了皮萨里德斯，同样后者也分享了2010年诺贝尔经济学奖。

1965年以来，莫腾森一直在美国西北大学任教。他主要的研究领域是劳动经济学。此外，他还研究宏观经济学和经济学理论。莫腾森最知名之处是他在摩擦性失业理论方面的开创性研究工作。从这一成果出发，他进一步研究了劳工移动率和再安置等方面的问题。除了2010年诺贝尔经济学奖外，莫腾森还获得过1965年亚历山大·亨德森奖，2005年IZA劳动经济学奖。1979年莫腾森成为美国计量经济学会会员，2000年成为美国艺术及科学院院士。

戴尔·莫腾森出生于1939年2月2日，是美国经济学家。莫腾森分别在威拉米特大学与卡内基梅隆大学获得学士与博士学位，获奖之前并不受人关注。经济学家莫腾森凭借对“经济政策如何影响失业率”理论的进一步分析，摘得2010年诺贝尔经济学奖桂冠。由于全球经济尚未从动荡中恢复，使得当天出炉的诺贝尔经济学奖新得主的光彩略显暗淡。在不断增长的奖金和经济学最高殊荣的背后，传来越来越多的质疑声。

事实上，观察一下本届诺贝尔经济学奖得奖的“热门人选”，就能发现风向的改变。但不能对旷日持久的金融危机给出一个合理解释的经济学，总是让人有隔靴搔痒的不快。莫腾森的主要学术贡献涉及失业难题和劳工政策等，获奖者的研究显然对当下糟糕的全球经济有所暗示。瑞典皇家科学院表示，获奖者对市场的分析模型基于微观经济学理论，“市场大部分交易都是为贸易而进行的，当然会出现一些贸易摩擦，买者很难得到想要的商品，而卖者很难找到消费者。在劳动力市场上，许多公司也发现，会有许多工作空缺，而一些失业人员找不到适合的工作岗位”。在经济增长过程中，在贫富差距不断拉大的过程中，需要对劳动者及其就业生存有更多的关注。

2011年2月，网易经济学家年会期间，莫腾森在获得2010年诺贝尔经济学奖后首次来到中国。网易财经《意见中国——网易经济学家访谈录》栏目专访了这位2010年诺贝尔经济学奖得主。他的获奖贡献是工作搜寻理论。他对中国经济充满兴趣，对中美经济关系十分关注。在访谈中，戴尔·莫腾森对网易财经编辑表示，对中国之行感到很有趣。

莫腾森用他的工作搜寻模型解释了中国就业领域的一些现象。对于中国的用工荒现象，莫腾森说：“这将有两个结果，一是工资会上涨，这对你来说是个好消息，因为这个迹象表明，当前的工资水平对供应的情况提出更高的要求；

而在非技术工人方面，当然他们主要是居住在乡村地区，企业可以做的一个调整就是在接近他们居住地的地方建厂，因为他们吸引农民工迁徙的能力不是无限的，如果他们迁移到更接近农民工的地方的话，我认为低技术工人的供应还是充足的。”

关于最低工资标准是否会影响到就业率的问题，莫腾森认为，中国的低劳动力优势无法持续，必须尽早转型。而在转型过程中，中国将会遇到发达国家曾经遇到过的那些问题。他希望中国发展顺利。对人民币汇率，莫腾森认为，中国确实有重估币值的必要，否则，巨额的外汇储备是一个巨大的风险。他还认为，中国政府应关注通货膨胀。

此外，中国社会科学院经济研究所研究员袁钢明表示，中国每年面临巨大的大学生就业压力；而与此同时，一些制造业岗位出现了招工难现象，而经济学家莫腾森的理论对于中国在就业政策制定上具有指导意义。

## 纯粹的学者，儒雅的气度

# 矜持绅士的英式优雅

## ——2010年诺贝尔经济学奖获得者克里斯托弗·皮萨里德斯

获奖让我感到既惊又喜，我当初想到研究劳动经济学，就是因为欧洲失业率的上升。我知道这一问题将会影响政府的政策，将会有更大的社会意义。我愿意研究就业，希望能有助于社会。就业很困难，经济学家能够在这一领域提供帮助。

——克里斯托弗·皮萨里德斯

“我太兴奋了，很难相信我被授予了诺贝尔经济学奖。”皮萨里德斯接受媒体采访时显得有些激动。“还没想好怎么使用这些奖金，晚上会庆祝，不过不会有大型庆祝。”

作为希腊后裔，1948年2月20日，皮萨里德斯出生于塞浦路斯首都尼科西亚，于1970年在埃塞克斯大学获经济学学士学位，1971年在同一大学获得经济学硕士学位。此后，他到伦敦经济学院求学，于1973年在该校获得经济学博士学位，他的博士生导师是数理经济学家森嶋通夫。皮萨里德斯现任伦敦经济学院经济学系教授，他还是该校经济表现研究中心负责研究项目的主管，1976年以来他一直在该中心任职。

克里斯托弗·皮萨里德斯
获奖时间:2010　获奖年龄:62

皮萨里德斯是一位拥有塞浦路斯与英国双重国籍的经济学家。他做人很低调，他有一位中国未婚妻，英文名叫做Rachel的魏莉华女士，出生于成都，但6岁的时候就随父母迁移去了香港，并在那里成长、学习，后来她去了欧美留学。在英国，她和现在的未婚夫皮萨里德斯教授相识并最终相爱，同是伦敦政治经济学院的教师。

皮萨里德斯最知名的学术成就是针对劳动力市场和宏观经济间交互作用的搜寻和匹配理论。他还推动了匹配函数概念的确立,该函数用于解释某个特定时间段内失业至就业的流动状况,他还是利用这一函数进行经验估算方面的先驱之一。他的代表作是《失业均衡理论》,至今被看做是失业经济学领域的标准教科书。近来,皮萨里德斯主要从事经济结构性调整和增长的研究。除2010年获得的诺贝尔经济学奖之外,皮萨里德斯还于2005年与莫腾森共同获得了IZA劳动经济学奖。他还是英国社会科学院院士、英国计量经济学协会会员。

2011年3月19日凌晨,这位2010年诺贝尔经济学奖得主携同他的未婚妻乘机抵达成都。皮萨里德斯此行是作为成都启动的"探索中国新未来——全球财经领袖对话财富成都"系列活动的首场嘉宾,与成都政界、商界、学界举行巅峰对话,掀起一股发自成都、关于财富的"思想冲击波"。在皮萨里德斯接受采访的过程中,未婚妻魏莉华不时客串翻译角色。

5月14日下午,上海,沐浴着温暖的阳光和凉爽的微风,一位银发外国人在上海交通大学安泰管理学院的校园里漫步。因为是周末,学校里的人不算多,偶然有人经过,大多看一眼便走过了,但也有些人突然发现,这位风度翩翩的长者,就是正在交大安泰管理学院内举办的诺贝尔经济学奖得主中国行活动的最大主角——2010年获奖者、伦敦政治经济学院经济系主任克里斯托弗·皮萨里德斯教授。作为一个学者,异国的校园对他有着特殊的吸引力。

作为常年生活工作在英国的人,教授身上有着一种英国人常见的不紧不慢的气度,而未婚妻魏莉华则更带着中国人的性急。每天早上出发的时候,总是魏莉华一个人先下来,然后过一会儿,教授本人才到。"教授真是一个非常儒雅的人。"这是整个中国之行过程中,听到的最多的对于皮萨里德斯教授个人的评价。他所到之处,无数人被其风度和修养所折服。在留下足迹的北京、上海、广州和深圳四所城市,他的一言一行,各种点点滴滴的细节,无不体现出其友善和随和。他语速适缓,音调平和,讲话中透着典型的知识分子气息。既没有老师教导学生的居高临下之感,也没有意见领袖针砭时弊的火爆味道。

"他是一个很纯粹的学者。"这是在西方媒体上许多人对于皮萨里德斯的评价;而且,关于他的资料也非常纯粹,很难寻找到一些争议事件或者花边新闻。

依照诺贝尔奖的传统，它通常并不是奖给最新的理论成就的。一般来说，只有经过相当长时间的积淀和检验，得到学术界普遍认可的理论，才有机会获此殊荣。2010 年获奖的理论中，有关摩擦失业的理论至少在 100 年前就已由庇古提出，而搜寻理论是信息经济学的中心，也有数十年的历史。并且这两种理论都被各国经济学家广泛地研究和讨论。

事实上，使得皮萨里德斯教授获得诺贝尔奖的“搜索与匹配”理论已经是他十多年前的研究成果了。这么多年以后，依靠着自己在象牙塔中的钻研，他才获得了很高的学术地位，包括历史悠久且诞生了无数巨匠的伦敦政经学院经济系主任这一殊荣，但这些都不是诺贝尔奖的产物。

作为一个出生在塞浦路斯的希腊人，皮萨里德斯教授对古典时代的东西方学者自然有着特殊的情缘。当他发现了教学楼里有一尊孔子的雕像，立刻饶有兴趣地请求随行人员帮助他和孔子雕像拍一张合影。事实上，皮萨里德斯教授保持了一种标准的英式优雅和矜持，从他的谈话中可以看出，皮萨里德斯教授的用词都是非常中性的，尽量避免犀利的或者有强烈感情色彩的语句。和亚里士多德一样，他也热爱着萨摩斯甜葡萄酒。

## 众望所归的学者，不为名声所累

# 宏观经济界全能领袖

## ——2011 年诺贝尔经济学奖获得者托马斯·萨金特

《安娜·卡列尼娜》开篇讲，幸福的家庭都是相似的，不幸的家庭各有各的不幸。我告诉你们，静态模型都是相似的，随机模型各有各的不幸。

——托马斯·萨金特

自 20 世纪 70 年代初以来，萨金特一直是理性预期学派的领袖人物，萨金特对现代经济学和金融学的大部分领域都有深入了解，其学术专长是动态宏观经济学和计量经济学。萨金特在宏观经济学方面的贡献主要体现在：与卢卡斯巴罗和华莱士一起开创了合理预期学派，研究利率的期限结构、古典失业、经济大萧条等重大问题。

尽管诺贝尔经济学奖评选委员会一直坚称，他们从不根据近期事件选择得主，奖项跟政治更没有关系，但萨金特的获奖无疑显示了在当前经济形势下“理性预期”的重要性。

托马斯·萨金特
获奖时间:2011　获奖年龄:68

浙江大学经济学教授史晋川用“猪肉”来解释萨金特“理性预期学派”的要义。“近期什么事情是老百姓最关注的？肉价吧！”今年猪肉价格大涨，养殖户以此判断明年价格还涨，只考虑一个因素，这就是静态预期；聪明点的养殖户不仅看今年，还看去年，还总结去年预测今年时的偏差，这就是适应性预期；更聪明一些的养殖户在这两者基础之上考虑，想到价格已经这么高了，肯定有更多人养猪，猪多了，价格就会下降。于是，更聪明一些的养殖户没有“跟风”，避免了价格大起大落带来的损失，这就是理性预期要达到的效果。萨金特还曾经用林肯的一句名言对理性预期作出解释:你可以一时欺骗所有人,也可以永远欺骗某些人,但你不可能永远欺骗所有人。

然而,2011 年就在理性预期学派接连被诺贝尔经济学奖青睐之时,世界经济不断陷入困局。萨金特用复杂的数学模型试图证明,政府干预是“无效的”。中国经济学家许小年认为,这即是中国人讲的“上有政策,下有对策”,政府的最佳政策是干脆“不折腾”,无为而治。

托马斯·萨金特,美国经济学家,擅长总体经济学、货币经济学、时间序列等领域。1943 年 7 月,托马斯·萨金特出生于美国加利福尼亚州帕萨迪纳。1987 年在斯坦福大学胡佛研究所获资深研究员至今。萨金特于 1964 年获伯克利加州大学文学学位。1968 年获哈佛大学哲学博士学位。他曾执教于明尼苏达大学、芝加哥大学和哈佛大学,2003 年任教于纽约大学至今。

当得知获奖的消息,比起西姆斯的“惊喜”,萨金特显得很“淡定”。“我还没备好课。”这位 68 岁的老教授说。他既没有马上将喜讯“昭告天下”,也没有对瑞典皇家科学院发表任何获奖感言,而是按时登上了纽约开往普林斯顿的列车,并伏在车厢的小桌上认真备完了课。“我获得了诺贝尔奖,但是讲不好课,学生们是不会饶恕我的。”萨金特说,他让随后而至的所有采访电话都“扑了空”。

这份“坚持”早在 50 年前就显露无遗。那时,17 岁的高中生萨金特正面临一个重大选择——提前一年毕业,去俄勒冈州立大学攻读;或者再等一年,就能进入加州大学伯克利分校。而托马斯的父亲正好有机会在俄勒冈州开一家公司,全家都能搬去,“我不要去俄勒冈,我要去伯克利。”如今 91 岁的查尔斯回想起儿子当时倔强的表态,禁不住笑出声来。全家人“一路向北”搬迁,而那个“有主意的年轻人”则沿着他的学术道路奔跑下去。

萨金特是一个懂得幽默的人,即便是在诺贝尔经济学奖新闻发布会上,萨金特也没忘记对“严肃的问题”作一些“幽默的化解”。在西姆斯回答完美国财政赤字问题后,话筒被推给了萨金特,结果他“搪塞”了一句:“我以为你会问欧元的问题。”一阵笑声和掌声过后,记者配合地又问:“那欧元会怎样?”这一次,萨金特直接把话筒推给了身边的西姆斯,并带着调侃的语气问:“你觉得呢?”又引来一阵哄笑。

然而,幽默回避似乎更加说明萨金特对现实问题的无奈。他和西姆斯都坦言,他们的研究并不能给当下的金融混乱带来便捷的解决之道,因为目前的经济问题非常复杂，还在不断地发展，没有任何办法可以“快刀斩乱麻”，但他们一直力图“找到解决这些混乱的核心”。

萨金特是一位自律甚严、上课从头到尾都在写板书的教授。这位教授年轻时还服过两年兵役，至今哪怕出差在外，他也要到酒店的健身房锻炼。萨金特平实、通俗的风格在严肃的经济学理论界也是出了名的。除了严谨和亲善，许多学生都知道，老萨最爱“讲故事”。在普林斯顿大学宏观经济理论课上，他会讲起美国第一任财政部长汉米尔顿22岁骑在马上打英国人，边打边想出了美国经济框架。而讲到“社会主义福利模型”，他会说起洛克菲勒和经济学家兰格的一段往事，感慨“那时的芝加哥真是个社会主义的天堂”。从打野鸭到钓鲑鱼再到选红酒，萨金特什么都讲。

2011年，68岁的萨金特仍然活跃在经济学研究的第一线，在这样努力的背后，我们看到的是一种痴迷于理解这个世界的精神。尽管他不是公众人物，但萨金特已经改变了我们对世界的认识。萨金特的贡献就在于告诉我们，打破对政府的迷信，别指望政府是一个超人。

## 因果关系实证政究，实至名归书写传奇

# 坏天也影响需求曲线

## ——2011 年诺贝尔经济学奖获得者克里斯托弗·西姆斯

事实上坏天气也可能影响需求曲线，即便人们的口味不受天气影响，也可能会因为意识到天气不好而储备一些咖啡。也就是说，对天气或者其他因素的预期可能会同时影响供给和需求。

——克里斯托弗·西姆斯

这注定是一个非同寻常的日子。像往常一样，西姆斯正急匆匆地准备出门，电话响了起来，打电话的是一位略带着“瑞典腔调”的人，为克里斯托弗·西姆斯报告了一个好消息，这位普林斯顿大学经济学教授获得了 2011 年诺贝尔经济学奖，一同获奖的还有他的老同学、老同事——纽约大学的托马斯·萨金特教授。

尽管萨金特和西姆斯各自独立展开研究，各有侧重，但也存在很多交叉的领域，其成果形成互补。他们都十分重视理性预期对于实证分析以及计量研究的意义，并且都对识别宏观模型的结构参数做出了大量贡献。自 20 世纪 70 年代开始，他们的研究成果已在全球范围内被广泛采用，如今已成为宏观经济分析的必要工具。

克里斯托弗·西姆斯
获奖时间:2011　获奖年龄:68

比起萨金特的“淡定”，西姆斯显得非常“惊喜”。曾经为哈佛同窗、如今同为 68 岁，一同获奖，这真是令人开心振奋的事情。西姆斯教授说：“我很高兴能和萨金特分享这一奖项。”当年是同学，现在又是同一顶桂冠的获得者，这两位先生真应该好好享受一下得奖的喜悦。

1942年10月21日，克里斯托弗·西姆斯出生于美国华盛顿特区，被誉为普林斯顿大学经济系计量双塔组合之一，他偏重于宏观计量经济学方向。克里斯托弗·西姆斯创立了名为向量自回归的方法来分析经济如何受到经济政策的临时性改变和其他因素的影响。克里斯托弗·西姆斯及其他研究者使用这一方法来研究诸如央行加息对经济的影响等诸多重要问题。

1963年西姆斯在哈佛大学获得数学学士学位以后，去加州伯克利大学读了一年的研究生，然后回到哈佛大学继续学习，获得经济学博士学位。1968年到1970年，西姆斯在哈佛大学担任经济学助理教授。1970年，他前往明尼苏达大学任经济学副教授，并在1974年任教授直至1990年。1990年以后，西姆斯一直在普林斯顿大学担任经济学教授。2011年10月10日晚19点，瑞典皇家科学院公布了2011年诺贝尔经济学奖得主。来自普林斯顿大学的教授克里斯托弗·A·西姆斯与纽约大学教授托马斯·J·萨金特共同获得了2011年诺贝尔经济学奖，以褒扬“他们对宏观经济学成因与效果所投入的实证研究”，这是对其所做贡献的最高肯定。有专家分析表示，他们两位经济学家的研究其实解释了是什么让世界经济形势发展到当下的境地，下一步全球宏观经济可能发生的变化，政策将作何改变。

西姆斯的主要研究领域为动态模型计量理论以及宏观经济理论与政策等。他的研究成果涉及宏观经济学、微观经济学、计量经济学、金融学、方法论等众多分支学科。西姆斯是时间序列计量经济学和应用宏观经济学领域里著名的知识领袖。他是被广泛使用的矢量自回归统计方法的有力倡导者和评论者。受自己以及相关的经验研究的推动，西姆斯反思如何制定货币政策模型，并重新考虑货币政策影响经济诸多总量的渠道，成为该领域的领导者之一。由于其杰出的研究成就，西姆斯担任了众多的学术兼职，并拥有很多荣誉头衔，1988年成为美国艺术及科学研究院院士，1989年成为美国科学院院士。

在一些学者看来，西姆斯获本届诺贝尔经济学奖，就像萨金特一样是实至名归，是“终于给他了”。北京大学国家发展研究院学术委员会副主任霍德明博士称，萨金特、西姆斯在经济学和统计学的结合方面，是获得学界肯定的。现在新加坡国立大学任教的朱胜豪博士说：“在面对学生时，西姆斯和萨金特都相当和善。”朱胜豪曾听到西姆斯演讲，而萨金特一直坐在台下，多次对老同事发问。“两位大师似乎不为名声所累，”朱胜豪回忆说。

不过，西姆斯是治学严谨、对学生要求非常严格的老师，即便是研讨小组，学生也不得无故缺席，还规定讨论时不得胡乱引申。西姆斯教书一流，说话时学术性很强。面对学生的提问，他往往会抛出一些复杂的方程式，一般人很难弄懂。一个学生回忆道，在要找工作的那个学期，萨金特会把所有的学生组织起来，一个个进行模拟面试。有学生私下请教论文撰写中的问题，他也会坚持用正式“答辩”的方式解决。当西姆斯说起与萨金特的同事生涯时表示：“那时我们最宝贵的财富就是一批学生。”面对这个瘦瘦的、目光迥异、身着西装革履而精神矍铄的已经68岁的经济学教授，笔者由衷钦佩他的品格。

尽管2011年这个颇具争议的大奖惹得众经济学家唇枪舌剑，比如，评论家苏文洋坦率地说起诺贝尔经济学奖对现实生活不起什么指导意义。他说：“全球金融危机背景下，为拯救华尔街那些贪婪的‘肥猫’一再推出的宏观经济政策又给美国和世界经济带来新的危机。这时，两位美国学者以‘宏观经济领域的因果关联’研究成果而获奖，岂不是一种幽默？”但中国人民银行货币政策委员会委员李稻葵认为，经济学诺奖的终极目标是获奖者对学术圈自身的影响，而这种影响90%来自方法论的突破，10%是思想的进步，今年明显属于前者。

## 犹太裔家庭，以教育和勤奋为代表性格的民族文化

# 少年得志的数学天才

## ——2012 年诺贝尔经济学奖获得者埃尔文·罗斯

一直以来，我都很喜欢研究如何利用数学的手段来让世界运转得更加流畅。

——埃尔文·罗斯

1951 年 12 月 19 日，埃尔文·罗斯出生在美国一个犹太裔家庭，这个以教育和勤奋为代表性格的民族文化，令罗斯从小便得到熏陶，并显现出在数学、逻辑等方面的过人之处。但令人惊愕的是，他其实是一个高三从纽约皇后区退学的孩子。更颇具讽刺意味的是，他的父母都是高中教师。在解释自己的退学原因时，罗斯告诉《福布斯》杂志，自己做出这样的决定是出于厌倦：“我那时缺乏动力。”

此后，罗斯来到哥伦比亚大学读一个周末上课的工程班。教授建议他考专科学院，他于是考上并开始本科学习。1971 年，埃尔文·罗斯从哥伦比亚大学运筹学专业本科毕业，获得工程学学士学位。运筹学是博弈论最核心的部分，也就是在大学校园，罗斯对这门当时不是“显学”的年轻学科产生了浓厚兴趣。继而他来到斯坦福大学，1973 年获运筹学硕士学位，一年后获运筹学博士学位。离开斯坦福之后，罗斯直到 1982 年一直在伊利诺伊大学厄本那香槟分校任教。此后他又在匹兹堡大学担任安德鲁·梅隆经济学教授。1998 年，罗斯任教哈佛大学。诺奖颁发的时候，罗斯已经从哈佛大学到了斯坦福大学，除了母校的因素外，罗斯在斯坦福还

埃尔文·罗斯　获奖时间：2012
获奖年龄：60

有一个自己的研究团队。此外,市场设计的另外一位大家保罗·米格罗也在斯坦福。2013 年起,罗斯正式成为教授。

罗斯这位美国经济学家可谓少年得志,高中没读完直接进大学,博士毕业的时候才 23 岁。罗斯是美国杰出年轻教授奖——斯隆奖的获得者、古根海姆基金会会士、美国艺术及科学院院士。他还是美国国家经济研究局和美国计量经济学学会成员。在博弈论、市场设计和实验经济学领域曾做出显著贡献,被授予 2012 年诺贝尔经济学奖。

英雄之间总是惺惺相惜。罗斯对同年获奖的沙普利推崇备至,在 1987 年出版的《沙普利值:致罗伊德·沙普利的评论》的“前言”中,罗斯写道:“我有幸常常朝拜性地会见沙普利,我们这一代所有的经济学家都欠沙普利一个智慧的账。”与沙普利相比,罗斯的贡献主要是将沙普利的理论研究在 30 年后用于解决实际问题,并由此开创了经济学的一个新分支:市场设计。市场设计主要寻求在市场失灵情况下的解决方案,而所谓“市场失灵”,是指无法依靠价格这一经济学的核心原则来解决问题。

获奖后,在斯坦福大学召开的记者招待会上,罗斯显得有些兴奋,“有人一大早从瑞典打电话来,他们花了很大力气才说服我这不是一个恶作剧电话”;随后,他又以开玩笑的口吻对记者说:“我想明天上课时,学生们注意力会更集中些。”罗斯对经济学有自己独特的领悟,在他看来,经济学不仅是社会科学的一部分,也是人文科学的一部分,因为它为人们生活中的许多重要抉择提供了一个窗口,比如找工作、选配偶等等。

由于超人的数学天分,罗斯对博弈论的数学工具应用自如,用它解决了一系列现实难题。普林斯顿高等研究所的经济学家、2007 年诺贝尔经济学奖得主马斯金评价他“是一位受人尊敬的理论学者,但也直接进行实际工作”。罗斯对配对问题情有独钟,他并非一个象牙塔里的学者。在他看来,人生的很多问题都是配对,其中包含了许多有趣的问题:“有些人觉得经济学领域有各种优秀的工具和技巧,唯独缺乏有趣的问题。但我发现,既不失趣味又有现实意义的重要问题这里遍地都是,我们应当努力利用现有的工具来解决它们。”凭借敏锐的判断力,罗斯发现沙普利的“匹配理论”正是最有力的数学工具,可以在多个领域实际应用。1998 年,由罗斯重新设计的系统投入使用,全美医学院的毕业生每年被顺利地送往 2.5 万个实习岗位。此外,罗斯还为纽约市 8 万名高中生设计了一个高中入学匹配系统,让学生按照自己的喜好程度,最多可以填报700所中学中的12个志愿,最大限度地满足学生的择校需要。在罗斯介入前,纽约的高中入学匹配系统混乱不堪,有三分之一的学生没有参与系统匹配。新系统投用后,学生的参与率从66%提高到93%。2003年,罗斯还参与了医院领域肾脏捐赠系统的设计。美国有8.5万名患者等待肾脏捐赠,每年有4000名患者因器官短缺而死亡,其中一个重要原因是捐赠匹配系统的效率太低。在罗斯设计的新系统里,对于想捐肾给亲人但因为血型不匹配而无法实现的情况,系统可以帮助他们与其他不匹配的类似捐赠组交换器官。虽然到2009年,通过这一系统成功换肾的人不到1000例,但其前景被许多人看好。

罗斯通过实验,把博弈论理论与政策实践成功衔接起来。他的获奖,正如复旦大学中国经济研究中心主任张军对记者所说的:“体现了诺奖现在的一个规律,首先是要对理论有贡献。除了理论外,还要把理论变为成果,通过实验体现出来。”罗斯对匹配理论的实践应用,无疑对中国启示颇多。拿高考招生系统来说,在一个每年多达近千万考生与上千所高校的庞大匹配系统里,如果能设计一个好的机制,考虑到不同地区与不同人群的情况,考虑到考生发挥失常等风险因素,整个系统无疑会使考生与高校都更加满意。

## 老骥伏枥的学术大师，精彩书写传奇人生

# 博弈论化身的老顽童
## ——2012年诺贝尔经济学奖获得者罗伊德·沙普利

高校招生与婚姻市场的相通之处：高校招生时，学生和高校尝试选择彼此满意的配对；而在婚姻市场，一定数量的男人和女人也都尝试找到自己满意的伴侣。

——罗伊德·沙普利

谈起沙普利，许多中国学者会对他有一种天然的亲切感，这主要源于他曾经在中国的土地上与中国军民并肩抗击过日本侵略军。1943年，作为哈佛大学数学系的一名本科生，沙普利应征入伍成为一名空军中士，并很快奔赴中国成都战区。当时，沙普利就展现出卓越的数学天才：1944年，因为破解气象密码而获得美国陆军航空队青铜星章。这一信息似乎显示，当时尚未接受大学教育的沙普利已经拥有数学方面的某些才能。

战争结束后，沙普利返回哈佛大学继续念书，并于1948年取得数学学士学位，在美国著名智库兰德公司工作一年后，进入普林斯顿大学数学系，一直念到博士毕业，他的博士生导师也是纳什的导师——塔克教授，沙普利于1953年获得数学博士学位。此后，他长期在美国著名的"战略思想库"兰德公司工作，1981年后则一直担任美国加州大学洛杉矶分校数学和经济系教授，直至退休。在兰德公司和加州大学这两个机构的研究工作构成了沙普利一生的工作生涯。

罗伊德·沙普利
获奖时间:2012　获奖年龄:89

沙普利被很多专家认为是博弈论的具体化身，他的研究聚焦在非合作市场模型、政治博弈论、成本

分配和组织理论方面。他与哈佛大学教授埃尔文·罗斯共同获得 2012 年诺贝尔经济学奖。获奖后,沙普利有些意外,他靠墙打着手机,对电话那头的采访者说:“我认为自己是一个数学家,而这个奖项是给予经济学的,整个事件的关键词是博弈论。”“我非常高兴获此殊荣,非常感激大家的支持。”沙普利在一份书面声明中说:“我期待着 12 月份到瑞典接受颁奖。”

与罗斯少年得志相比,89 岁的罗伊德·沙普利可谓是大器晚成。其实,就沙普利所创立的理论对经济学的贡献而言,这个奖来得似乎有些晚。20 世纪下半叶的“博弈论革命”,从整个思想路线上改写了现代经济学,使人们在分析经济现象与协调经济利益时,能够学着以战略的思维来统领原则,以谋略的方式作出选择。他与普林斯顿大学的同门师兄纳什分别将博弈论研究推向两个不同方向:合作博弈和非合作博弈。沙普利与纳什的重要研究基本上都奠定于 20 世纪五六十年代,与纳什相比,他在 18 年后才以 89 岁的高龄获此荣誉。

1923 年 6 月 2 日,罗伊德·沙普利出生于美国麻省剑桥,父亲是杰出的天文学家哈鲁·沙普利。沙普利是在一个浓郁的理工学术氛围中成长起来的。这显然是奠定和影响到沙普利一生方向的环境。1943 年,20 岁的沙普利如愿以偿地考入了家门口的哈佛大学。时值第二次世界大战,沙普利作为一名中士加入美国陆军航空队,前往成都支援中国抗战。战争结束后,他返回哈佛校园,取得了数学学士学位。在美国兰德公司工作一年后,他回到校园,在普林斯顿大学取得了博士学位。他在毕业后,1954 年回到兰德公司工作,直到 1981 年,他来到美国加州大学洛杉矶分校,担任数学和经济系教授。在数理经济学尤其是博弈论领域有突出贡献。

目前,89 岁的沙普利是加州大学洛杉矶分校数学及经济学名誉退休教授。沙普利值是人们最常谈到的他对博弈领域的一大贡献,但沙普利对博弈领域的贡献远不止此。在漫长的研究生涯中,沙普利的研究方向始终如一,对数理经济学和博弈论展现出持续而浓厚的兴趣。在该领域,沙普利被认为是继 20 世纪 40 年代的纽曼和摩根斯坦之后,博弈论领域最出色的学者。

12 年前,沙普利曾到中国青岛参加“2002 年国际数学家大会‘对策论及其应用’卫星会议”。青岛大学的高红伟教授作为当年会议的组织者,全程陪同了沙普利。作为会议组织者,高红伟至今还保留着一份为沙普利办理入境签证时青岛市政府出具的邀请函原件,“沙普利被誉为博弈论的无冕之王,精通博弈理论,但却不太喜欢现代的信息技术,不喜欢使用电子邮件与别人进行沟通”。

沙普利是世界级的大师,身上有一种特殊的魅力,行事不拘小节,是出了名的老顽童。2002 年 8 月 12 日下午,当沙普利出现在会场的时候,一名熟悉沙普利的教授专门找到了高红伟并对他说:“沙普利来了,找个人盯住他,他随时都可能消失!”当时高红伟不以为意,觉得教授的担忧是多余的,但后来的事实证实了这名教授对沙普利的“洞见”。报到之后,沙普利没有进入他的房间,而是迅速“消失”在酒店大堂的休息区,高红伟出动了十几名学生才把沙普利找到。有了这次经验,高红伟不敢大意,专门派人“盯”住了沙普利,过了没有多久,他的学生告诉高红伟,79 岁的教授没有回宾馆,竟然在大厅的沙发上睡了,而且一睡就是 3 个小时。沙普利在当年的会议上获得了 1 小时的报告时间。“沙普利的演讲十分有趣,他老顽童的性格也再一次表现出来,整整一个小时的报告,他没有一次回头,全程都是背对着大家在讲话。”高红伟说。中国青岛之行,昔日的英武少年已成为一个科学“老顽童”,当沙普利再次讲述起他与中国将近 70 年的那段渊源时,依然激动不已。

**用实际数据以具体的调查，证明定义严谨的抽象问题**

# 擅长体育的经济学家

## ——2013年诺贝尔经济学奖获得者尤金·法玛

“有效市场假说”认为，相关的信息如果不受扭曲且在证券价格中得到充分反映，市场就是有效的。有效市场假说的一个最主要的推论就是，任何战胜市场的企图都是徒劳的。

——尤金·法玛

法玛是全世界知名度最高的经济学家之一，堪称金融经济学领域的思想家。20世纪50年代，在哈里·马科维茨、弗兰科·莫迪利安尼和米勒等经济学家促使金融学成为一门严肃科学的时代，法玛就是一员猛将。细数一下今天的金融学理论，市场效率、资产定价、期权定价和公司财务等理论，哪一项都不能跟法玛撇清关系。

1939年2月14日，尤金·法玛出生在美国马萨诸塞州波士顿，是这个移民家族的第三代。当年，法玛的祖父母跟着大批欧洲人从意大利的西西里岛赶往美国波士顿。他们此行一共带了26个孩子，其中一半是法玛祖父家族的，一半是祖母家族的。多年后，法玛对着电视镜头打趣地说：“五十年后当人们翻开波士顿地区的电话本时，一定满篇是‘法玛’。”

尤金·法玛　获奖时间:2013
获奖年龄:74

法玛成长于波士顿的一个工人阶层社区，在一所天主教教会学校上高中。幼年时代的法玛身上，还能找到意大利人热爱运动的影子，在长跑、足球和棒球等方面都有过人之处。他还曾改变过规则，骄傲地说“我还是足球中散锋位置的发明者”。

1956年，17岁的法玛进入塔夫茨大学学习法语，他是三代人中第一个上大学的孩子。法玛打算大学毕业后去做一个高中教师或者体育教练，“我就是奔着塔夫茨的体育馆去的”。两年后，法玛跟高中时代的恋人佐里安· 迪美喜结连理。过了一年，他们的第一个孩子降生，于是体育变得不太重要了。

法玛在塔夫茨大学的前两年主攻法语，后来据说是被伏尔泰的陈词滥调所折磨，方才于第三年转修经济学课程。20 世纪 50 年代的塔夫茨大学会聚了一批从哈佛毕业的优秀教师。法玛在那里遇到了酷爱高尔夫球的哈里 · 恩斯特教授，恩斯特对股票市场价格模式非常感兴趣，当时正在定期做股票市场预测的研究。恩斯特雇法玛作为基金的研究助理，主要工作是研究盈利性交易策略。

1960 年修业期满，法玛从马萨诸塞州塔夫茨大学毕业，获得学士学位。教授们鼓励他去美国芝加哥大学攻读博士学位，据法玛回忆，“他们都来自哈佛大学，却说我应该去芝加哥大学”。几个月后，法玛如约来到芝加哥大学。20 世纪 60 年代的芝加哥大学是经济学研究的重镇，同时还是现代金融学等重要学科的策源地。在芝加哥大学，法玛遇到了哈里 · 马科维茨这位优秀的统计学家，他对经验研究的哲学意义有独到见解，被法玛称作自己“一生中事业上的北极星 ”。其时，默顿 · 米勒刚刚加盟芝加哥大学，他和哈里 · 罗伯茨、戴尔瑟经常参加研讨班，伯努瓦 · 曼德勃罗有时候也会来串门。据法玛回忆，曼德勃罗只在研讨会发过几次言，更多的时候则是在校园散步，“我从他那里学到了很多东西，包括厚尾稳定分布和经济现象与物理现象之间的显著相关性”。默顿 · 米勒后来成为法玛的博士论文指导老师。

1960 年到 1963 年，法玛在芝加哥大学商学院研究生院攻读 MBA，1963 年开始攻读博士学位，1964 年获得博士学位，其博士论文为《股票市场价格走势》。1965 年，法玛的博士论文的成果分别发表在《商业杂志》和《金融分析家杂志》上，与萨缪尔森等人一同开启了有效市场理论的研究。此后提出的有效市场假说成为法玛对经济学的最主要贡献。1995 年，比利时鲁汶大学授予法玛荣誉博士学位。尤金 · 法玛在就读塔夫茨大学与芝加哥大学时参加了诸多的学术团体。

“金融学是经济学中最成功的一个分支，”当被问及对金融学的看法时，芝加哥大学商学院的尤金 · 法玛教授从不掩饰他的自豪感。尤金 · 法玛教授的研究领域包括投资学理论与经验分析、资本市场中的价格形成、公司财务、组织形式生存的经济学。他在金融学独立为一个学科及成为经济学中一个独立领域的进程中，是当之无愧的先驱。其主要的研究领域已贯穿于经济学、商务学和金融学。他不仅研究了金融证券的价格走势及由个人和企业决定的资产分配关系，还研究了资本市场的信息结构、公司与竞争、风险管理、通货膨胀与经济活动、不同通货的价格以及货币与银行业。1992年6月，法玛与肯尼思·弗伦奇在《金融杂志》发表了《股票期望收益的横向关系》的学术研究论文，检验了长期投资中的价值股和成长股。他们对美国所有上市公司股票的市净率做了研究，按市净率将公司分为十组，计算了每组的月平均收益，最终的结论是：价值股完全打败了成长股。

法玛的伟大之处在于，他是少有的同时影响学术界和金融界的学者，在20世纪最后的几十年他已名声大噪。“他的名字不该在诺奖名单之外，”著名专栏作家、加拿大毅伟商学院讲师米克莫非特对《英大金融》记者说：“可能是芝加哥大学已经拿了太多的诺奖，让我们再等等吧。”2013年，法玛终于如愿以偿地登上了诺贝尔经济学奖的最高领奖台。

## 卓越的天赋才华，智慧地撒向所触及的领域

# 正宗的台湾女婿获奖

## ——2013 年诺贝尔经济学奖获得者拉尔斯·彼得·汉森

简而言之，稳健控制理论的核心是研究经济学模型本身的不确定性。

——拉尔斯·彼得·汉森

2001 年度诺贝尔经济学奖获得者斯蒂格利茨曾经说过：经济学不是一个药方，而是一种思维方法。可人们始终最关心的，还是这种思维方法在实践领域产生的效果，以及对于实际难题的突破。拉尔斯·彼得·汉森是芝加哥大学的一位经济学家。他最主要的贡献在于发现了在经济和金融研究中极为重要的广义矩方法，这一方法在宏观经济和金融领域都有着广泛的应用。

汉森被台湾媒体称为正宗的“台湾女婿”。因为汉森的妻子格雷斯·蒋是台湾“中华经济研究院”创办人兼首任院长、著名华人经济学家蒋硕杰的女儿，蒋硕杰是杰出的经济学家，曾任台湾“中研院”院士，1982 年获诺贝尔经济学奖提名，是首位被提名的华人经济学家，可惜并未获奖。当年岳父未获奖，如今女婿获奖，彰显岳婿两人的薪传佳话。汉森的妻子格雷斯·蒋也是芝加哥大学的教授。两人生有一子，名叫彼得。

拉尔斯·彼得·汉森
获奖时间:2013　获奖年龄:60

除了汉森外，罗伯特·希勒也多次访问台湾，最近一次是 2013 年 5 月。由于汉森是台湾女婿，自然是这 3 位诺贝尔奖得主中来台次数最多者；台湾“中经院”院长吴中书说，汉森除积极参与在台湾举办的国际研讨会外，也曾来台湾探亲、参加“中经院”为蒋硕杰举办的相关追思活动。吴中书说，今年获奖的 3 名学者都是经济学界朗朗上口的人选，

汉森很早就被认定是明日之星，希勒则是2012年呼声最高的经济学奖人选，法玛则是财务学界的大师级人物。这3位学者得奖是实至名归。

当问到获奖后的心情时，汉森表示：自己是在前往健身室的途中接到的得奖电话，暂未有计划如何庆祝，现在只能集中精力在“学习如何深呼吸”，调整情绪到平静。当他接受诺贝尔奖网站的访问时，笑言自己是2013年诺贝尔经济学奖获奖3人中的“年轻人”。他指出投资者应对市场消息时，往往会苦恼到底如何正确看待消息和它的影响，自己的研究正是用于反映投资者的困惑会对资产市场产生何种影响。

汉森是丹麦人后裔。其父罗杰·加思·汉森是一名犹他州立大学生物化学教授。1952年10月26日，拉尔斯·彼得·汉森出生于美国伊利诺伊州尚佩恩。汉森于1974年毕业于犹他州立大学，获得数学学士学位；1978年于明尼苏达大学取得经济学博士学位。他先在卡内基梅隆大学担任助理教授，1981年转到芝加哥大学，担任芝加哥大学的大卫·洛克菲勒杰出服务经济学教授。他最出名的工作是广义矩法；他也是一位宏观经济学家，专注于金融和实体经济部门之间的联系。

汉森最突出的贡献是于1982年提出的广义矩方法，它适用于检测资产定价的合理性。汉森的另一项重要贡献是与2011年诺贝尔经济学奖得主托马斯·萨金特一同发展并扩充了稳健控制理论。该理论的一个很重要的应用是货币政策。对于政策制定者和金融市场的参与者而言，稳健控制理论的另外一个重要意义是警示风险的来源。汉森指出，叠加在一般的风险因素之上的另外一个风险来源正是模型本身的不确定性，而模型本身的不确定性造成的风险可以占到总体风险的三分之一。

汉森的其他研究成果还包括：尝试在未来宏观前景不可准确预测的情况下，定量分析跨期风险回报权衡。这一系列的研究包括前述的稳健控制理论，目前依然是非常热门的研究课题。在全球金融危机过去不久、世界金融市场仍然余震不断的大背景下，对不确定性、风险敞口、长期与短期价值的驱动因素等方面的研究很有意义。汉森的几大学术思想都是对这些重要问题的有益实践。目前，汉森正利用稳定控制理论和递归经济学理论研究风险在定价和决策中的作用。

台大经济系副教授林明仁曾赴芝加哥大学攻读博士班，上过汉森的课，他形容，课程确实有深度，不容易懂，但汉森为人很好，平易近人。讲授过程展现十足的“大师风范”，令人印象深刻。汉森深信他自己总有一天会获得诺贝尔经济学奖殊荣。

拉尔斯·汉森是芝加哥大学经济和社会科学资深讲座教授。汉森教授的研究兴趣十分广泛,除了在专业的计量经济学方面享有盛名外,他也是一位卓越的宏观经济学家,他重点研究的课题是金融和实体经济的关系。在2008年全球金融危机爆发之后,他逐渐将学术兴趣转向对“系统性风险”评估及其在金融危机中作用的研究。

在人类思想的发展历史中,伟大的思想家总是走在时代前面,即他的思想总是超越或是领先他所处的时代。而成为那些引人注目的大家们又是如此的谦虚而令人钦佩不已。“成为大家关注的对象感觉真的不错”,在获奖后,拉尔斯·汉森告诉记者:“但是,我希望公众把这种注意力更多地放到与我共同致力于该领域的同事们,事实上,诺贝尔经济学奖是对整个体系的褒奖。”

## 打开心里这个黑箱，触碰真实的自己

# 行为金融学的创始人

## ——2013 年诺贝尔经济学奖获得者罗伯特·希勒

真正好的金融绝不仅仅是管理风险，还必须是社会资产的看守者和社会价值的支持者。新一代从业者不仅将获得报酬，还将获得最真实的奖赏——由金融民主化的进步、即给最需要的人带去金融服务所带来的满足感。

——罗伯特·希勒

多年以来，希勒始终相信，心理学、社会学等因素正在深刻地改变经济学的面貌，他自己也积极推动这股浪潮。在金融界，罗伯特·希勒算是个“成功人士”。除了拥有耶鲁大学金融学教授的头衔，他还是企业主、预言家、专栏作者和畅销书作家。

面对当前年轻人关心的一些热点问题，诸如：如果你看不清当前的经济形势，如果你想跳槽却又担心失业，如果你想买房但总搞不清楚房价走势，如果你想投资股票但又弄不明白股市的起落规律，如果你想为未来储蓄但又怕降低日前的生活品质，如果你在这些决策中无所适从，想一探究竟，希勒教授会推荐你读一读《动物精神》这本书，它是一部传记宏观经济学理论和政策的颠覆之作，同时也是期待找到这些问题答案的广大民众的解惑之作。

罗伯特·希勒
获奖时间:2013　获奖年龄:67

对于成功的秘密，希勒承认是遵从了父亲的古怪忠告：“在学术界，人们认为这样做便能出名：在最好的期刊上发表论文，去最好的大学工作，著书立论说的是别人都在写的热门话题。可是，这些全都是父亲告诉我别去做的。”

1946 年 4 月 16 日,希勒出生在美国北部城市底特律,他是这个家庭的第二个男童。父亲本杰明· 希勒是一位记者,算得上是一位知识分子,母亲鲁思是一位漂亮贤淑的家庭主妇。希勒少年时候,母亲患有脚病,家里不得不准备大量的医学书籍,这些书后来竟成为希勒的猎物。希勒上小学的时候,母亲还经常给他讲故事。多年后回忆起这些事情,希勒说:“我总是对阅读如饥似渴,身边有什么我就读什么。”好奇和对阅读的偏爱驱使这个懵懂的少年不断进步。上中学的第一年,大希勒四岁的哥哥在大学选修了经济学基础课程。哥哥带回家的保罗·萨缪尔森的《经济学》教材吸引了希勒,他抽空读完了这本书。“我读了那么多东西,但是没有一样东西能像经济学那样令人印象深刻。”回忆起这段岁月时,希勒如是说。

希勒对中学数学老师罗格·舒兹印象深刻。舒兹是一位富有激情的教师,发现了希勒在数学方面的天赋。一个学年的期末,希勒向舒兹提交了一篇计算螺旋线长度的学年论文,受到好评。希勒生平第一次感受到数据的威力和自己对数字的兴趣。

在那个年代,数学成绩优秀的学生大都选择物理学继续深造,希勒也不例外,他选择去密歇根大学学习物理学。在大学期间,希勒还保持广泛的阅读和关注:“我从沃尔夫冈·斯托尔珀那里学到了斯托尔珀—萨缪尔森定理,肖雷彼得森影响了我的经济学写作和经济思维,乔治·卡通纳则把我引向了行为经济学。”

1966 年,美国对越南的战争进行到了白热化阶段,希勒遇到了麻烦。摆在这个大学三年级学生面前的选择是继续深造还是为国家服兵役。“我当时非常反对美国在越南的战争,并且从我个人来说,我也希望把更多的时间花在经济学上。”希勒说。有一次希勒的脚被弄伤了,医生告诉他一旦参军有可能诱发应力性骨折,这样希勒就选择了继续深造。这一次,他选择了经济学。

20 世纪 60 年代末,麻省理工学院可谓群星荟萃。离开密歇根大学的时候,希勒已经具备数量分析和经济学的基础知识。1967 年希勒来到麻省理工学院,他希望自己成为著名经济学家保罗·萨缪尔森、莫迪利安尼或者罗伯特· 索洛的学生。据希勒的合作者麻省理工学院 1966 届博士生、2001 年诺贝尔经济学奖得主乔治·阿科洛夫回忆:20 世纪 60 年代,萨缪尔森遥遥领先于全国经济学界,他是最重要的理论经济学家、肯尼迪政府最重要的顾问和最重要的基础教材作者。索洛也因为研究经济增长问题而声名鹊起。大名鼎鼎的富兰克林·希尔则在那里讲授计量经济学课程。

"在麻省理工学院,我一直着迷于萨缪尔森的讲座,"希勒说,"萨缪尔森的演讲对同学而言充满意识流的东西,但对我那绝对是一种享受。"希勒刚到麻省理工学院,就碰巧赶上英国剑桥大学教授、著名欧洲经济史学家波士坦来校访问。从伯克利来的罗伯特·霍尔也给麻省理工学院带去了令人激动的经济理论。不过,希勒很快发现对莫迪利安尼更感兴趣。20世纪60年代末,莫迪利安尼主持设计一个大型的美国经济模型。1973年,希勒以《理性预期与利息期限结构》为题的博士论文,尝试从长期利率和预期的关系回答这个问题。之后,希勒在整个70年代先后作了考虑到通货膨胀、长期利率等因素的理性预期问题研究。

希勒于1974年转道宾夕法尼亚大学,在那里邂逅了后来成为自己妻子的维吉尼亚·M·希勒,维吉尼亚当时在特拉华大学攻读心理学博士学位。婚后他们住在特拉华州的纽瓦克,有着心理学背景的妻子对希勒产生了很大的影响:"我白天是一位经济学的教授,晚上跟一帮学心理学的教授混在一起,一些人给我留下了深刻的影响。"

# 后记：我遇见巨人的舞台

我与温元凯教授结识是在一个很偶然的机会。温元凯，这个名字浓缩了共和国近30年所书写的传奇，从上海弄堂里迷恋化学的少年到南京大学的高才生；从绍兴一个集体小厂的工人到中国最年轻的教授；从中国的大学校园到美国的华尔街；从化学家、社会变革家到金融投资家，他的人生四次选择、四次扬帆、次次精彩！

近年来，温元凯教授一直致力于中国经济新格局和人才新挑战的研究，以诺贝尔奖是怎样炼成的为课题，探讨如何造就中国的创造性人才。当前中国急需高端人才。中国为什么没有培养出我们本土的一个诺贝尔奖获奖者，这是科技界、经济学界、教育界经常在讨论的问题，而这本书用平和、翔实的语言一步步带你走进74位诺贝尔经济学大师的世界，看他们的心灵成长历程，或许会带给我们一些小小的启示。让我们了解他们是如何进入经济学世界的？他们的经济思想是如何产生和变化的？他们为什么能创造经济学的奇迹？我们又能从他们身上学到借鉴些什么？

每当提到那些经济学界人人仰慕的优秀人物，我深深地为他们身上那种执著、专注和坚韧的品格所打动。由于温教授长期以来对诺贝尔经济学家的关注，对他们的生平成长及其学术研究过程之间的关联深感兴趣，自然萌生了一探究竟的打算，于是就有了《诺贝尔经济学奖是怎样“炼”成的》这本书的初衷。

刚开始写作的时候，还是倍感压力的。因为能与温元凯教授一起，将他十几年的潜心研究转化为文字，准确表达，精确阐述，真的不是一件很容易的事情。但是，我非常有幸能够与温教授一起，认认真真做好这件事情，本身对自己也是一种认可提升和莫大的鼓舞。本书写作过程中，温教授就像一位导师，他儒雅的学者风范、深邃的思想、精辟的见解，只需要简单阐述，就可以让我领悟到精髓之处。但同时,我也深深地感受到了温教授在本书的背后,对中国经济、学术界的忧虑和担心。

通过走进74位大师的心灵世界,我们看到了一个个鲜活的人物,他们不但是大师,还是父亲、丈夫,是我们身边热爱生活、努力工作的普通人。尽管他们在经济学界备受肯定,却依然默默辛勤地付出,在自己的领域里抱有一往无前的果敢和坚持精神,身上却毫无半点傲慢之气。让我们真实地感受到当代经济学界的这些顶尖人物的人格魅力。还可发现,运气、毅力和努力在他们学术知识的创新成就上,都起到了相当重要的作用。

大凡成功者,不唯有惊世脱俗之才能,也必有坚韧不拔的意志。在摘取成功花环的道路上,只要回顾一下这些经济学家们的成长历程,就像这个"炼"字,可以感受到引领他们产生出真知灼见的那股锻造成长的力量。"炼",铄冶金也。表面字意是:用火烧制或用加热等方法使物质纯净、坚韧、浓缩;又做用心琢磨使精练的意思。一个人短暂的一生中,面对无数个目标,也许给予你机会让你成功的只有一次或那么几次。成功与否的关键在于你是否理智地把握住机遇,坚定地去获取。

在本书中,诺贝尔经济学奖之所以能够"炼"成,无不缘于大师们的正确理念:脚踏实地,善待人生,勤奋学习,选择卓越,持之以恒,融入世界文明。在中华民族伟大复兴的今天,在中国扮演世界舞台上重要角色的今天,作为"炼"字的学习和反思这种理念的倡导者,温元凯教授所做的一切无疑具有重要意义。

成功者对于普通人的奋斗有极大的借鉴价值。"炼"字所表达的成功是在你付出一定的努力和艰辛的同时对你的回报。只有在你还坚信一个信念的前提下,认准了,就去做。坚定不移,持之以恒,并且有百分之百的自信去面对你所要面对的困难、挫折,并与乐观、积极向上为伍,难道还有什么是不能征服的吗?

本书中,74位经济学家的年龄和经历彼此不尽相同,但是他们同样的严谨治学、潜心育人、为人师表、行为世范的高尚品德,却都是优秀人物的真实写照。他们的思想影响着我们今天的生活。读者不仅可以发现当代经济学巨流中有众多的支流,这些支流经常是不期而遇,观念迥然不同的思想家却经常是师承相同的老师,这将有助于我们去了解第二次世界大战之后的经济学的发展方向与特点。

在全球化日益推进的今天,世界越来越融为一体。诺贝尔奖从设奖初衷和评价标准看，正是表征一个国家为全球科学文明的进步作出多少贡献的奖项。在这个基础上，一个国家要想成为真正意义上的大国，不仅要有“独善其身”层面上经济的腾飞，政治的昌明，科技的进步，外交的成功，文化的繁荣和体育的辉煌，还要有“兼济天下”层面上为整个人类文明的进步作出的贡献，尤其是科学进步上的贡献。这样才算得上是全球舞台上真正意义的大国。

生命是个奇迹，他们教会我们用经济学角度体察这个世界，他们就如一颗颗流星划过夜空，曾经那么光芒万丈、璀璨夺目，传递瞬间的惊艳，驻留永恒的辉煌。看着眼前一张张栩栩如生的照片，就像是和每一位大师们在进行心灵的触碰交流。当本书截稿时，截止 2014 年 3 月，诺贝尔经济学奖共颁奖 44 次，34 位诺贝尔经济学奖得主已悄然过世。他们的创新思维，坚持不懈、奋斗不息的进取精神将激励我们前行，他们的精神遗产将流传下来，推动人类文明的进程。在此谨以本书纪念他们。

王雪芹

2014 年 3 月 24 日于北京

## 1969 年~2013 年 74 位诺贝尔经济学奖获得者资料一览表

| 获奖年份 | 获奖者(国家) | 出生年份 | 出生地 | 去世年份 | 大学教育 | 获博士学位大学 | 博士导师 | 工作机构 | 研究领域 | 家庭出生和青少年特点 | 得奖课题 |
|---|---|---|---|---|---|---|---|---|---|---|---|
| 1969 | 简·丁伯根 Jan Tinbergen (荷兰) | 1903.04.12 | 海牙 | 1994.06.09 (91 岁) | 荷兰莱顿大学 | 荷兰莱顿大学物理学博士学位 (26 岁) | 保罗·埃伦费斯特 | 荷兰经济学院(现更名为:鹿特丹伊拉斯姆斯大学) | 计量经济学 | 家庭学习氛围浓厚、对数学有特殊偏好,大学专攻物理学、而后志趣转向经济学 | 他们建立了动态模型来分析经济过程,前者是现代经济学的奠基人之一,后者是全综合性宏观经济模型的首创者 |
| | 拉格纳·弗里希 Ragnar Frisch (挪威) | 1895.03.03 | 奥斯陆 | 1973.01.31 (77 岁) | 奥斯陆大学 | 奥斯陆大学数理统计学博士学位 (31 岁) | 不详 | 奥斯陆大学 | 计量经济学、生产理论 | 父亲是金银器匠,当过学徒、手工金匠工人,爱好养蜂和培育蜂后,爱好登山 | |
| 1970 | 保罗·安东尼·萨缪尔森 Paul A Samuelson (美国) | 1915.05.15 | 印第安纳州的加里城 | 2009.12.13 (94 岁) | 芝加哥大学(B.A) | 哈佛大学(Ph.D)理学博士学位 (25 岁) | Edwin Bidwell Wilson | 美国麻省理工学院(MIT) | 一般均衡理论、局部均衡理论 | 出生经济学世家,其兄弟罗伯特、妹妹安妮塔、侄子拉里均为经济学家,另一个侄子则是大名鼎鼎的美国财政部长劳伦斯·萨缪尔森 | 他发展了数理和动态经济理论,将经济科学提高到新的水平,他的研究涉及经济学的全部领域 |
| 1971 | 西蒙·库兹涅茨 Simon Kuznets (美国) | 1901.04.30 | 俄国乌克兰哈尔科夫市 | 1985.07.08 (84 岁) | 哥伦比亚大学 | 哥伦比亚大学哲学博士(25 岁) | 韦斯利·克莱尔·米切尔 | 美国哈佛大学、美国国家经济研究署 | 国民收入核算、商业周期分析、经济增长、经济史 | 一个皮毛商人的家庭、从小对经济学感兴趣 | 在研究人口发展趋势及人口结构对经济增长和收入分配关系方面做出了巨大贡献 |
| 1972 | 约翰·希克斯 John R. Hicks (英国) | 1904.04.08 | 英格兰的瓦尔维克郡 | 1989.05.20 (85 岁) | 牛津大学克利夫顿学院 | 伦敦大学博士学位(28 岁) | 不详 | 万灵学院(牛津大学) | 一般均衡理论,福利经济理论 IS-LM 模型 | 擅长数学,对文学和历史有浓厚兴趣,改学哲学、政治学、经济学 | 他们深入研究了经济均衡理论和福利经济理论 |
| | 肯尼迪·约瑟夫·阿罗 Kenneth J. Arrow (美国) | 1921.08.23 | 美国纽约 | | 纽约市教育学院 | 哥伦比亚大学数学博士学位 (28 岁) | 不详 | 美国哈佛大学 | 一般均衡理论,福利经济理论、微观经济学、社会选择理论 | 双亲来自贫穷的家庭,而母亲的家庭是勤奋而业绩平平的商人。21 岁的应征入伍当了空军。有空闲,就看经济学方面书籍 | |

续表

| 获奖年份 | 获奖者(国家) | 出生年份 | 出生地 | 去世年份 | 大学教育 | 获博士学位大学 | 博士导师 | 工作机构 | 研究领域 | 家庭出生和青少年特点 | 得奖课题 |
|---|---|---|---|---|---|---|---|---|---|---|---|
| 1973 | 华西里·里昂惕夫 Wassily Leontief (美国) | 1906.08.05 | 出生德国慕尼黑、在俄罗斯圣彼得堡成长 | 1999.02.05 (92 岁) | 列宁格勒大学 | 柏林大学 经济学博士学位 (22 岁) | 不详 | 美国哈佛大学 | 投入产出分析 里昂惕夫悖论 | 父亲是经济学教授，家庭教育氛围浓厚，15 岁就进入父亲所在的大学攻读哲学、并选修经济学课程 | 发展了投入产出方法，该方法在许多重要的经济问题中得到运用 |
| 1974 | 根纳·缪达尔 Gunnar Myrdal (瑞典) | 1898.12.06 | 瑞典的卡尔卡利亚省格斯他夫教区 | 1987.05.17 (88 岁) | 斯德哥尔摩大学法学院 | 斯德哥尔摩大学 经济学博士学位 (29 岁) | 不详 | 日内瓦国际研究生院、斯德哥尔摩大学 | 宏观经济学 制度经济学 货币政策 | 对经济政策问题深感兴趣、忧国忧民，但对科学的发展抱有希望 | 他们深入研究了货币理论和经济波动，并深入分析了经济、社会和制度现象的互相依赖 |
| | 菲德烈·冯·哈耶克 Friedrich August von Hayek (英国) | 1899.05.08 | 奥匈帝国维也纳 | 1992.03.23 (92 岁) | 维也纳大学 | 维也纳大学 法律和政治学博士学位(31 岁) | 不详 | 弗赖堡大学(1962～1968)、芝加哥大学(1950～1962)、伦敦政治经济学院(1931～1950) | 经济计算问题、交易经济学、自愿秩序、价格机制、赫布理论 | 一个杰出知识份子家庭。他的父亲是维也纳大学植物学教授奥格斯特·冯·哈耶克博士，他对学习心理学和经济学有极大兴趣 | |
| 1975 | 列奥尼德·康托罗维奇 Leonid Vitaliyevich Kantorovich (苏联) | 1912.01.19 | 俄国彼得堡 | 1986.04.17 (74 岁) | 列宁格勒大学 | | 不详 | 俄罗斯科学院 | 资源优化配置理论 | 年仅 26 岁，作为一个青年数学家，已经登上数学奥林匹斯山的高峰 | 前者在 1939 年创立了享誉全球的线形规划要点，后者将数理统计学成功运用于经济计量学。他们对资源最优分配理论做出了贡献 |
| | 佳林·库普曼斯 Tjalling C. Koopmans (美国) | 1910.08.28 | 荷兰斯赫拉夫兰德 | 1985.02.26 (74 岁) | 乌德勒支大学 | 荷兰莱顿大学 数理统计学博士学位(26 岁) | 简·丁伯根 | 美国耶鲁大学 | 现代经济半量学资源优化配置理论 | 自幼刻若读书，在中学时代，他就立志成为科学家，决心为造福人类做出贡献 | |
| 1976 | 米尔顿·弗里德曼 Milton Friedman (美国) | 1912.07.31 | 纽约市布鲁克林 | 2006.11.16 (94 岁) | 拉特格斯大学 | 哥伦比亚大学 经济学博士学位 (34 岁) | 西蒙·库兹涅茨 | 胡佛研究所(1977～2006) 芝加哥大学(1946～1976) | 货币主义、对菲利普曲线的批评 | 生于纽约市一个工人阶级的犹太人家庭 | 创立了货币主义理论，提出了永久性收入假说 |

续表

| 获奖年份 | 获奖者(国家) | 出生年份 | 出生地 | 去世年份 | 大学教育 | 获博士学位大学 | 博士导师 | 工作机构 | 研究领域 | 家庭出生和青少年特点 | 得奖课题 |
|---|---|---|---|---|---|---|---|---|---|---|---|
| 1977 | 戈特哈德·贝蒂·俄林 Bertil Ohlin (瑞典) | 1899.04.23 | 瑞典 | 1979.08.03 (80岁) | 隆德大学 | 隆德大学 经济学博士学位 (25岁) | 赫克塞尔 | 斯德哥尔摩经济学院 | 国际贸易 国际资本流动 | 志向远大,从小就想当首相 | 对国际贸易理论和国际资本流动作了开创性研究 |
| | 詹姆斯·爱德华·米德 James E. Meade (英国) | 1907.06.23 | 英国的巴士市 | 1995.12.22 (88岁) | 马尔沃恩学院 | 牛津大学 经济学博士学位 (24岁) | 丹尼斯·罗伯逊 | 英国剑桥大学 | 国际贸易 国际经济宏观理论、政策研究 | 早年曾在牛津大学攻读古典文学,经济危机和大规模失业问题,导致他对经济学产生浓厚兴趣 | |
| 1978 | 赫伯特·西蒙 Herbert A. Simon (美国) | 1916.06.15 | 威斯康辛州米尔沃尔 | 2001.02.09 (84岁) | 芝加哥大学 | 芝加哥大学 政治学博士学位 (27岁) | 亨利·舒尔茨 | 卡内基梅隆大学 | 人工智能、认知心理学、计算机科学、经济学、政治学、管理科学 | 父亲是一名在德国出生的电气工程师,母亲是一个多才多艺的钢琴演奏家 | 对于经济组织内的决策程序进行了研究,这一有关决策程序的基本理论被公认为关于公司企业实际决策的创见 |
| 1979 | 威廉·阿瑟·刘易斯 Sir Arthur Lewis (圣卢西亚共和国) | 1915.01.23 | 原英属西印度群岛圣卢西亚岛 | 1991.06.15 (76岁) | 英国伦敦经济学院 | 英国伦敦经济学院 经济学博士学位 (25岁) | 不详 | 普林斯顿大学 | 发展经济学、刘易斯拐点 | 一个黑人移民的家庭,一位勤劳的寡妇母亲带五个年幼孩子,刘易斯排第四,刘易斯从小就很聪明,跳级就读 | 在经济发展方面做出了开创性研究,深入研究了发展中国家在发展经济中应特别考虑的问题 |
| | 西奥多·舒尔茨 Theodore W. Schultz (美国) | 1902.04.30 | 美国南达科他州 | 1998.02.26 (95岁) | 南达科他州州立学院 | 威斯康星大学 哲学博士学位 (28岁) | 不详 | 美国芝加哥大学 | 发展农业经济学倡导人力资本论 | 出生在一个德国移民聚居的农场,父亲小农场主,受广阔草场和良田沃土影响,对农业经济学发生浓厚的兴趣 | |
| 1980 | 劳伦斯·克莱因 Lawrence R. Klein (美国) | 1920.09.14 | 美国尼布拉斯加州的奥马哈城 | 2013.10.20 (93岁) | 加州大学伯克利分校 | 麻省理工学院 经济学博士学位 (24岁) | 保罗·萨缪尔逊 | 美国宾夕法尼亚大学 | 宏观经济学 计量经济学 | 中学训练为他在数学、英语、外国语和历史等基本课程打下了良好的基础。在大衰退中取得的经验,对他的文化和学术事业有深刻影响 | 以经济学说为基础,根据现实经济中实有数据所作的经验性估计,建立起经济体制的数学模型 |

续表

| 获奖年份 | 获奖者(国家) | 出生年份 | 出生地 | 去世年份 | 大学教育 | 获博士学位大学 | 博士导师 | 工作机构 | 研究领域 | 家庭出生和青少年特点 | 得奖课题 |
|---|---|---|---|---|---|---|---|---|---|---|---|
| 1981 | 詹姆士·托宾 James Tobin (美国) | 1918.03.05 | 伊利诺斯州的香槟 | 2002.03.11 (84 岁) | 哈佛大学 | 哈佛大学 哲学博士学位 (29 岁) | 约瑟夫·熊彼特 | 美国耶鲁大学 | 宏观经济学 | 他一直是成绩特优的学生,拿 A 是家常便饭.学校篮球队员。原来很喜欢新闻记者的工作,那正是父亲的职业。也曾想过念法律,而且在他十多岁时就对政治着迷 | 阐述和发展了凯恩斯的系列理论及财政与货币政策的宏观模型,在金融市场及相关的支出决定、就业、产品和价格等方面的分析做出了重要贡献 |
| 1982 | 乔治·斯蒂格勒 George J. Stigler (美国) | 1911.01.17 | 华盛顿州西雅图郊区的伦腾 | 1991.12.01 (80 岁) | 华盛顿大学 | 芝加哥大学 哲学博士学位 (27 岁) | 受影响于:法兰克·H·奈特、雅谷·凡纳、亨利·西蒙斯 | 美国芝加哥大学 | 产业组织、微观经济学、信息经济学、社会管制政策 | 出生于第二代移民家庭。三岁前只知道德文一种语言。学业一路顺风 | 在工业结构、市场的作用和公共经济法规的作用与影响方面,做出了创造性重大贡献 |
| 1983 | 罗拉尔·德布鲁 Gerard Debreu (法国) | 1921.07.04 | 法国的加莱 | 2004.12.31 (83 岁) | 巴黎高等师范学校 | 巴黎大学 经济学博士学位 (35) | 不详 | 美国加州大学 | 一般均衡理论 数理经济学 拓扑学 | 出生于一个富有的商人家庭、二战后欧洲重建,认识到经济学扮演重要角色,激发热情,兴趣变成终身事业 | 概括了帕累托最优理论,创立了相关商品的经济与社会均衡的存在定理 |
| 1984 | 约翰·理查德·斯通 Richard Stone (英国) | 1913.08.30 | 英格兰伦敦 | 1991.12.06 (78 岁) | 剑桥大学 冈维尔与凯斯学院 | 剑桥大学 理学博士学位 (44 岁) | 受影响于:詹姆士·米德、凯恩斯 | 剑桥大学 | 国民收入核算 投入产出法 计量经济学 | 子承父业,他起初选择了法律专业,但两年后,又开始对经济学产生了浓厚的兴趣,遂改学经济学 | 国民经济统计之父,在国民帐户体系的发展中做出了奠基性贡献,极大地改进了经济实证分析的基础 |
| 1985 | 弗兰科·莫迪利安尼 Franco Modigliani (意大利) | 1918.06.18 | 意大利的罗马 | 2003.12.25 (85 岁) | 罗马大学 | 纽约新社会研究学院 社会科学博士学位(26 岁) | 不详 | 美国麻省理工学院(MIT) | 储蓄生命周期假说、公司理财领域著名的 MM 定理、稳定性政策、经济计量模式构建与预测 | 出生于罗马的一个犹太人家庭,他的父亲是罗马著名的小儿科医师,母亲则是献身于社会工作的义工,中学成绩中等,但转入全意大利最优秀的高中就读,变得优秀 | 第一个提出储蓄的生命周期假设这一假设在研究家庭和企业储蓄中得到了广泛应用 |

续表

| 获奖年份 | 获奖者(国家) | 出生年份 | 出生地 | 去世年份 | 大学教育 | 获博士学位大学 | 博士导师 | 工作机构 | 研究领域 | 家庭出生和青少年特点 | 得奖课题 |
|---|---|---|---|---|---|---|---|---|---|---|---|
| 1986 | 詹姆斯·麦吉尔·布坎南 James M. Buchanan Jr. (美国) | 1919.10.03 | 美国田纳西州的穆尔弗里鲍尔 | 2013.01.09 (93岁) | 中田纳西州立大学 | 芝加哥大学 哲学博士学位 (29岁) | 不详 | 公共选择研究中心 | 公共选择理论 | 由于家境清贫,无法负担一流大学的学费,只好选择就读家乡的大学,每日靠挤牛奶、打工赚取学费 | 将政治决策的分析同经济理论结合起来,使经济分析扩大和应用到社会—政治法规的选择 |
| 1987 | 罗伯特·默顿·索洛 Robert M. Solow (美国) | 1924.08.23 | 美国纽约布鲁克林 | | 哈佛大学 | 哈佛大学 经济学博士学位 (27岁) | 华西里·里昂惕夫 | 美国麻省理工学院(MIT) | 经济增长理论 资本理论研究 新古典派模型 | 在那个时代,聪明的高中学生所关心的不只是经济大恐慌的问题,也包括法西斯主义以及纳粹主义的崛起 | 对增长理论做出贡献提出长期的经济增长主要依靠技术进步,而不是依靠资本和劳动力的投入 |
| 1988 | 莫里斯·阿莱斯 Maurice Allais (法国) | 1911.05.31 | 法国巴黎 | 2010.10.09 (99岁) | 巴黎工学院 | 巴黎大学 工程学博士学位 (26岁) | 不详 | 国立巴黎高等矿业学院 | 局部均衡理论一般均衡理论 | 来自一个工人阶级家庭。在他的全部学业中一般是年级中包括法文和拉丁文以及数学在内的几乎一切科目的第一名。阿莱斯对历史也很有兴趣 | 他在市场理论及资源有效利用方面做出了开创性贡献对一般均衡理论重新做了系统阐述 |
| 1989 | 特里夫·哈维默 Trygve Haavelmo (挪威) | 1911.12.13 | 挪威斯克滋模 | 1999.07.26 (87岁) | 奥斯陆大学 | 哈佛大学 经济学博士学位 (30岁) | 不详 | 挪威奥斯陆大学 | 经济计量学 | 研究经济学并非哈里·马科维茨童年的梦想。他是在拿到学士学位之后选择硕士专业时才决定读经济学的 | 建立了现代计量经济学的基础性指导原则 |
| 1990 | 哈里·马科维茨 Harry M. Markowitz (美国) | 1927.08.24 | 美国伊诺斯州的芝加哥 | | 芝加哥大学 | 芝加哥大学 经济学博士学位 (27岁) | 受影响于:弗里德曼、库普曼斯、马夏克、萨凡奇 | 美国纽约城市大学 | 金融经济学 资产组合理论 | 哈里的青少年生活是无忧无虑的快乐中度过的。他的业余爱好很丰富,经常在附近空地上或几个街外的公园里玩棒球,还在高中乐队里演奏小提琴,也喜欢读书 | |

续表

| 获奖年份 | 获奖者(国家) | 出生年份 | 出生地 | 去世年份 | 大学教育 | 获博士学位大学 | 博士导师 | 工作机构 | 研究领域 | 家庭出生和青少年特点 | 得奖课题 |
|---|---|---|---|---|---|---|---|---|---|---|---|
| 1990 | 威廉·夏普 William F. Sharpe (美国) | 1934.06.16 | 美国马萨诸塞州的坎布里奇市 | | 加利福尼亚大学洛杉矶分校 | 加利福尼亚大学洛杉矶分校经济学博士学位(27 岁) | 威斯顿 | 美国斯坦福大学 | 金融经济学 | 中学教育是在加州河边的公立学校完成的。那些学校都是加利福尼亚州最好的公立学校。受益于令人鼓舞的教师和有挑战性的课程 | 他们对现代金融经济学理论的开拓性研究,为投资者、股东及金融专家们提供了衡量不同的金融资产投资的风险和收益的工具,以估计预测股票、债券等证券的价格 |
| | 默顿·米勒 Merton H. Miller (美国) | 1923.05.16 | 美国麻省波士顿 | 2000.06.03 (77 岁) | 哈佛大学 | 约翰·霍普金斯大学 经济学博士学位(29 岁) | 他的大学同级同学之一是罗伯特·默顿·索洛,1987 年经济学奖金获奖人 | 美国芝加哥大学 | 金融经济学 公司财务理论 | 他是家中的独生子,中学就读于波士顿拉丁学校。成绩优异。他的父亲是一名律师,是哈佛大学毕业生 | |
| 1991 | 罗纳德·科斯 Ronald H. Coase (英国) | 1910.12.19 | 伦敦近郊的威尔斯登小镇 | 2013.09.02 (102 岁) | 伦敦政治经济学院 | 伦敦大学博士学位(41 岁) | 不详 | 纽约州立大学水牛城分校 弗吉尼亚大学 芝加哥大学 | 法律经济学 产权理论 科斯定理 | 家中的独子,年幼科斯因腿疾必须穿上铁鞋行走,历史与化学两科成绩优异。父母谦和,教导诚实做人 | 揭示并澄清了经济制度结构和函数中交易费用和产权的重要性 |
| 1992 | 加里·贝克 Gary S. Becker (美国) | 1930.12.02 | 宾夕法尼亚州的波茨维尔东部的小镇 | | 普林斯登大学 | 芝加哥大学经济学博士学位(25 岁) | 弗里德曼 | 美国芝加哥大学 | 微观经济学 社会经济学 | 贝克在布鲁克林上小学和中学。是一名好学生。在 16 岁前对运动比对智力活动更感兴趣。擅长手球、数学好 | 将微观经济学的理论扩展到对于人类行为的分析上,包括非市场经济行为 |
| 1993 | 罗伯特·福格尔 Robert W. Fogel (美国) | 1926.06.01 | 美国纽约市 | 2013.06.11 (87 岁) | 康奈尔大学 | 约翰·霍普金斯大学博士学位(37 岁) | 受影响于:西蒙·库兹涅茨 | 美国芝加哥大学 | 经济历史学 计量历史学 | 是一位俄罗斯裔犹太人移民的儿子。在大学期间,他的兴趣从物理和化学转向经济学和历史。并成为了共产主义组织——美国青年民主组织校园分部的主席 | 前者建立了包括产权理论、国家理论和意识形态理论在内的"制度变迁理论",后者用经济史的新理论及数理工具重新诠释了过去的经济发展过程 |
| | 道格拉斯·诺斯 Douglass C. North (美国) | 1920.11.05 | 马萨诸塞州坎布里奇市 | | 加利福尼亚大学柏克莱分校 | 加利福尼亚大学哲学博士学位(32 岁) | M·M·奈特 | 美国华盛顿大学 | 制度变迁理论 新制度经济学 新经济史 | 诺斯有着国际化的教育经历。高中时诺斯迷上了摄影 | |

续表

| 获奖年份 | 获奖者(国家) | 出生年份 | 出生地 | 去世年份 | 大学教育 | 获博士学位大学 | 博士导师 | 工作机构 | 研究领域 | 家庭出生和青少年特点 | 得奖课题 |
|---|---|---|---|---|---|---|---|---|---|---|---|
| 1994 | 约翰·海萨尼 John C. Harsanyi (美国) | 1920.05.29 | 匈牙利的布达佩斯 | 2000.08.09 (80岁) | 布达佩斯大学 | 布达佩斯大学哲学博士学位(27岁) 斯坦福大学经济学博士学位(38岁) | 肯尼斯·约瑟夫·阿罗 | 美国加州大学 | 博弈论 | 是富裕药商的独生子。他拥有犹太血统,爱好研究哲学和数学,中学时在一个高中生数学比赛中曾夺得第一名 | 这三位数学家在非合作博弈的均衡分析理论方面做出了开创性的贡献,对博弈论和经济学产生了重大影响 |
| | 约翰·福布斯·纳什 John F. Nash Jr. (美国) | 1928.06.13 | 美国西弗吉尼亚州工业城布鲁菲尔德 | | 卡内基技术学院 | 普林斯顿高等研究院数学博士学位(22岁) | Albert W. Tucker | 麻省理工学院 普林斯顿大学 | 博弈论 微分几何学 偏微分方程 | 从小就显得内向而孤僻。他生长在一个充满亲情温暖的家庭中,是一个聪明、好奇的孩子,热爱阅读和学习 | |
| | 莱因哈德·泽尔腾 Reinhard Selten (德国) | 1930.10.10 | 德国不莱斯劳 | | 法兰克福大学 | 法兰克福大学数学博士学位(31岁) | 海因茨·萨尔曼 | 德国波恩大学 | 博弈论及应用 实验经济学 | 他曾考虑上大学学习经济学或心理学,但他最后还是决心选择学习数学 | |
| 1995 | 小罗伯特·卢卡斯 Robert E. Lucas Jr. (美国) | 1937.09.15 | 华盛顿的雅奇马 | | 芝加哥学院 | 芝加哥大学经济学博士学位(27岁) | 不详 | 美国芝加哥大学 | 宏观经济学 新古典派经济学理性预期 | 卢卡斯有许多与父亲一起的技术和管理讨论,以及他们的现行政治论点的切磋,高中学微积分时,帮父亲解决工作中一个冷冻机设计问题 | 倡导和发展了理性预期与宏观经济学研究的运用理论,深化了人们对经济政策的理解,并对经济周期理论提出了独到的见解 |
| 1996 | 詹姆斯·莫里斯 James A. Mirrlees (英国) | 1936.07.05 | 苏格兰的明尼加夫 | | 爱丁堡大学 | 剑桥大学经济学博士学位(27岁) | 受影响于:同乡亚当·斯密 | 英国剑桥大学 | 信息经济学 激励理论 | 与亚当·斯密是同乡,莫里斯在这位经济学奠基者的影响下,也开始了自己的求学之路 | 前者在信息经济学理论领域做出了重大贡献,尤其是不对称信息条件下的经济激励理论,后者在信息经济学、激励理论、博弈论等方面都做出了重大贡献 |
| | 威廉·维克瑞 William Vickrey (美国) | 1914.06.21 | 加拿大不列颠哥伦比亚省的维多利亚市 | 1996.10.11 (82岁) | 耶鲁大学 | 哥伦比亚大学哲学博士学位(33岁) | 受影响于;罗伯特·默里·黑格哈罗德·霍特林 约翰·梅纳德·凯恩斯 | 美国哥伦比亚大学 | 信息经济学 | 他的中学教育是在欧洲和美国完成的 | |

续表

| 获奖年份 | 获奖者(国家) | 出生年份 | 出生地 | 去世年份 | 大学教育 | 获博士学位大学 | 博士导师 | 工作机构 | 研究领域 | 家庭出生和青少年特点 | 得奖课题 |
|---|---|---|---|---|---|---|---|---|---|---|---|
| 1997 | 罗伯特·C·默顿 Robert C. Merton (美国) | 1944.07.31 | 美国纽约市 | | 哥伦比亚大学 | 麻省理工学院经济学博士学位(25 岁) | 保罗·萨缪尔森 | 美国哈佛大学 麻省理工学院 | 信息经济学 | 父母分别为著名社会学家。家庭影响重要。年少时数学是他感兴趣课程。父亲教他学习棒球、扑克牌、魔术还有股票市场,提供各种书籍 | 前者对布莱克-斯科尔斯公式所依赖的假设条件做了进一步减弱,在许多方面对其做了推广;后者给出了著名的布莱克-斯科尔斯期权定价公式,该法则已成为金融机构涉及金融新产品的思想方法,然而得奖次年其以得奖理论经营的长期资产管理基金亦因其公式失效而破产告终 |
| | 迈伦·斯科尔斯 Myron S. Scholes (美国)(加拿大) | 1941.07.01 | 加拿大安大略省的蒂明斯 | | 麦克马斯特大学 | 芝加哥大学经济学博士学位(28 岁) | 乔治·斯蒂格勒 米尔顿·弗里德曼 莫顿·米勒 | 美国长期资本管理公司 斯坦福大学 芝加哥大学 | 经济金融学 | 在父母亲和亲戚的影响下,斯尔科斯从小就对经济尤其是金融产生了浓厚的兴趣,在他十几岁时就从事过俱乐部的理财工作,在读高中和大学时他还炒过股票 | |
| 1998 | 阿马蒂亚·森 Amartya Sen (印度) | 1933.11.03 | 印度孟加拉湾的圣蒂尼克坦 | | 加尔各答管区学院 | 英国剑桥大学博士学位(26 岁) | 不详 | 剑桥大学三一学院 | 福利经济学 社会选择理论 | 森幼承家学,非常聪明,爱好广泛,17 岁以前志趣几变,曾游移在梵语、数学、物理等不同专业之间,最后终被经济学所吸引 | 对福利经济学几个重大问题做出了贡献,包括社会选择理论、对福利和贫穷标准的定义、对匮乏的研究等 |
| 1999 | 罗伯特·蒙代尔 Robert A. Mundell (加拿大) | 1932.12.24 | 加拿大安大略省 | | 英属哥伦比亚大学 | 麻省理工学院经济学博士学位(23 岁) | 不详 | 美国哥伦比亚大学 | 国际宏观经济学 | 性格温和随意、不拘小节,喜欢看电视 | 他对不同汇率体制下货币与财政政策以及最适宜的货币流通区域所做的分析使他获得这一殊荣 |

续表

| 获奖年份 | 获奖者(国家) | 出生年份 | 出生地 | 去世年份 | 大学教育 | 获博士学位大学 | 博士导师 | 工作机构 | 研究领域 | 家庭出生和青少年特点 | 得奖课题 |
|---|---|---|---|---|---|---|---|---|---|---|---|
| 2000 | 詹姆斯·赫克曼 James J. Heckman (美国) | 1944.04.19 | 美国伊利诺斯州的芝加哥 | | 科罗拉多学院 | 普林斯顿大学经济学博士学位(27岁) | 不详 | 美国芝加哥大学 | 计量经济学 | 敢于发言,骨子里就有挑战权威的风格 | 在微观计量经济学领域,他们发展了广泛应用于个体和家庭行为实证分析的理论和方法 |
| | 丹尼尔·麦克法登 Daniel L. McFadden (美国) | 1937.07.29 | 美国北卡罗莱纳州的罗利市 | | 明尼苏达大学 | 美国明尼苏达大学行为科学经济学博士学位(25岁) | 不详 | 美国加州大学麻省理工学院 | 计量经济学 | 热爱经济学,始终认为经济学家的使命就是解释现实经济现象 | |
| 2001 | 乔治·阿克洛夫 George A. Akerlof (美国) | 1940.06.17 | 美国康涅狄格州的纽海文 | | 耶鲁大学 | 麻省理工学院博士学位(26岁) | 不详 | 美国加州大学 | 信息经济学 | 语出惊人,有很大的梦想 | 为不对称信息市场的一般理论奠定了基石,他们的理论迅速得到了应用,从传统的农业市场到现代的金融市场他们的贡献来自于现代信息经济学的核心部分 |
| | 迈克尔·斯宾塞 A. Michael Spence (美国) | 1943.11.07 | 美国新泽西州的蒙特克莱尔 | | 普林斯顿大学 | 哈佛大学经济学博士学位(29岁) | 受影响于:肯尼斯·约瑟夫·阿罗 托马斯·克罗姆比·谢林 Richard Zeckhauser | 美国斯坦福大学 | 信息经济学 | 具有创造性、广泛的兴趣、独立思考能力的人 | |
| | 约瑟夫·斯蒂格利茨 Joseph E. Stiglitz (美国) | 1943.02.09 | 美国印第安那州一个叫做加里的小城 | | 阿墨斯特学院 | 麻省理工学院博士学位(24岁) | 不详 | 美国哥伦比亚大学 | 信息经济学 | 他有一个勤奋的家庭,父母的努力工作的态度影响着他,学习成绩优秀,对社会活动感兴趣 | |
| 2002 | 丹尼尔·卡内曼 Daniel Kahneman (美国、以色列) | 1934.03.05 | 以色列的特拉维夫 | | 以色列耶鲁撒冷的希伯来大学 | 加利福尼亚大学伯克利分校心理学博士学位(27岁) | 受影响于:赫伯特·西蒙 | 美国普林斯顿大学 | 经济心理学实验经济学 | 他是一位格外令人兴致盎然的人,善于思考,思想活跃 | 前者把心理学分析法与经济学研究结合在一起,为创立一个新的经济学研究领域奠定了基础;后者开创了一系列实验法,为通过实验室实验进行可靠的经济学研究确定了标准 |
| | 弗农·史密斯 Vernon L. Smith (美国) | 1937.01.01 | 美国堪萨斯州的威奇托 | | 加州理工学院 | 哈佛大学博士学位(28岁) | 不详 | 美国乔治·梅森大学 | 经济心理学实验经济学 | 出生于一个普通的技术工人家庭。 | |

续表

| 获奖年份 | 获奖者(国家) | 出生年份 | 出生地 | 去世年份 | 大学教育 | 获博士学位大学 | 博士导师 | 工作机构 | 研究领域 | 家庭出生和青少年特点 | 得奖课题 |
|---|---|---|---|---|---|---|---|---|---|---|---|
| 2003 | 罗伯特·恩格尔 Robert F. Engle II (美国) | 1942.11.10 | 美国纽约的锡拉丘兹 | | 威廉斯学院 | 康奈尔大学 经济学博士学位 (27岁) | 不详 | 美国纽约大学 | 计量经济学 | 在满怀抱负的大学时代,竟是渴望成为一名物理学家 | 用"随着时间变化的易变性"和"共同趋势"两种新方法分析经济时间数列,从而给经济学研究和经济发展带来巨大影响 |
| | 克莱夫·格兰杰 Clive W. J. Granger (英国) | 1934.09.04 | 英国威尔士的斯旺西 | 2009.05.27 (74岁) | 诺丁汉大学 | 诺丁汉大学 统计学博士学位 (25岁) | 不详 | 美国加州大学 | 计量经济学 | 接受当时英国第一个经济学数学双学位教育,1955年留校任教,学习优异 | |
| 2004 | 芬恩·基德兰德 Finn E. Kydland (挪威) | 1943.12.01 | 挪威斯塔万格附近 | | 挪威经济与工商管理学院 | 匹兹堡的卡内基-梅隆大学经济学博士学位(30岁) | 不详 | 美国卡内基·梅隆大学 美国加州大学 | 宏观经济学 经济周期 经济政策 | 是六个兄弟姐妹中的长子,他在一个农场上长大。家庭教育很自由,父母对孩子没有很多限制 | 有关宏观经济政策的"时间一致性难题"和商业周期的影响因素 |
| | 爱德华·普雷斯科特 Edward C. Prescott (美国) | 1940.12.26 | 美国纽约州 | | 斯沃斯莫尔学院 | 卡内基梅隆大学博士学位(27岁) | 不详 | 美国亚利桑那州立大学 明尼阿波利斯联邦储备银行 | 宏观经济学 | 性格开朗、乐观,亲和力强,平易近人 | |
| 2005 | 罗伯特·约翰·奥曼 Robert J. Aumann (以色列、美国) | 1930.06.08 | 德国美茵河畔的法兰克福 | | 纽约州立大学 | 麻省理工学院 数学博士学位 (25岁) | 不详 | 以色列耶路撒冷希伯来大学理性分析中心 | 博弈论 | 虔诚的犹太教徒,父母是一对犹太纺织品制造商夫妇,童年很愉快,家庭充满爱,父母认为教育非常重要 | 通过博弈论分析促进了对冲突与合作的理解 |
| | 托马斯·克罗姆比·谢林 Thomas C. Schelling (美国) | 1921.04.14 | 美国加利福尼亚州的奥克兰市 | | 伯克利加利福尼亚大学 | 哈佛大学 经济学博士学位 (30岁) | 不详 | 美国马里兰大学经济系和公共政策学院 | 博弈论 | 年轻的时候喜欢文学,大学的时候获得文学学士学位 | |
| 2006 | 埃德蒙·菲尔普斯 Edmund S. Phelps (美国) | 1933.06.26 | 美国伊利诺伊州伊凡斯顿 | | 阿默斯特学院 | 耶鲁大学 经济学博士学位 (26岁) | 受影响于:詹姆斯·托宾 托马斯·谢林 | 美国哥伦比亚大学 | 宏观经济学 | 12岁的时候就开始学音乐,一直学到了22岁,是一个业余的音乐师.喜欢跳舞 | 在宏观经济跨期决策权衡领域所取得的研究成就 |

续表

| 获奖年份 | 获奖者(国家) | 出生年份 | 出生地 | 去世年份 | 大学教育 | 获博士学位大学 | 博士导师 | 工作机构 | 研究领域 | 家庭出生和青少年特点 | 得奖课题 |
|---|---|---|---|---|---|---|---|---|---|---|---|
| 2007 | 莱奥尼德·赫维奇 Leonid Hurwicz (美国) | 1917.08.21 | 俄罗斯莫斯科 | 2008.06.24 (90岁) | 华沙大学 | 哈佛大学应用数学博士学位(59岁) | 保罗·萨缪尔森 | 美国明尼苏达大学 | 微观经济学 | 一战期间和家人一起迁往波兰。并在波兰度过了中学和大学时代 | 为机制设计理论奠定了基本 |
| | 埃里克·马斯金 Eric S. Maskin (美国) | 1950.12.12 | 美国纽约 | | 哈佛大学 | 哈佛大学应用数学博士学位(26岁) | 不详 | 美国普林斯顿高等研究院 | 微观经济学 公共选择理论 博弈论 机制设计 | 治学严谨认真、性格风趣幽默、学习优异 | |
| | 罗杰·迈尔森 Roger B. Myerson (美国) | 1951.03.29 | 美国波士顿 | | 哈佛大学 | 哈佛大学应用数学博士学位(25岁) | 不详 | 美国芝加哥大学 | 微观经济学 | 通常在学期综合排名中,马斯金排在第一名,而年幼一岁的迈尔森排在第二名 | |
| 2008 | 保罗·克鲁格曼 Paul Krugman (美国) | 1953.02.28 | 美国纽约的郊区长岛 | | 耶鲁大学 | 麻省理工学院博士学位(24岁) | 诺德豪斯 | 美国普林斯顿大学 | 国际经济学 区域经济学 | 偏好历史、文笔好、才华横溢,纽约时报专栏作家 | 对经济活动的贸易模式和区域的分析 |
| 2009 | 埃莉诺·奥斯特罗姆 Elinor Ostrom (美国) | 1933.08.07 | 美国洛杉矶 | •2012.06.12 (78岁) | 加州大学洛杉矶分院 | 加州大学洛杉矶分校政治学博士学位 (32岁) | 不详 | 美国印第安纳大学 美国亚利桑那州立大学 | 经济治理 | 大萧条的经历对她的成长影响深远。由于家境并不宽裕,她幼时帮助家人种些吃的。坚持申请自学 | 经济治理,尤其是对普通民众作出的贡献和经济治理分析,尤其是企业边际领域方面的贡献 |
| | 奥利弗·威廉姆森 Oliver E. Williamson (美国) | 1932.09.27 | 美国威斯康星州的苏必利尔镇 | | 麻省理工学院 | 卡内基工程学院哲学博士学位 (28岁) | 受影响于:赫伯特·西蒙、理查德·西厄特、阿伦·梅尔泽 | 美国加州大学 | 经济治理 | 普通知识分子家庭。曾想成为一名律师. 读高中时候却喜欢上了数学和自然科学,并期望成为一名工程师 | |

续表

| 获奖年份 | 获奖者(国家) | 出生年份 | 出生地 | 去世年份 | 大学教育 | 获博士学位大学 | 博士导师 | 工作机构 | 研究领域 | 家庭出生和青少年特点 | 得奖课题 |
|---|---|---|---|---|---|---|---|---|---|---|---|
| 2010 | 彼得·戴蒙德 Peter A. Diamond (美国) | 1940.04.29 | 美国 | | 耶鲁大学 | 麻省理工大学经济学博士学位(23 岁) | 保罗·萨缪尔森 | 美国麻省理工学院(MIT) | 搜寻理论 劳动经济学 | 绝顶聪明,23 岁他得到了经济学泰斗保罗·萨缪尔森“麻省神童”的美誉 | 在“市场搜寻理论”中具有卓越贡献 |
| | 戴尔·莫腾森 Dale T. Mortensen (美国) | 1939.02.02 | 美国 | 2014.01.09 (74 岁) | 威拉米特大学 | 卡内基梅隆大学博士学位(26 岁) | 不详 | 丹麦奥胡斯大学 美国西北大学 | 搜寻理论 劳动经济学 | 性格开朗、学习成绩好 | |
| | 克里斯托弗·皮萨里德斯 ChristopherA. Pissarides (塞浦路斯、英国) | 1948.02.20 | 塞浦路斯首都尼科西亚 | | 埃塞克斯大学 | 伦敦经济学院经济学博士学位(25 岁) | 森嶋通夫 | 伦敦政治经济学院 | 搜寻理论 劳动经济学 | 做人很低调,他有一位中国未婚妻,很纯粹的学者,很难寻找到一些争议事件或者花边新闻 | |
| 2011 | 托马斯·萨金特 Thomas J. Sargent (美国) | 1943.07.19 | 美国加利福尼亚州帕萨迪纳 | | 加州大学伯克利分校 | 哈佛大学哲学博士学位(25 岁) | 受影响于:小罗伯特·卢卡斯 | 美国纽约大学 | 宏观经济计量学 | 意志坚定,倔强。有主意的年轻人,沿着自己的道路奔跑下去 | 在宏观经济学中对成因及其影响的实证研究 |
| | 克里斯托弗·西姆斯 Christopher Sims (美国) | 1942.10.21 | 美国华盛顿特区 | | 哈佛大学 | 哈佛大学经济学博士学位(25 岁) | 不详 | 美国普林斯顿大学 | 宏观经济计量学 | 喜欢数学,逻辑性强 | |
| 2012 | 埃尔文·罗斯 Alvin E. Roth (美国) | 1951.12.19 | 美国一个犹太裔家庭 | | 哥伦比亚大学 | 斯坦福大学运筹学博士学位(23 岁) | 不详 | 美国哈佛大学 美国哈佛商学院 | 博弈论 | 以教育和勤奋的犹太民族文化,从小得到熏陶,并显现出在数学、逻辑等方面的过人之处。高三退学 | 创建“稳定分配”的理论,并进行“市场设计”的实践 |
| | 罗伊德·沙普利 Lloyd S. Shapley (美国) | 1923.06.02 | 美国麻省剑桥 | | 哈佛大学 | 普林斯顿大学博士学位(30 岁) | 塔克 | 美国加州大学 | 博弈论 | 一个浓郁的理工学术氛围中成长起来的,这显然是奠定和影响到沙普利一生方向的环境 | |

续表

| 获奖年份 | 获奖者(国家) | 出生年份 | 出生地 | 去世年份 | 大学教育 | 获博士学位大学 | 博士导师 | 工作机构 | 研究领域 | 家庭出生和青少年特点 | 得奖课题 |
|---|---|---|---|---|---|---|---|---|---|---|---|
| 2013 | 尤金·法玛 Eugene Fama (美国) | 1939.02.14 | 美国马萨储塞州波士顿 | | 塔夫茨大学 | 芝加哥大学博士学位(25岁) | 默顿·米勒 | 芝加哥大学 | 金融经济学 | 出生一个移民家族的第三代。一个工人阶层社区。热爱运动,在长跑、足球和棒球等方面都有过人之处 | 对资产价格的实证分析 |
| | 拉尔斯·彼得·汉森 Peter Hansen (美国) | 1952.10.26 | 美国伊利诺伊州尚佩恩 | | 犹他州立大学 | 明尼苏达大学经济学博士学位(26岁) | 不详 | 芝加哥大学 | 金融经济学 | 台湾女婿,喜欢运动 | |
| | 罗伯特·希勒 Robert Shiller (美国) | 1946.04.16 | 美国北部城市底特律 | | 密歇根大学 | 麻省理工学院经济学博士学位(27岁) | 受影响于:保罗·萨缪尔森 莫迪利安尼 | 耶鲁大学 | 金融经济学 行为经济学 | 他是这个家庭的第二个男童。父亲是一位记者,受母亲影响大,喜欢读书,有数学天赋,喜欢物理 | |